मांइडसेट बदलो और करोड़पति बनो

मोटिवेशन एंड एक्टिवेशन मंत्र

देवेन्द्र दत्त शर्मा

INDIA · SINGAPORE · MALAYSIA

ISBN 979-8-88704-989-2

अध्याय

खण्ड – 1

नित्य प्रार्थना

परम शक्ति की असीम कृपा बरस रही है। परम शान्ति है। परम आनन्द है। परम प्रसन्नता है। परम प्रफुल्लता है। परम साहस है। परम जोश–जुनून है। परम आरोग्य है। परम सुख सम्पत्ति है। परम सहयोग है। परम सौंदर्य है व परम माधुर्य है।

हम असीम कृपा के लिये ह्रदय से कृत–कृत है, कृतज्ञ है।

सभी को शुभेच्छा व आर्शीवाद।

टीम 360 ग्रुप

प्रस्तावना–1

'माइंडसेट बदलो और करोड़पति बनो' – पुस्तक आपके हाथों में है। इस पुस्तक को लिखने के पीछे मेरे जीवन के लम्बे अनुभव का सार है। कहानियॉ किस तरह से सबकोन्सियस में सरलता से चली जाती है और आपके भविष्य को तय करने लगती है। आपको पता ही नही चलता। मैं अपने बचपन में अपनी बड़ी बहिन व मां से कुछ कहानियॉ सुनता था। मैं क्या हर हिन्दुस्तान घर में बूढी दादी, मां, बहिनो से कहानियॉ सुनते है।

मेरी बड़ी बहिन मुझें बार–बार एक कहानी सुनाती थी कि अगर कोई लड़का अपनी बहिन को परेशान करता है या अन्य किन्ही लड़की को परेशान करता है तो उसके हाथ कांटो में उगेंगे। वो कहानी इतनी भावविभोर व प्रेम से सराबोर होकर मुझें सुनाती थी कि मैं दत्तचित्त होकर उस कहानी को सुनता रहता था। वर्षो उसने इस तर्ज की कहानियॉ सुनाई। परिणाम यह रहा कि मैं जब युवा हुआ तो मुझें यह भय लगने लगा कि मैनें तो अपनी बहिनों को काफी दुःख दिया है। इसलिये निश्चित ही मृत्यु के बाद मेरे हाथ कांटो में उगेंगे। इससे मैं कई बार भयभीत हो जाता।

दूसरा मेरा भाई। जिसको मेरे पिताजी बार–बार कहानी सुनाते है। उस कहानी का एक ही सार होता कि तू डॉक्टर है, डॉक्टर बन चुका है। उसके सबकोन्सियस माइंड में यह कहानी बैठ गई और वो डॉक्टर बन गये।

एक मेरा मित्र जिसकी दादी उसे अपने धनी पूर्वजों की कहानियॉ सुनाती कि पूर्वजो ने किस तरह से धन अर्जित किया और उन्होनें किस तरह से हवेलियॉ बनाई। वो लड़का प्रेम से उन

कहानियों को सुनता। उसके सबकोन्सियस में अमीरी की चेतना चली गई। और वो सामान्य परिवार में होते हुए भी करोड़पति बन गया।

मैं एक ओर उदाहरण देना चाहूंगा कि मेरा कॉलेज में एक सहपाठी था। उसे उसकी दादी लगातार एक ही कहानी सुनाती कि तेरे पिता ने राजनीति में देश की बड़ी सेवा की है। तू भी देश की सेवा करना। राजनीति में तू भी बडा सरपंच बनेगा, सांसद बनेगा, विधायक बनेगा। ताज्जुब है कि उस लड़के में कोई ऐसी कुव्वत नजर नही आई। लेकिन उसकी दादी की सुनाई गई कहानियों ने उसके सबकोन्सियस में राजनैतिक चेतना को पैदा कर दिया और उसके जीवन में वही घटनाएं घटी जो उसकी दादी सुनाया करती थी। वो अनायास बिना प्रयासों के सरपंच बना, सांसद बना, विधान सभा सदस्य बना व राज्यसभा का सदस्य बना।

अतः कहानियॉ सीधी सबकोन्सियस में जाकर वित्तीय चेतना को जागृत करने की क्षमता रखती है। और जब वित्तीय चेतना जागृत हो जाती है तो जीवन में धनाढ्यता आ जाती है।

आप सभी पाठको के जीवन में इन कहानियों से धनाढ्यता आयें ऐसा आप सभी को मेरा आशीर्वाद।

निर्जला एकादशी – 10 जून, 2022

साभार,

डी.डी. शर्मा

Chairman & CEO Team 360 Group

प्रस्तावना–2

'**माइंडसेट बदलो और करोड़पति बनो**' आपके पठन हेतु प्रस्तुत करते हुए मुझें बहुत खुशी हो रही है। मैनें सुना था कि मां जीजाबाई की कहानियों को सुन–सुन कर छोटा शिवा, **शिवाजी** बन गया और हिन्दु साम्राज्य की स्थापना करने में समर्थ हुआ।

मैनें यह भी सुना है कि **महात्मा गांधी** जैन संतो से कहानियाँ सुन–सुन कर इतने बड़े महात्मा व राष्ट्रपिता बनने में समर्थ हुए।

अब आपका नम्बर है। आप इस पुस्तक की कहानियों को पढ़े और अपने अन्दर वित्तीय चेतना जागृत करें और धनी बने। मेरी आप सभी को शुभकामनाएं।

विनीत शर्मा

सहलेखक

प्रस्तावना–3

'माइंडसेट बदलो और करोड़पति बनो' पुस्तक मैं गद्गद ह्रदय से आपको प्रस्तुत कर रहा हूँ। मेरा अनुभव है कि कहानियाँ यदि प्रेरक हो तो किसी भी व्यक्ति के सबकोन्सियस को गढ़ने में सक्षम होती है। जो चीज सबकोन्सियस में चली जाती है। उसके बराबर का आध्यात्मिक समतुल्य बन जाता है। जिसे कि अनन्त प्रज्ञा द्वारा भौतिक स्वरूप में बदल दिया जाता है।

एक छोटी समीकरण है कि कहानी अगर अमीरी की सुनाई जायेगी तो आपके सबकोन्सियस में अमीरी के विचार व भाव अंकुरित होंगे। और उनको आध्यात्मिक समतुल्य में बदला जायेगा और आपके भौतिक जीवन में अमीरी चारों और प्रकट होने लगेगी।

आप इस पुस्तक को पढ़ कर अमीर बने। इसके लिये मेरी हार्दिक शुभकामनाएं है।

विपुल शर्मा
सहलेखक

खण्ड – 1

(अध्याय–1)

सार्थक जिंदगी जीने की कला – तोता, कठफोड़वा व कोयल की कहानी

व्यक्ति अपनी जिंदगी को संवारना चाहता हैं और एक अर्थपूर्ण जिंदगी जीना चाहता है लेकिन अनजाने में वो एक भूलभूलैया में फंस जाता है और जिस सार्थक जिंदगी के खजाने को खोजना चाहता था उसे वह खोज नही पाता।

स्टीफन आर कोवी अपनी पुस्तक **'सेवन हेबिट्स ऑफ हाईली इफेक्टिव पीपुल''** में कई जगह जोर देकर लिखते है कि अपनी जिंदगी का अवलोकन करें, अपने आपका अवलोकन करे और अपने आपको अंदर से परिभाषित करें। ओढी हुई पदवियों, ओढे हुए ज्ञान/विचारों/भावों व ओढे हुए साज–सामान से थोडी देर के लिये अपने को अलग कर दे।

इसके सम्बंध में कि जिंदगी को सार्थक तरीके से कैसे जिया जाये? कौन है जो हमारी सार्थकता में बाधा डालता है? कौन है जो हमें दुःख दर्द देता है? और कैसे इन दुःखों से हम परे हो सकते है? तथा कैसे एक मधुर व सार्थक जिंदगी जी सकते है?

इस सम्बंध में एक कहानी मुझें बड़ी सटीक लगती है जो एक अच्छा चित्रण करती है कि किस तरह हमें भटकाव व दुख–दर्द आते है? व कैसे हम उनसे दूर हो सकते है?

आप वही व्यक्ति हैं जिसका लक्ष्य आनंदमय जिंदगी का खजाना खोजना हैं, लेकिन भूलभूलैया में पड गये। आपके पास खजाने का

नक्शा हैं, ऊपर कहीं पहाड़ी पर खजाना है, आप नक्शे के सहयोग से खजाने की ओर बढ़ते हैं लेकिन लड़खड़ा जाते है, भटक जाते है, पावों में दर्द होने लगता है, सीने में दर्द होने लगता है, आप बेबस हो जाते है। आप दिग्भ्रमित हो जाते है। क्योंकि आपके बायें कन्धे पर एक तोता बैठा है जो लगातार आपकी यात्रा में व्यवधान डालता रहता है। वो बड़-बड़ करता रहता है, आपको चाही अनचाही सलाह देता रहता है। पुराने किस्से-कहानियॉ सुनाता रहता हैं और आपको कभी कहता है बायें चलों, कभी कहता है दायें चलो, कभी कहता है पत्थर के नीचे देखों, पत्थर के नीचे आपको खजाने की जगह सर्प मिलता है। ये तोता और कोई नही है आपका मन है जिसमें अनेक तरह के विचार आते रहते है और आपको दिशाविहीन करते रहते है। चूंकि आपने अपने मन को कभी प्रशिक्षित नही किया, इसलिये यह आप पर हावी हो जाता है और आपको अनर्गल बातों में लगाये रखता है। आप रास्ते से भटक जाते है, गिर पड़ते है। खजाना तो दूर जीना मुश्किल कर देता है।

इतना ही नहीं आपके सिर पर एक पक्षी और बैठा हुआ है जो लकड़ी में छेद करने का काम करता है जिसे **कठफोड़वा** कहते है। यह आपकी यात्रा में आपके सिर में चोंच मारता रहता है। आपको दर्द देता है। कभी आपकी आंखों पर चोंच मारता है और आपकी आंखे सही देख नही पाती। कभी आपकी पीठ पर चोंच मारता है, कभी आपके पावों पर। आप चल नही पाते। ये कठफोडवा आपके रीढ़ व नाभी पर भी चोंच मारता है तो आपके सीने में दर्द हो उठता है और नाभी कलेजे में भी रूदन होने लगती है। ये कठफोड़वा पक्षी और कोई नही आपके इमोशन्स है। जब खजाना नही मिलता है तो आपको झुंझलाहट आती है, आपको क्रोध आता है और ये क्रोध का इमोशन आपसे कई गलतियॉ करवा देता है। जिससे फिर आपको पश्चाताप के अलावा और कुछ नही मिलता। कभी यह कठफोडवा लोभ के रूप में आप पर चोंच मारता हैं, कभी

आपको दूर खडी पहाड़ी पर कोई सुन्दर लड़की नजर आती हैं और आपको यह कठफोडवा कामोत्तेजित कर देता हैं। आपके तन–बदन पर अनेक जगह चोंच मारता है और आपको अन्दर ही अन्दर व्यथित कर देता है, इससे अधिक आपको अन्दर से खोखला कर देता है। ये इमोशन्स आपको चेन से नही रहने देते। व्याकुल कर देते है। व्यथित कर देते है।

यात्रा कैसे सम्पन्न हो? खजाना कैसे मिले? एक तरफ तो मन के अनियन्त्रित विचारों वाला तोता भटकाता रहता है, दूसरी और बेहिसाब उठने वाले इमोशन्स पीड़ित करते रहते है। आदमी अशान्त, बेचैन व अवसाद ग्रसित हो जाता है।

एक शुभ स्थिती है। एक अच्छी बात है। आपके दाहिने कन्धे पर **कोयल** बैठी हैं। वो मीठा, मधुर गाना गाती है। उसके गाने में आपके सुन्दर सपने हैं, आपके सुखों की आशायें है, आपके परिवार की खुशहाली की तमन्नायें है, आपको यह विकल्प है कि आप कोयल की सुने। कोयल को इरशाद कहे, कोयल के मधुर गीतों में मन को लगाये, कोयल की सकारात्मक बातों पर गौर करें, कोयल के द्वारा उत्पन्न किये जाने वाले सकारात्मक भावों को स्वीकार करें। यानि आपका फोकस कोयल पर हो, जो कि सकारात्मकता का रूपक है। तोता जो कि मन के भटकाव व बड़–बड़ का रूपक है व इमोशन्स कठफोड़वा के रूप में दुख–दर्द, पीडाओं के रूपक है, इन दोनों को गुडबॉय कह दे और अपना पूरा फोकस कोयल पर ले आयें। तो आपको भूलभूलैया से बाहर आने में दिशा व गति दोनों मिलेगी। जिससे आप खजाना प्राप्त कर पायेंगे। आप एक सुन्दर, मधुर, सार्थक जिन्दगी जीने हेतु श्रीगणेश भी कर सकेंगे।

स्टीफन आर कोवी पांच प्रकार के भावनात्मक कैंसर्स को बताते है। जिसे कि इस कहानी में कठफोड़वा के रूप में समझ सकते है। ये पांच भावनात्मक कैंसर्स ही वर्तमान में हमारे सारे दुखों की जड़ बने हुए है।

1. **Complaining:-** शिकायत करना, दूसरों को दोष देना यह एक इस प्रकार का इमोशन है जो हमारे को दुखी रखता है। हम शिकायत के अनेक मौके ढूंढ लेते है। क्योंकि हमारा फोकस नेगेटिव बातों को देखने में लगा रहता है। और हम अपनी जिंदगी से शिकायत करते रहते है। हमारा अधिकांश समय जिंदगी से, परिस्थितियों से व अन्य लोगों की शिकायत करने में लगा रहता है। यह एक ऐसा भावनात्मक कैंसर है जिससे बचने के लिये आदमी को सेल्फ अवेयर होने की जरूरत है। जो लोग सेल्फ अवेयर नही हैं उनको यह कैन्सर बहुत तकलीफ देता है।

2. **Comparing:-** व्यक्ति दूसरों से तुलना करता रहता है, उसकी साड़ी मेरी साड़ी से अधिक सफेद क्यों? उसका मकान मुझसे बड़ा क्यों? मेरे लड़के से उसका लड़का होशियार क्यों? पड़ौसी का मकान ऊंचा क्यों? बड़े भाई से छोटा भाई योग्य क्यों अथवा छोटे से बड़ा योग्य क्यों? भाई से बहिन होशियार क्यों? इस प्रकार की तुलनाऐं व्यक्ति का मन करता रहता है और इन्ही भावों से व्यक्ति घिरा रहता है। दूसरों की तरक्की देख कर जलता–भुनता रहता है और अन्दर ही अन्दर दुःखी होता रहता है। स्टीफन आर कोवी कहते हैं कि व्यक्ति सामाजिक है, सुसंस्कृत है। अतः अधिकांश लोग किसी अन्य की सफलता पर उसे बधाई देने जाते है, माला, साफा आदि पहनाकर सम्मान देते है लेकिन अन्दर ही अन्दर मन मसोस कर रह जाते है कि यह सफलता इसे क्यों मिली, मुझें क्यों नही। यह अभाव की मानसिकता है। इसलिये आदमी दूसरों से तुलना करता

रहता हैं और तुलना का यह भाव आदमी को बड़ा पीड़ादायक होता है।

3. **Competition:-** व्यक्ति अन्य व्यक्ति से प्रतिस्पर्द्धा करना अपना विवेकशील निर्णय समझता है, जबकि प्रतिस्पर्द्धा में दूसरे को नीचा गिराने के भाव छीपे रहते है। अगर कोई अधिक योग्य निकल जाता है, इसका अर्थ हारने वाला प्रतिद्विंदी यह लेता है कि मुझसे कुछ छीन लिया गया। कौन कितने अचूक तर्क देता है इस कम्पीटिशन के आधार पर न्यायालयों में फैसले होते है, बड़ी नियुक्तियों में अभ्यर्थी चुने जाते है। **स्टीफन आर कवी** ने कम्पीटिशन की भावना को बहुत कम जगह पर उचित बताया है। खासकर पारिवारिक मामलों में कम्पीटिशन को एक बड़े कैंसर के रूप में देखा गया है।

4. **Criticizing:-** दूसरों में कमियाँ ढूंढकर क्रिटिसाईज करना यानि निन्दा करना बड़ा प्रिय लगता है। निन्दा रस वाकई में बडा मधुर व स्वादिष्ट होता है। कुछ लोग कहते है कि हम सामने इधर–उधर की नही करते है, पीठ पीछे करे तो उसे पता थोडे ही चलता है यानि वो यह कहना चाहते है कि हमें तो निन्दा का आनन्द लेने दो। पोजिटिव क्रिटिसीजम तो 5–10 प्रतिशत होते है अधिकाशंतः किसी को डाउन करना ही क्रिटिसीजम का उद्देश्य होता है। क्रिटिसीजम घातक भावनात्मक कैंसर है। यदि आपने किसी व्यक्ति को क्रिटिसाईज कर दिया तो फिर उससे आप अच्छे सम्बंध की उम्मीद मत रखना क्योंकि क्रिटिसीजम दूसरे व्यक्ति के दिल को जख्म लगाता है, जख्म लगाता है, छलनी–छलनी कर देता

है। शालीन व्यक्ति प्रतिकार नही करते पर उनके अन्दर भी गहरे जख्म लग जाते है।

5. **Contending:-** हिन्दी में इसे वाद–विवाद करना कह सकते है। प्रायःकर छोटे–मोटे मनमुटाव होते है तो लोग अपनी स्थिति को स्पष्ट करते है। अपने पक्ष को जस्टीफाई करते है, तर्क देकर अथवा इमोशनल अपील करके। दोनों ही स्थितियों में सामने वाला व्यक्ति और पैने तर्क देता है, परिणाम यह होता है कि गर्म बहस हो जाती है और Contending कभी भी परिवारों के बीच मधुर सम्बंध नही बनने देती। यह एक भावनात्मक कैंसर है जो परिवारों को, समाज को खाये जा रहा है।

इन पांचो C'S को हमारे द्वारा आयोजित निःशुल्क वेबनायर व वर्कशॉप में दूर करना सिखाया जाता है। यहाँ मैं एक रेमेडी बता सकता हूँ जो इन पांचो कैंसर्स के लिये अचूक साबित हो सकती है, वो रेमेडी है कि आपको जो अच्छी वस्तुएँ मिली है उनके लिये कृतज्ञ रहना सीखिंये। जो अच्छी घटनायें आपके साथ हुई है उनके लिये भी कृतज्ञ रहे, जिन लोगों ने आपको सहयोग दिया है उनके लिये भी कृतज्ञ रहे। जिस दिव्य शक्ति ने आपको जन्म दिया है, मानव शरीर दिया है, प्रकाश, हवा, पानी, उष्मा, एनर्जी आदि की व्यवस्था की है उसके लिये भी कृतज्ञ रहे। हम टीम 360 के बैनर के नीचे कृतज्ञता से सुख व समृद्धि नामक वेबनार/वर्कशॉप आयोजित करते है। इच्छुक लोग उनका लाभ उठा सकते है।

विश्व प्रसिद्ध पुस्तक **'सीक्रेट"** में **रोण्डा ब्राईन** लिखती है कि जो व्यक्ति कृतज्ञ नही है उसे यूनिवर्स के द्वारा बीमार रखा जायेगा, गरीब रखा जायेगा और उसके पारिवारिक सम्बंधों में बिखराव रखा जायेगा। इसके विपरीत जो व्यक्ति कृतज्ञता की मानसिकता की आदत डाल लेता है उसे अमीर बनाया जायेगा, स्वस्थ रखा जायेगा व उसके सम्बंधों में मधुरता रहेगी।

उपरोक्त वर्णित कहानी में कठफोड़वा से बचने के लिये कृतज्ञता एक अचूक हथियार है। आप कृतज्ञता की आदत विकसित करके अपने जीवन को सुखद, समृद्ध व सार्थक बना सकते है तथा जिंदगी को संगीतमय, मधुर ढंग से जी सकते है। मैनें कृतज्ञता की संजीवनी नामक एक पुस्तक लिखी है जिसमें अनेक प्रकार की एक्सरसाईज दी गई है जिससे आप अपनी कृतज्ञता की आदत को विकसित कर सकते है और सुख–शान्ति व समृद्धिपूर्वक सार्थक जीवन जी सकते है।

NOTES (जो बातें आपके ह्रदय को छू गई है)

1. ____

2. ____

3. ____

4. ____

5. ____

6. ____

7. ____

8. ____

9. ____

10. ____

11. ____

12. ____

13. ____

14. ____

15. ____

16. ____

17. ____

18. ____

19. ____

20. ____

21. ____

22. ____

23. ____

24. ____

25. ____

NOTES (जो निर्णय आपने अपने जीवन में लेने हेतु तय किये है)

26. ____

27. ____

28. ____

29. ____

30. ____

31. ____

32. ____

33. ___________________________________

34. ___________________________________

35. ___________________________________

36. ___________________________________

37. ___________________________________

38. ___________________________________

39. ___________________________________

40. ___________________________________

41. ___________________________________

42. ___________________________________

43. ___________________________________

44. ___________________________________

45. ___________________________________

46. ___________________________________

47. ___________________________________

48. ___________________________________

49. ___________________________________

50. ___________________________________

(अध्याय–2)
सोने के अण्डे देने वाली मुर्गी

एक पुरानी कहानी है कि एक गरीब किसान था जिसके पास एक मुर्गी थी। एक दिन अचानक प्रातःकाल किसान ने देखा कि मुर्गी के दड़बेखाने में कोई पीले रंग का पत्थर पडा हुआ है। उसने उस पीले रंग के पत्थर को उठाया, देखा तो वह धातु का लगा। परिवार में लोगों ने कहा यह तो सोने का है। सुनार से जांच करवाई गई वो वाकई में सोने का था। दूसरे दिन फिर उस दडबे़ में उस मुर्गी के नीचे एक सोने का फिर अण्डा पाया गया। किसान ने उस सोने के अण्डे को उठा लिया। इस प्रकार वो मुर्गी रोजाना सोने का एक–एक अण्डा देती थी।

किसान गरीब था। एक–एक सोने के अण्डे से वो अपनी गरीबी को दूर नही कर पा रहा था। परिवारवालों ने भी समझाया कि एक–एक अण्डे से तो गरीबी दूर नही होगी। किसान के दिमाग में आया कि क्यों नही मुर्गी का पेट चीरकर एक साथ सारे सोने के अण्डे निकाल लिये जाये ताकि मैं अमीर बन सकू। किसान ने ऐसा ही किया। मुर्गी का पेट चीरा लेकिन अफसोस उसे एक भी अण्डा सोने का नही मिला।

यह कहानी पुरानी है, छोटी है लेकिन यह हमारे जीवन में कैसे हमारी प्रतिभा, योग्यता व प्रभावकारिता बढे इसको सुन्दर ढंग से परिभाषित करती है। स्टीफन आर कोवी ने अपनी पुस्तक **"सेवन हेबिट्स ऑफ हाईली इफेक्टिव पीपुल"** में व्यक्ति अथवा ओर्गेनाईजेशन की प्रतिभाओं को एक ही शब्द **प्रभावकारिता** से सम्बोधित किया है। ये उपरोक्त कहानी प्रभावकारिता की सुन्दर परिभाषा देती है।

मान लो कि आपने एक कार खरीदी। उस कार से आप दूर दराज की रोमांचक यात्राएँ करते है। लेकिन आप समय पर उसकी सर्विसिंग नही करवाते है तो जानते है क्या होगा? जो मुर्गी के साथ हुआ यानि कि रोमांचक यात्राएँ सोने का अण्डा है। कार मुर्गी है जिसकी उचित समय पर देखभाल नही होने से आपकी कार जवाब दे सकती है या खराब हो सकती है।

इसी तरह से मान लो पति–पत्नी के बीच में अच्छे सम्बंध है। ये सोने के अण्डे की तरह है। लेकिन यदि पत्नी की ठीक से देखभाल न की जाये, उसे उचित वातावरण, सम्मानजनक स्थित में न रखा जाये तो पारिवारिक सम्बंध में खटास आ सकती है।

प्रभावकारिता में P & PC का सन्तुलन जरूरी है। कुछ लड़के यूनिवर्सिटिज में अपनी प्रतिभाओं को बढ़ाने हेतु पढ़ते रहते है। लेकिन उन प्रतिभाओं का उपयोग नही कर पाते है। उन्हे उचित नौकरी आदि नही मिलती तो प्रभावकारिता का स्तर गिर जाता है।

मैं प्रभावकारिता पर इतना बल इसलिये दे रहा हूँ कि जो व्यक्ति जितना प्रभावकारी होगा उतना ही उसकी आमदनी का स्तर होगा। यदि व्यक्ति प्रभावकारी कम है तो आमदनी कम होगी। प्रभावकारी ज्यादा है तो आमदनी ज्यादा होगी। बड़ी–बड़ी कम्पनियों में अच्छा स्टॉफ रखा जाता हैं। स्टॉफ अच्छे रिजल्ट देता है लेकिन यदि स्टॉफ की उचित देखभाल, पारिश्रमिक आदि ठीक ना हो तो दीर्घकाल में कम्पनी को घाटा हो सकता है। मात्र उचित सुख–सुविधाऐं स्टॉफ को दी जाये और स्टॉफ अच्छे रिजल्ट ना दे तो भी P & PC (Production Capacity) का सन्तुलन बिगड़ जाता है।

स्टीफन आर कोवी कहते है कि जीवन के अथवा ओर्गेनाईजेशन के क्षेत्र में P & PC का श्रेष्ठ स्तर बनाये रखना एक विशिष्ट पैराडाईम है। आपका स्वास्थ्य ठीक है, आप दिनभर ऊर्जावान रहते है। अच्छी कमाई करते है (प्रोडक्ट) लेकिन यदि आप अपने शरीर

की देखभाल नही करेंगे, उचित पोष्टिक खाना नही देंगे (प्रोडक्शन केपेसिटी) तो शरीर कमजोर पड़ जायेगा और आपकी प्रभावकारिता गिर जायेगी। तद्नुरूप आपकी आमदनी का स्तर भी गिर जायेगा। यदि आप अपने शरीर की ही देखभाल करते रहे और आमदनी नही करें तो प्रोडक्ट का स्तर गिर जायेगा। यानि कि आपके जीवन में प्रोडक्ट व प्रोडक्शन केपेसिटी दोनों का संतुलन जरूरी है।

प्रोडक्ट एवं प्रोडक्शन केपेसिटी का सिद्धांत, यदि इसका उचित उपयोग किया जाये तो आपके जीवन में बहुत लाभ दे सकता है। जैसे कि आपका स्वास्थ्य, जैसे कि आपके पारिवारिक सम्बंध, जैसे कि आपकी सामाजिक प्रतिष्ठा, जैसे कि आपके बच्चों का भविष्य।

इस प्रभावकारिता को सामान्य से अतिविशिष्ट बनाने हेतु स्टीफन आर कोवी ने निम्न 7 आदते बताई है। यदि व्यक्ति निम्न आदतों को अपने जीवन में उतारे तो वो व्यक्ति अतिप्रभावकारी बन सकता है।

1. प्रोएक्टीविटी की आदत।

2. अन्त को ध्यान में रखकर शुरूआत करने की आदत।

3. प्रथम वस्तु/कार्य को पहले करने की आदत।

4. जीत–जीत की मानसिकता की आदत।

5. पहले परानुभूतिपूर्वक सुने फिर अपनी बात कहने की आदत।

6. सिनर्जी की आदत (भिन्न विचार वाले व्यक्तियों के साथ में काम करने की सामर्थ्य विकसित करना)

7. आरी की धार को तेज करने की आदत (शारीरिक, मानसिक, भावनात्मक, आध्यात्मिक शरीरों का नित्य व्यायाम)

उपरोक्त प्रथम तीन आदतों को एक ही वाक्य से बताया जा सकता है कि Make the Promise and Keep the Promise. प्रथम आदत प्रोएक्टिव कहती है कि आप अपने भविष्य के स्वयं निर्माता है। आप अपने च्योईस की जिन्दगी जीने के लिये स्वतंत्र है। ये आदत आपको प्रोमिज करने की क्षमता देती है। दूसरी आदत प्रोमिज का मैटेरियल है। तीसरी आदत प्रोमिज को पूरा करना। यानि कि आप जीवन में कौन–कौन से काम करने का प्रोमिज करते है और उन्हे पूरा करते है। ये उपरोक्त तीनों आदतों का सार है। इन तीन आदतों को जीवन में डाल लेने से आत्मविश्वास प्रचण्ड रूप से बढ़ जाता है। व्यक्ति अपने आपको गहराई से अवलोकन करके परिभाषित करता है। वह अपने जीवन का एक मिशन तय कर लेता है और ताउम्र उस मिशन पर चलता रहता है। आगामी चौथी, पांचवी व छठी आदत व्यक्ति व संगठनो में टीमवर्क को बढ़ाने हेतु है। संगठन में परिवार, समाज, राष्ट्र सभी शामिल है। सांतवी आदत इन छः आदतों को विकसित करने के लिये व व्यक्ति के चारों आयाम यानि शारीरिक, मानसिक, भावनात्मक व आध्यात्मिक को पैना करने हेतु है।

उपरोक्त सातों आदतों को सीखाने हेतु **स्टीफन आर कोवी** दो दिन के वर्कशॉप्स आयोजित किया करते थे। कई वर्षों पूर्व लेखक ने भी कोवी के वर्कशॉप को अटेण्ड किया। तब से ही इच्छुक लोगों को यह आदते वर्कशॉप/ऑनलाईन वेबनार के जरिये सीखाई जाती है।

यदि कोई व्यक्ति अपनी प्रभावकारिता को 50 गुणा बढ़ाना चाहे। इसका अर्थ हुआ कि वो अपनी आमदनी को 50 गुणा बढ़ाना चाहता है तो उसे **स्टीफन आर कोवी** की सात आदतों को अवश्य सीखना चाहिये। मैं नौजवानों को आह्वान करता हूँ कि वो अपने जीवन को सर्वश्रेष्ठ बनाने हेतु स्टीफन आर कोवी की सातो आदतो को पढ़े, जीवन में उतारे। सुविधाजनक हो तो वर्कशॉप भी अटेण्ड करें। टीम

360 के द्वारा उपरोक्त वेबनार अधिकांशतः निःशुल्क किये जाते है। इच्छुक लोग सम्पर्क कर सकते है।

NOTES (जो बातें आपके हृदय को छू गई है)

1. ______________________________
2. ______________________________
3. ______________________________
4. ______________________________
5. ______________________________
6. ______________________________
7. ______________________________
8. ______________________________
9. ______________________________
10. ______________________________
11. ______________________________
12. ______________________________
13. ______________________________
14. ______________________________
15. ______________________________
16. ______________________________
17. ______________________________
18. ______________________________

19. _______________________________
20. _______________________________
21. _______________________________
22. _______________________________
23. _______________________________
24. _______________________________
25. _______________________________

NOTES (जो निर्णय आपने अपने जीवन में लेने हेतु तय किये है)

26. _______________________________
27. _______________________________
28. _______________________________
29. _______________________________
30. _______________________________
31. _______________________________
32. _______________________________
33. _______________________________
34. _______________________________
35. _______________________________
36. _______________________________
37. _______________________________

38. _______________________________________

39. _______________________________________

40. _______________________________________

41. _______________________________________

42. _______________________________________

43. _______________________________________

44. _______________________________________

45. _______________________________________

46. _______________________________________

47. _______________________________________

48. _______________________________________

49. _______________________________________

50. _______________________________________

(अध्याय—3)

खरगोश कछुए के मुकाबले की कहानी – एन एडवांस वर्जन

कछुआ पानी में मस्ती से छलांगे लगा रहा था। कछुऐ के परिवार के लोगो ने कहा कि पानी में बहुत तेज भाग रहे हो। अपनी तारीफ सुन कछुआ इठलाने लगा। दोपहर बाद कछुआ पानी के किनारे बैठा था। खरगोश छलांगे मारता हुआ आया तो कछुए ने खरगोश को अपने परिवार के सामने दौड़ में हराने का चैलेंज कर दिया। दोनों के बीच ठन गई। पास में बैठे बन्दर को उन्होने रैफरी बनाया और रेस का दिन तय किया। रेस के दिन ठीक समय पर खरगोश और कछुए ने दौड़ लगानी आरम्भ की। मंजिल के प्वाइंट पर बन्दर बैठा हुआ था। खरगोश तेजी से दौड़ा लेकिन रास्ते में हरी—हरी घास दिखाई तो उसका मन ललचाया और वो घास खाने लगा। जब अच्छी खासी घास खाली, पेट भर गया, सुस्ती आने लगी तो खरगोश जमीन पर लेट गया और उसे गहरी नींद आ गई। कछुआ धीरे—धीरे चलता हुआ खरगोश के पास आया तो देखा कि खरगोश सो रहा है तो वह मंजिल की ओर निकल गया। लगभग मंजिल के पास पहुंच गया। खरगोश की आंख खुली तो उसे याद आया कि मैं तो रेस कर रहा था, कछुआ आगे निकल गया होगा। खरगोश तेजी से दौड़ा लेकिन मौका चूक गया। कछुआ मंजिला पर पहुंच चुका था और रैफरी बन्दर ने उसे विजयी भी घोषित कर दिया था।

यह कहानी आप सभी लोगों ने बचपन में पढ़ी होगी अथवा सुनी होगी। इसका मोरल सीधा साधा है मगर प्रभावकारी। Slow and Study Wins the Race यानी कि भले ही धीरे चलो पर निरन्तर

चलो तो सफलता सुनिश्चित है। हर व्यक्ति के लिये, हर संगठन के लिये, हर परिवार के लिये यह सिद्धान्त काम करता है।

लेकिन खरगोश ने अपनी हार को स्वीकार नही किया और कछुए पर आरोप लगाया कि कछुए ने हरी-हरी घास मैदान में बिछवा दी और मुझें मुर्ख बनाकर के खिला दी जिससे मुझें नींद आ गई और मैं सो गया। यह तो सरासर ठगी है। मेरे विरूद्ध साजिश की गई और मुझें हरा दिया गया। खरगोश ने अपील अथोरोटी में अपनी अपील लगाई। अपील अथोरोटी की चैयरपर्सन एक लोमड़ी थी जो कि हाल ही में आई.एम.ए. (इण्डियन इंस्टीट्यूट ऑफ मैनेजमेन्ट, अहमदाबाद) से एम.बी.ए. करके आई थी। मैनेजमेन्ट में होने वाली साजिशों से परिचित थी। अतः उसे खरगोश की बात में दम नजर आया और उसने दुबारा रेस करने के निर्देश दिये।

अपील अथोरोटी के चैयरपर्सन के निर्णयानुसार निश्चित तिथि को पुनः रेस हुई। सभी जानते है कि खरगोश तेजी से भागता है। यदि वो लगातार भागे तो कछुए के मुकाबले रेस में जीत उसकी निश्चित है। अतः रेस के दौरान कछुए को बड़े अन्तर के साथ खरगोश ने हरा दिया और खरगोश विजयी घोषित किया गया। इस एडवांस वर्जन का मोरल यह है कि Fast and Persistent Efforts Succeed यानी की तेज व लगातार प्रयत्न किये जाने से सफलता सुनिश्चत है।

आधुनिक उद्योगो में खासकर कारपोरेशन में इस मोरल के अनुसार काम किया जाता है और सफलता सुनिश्चत की जाती है। यानी की तेज चलें बिना रूके चलों, उसे सफलता प्राप्त होगी।

कछुए को अपनी हार स्वीकार नही हुई। क्योंकि एक बार वो विजयी हो चुका था इसलिये वो हार को गले नही उतार पाया और उसने भी अपील अथोरोटी में पुनः अपील लगाई कि मुझें एक मौका और दिया जाये। क्योंकि मुझें रेस के लिये तैयारी का अवसर नही मिला था। इसलिये खरगोश आगे निकल गया। अतः मेरे समानता

के अधिकार को बरकरार रखते हुए रेस दुबारा करवाई जाये। अपील अथोरोटी में इस बार चैयरमैन एक भालू था। उसने दोनों पक्षों की बात सुनी। वो चूंकि हारवर्ड यूनिवर्सिटी से हाल ही में एम.बी.ए. करके आया था इसलिये उसे कछुए के साथ हुआ अन्याय नजर आया। इसलिये उसने रेस को दुबारा कराने का निर्देश दे दिया। रेस तयशुदा दिन आयोजित होनी थी लेकिन अपील अथोरोटी के चैयरमैन ने निर्देश दिया कि इस बार रास्ता हम तय करेंगे और उन्होंने पानी वाले रास्ते को तय कर दिया। अब तो कछुए की मौज हो गई। वो पानी में तेज गति से तैरा व दौड़ा। खरगोश पानी में ज्यादा तेज नही दौड़ पाया इसलिये खरगोश हार गया और कछुआ जीत गया।

इस एडवांस वर्जन का मोरल है कि जिस कार्य में आप निपुण हो उस कार्य को ही आप द्वारा किया जाये ताकि रिजल्ट बेहतर मिले ना कि दूसरों की देखा–देखी वो कार्य हाथ में लो जिसमें आप पूरी तरह निपुण ना हो।

इस बार तो खरगोश बुरी तरह से तैश में आ गया और अपील अथोरोटी को ही बुरा–भला कहने लगा और अपनी अपील सुपर अपील अथोरोटी के सामने की जिसका कि चैयरपर्सन एक शेर था। वो अभी अमेरिका की एक यूनिवर्सिटी में प्रोफेसर था और कई एम. बी.एज निकाल चुका था। अतः उसने अपील स्वीकार कर ली और निर्णय दिया कि कछुए और खरगोश दोनों का काम दौड़ना है। वो कैसे दौड़ेंगे? कहाँ दौड़ेंगे? कब दौड़ेंगे? कितने समय में दौड़ेंगे? यह हम तय करेंगे क्योंकि हम जंगल के राजा है और हमने बरसों यू. एस.ए. में एम.बी.ए. पढ़ाया है। सुपर अपील अथोरोटी के चैयरमैन ने निर्देश दिया कि जहा रास्ते में पानी है वहा पर देकछुआ तेजी से दौड़ेगा और अपने कन्धों पर खरगोश को बैठायेगा। जहाँ सुखी जमीन है वहाँ पर खरगोश तेजी से दौड़ेगा और अपने कन्धे पर

कछुए को बैठायेगा। विगत की दौड़ो में दो-दो घन्टे लगे थे अब मुझें यह दौड़ 30 मिनट में समाप्त चाहिये।

तय दिन दौड़ हुई और 30 मिनट में ही दौड़ पूरी हो गई। खरगोश और कछुआ दोनों को विजयी घोषित किया गया। इसमें एडवांस वर्जन का मोरल है कि दोनों कम्पीटिशन के बजाय कोऑर्डिनेट करते है तो रिजल्ट आकर्षक व बेहतरीन होता है। जहाँ जिसकी योग्यता ज्यादा है उस क्षेत्र में वो दूसरों को सहयोग करें तथा जिस क्षेत्र में किसी की योग्यता कम है उसमें उसका सहयोग किया जावें। मोरल है कि Team always Wins not Individual.

यह कहानी सुनाने के पश्चात् मैं वर्कशॉप में इस कहानी के आधार पर स्टीफन आर कोवी की चौथी आदत जीत-जीत की मानसिकता को समझाता हूँ। जीत-जीत की मानसिकता ओर्गेनाईजेशन में काम करने वालें लोगों के लिये बीज का काम करती है। जो लोग निम्न बातों को अपने अन्तःकरण में विकसित कर लेते है वही सच्चे अर्थो में जीत-जीत की मानसिकता के बन पाते है और टीम के सदस्य के रूप में तथा टीम के लीडर के रूप में सफल हो पाते है।

1. व्यक्ति/संगठन का चरित्र।

2. व्यक्ति/अथवा संगठन के सम्बंध।

3. व्यक्ति/अथवा संगठन के अनुबंध।

4. व्यक्ति/संगठन का सहयोगी तंत्र।

5. व्यक्ति/संगठन की प्रक्रियाएँ।

उपरोक्त पाँचो बातें जीत-जीत की मानसिकता के लिये जरूरी है। यानी कि ओर्गेनाईजेशनल प्रभावकारिता के लिये उपरोक्त पांचो बांते अत्यंत जरूरी है। लेकिन इनमें से प्रथम बात व्यक्ति/संगठन

का चरित्र मूल है जिस पर कि पूरा संगठन का स्वरूप खड़ा होता है।

व्यक्ति/संगठन का चरित्रः–चरित्र में मुख्य रूप से तीन बातें रखी जाती है।

1. **अखण्डताः –** यदि हम अपने आप से अथवा हमारा संगठन किसी कस्टमर से या अन्य किसी व्यक्ति से कोई प्रोमिज करते है या कमिटमेन्ट करते है तो पूरा करने की उनमें क्षमता व मानसिकता अखण्डित रूप से होनी चाहिये। यदि प्रोमिज को पूरा नही कर पाते है तो लोगों का विश्वास व्यक्ति/संगठन से उठ जाता है और वो संगठन असफल हो जाता है। लेकिन यदि संगठन में अपने प्रोमिजेज, अपने कमिटमेन्ट पूरे करने की क्षमता है व मानसिकता है तो वो संगठन ऊंची उपलब्धियॉ प्राप्त कर सकेगा। उपरोक्त कहानी में जो बात कही गई है कि जिन प्रतिभाओं के आप धनी हो उन क्षेत्रों में ही आपको कार्य करना चाहिये तथा वही प्रोमिजेज करने चाहिये ताकि आप अपने प्रोमिजेज सार्थक ढंग से निभा सके।

2. **परिपक्वताः –** यह प्रबन्ध में पी/पीसी का संतुलन है यानी कि कोई व्यक्ति अपनी बात को दूसरे लोगों के भले के लिये कहता है। यानी कि उसमें दूसरों के प्रति संवेदनशीलता है। लेकिन इसके साथ ही उसमें अपनी बात दूसरों को कहने की हिम्मत भी होनी चाहिये। साहस व संवेदनशीलता दोनो का उचित संतुलन परिपक्वता कहलाती है। खरगोश व कछुए ने जब एक–दूसरे के प्रति संवेदनशीलता दिखाई व साहस के साथ चुनौती को स्वीकार करके एक साथ मिलकर कार्य

किया तो न केवल कार्य अच्छे ढंग से सम्पन्न हुआ बल्कि यथासमय भी पूरा हुआ।

3. **प्रचुरता की मानसिकताः** – चरित्र का यह विशिष्ट गुण है। यदि यह गुण नही है तो व्यक्ति अथवा संगठन अभाव की मानसिकता का शिकार हो जायेगा। उपरोक्त कहानी में खरगोश ने अपनी हार को नही स्वीकारा न ही कछुए ने अपनी हार को स्वीकारा। यानी हार किसी को पसंद नही है। सभी लोग विजयी होना चाहते है और दूसरे को हराना चाहते है। यह अभाव की मानसिकता कहलाती है। यानी की दूसरे को कोई उपलब्धी हुई यानि कि मुझसे कोई चीज छीन ली गई है। यानी अगर किसी व्यक्ति को कोई सफलता मिली तो संगठन के अन्य लोग उसे बधाई देने जाते है लेकिन अगर उनकी मानसिकता अभाव की है तो वे मन ही मन, मन मसोस लेते है और अन्दर ही अन्दर उस व्यक्ति की उपलब्धी से चिड़ते है, जलते भुनते है। प्रायःकर लोग शालीन होते है, सुसंस्कृत होते है इसलिये बाहर बधाइयाँ देते है। लेकिन व्यक्ति ड्रीवन अपने ह्रदय ये होता है। अतः यदि ह्रदय में दूसरे के प्रति ईर्ष्या व दुर्भावना भरी है तो टीमवर्क में कमी आ जाती है।

4. **सम्बंधः** – यदि व्यक्तियों कं बीच में अथवा संगठनों के बीच में इमोशनल बैंक अकाउंट में डिपोजिट कम होते है, विड्रॉल अधिक होते है तो विश्वास का स्तर गिर जाता है। जहाँ विश्वास नही रहता वहा सम्बंध स्थायी नही रहते। दिखावे के तौर पर ऐसे लोग साथ–साथ काम करते है लेकिन वो अन्दर से एक–दूसरे का

विरोध करते है। अगर विरोध नही करते है तो उदासीन हो जाते है। यानि टीम वर्क का स्तर गिर जाता है।

अतः उपरोक्त कहानी व्यक्तियों/संगठनों के बीच मे किस प्रकार से तालमेल बने व टीम अधिक उपलब्धियाँ प्राप्त करें व दीर्घकाल तक उपलब्धियाँ प्राप्त करती रहे का अच्छा चित्रण करती है।

हमारे द्वारा आयोजित वर्कशॉप/वेबनार में टीम वर्क व मैनेजमेन्ट के सिद्धान्तों को इन्ट्रेस्टिंग/रोचक कहानियों के द्वारा समझाया व सहभागियों के गले उतारा जाता है ताकि सहभागियों मे वाकई में ट्रांसफोर्मेशन हो सके। हम प्रति सप्ताह एक वर्कशॉप/वेबनार निःशुल्क आयोजित करते है। वर्ष में कुल 52 वेबनार/वर्कशॉप हमारे द्वारा निःशुल्क आयोजित किये जाते है। इच्छुक नौजवान लोग सम्पर्क कर सकते है व अपने व्यक्तित्व का विकास तथा प्रबन्धकीय कौशल में वृद्धि कर सकते है।

NOTES (जो बातें आपके हृदय को छू गई है)

1. ____

2. ____

3. ____

4. ____

5. ____

6. ____

7. ____

8. ____

9. _______________________________________

10. _______________________________________

11. _______________________________________

12. _______________________________________

13. _______________________________________

14. _______________________________________

15. _______________________________________

16. _______________________________________

17. _______________________________________

18. _______________________________________

19. _______________________________________

20. _______________________________________

21. _______________________________________

22. _______________________________________

23. _______________________________________

24. _______________________________________

25. _______________________________________

NOTES (जो निर्णय आपने अपने जीवन में लेने हेतु तय किये है)

26. _______________________________________

27. _______________________________________

28. ____

29. ____

30. ____

31. ____

32. ____

33. ____

34. ____

35. ____

36. ____

37. ____

38. ____

39. ____

40. ____

41. ____

42. ____

43. ____

44. ____

45. ____

46. ____

47. ____

48. ____

49. ____

50. ____

(अध्याय—4)
आँखो के डॉक्टर की कहानी

एक व्यक्ति जिसे आँखो में कुछ तकलीफ थी, ठीक से दिखाई नही देता था। उसे लगा कि उसे आँखो के किसी अच्छे डॉक्टर को दिखाना चाहिए। अतएव नगर के सबसे अनुभवी व प्रसिद्ध ऑपथेलोमिस्ट के पास अपनी आँखे चैक कराने गया। आँखो के डॉक्टर ने उसको देखा और शीघ्र ही अपनी आँखो पर लगा चश्मा उतारा और उसे पकड़ा दिया कि लगाओं अपनी आँखो पर और देखों सामने क्या लिखा है? व्यक्ति बोला मुझें तो कुछ भी दिखाई नही देता है। आँखो के डॉक्टर ने कहा थोड़ा प्रयास करों, कोपरेट करों। व्यक्ति ने कोशिश की, आँखे ऊंची—नीची की लेकिन कुछ भी दिखाई नही दिया। फिर बोला क्षमा करें कुछ भी दिखाई नही देता। आँखो के डॉक्टर ने गम्भीर होते हुए कहा **'बी पोजिटिव, अपना रवैया सुधारो'**। इस चश्मे को मैं पिछले 20 साल से लगा रहा हूँ और मुझें बिलकुल ठीक दिखाई देता है। कृतज्ञ रहना सीखों। कृतज्ञ रहोगे तो आँखे आदि सब ठीक हो जायेंगी। मेरे प्रति आभार व्यक्त करों कि मैनें अपना खुद के चश्मे को आपको दिया है।

क्या यह व्यक्ति दुबारा अपनी आँखो को टैस्ट कराने के लिये ऐसे आँखो के डॉक्टर के पास जायेगा। बिलकुल नही। कारण स्पष्ट है कि उस डॉक्टर ने उस पेशेन्ट से यह नही पूछा कि तुम्हारे क्या तकलीफ है, आँखो को चैक नही किया और ना ही कोई दवा दी। सीधे ही अपना चश्मा उसे थमा दिया।

स्टीफन आर कोवी अपनी पुस्तक **"सेवन हेबीट्स ऑफ हाईली इफेक्टिव पीपुल"** में 5वीं आदत कि पहले परानुभूतिपूर्वक सुने, फिर सलाह या अपना कथन दूसरे के सम्मुख पेश करें। मेडिकल भाषा में

कहा जा सकता है **First Diagnose Then Prescribe** मैनेजमेन्ट की भाषा में कहे तो पहले बैंच मार्क टैस्ट करें फिर रास्ता तय करें। टिचिंग की भाषा में कहे तो पहले छात्र का शैक्षणिक स्तर देखें फिर उसे पढ़ाना आरम्भ करें। वकीलों की भाषा में कहे तो पहले मुवक्किल से वारदात की पूरी जानकारी करें फिर निदान या उपाय बतलायें।

5वीं आदत को मैं अपने वर्कशॉप में बतलाता हूँ कि परानुभूतिपूर्वक सुनना किस प्रकार होता है? इसमें सिर्फ सुनना हैं, मानना जरूरी नही है या उस व्यक्ति से सहमत होना जरूरी नही है। इसका उद्धेश्य सामने वाले व्यक्ति की मनोवैज्ञानिक सुनने की जो भूख है उसको पूरा करना है। अतः यह कार्य थोड़ा मुश्किल है और जिस व्यक्ति का चारित्रिक स्तर ऊंचा व मजबूत नही है वह सुनने में कमजोर पड़ेगा अतः उसे प्रशिक्षण की जरूरत है।

सुनने में संवेदनशीलता व सामने वाले व्यक्ति की परवाह करने की आवश्यकता है। बस अन्य बातों की नही। लेकिन किसी की सही मायने में परवाह करने के लिये बड़े मजबूत चरित्र व साहस की जरूरत होती है और उचित प्रशिक्षण की भी।

स्कूलों में, कॉलेजेज में, युनिवर्सिटिज में बोलना तो सीखाया जाता है, डीबेट के कम्पीटिशन भी होते है लेकिन सुनने की कला कही नही सीखाई जाती। मैं कई बार स्कूलों में मेरे प्रोजेक्ट के बतौर जाता हूँ। तो मैं देखता हूँ कि मैडम बच्चों को कुछ पढ़ा रही है, कुछ सुना रही है और पीछे बैठे हुए बच्चे मैडम का चित्र बना रहे है। कुछ बच्चे कागज की हवाई जहाज भी उड़ा देते है। यानि कि कुछ बच्चे मैडम की बात को सुनने की कोई इच्छा नही रखते। मैडम भी अपनी विधा में प्रशिक्षित होती है इसलिये वो भी अपनी बात को सुने इसके लिये वह कई प्रयोग करती है। बच्चों को डांटती है, डपटती है, इमोशनल अपील करती है। लेकिन बच्चे अपने मन के अन्दर ताला बन्द कर लेते है। वो कोई बात अन्दर जाने ही नही देते।

आओं किस प्रकार से आम लोग सुनते है, इसका थोड़ा चित्रण करें।

1. अगला व्यक्ति अपनी बात कहना चाहता है उससे पहले सुनने वाला अपनी सलाह उसे दे देता है। यानि कि कहने वाले का प्रवाह ही टूट जाता है और मजा किरकिरा हो जाता है।

2. जब कोई व्यक्ति अपनी बात कहता है तो सुनने वाला उसे कोई अपनी जिन्दगी की घटना सुना देता है। यानि कि कहने वाला कह ही नही पाता। उसकी बात और सुनने पर मजबूर हो जाता है।

3. कुछ सुनने वाले अपने काम–काम की बात तो सुन लेते है बाकि नही सुनते।

4. कुछ सुनने वाले बीच में हाँ–हाँ कहते रहते है ताकि सुनने वाले को बुरा ना लगे लेकिन उनका ध्यान कहीं और रहता है।

5. कुछ सुनने वाले ऐसी मुद्रा बनाते है, ऐसा अपना चेहरा बना लेते है कि सामने वाला अपनी बात कहने का साहस ही नही जुटा पाता।

6. कई सुनने वाले मल्टिलेवल कम्पनियों के कार्यकर्ता होते है। उन्होनें सुनने की टैक्निक्स सीख रखी है अतः ज्यों ही कोई व्यक्ति उनसे अपनी बात कहता है, तो ये उसकी तारीफ करना चालू कर देते है और उसकी बात में कितना दम है यह तौलकर उसे बताने लगते है।

7. कुछ सुनने वाले सुनाने वाले से आर्ग्यूमेन्ट करने लग जाते है।

8. कुछ सुनने वाले सुनाने वाले को बेवकूफ समझ कर गर्दन नीची–ऊंची करके यह अहसास दिलाते है कि हम सुन रहे है।

उपरोक्त आठों प्रकार के तरीके परानुभूति श्रवण के तरीके नही हो सकते लेकिन व्यवहार में प्रायःकर उपरोक्त तरीके ही श्रवण हेतु प्रचलित है।

यदि किसी व्यक्ति की खाने–पीने और रहने की आवश्यकता की पूर्ति हो जाती है, तो उसे अगली भूख सिर्फ साईकोलोजिकल होती है कि कोई उसकी सुने। प्रायःकर देखने में आता है कि वृद्ध माता–पिता बच्चों को अपनी बात कहने के लिये मौके तलाशते रहते है। लेकिन उन्हें उपर्युक्त मौका मिलता ही नही। अगर कभी मौका मिल भी जाये तो बच्चा 8 प्रकारों में से किसी एक प्रकार से सुनता है। अतः माता–पिता की साईकोलोजिकल भूख तृप्त होने के बजाय और बढ़ जाती है।

मैनेजमेन्ट के क्षेत्र में स्टॉफ की बात सुनने का कोई उचित तरीका नही होता तो स्टॉफ की साईकोलोजिकल भूख तृप्त नही होती। क्योंकि उच्चाधिकारी अपनी बात तो कह देते है लेकिन स्टॉफ की नही सुनते। अगर सुनते भी है तो उस तरीके से नही सुनते जिस तरीके से सुननी चाहिये।

शिक्षा के क्षेत्र में तो बड़ा गडबडझाला है। स्कूल का प्रींसिपल गुस्से में आकर के टिचर्स पर अपना गुस्सा उतार देता है। टिचर्स अपना गुस्सा स्कूल में बड़ी क्लास के बच्चों पर उतार देते है। बड़ी क्लास के बच्चे मौका पाते ही छोटे–छोटे नन्हे बच्चों पर अपना गुस्सा उतार देते है। **गीजूभाई पटेल** गुजरात के बहुत बड़े शिक्षाविद् हुए है। उन्होनें अपनी पुस्तक में लिखा है कि इन नन्हे बच्चों की कौन सुने? ये किसको अपनी बात किसे कहे? इनकी मनोवैज्ञानिक भूख कैसे तृप्त हो? क्योंकि यदि मनोवैज्ञानिक भूख तृप्त नही होगी तो बच्चो में अवसाद आ जायेगा अथवा वे विद्रोही बन जायेंगे। हो सकता है कि समाज के लिये असामाजिक तत्व बन जायें। अतः

गीजूभाई पटेल ने मोन्टेसरी शिक्षा प्रणाली छोटे बच्चों हेतु प्रचारित प्रसारित करने की बात कही ताकि छोटा बच्चा अपनी साईकोलोजिक भूख किसी खिलौनें को बताकर अपनी भूख शान्त कर सके या किसी डोगी, पैट आदि को कान में कहकर पूरी कर सके।

पांचवी आदत प्रभावकारी सम्प्रेषण की आदत है। इसलिये इसके दो हिस्से है। पहला ब्रोड़कास्टिंग यानि कि कहने वाला। दूसरा रिसिविंग सैट यानि कि सुनने वाला। व्यक्ति अपने आपमें एक ओर्गेनाईजेशन है। व्यक्ति के मन में अनेक विचार उठते है। वो उन विचारों को ब्रोडकास्ट करता रहता है तथा कोई सुनना चाहे या नही, तो भी उसकी ब्रोडकास्टिंग चालू रहती है। वृद्ध लोग तो इस काम में अभ्यस्त होते है। उनकी ब्रोडकास्टिंग सेन्टर में पुराने अनुभव भरे होते है। वो जब–तब कोई मिल जाये तो उसे बिना रूके सुनाते रहते है। सुनने वाले की कोई उनकी बातों में रूचि नही होती है।

कुछ बच्चें होशियार होते है जो अपने माता–पिता को समय देते है, उनकी बात सुनते है। कुछ बच्चे विदेशों में रहते है। अपने माता–पिता को रोजाना 15–20 मिनट बातें करते है। वो कहते है कि हम अपने माता–पिता को क्वालिटी टाईम दे रहे है।

मुझें यहाॅं इतना भर कहना है कि बच्चें माता–पिता की बात को उपरोक्त 8 प्रकार से ही सुन रहे है या परानुभूतिपूर्वक ही सुनते है। यदि परानुभूति पूर्वक सुनते है तब तो माता–पिता की साईकोलोजिकल भूख को तृप्त करते है। अन्यथा कोई ज्यादा आपसी विश्वास व सौहार्द का माहौल उनकी रूखी बातों से नही बनेगा।

साहस पूर्वक सुनानाः–

ऊपर मैनें सुनने की कला और किस तरह से सुना जाये इसके बारे मे विशद विवेचना की हैं। बात को कहने का साहस करना और कुशलतापूर्वक कहना भी जरूरी है। यदि आपने परानुभूतिपूर्वक

किसी को सुन लिया तो एक विश्वास का माहौल कायम हो जाता है। अतः अब आप जो भी कहोगें, जिस भी भाषा में कहोगें, टूटी–फूटी भाषा में भी कहोंगे तो भी आपकी बात को मानने की सम्भावना भी काफी अधिक बढ़ जायेगी।

आप निम्न मामलों में प्रभावी सम्प्रेषण की उपरोक्त तकनीक का प्रयोग करके लाभ उठा सकते है।

1. सेल्स एक्ज़िक्यूटिव पहले कस्टमर्स की बात को परानुभूतिपूर्वक सुने तो समझों उसकी सेल्स पूरी हो गई। क्योंकि उसने कस्टमर्स की साईकोलोजिकल भूख को तृप्त कर दिया और विश्वास का माहौल बन गया। अतः कस्टमर अब आपको मना नही कर पायेगा और आपकी वस्तु खरीद लेगा।

2. **शैक्षणिक क्षेत्र में:–** यदि छात्रों की बात को परानुभूतिपूर्वक सुनने का सिस्टम स्कूलों में पैदा किया जाये तो छात्रों की मनोवैज्ञानिक भूख तृप्त होगी और वो अध्यापकों द्वारा पढ़ाये जाने वाली बातों के प्रति ज्यादा ग्रहणशील हो जायेंगे।

3. **चिकित्सा के क्षेत्र में:–** डॉक्टर यदि पेशेन्ट को परानुभूतिपूर्वक पांच मिनट भी सुनता है तो पेशेन्ट का डॉक्टर पर विश्वास बन जायेगा। डॉक्टर के प्रति सम्मान बन जायेगा और डॉक्टर जो भी दवा देगा वो पेशेन्ट ग्रहणशील होकर लेगा। इससे पेशेन्ट भी जल्दी ठीक होगा और डॉक्टर की शौहरत भी बढ़ेगी।

4. **जनता अदालते:–** ये अदालते सरकार के द्वारा जगह–जगह पर लगाई जाती है। इनमें पीड़ित व्यक्ति की बात को सुना जाता है। उसकी साईकोलोजिकल भूख तृप्त हो जाती है, तो अदालत का जज, वकीलों

आदि के सहयोग से समझौता करवा देता है अथवा आपसी राजीनामा करने हेतु प्रेरित कर देता है। पति–पत्नी के बीच के विवादों को तथा महिला उत्पीडन के मामलों में न्यायालय महिला को पूरी तरह सुनता है। जिससे अधिकांश मामले सुलझ जाते है तो महिला भी खुश होकर या तो पति के साथ वापिस रहने लगती है। या दोनो सहमति से तलाक ले लेते है। यानि कि माहौल सौहार्दपूर्ण हो जाता है।

उपरोक्त कहानी में आंखो के डॉक्टर ने जैसे कहा कि ''बी पोजिटिव'' कृतज्ञ रहिये। ऐसा हम भी आपसी पारिवारिक बातचीत में, कार्यालय की बातचीत में करते रहते है। इसी कारण विवाद निपटते नही है तथा और विवाद बढ़ने की सम्भावना बढ़ जाती है।

स्टीफन आर कवी से एक बार किसी व्यक्ति के द्वारा यह प्रश्न पूछा गया कि आपकी सात आदतों में आपके लिये सबसे मुश्किल आदत कौनसी है? तो उन्होनें पाँचवी आदत बताई। और बोले जब मैं शान्त मूड में नही होता हूँ तो उस समय मेरे द्वारा दूसरे लोगों को परानुभूतिपूर्वक सुनना बडा कठिन हो जाता है। मैं अपनी बात कहने पर अपने तर्क देने पर आमदा हो जाता हूँ। वर्षों से अभ्यास कर रहा हूँ। धीरे–धीरे सफलता भी मिल रही है लेकिन फिर भी अभी चैलेन्जेस रहते है।

उपरोक्त पाँचवी आदत सैकिण्ड क्वार्डरेन्ट की आदत है। अतः प्रोएक्टिवली अपने आपको प्रशिक्षित करेंगे तभी आपको बदलेगी। तभी आप परानुभूतिपूर्वक सुनने वाले श्रोता बन पायेंगे और शान्त एवं विवेकशील तथा शालीनतापूर्वक अपनी बात कहने की सामर्थ्यता जुटा पायेंगे।

NOTES (जो बातें आपके हृदय को छू गई है)

1. ____

2. ____

3. ____

4. ____

5. ____

6. ____

7. ____

8. ____

9. ____

10. ____

11. ____

12. ____

13. ____

14. ____

15. ____

16. ____

17. ____

18. ____

19. ____

20. ____

21. ______________________________________

22. ______________________________________

23. ______________________________________

24. ______________________________________

25. ______________________________________

NOTES (जो निर्णय आपने अपने जीवन में लेने हेतु तय किये है)

26. ______________________________________

27. ______________________________________

28. ______________________________________

29. ______________________________________

30 ______________________________________

31. ______________________________________

32. ______________________________________

33. ______________________________________

34. ______________________________________

35. ______________________________________

36. ______________________________________

37. ______________________________________

38. ______________________________________

39. ______________________________________

40. ____

41. ____

42. ____

43. ____

44. ____

45. ____

46. ____

47. ____

48. ____

49. ____

50. ____

प्रोएक्टिव व्यक्ति की कहानीं

लोग अपने रिश्तेदारों की बातें, बताते है कि उनके पिताजी को गुस्सा आता था इसलिये उनको भी गुस्सा आता है। इसमें उनका कोई दोष नही है। एक व्यक्ति कहता है कि मेरे नानाजी को बहुत गुस्सा आता था। वही गुण मुझमें आनुवांशिक तरीके से आ गया। अतः मैं क्या कर सकता हूँ? एक मेरे मित्र कहते है कि गुस्से पर मेरा नियंत्रण नही। मैं गुस्से में कह गया होऊंगा। इसलिये तुम विचार मत करों। प्रोएक्टिव व्यक्ति कहता है कि आपके शरीर में उद्दीपन हो सकता है। कोई भाव हो सकते है। चाहे वो लोभ के हो, चाहे कामोत्तेजना के हो, चाहे बदले की भावना के हो, चाहे ईर्ष्या या द्वेष की भावना के हो। लेकिन आपकी प्रतिक्रिया उन भावों से इम्पोरटेन्ट है। उद्दीपन (Stimuli) और प्रतिक्रिया के बीच एक रिक्त स्थान होता है। कुछ लोग जिनका लालन–पालन आरामदायक घरों में होता है, अच्छे पारिवारिक माहौल में होता है। उनमें यह स्पेस अधिक हो सकता है। जिन लोगों का कठिनाईयों में बचपन गुजरा है। उन लोगों में यह स्पेस कम हो सकता है। लेकिन स्पेस होता सब में है और इसे प्रयास करके बढ़ाया जा सकता है। ताकि आप वो प्रतिक्रियाएं करों जिन्हें करने का निर्णय आपने जागरूकता पूर्वक कर रखा है।

आओं आपको एक रोचक कहानी सुनाते है।

एक व्यक्ति कार चलाते हुए तेज गति से दिल्ली की सड़कों पर जा रहा था। बहुत बिजी कारपोरेट ऑफिसर था। लेकिन आगे चलने वाली कार उसकी कारपोरेट होने की अहमियतं को समझ नही पाई और किसी कारणवश रूक गई। कारपोरेट ऑफिसर कार

चला रहा था। अगली कार अचानक रूक गई तो थोड़ी सी टक्कर हो गई। फिर क्या था, गाड़ी को उसने रोका और अगली गाड़ी के ड्राईवर पर झपटा, दो–दो हाथ करेगा, आज हाथों से नही लातो से बात होगी, अगली गाडी के ड्राईवर को सबक सीखा कर ही रहेगा। गाड़ी में बैठी हुई पत्नी ने रोका। गुस्सा करना ठीक नही है लेकिन वो झींका, और बोला यह तो मेरे दादाजी, पिताजी से मेरे में आनुवांशिक तरीके से आया है। इसमें मेरा कोई दोष नही हैं। तुम मुझें रोको मत। अगली गाड़ी के ड्राईवर को सबक सींखाने दो। मैं मेरे इस गुस्से को रोक नही सकता। आगे बढ़ा, अगली गाडी की ड्राईविंग सीट पर बैठे हुए व्यक्ति को देखा तो सन्न रह गया। मौन खड़ा हो गया। थोडी देर बाद बोला कि कोई खास बात नही है सर, मेरी गाड़ी का थोडा नुकसान हो गया है। इंश्योरेन्स भी कराई हुई है जिससे मुझें क्लेम मिल जायेगा। गुस्से पर बिलकुल काबू कर लिया और शांत व शालीन हो गया। क्योंकि आगे वाली ड्राईविंग सीट पर उसका बॉस बैठा था जो हर महिने उसको तनख्वाह के चैक काटकर देता है।

इस कहानी से मैं यह बतलाना चाहता हूँ कि गुस्से को काबू में करने की क्षमता उस व्यक्ति में थी। तभी तो उसने गुस्से को कन्ट्रोल में किया। इसलिये यह कहना कि गुस्से पर हमारा कन्ट्रोल नही है, मुनासिब नही है।

स्टीफन आर कोवी अपनी प्रथम आदत में बतलाते है कि आप आँख बन्द करके अपना अवलोकन करों। अपने विचारों को देखों, विचारों में बहो मत। आप पायेंगे कि आप अपने विचारों के दृष्टा है। आप अपने भावों को देखों, बहो मत। तो आप पायेंगे कि आप अपने भावों के भी दृष्टा है। इसका अर्थ यह है कि आप भावों व विचारों दोनों को अपने हिसाब से रेगुलेट कर सकते हो। लेकिन यदि आपने यह मान लिया कि गुस्से पर मेरा कन्ट्रोल नही है अथवा यह तो आनुवांशिक है तो आप प्रयास ही नही करेंगे। इसका मुझे

मनोवैज्ञानिक कारण यह नजर आया कि जाने–अनजाने में आपने गुस्सा करने की अपनी कन्डिशनिंग कर दी और वो अब आपकी आदत में आ गया। इसलिये अब आपको यह महसूस होता है कि गुस्सा तो स्वतः होता है। मेरा कोई कन्ट्रोल नही है। जबकि गुस्सा आपकी कन्डिशनिंग के कारण हो रहा है। आपका मौलिक स्वभाव नही है।

आपने एक मनोवैज्ञानिक प्रयोग के बारे में सुना होगा जिसमें कुछ कुत्तों पर प्रयोग किया कि उन्हे जब बिस्कुट खिलाये जाते है तो उनके मुंह से लार टपकने लगती है। उसी समय एक घन्टी बजा दी जाती है। कई महिनों बाद बिस्कुट खिलाने बन्द कर दिये गये लेकिन घन्टी बजाई जाती थी। घन्टी के बजते ही कुत्ते के मुंह से लार टपकने लगती थी। यानि कि कुत्ते की कंडिशनिंग हो गई थी कि जब भी घन्टी सुनेगा, उसके मुंह से लार टपकेगी। इसे पामोलीव प्रयोग कहा जाता है।

इसी तरह का एक और प्रयोग हुआ कि कुछ मरीजों को दवा के स्थान पर मीठी गोलियाँ दी गई और यह कहा गया कि आपकी जानलेवा बीमारी हेतु उचित दवाइयाँ दी गई है। जबकि वैसे ही कुछ मरीजो को वास्तव में दवाई दी गई। दोनों ही प्रकार के मरीजो में एक जैसे परिणाम आये। यानि कि जिनको मात्र शुगर कोटेड गोलिया दी गई। वो मरीज भी ठीक हो गये। यानि कि उनके अन्दर कन्डिशनिंग हो गई कि उन्हें उचित दवा दी गई है।

अतः गुस्सा वगैरह आपकी कन्डिशनिंग है या कन्डिशन्स है। लेकिन आपका मूल स्वभाव नही है। व्यक्ति का मूल स्वभाव, शान्त रहना, प्रसन्नचित्त रहना, आनन्दित रहना है।

स्टीफन आर कोवी कहते है कि आदत को हटाना मुश्किल है। जैसे कि रॉकेट को चन्द्रमा पर जाने से पहले पृथ्वी के वातावरण में निकलना बहुत मुश्किल है (गुरूत्व बल के कारण)। और सर्वाधिक ईंधन पृथ्वी के वायुमण्डल से निकलने में ही खर्च होता है। अतः

आदतों को तोड़ा जाना मुश्किल जरूर है लेकिन असम्भव नहीं है। विवेकशील प्रयास किये जाये तो आदतें बदल जाती है। जैसे लोग शराब आदि की आदत छोड देते है। लेकिन वही लोग छोड़ पाते है जिनको शराब में कोई कमी नजर आने लगती है। और जो शराब को जस्टीफाई नही कर पाते, जो शराब पीकर गर्वित होते है अथवा शराब को किन्ही कारणों से जस्टीफाई करते है, वे लोग शराब नही छोड पायेंगे। क्योंकि उनका अर्न्तमन शराब को छोडने के लिये तैयार नही है।

स्टीफन आर कोवी की 7 आदते जीवन में उतारना मुश्किल हो सकता है लेकिन अभ्यास से विकसित की जा सकती है। **भगवान कृष्ण ने गीता में अर्जुन** को कहा है कि मन/चित्त बहुत चंचल है। इसे नियंत्रित करना कठिन है लेकिन अभ्यास और वैराग्य (परहेज) से मन/चित्त पर नियंत्रण किया जा सकता है। तमाम आदतें व्यक्ति के चित्त में होती है। यानि कि सबकोन्सेसियस में होती है। अतः थोडा प्रयास पूर्वक विवेक के साथ अभ्यास करने से आदते बदल जाती है।

यदि सामान्य व्यक्ति से अति प्रभावकारी व्यक्ति बनना है तो थोडा विवेक संगत अभ्यास करना लाजमी है।

उपरोक्त तीनों कहानियों/प्रयोगों से जाहिर है कि हमारा व्यवहार कन्डिशनिंग और कन्डिशन्स से निर्धारित होता है। अतः कन्डिशनिंग को बदला जाकर आदतों को बदला जाना सरलतम कार्य है। प्रोएक्टिव व्यक्ति बने इस हेतु हम प्रति सप्ताह वेबनार आयोजित करते है जो कि निःशुल्क होता है। इच्छुक लोग उसमें भाग ले सकते है और अपने आपकों प्रोएक्टिव बनाते हुए अति प्रभावकारी व्यक्तित्व के धनी बन सकते है।

NOTES (जो बातें आपके ह्रदय को छू गई है)

1. ________________________________

2. ________________________________

3. ________________________________

4. ________________________________

5. ________________________________

6. ________________________________

7. ________________________________

8. ________________________________

9. ________________________________

10. ________________________________

11. ________________________________

12. ________________________________

13. ________________________________

14. ________________________________

15. ________________________________

16. ________________________________

17. ________________________________

18. ________________________________

19. ________________________________

20. ________________________________

21. ____

22. ____

23. ____

24. ____

25. ____

NOTES (जो निर्णय आपने अपने जीवन में लेने हेतु तय किये है)

26. ____

27. ____

28. ____

29. ____

30 ____

31. ____

32. ____

33. ____

34. ____

35. ____

36. ____

37. ____

38. ____

39. ____

40. ____

41. ____

42. ____

43. ____

44. ____

45. ____

46. ____

47. ____

48. ____

49. ____

50. ____

(अध्याय–6)
कौवा–कौव्वी व अजगर की कहानी

एक राष्ट्रीय ख्याति प्राप्त विचारक **श्रीमान डी.डी. शर्मा सर** ने एक वर्कशॉप में एक बड़ी रोचक व शिक्षाप्रद कहानी सुनाई। उसे ही मैं आपकी खिदमत में पेश करता हूँ।

बताया गया कि यह कहानी **पंचतंत्र** से ली गई है। इस कहानी में एक पेड़ है जिस पेड के ऊपर एक कौवा व एक कौव्वी रहती है। बसंत का मौसम आता है, कौव्वा–कौव्वी अपने घोसले में आराम से रहते है। समय पर कौव्वी अण्डे देती है। दिन में कौव्वा कौव्वी चुग्गे पानी के लिये आसमान में उड़ जाते है। उसी पेड़ के नीचे एक कोटर है जिसमें एक अजगर रहता है। कौवा–कौव्वी जब बाहर आसमान में उड़ते है। तो पीछे से अजगर उनके घोसलें में चला जाता है और उनके अण्डो को चट कर जाता है।

कई वर्ष गुजर गये, कई बसंत आये और गये। लेकिन कौव्वा–कौव्वी की संतती आगे नही बढ पाई। वंश आगे नही बढ़ता देख कर कौव्वा–कौव्वी दुःखी होते थे। व्यथित रहते थे। लेकिन अजगर इतना शक्तिशाली था कि उसका मुकाबला कौवा–कौव्वी नही कर सकते थे। तिस पर चुग्गे–पानी के लिये घोसला भी छोड कर बाहर जाना भी पड़ता था। पीछे से मौका पाकर, अजगर उनके अण्डे खा जाता था। स्थिति बड़ी चुनोतीपूर्ण थी।

कौवा–कौव्वी ने दिमाग लगाया पर कोई समाधान नही सुझा। कई समझदार, बुद्धिमान लोगों से पूछताछ की। लेकिन अजगर से दुश्मनी लेने को कोई भी तैयार नही हुआ।

एक दिन एक लोमड़ी उस पेड़ के नीचे विश्राम कर रही थी। उसके शरीर पर कुछ पानी की बूंद गिरी। उसने ऊपर देखा तो कौवा–कौव्वी रो रहे थे। उनकी आँखों से टपके आँसू लोमड़ी पर गिरे थे। लोमड़ी को उन पर दया आ गई। उसने उन्हे नीचे बुलाया और पूछा कि तुम्हारे दुःख का क्या कारण है? उन्होनें अपनी आप–बीती विस्तार से लोमडी को बताई। लोमडी ने कहा कि तत्काल तो मेरे पास कोई समाधान नही हैं। लेकिन मैं विचारूंगी। कौवा–कौव्वी ने कहा कि आप तो सारे जंगल में घूमती है। आपकी समझदारी के किस्से तो अखबारों में छपते है। जंगल का राजा शेर तक आपकी बुद्धिमानी का लोहा मानता है। पहले तो लोमड़ी कुछ झीझकी। अपनी तारीफ सुनकर इठलाई। और बोली ठीक है, आपको मुझ पर इतना ही यकीन है तो मैं अगले सोमवार को आकर आपको कोई समाधान जरूर बतलाऊंगी। लेकिन मेरी एक शर्त है कि जो कहूंगी उसका पूरा–पूरा पालन करोंगे। और अपनी योजना का किसी को पता नही चलना चाहियें, इसे गुप्त रखना होगा। कही पर भी मेरा नाम नही आना चाहिये नही तो अजगर में मेरी दुश्मनी ठन जायेगी। बेचारे कौवा–कौव्वी परेशान थे तो उन्होनें लोमडी की सब शर्तें स्वीकार कर ली।

अगला सोमवार आया। लोमडी आई। आकर बोली कि मेरी योजना को ध्यान से सुनों। गम्भीरता पूर्वक मेरी सलाह को लो। मैं कोई साधारण लोमड़ी नही हूँ। मैनें अनेक बार अपनी अक्ल का लोहा, बड़ो–बडो से मनवाया है। कौवा–कौव्वी बोले बताओं अपनी योजना। लोमड़ी ने कहा आज से ठीक 7 दिन बाद सोमवार को पास के सरोवर में, इस इलाके की रानी आयेगी। स्नानादि करेगी, फिर शिवजी के मन्दिर मे दर्शन करेगी। उसके आगे–पीछे लठैत होंगे लेकिन वो लठैत सरोवर से 50 कदम पहले ही रूक जायेंगे। सरोवर में अकेली रानी ही स्नान करने जायेगी। वो किनारे पर अपने

कीमती वस्त्र उतार कर रखेगी। अपने आभूषण भी एक–एक कर उतारेगी व किनारे पर रखेगी। उसके आभूषण करोड़ो के होते है।

अब सुनों तुम्हे क्या करना है? तुम ठीक 11 बजे अगले सोमवार को दोनों सरोवर पर पहुच जाना। रानी ज्यौंही आभूषण आदि उतारे तो जो सबसे चमकने वाला जो आभूषण हो, उसे दोनो उठाकर धीरे–धीरे उडते हुए तथा नीचे–नीचे उड़ते हुए ताकि लठैत तुम्हे देख ले। लठैत तुम्हारा पीछा करेंगे, पर वो उड़ नही पायेंगे इसलिये डरने की जरूरत नही है। वो तुम्हे नही पकड पायेंगे। उनको पीछे आने देना। वो आभूषण लाकर के अजगर वाले कोटर में डाल देना। बस तुम्हारा काम खत्म। तुम अपने घौसले में जाकर के पेड पर बैठ जाना और हुई घटना को देखना। इधर–उधर कांव–कांव करते मत फिरना।

ठीक अगले सोमवार को 11 बजे कव्वा–कव्वी सरोवर पर पहुंच गये। रानी समय पर आई। सरोवर में उतरी और एक–एक कर वस्त्र उतारे। अर्द्धनग्न हुई फिर एक–एक कर अपने कीमती आभूषण उतार कर रख दिये। और मात्र अल्प वस्त्रों में पानी में जलक्रिडा करने में मशगुल हो गई। कव्वा–कौव्वी ने चमकते हुए आभूषण को उठाया व धीरे–धीरे नीचे–नीचे उड़े। लठैतों ने उन्हें देखा और सोचा की आभूषण लेकर जा रहे है, चोरी ! हमारे रहते। वो कौवा–कौव्वी के पीछे दौड़े। कौवा–कौव्वी ने वो आभूषण अजगर की कोटर में डाल दिये। लठैत भी पीछे–पीछे पहुंच गये। लठैतों ने अपनी लाठी कोटर में डाली। अजगर बाहर निकला और लठैतों ने उसे मार डाला। चमकता हुआ आभूषण कोटर में से लठैतों ने निकाल लिया और रानी के पास सरोवर पर ले गई। रानी अपने वस्त्र वापिस पहन रही थी। फिर अपने आभूषण पहनने लगी। लेकिन महंगे वाला आभूषण नही देखकर, चिंतित व उदास हो गई। उसने वहा खड़े लठैतों को फटकारा और पूछा कि मेरा महंगे वाला आभूषण कहा गया? इतने में वो लठैत भी आभूषण लेकर रानी के पास पहुंच गये।

रानी खुश हो गई। जो लठैत आभूषण लाये, उन्हें ईनाम स्वरूप उचित राशि की घोषण कर दी और आभूषण को धारण करके रानी अपने महलों की ओर विदा हुई।

विश्व प्रसिद्ध विचारक **श्री डी.डी. शर्मा साहब** जो यह कहानी सुनाने के बाद दो–एक प्रश्न पूछते थे और उनका उत्तर श्रोताओं से चाहते थे।

पहला प्रश्न: – जब अजगर को मार डाला गया तब कौवा–कौव्वी ने कैसा महसूस किया होगा?

उत्तर: – श्रोता उत्तर देते कि बहुत अच्छा महसूस किया होगा क्योंकि उनकी योजना काम कर गई। अब उनका परिवार बढ़ सकेगा।

प्रश्न–2:– रानी ने लठैतों को जो ईनाम दिया उससे लठैतों को कैसा महसूस किया?

उत्तर:– श्रोता उत्तर देते कि उन्होनें वीरता पूर्वक कार्य किया। मुस्तैदी से चौकीदारी की अत: उन्हें उनकी मेहनत और समझबूझ का ईनाम मिला जिससे वो बहुत खुश थे।

तीसरा प्रश्न और मुख्य प्रश्न पूछते थे कि अजगर को किसने मारा? क्या लठैतों ने मारा? क्या महारानी ने मारा? क्या कौवा–कौव्वी ने मारा?

उत्तर:– इस पर कई श्रोता उत्तर देते कि लठैतो ने मारा। कई ज्यादा समझदार, निष्ठावान श्रोता थे वो उत्तर देते कि रानी ने मारा। जैसे राज्य सरकारों में सभी काम राज्यपाल महोदय के नाम से होते है। लेकिन कुछ होशियार अनुभवी श्रोता एक और उत्तर देते है कि यह सब योजना लोमड़ी की थी तो असल में अजगर को लोमड़ी ने मारा।

मैं वर्कशॉप में छठी आदत को समझातें हुए इस कहानी का सहारा लेता हूँ। और मैं एक बात कहता हूँ कि ये जो तीसरा पक्ष है

इसके प्रति तुम सावचेत रहो। क्योंकि यह तीसरा पक्ष ही लोमड़ी है, अजगर को यही मार सकती है। थर्ड ऑल्टरनेटिव के कन्सेप्ट को इस कहानी के द्वारा मैं वर्कशॉप में ठीक से समझाता पाता हूँ व सहभागियों के गले उतार पाता हूँ।

यहाँ हो सकता है कि लोमड़ी ने नेगेटिव रोल अदा किया हो अथवा कौवा–कौव्वी की समझ में पोजिटिव रोल अदा किया हो। लेकिन महत्वपूर्ण रोल लोमड़ी का ही है। कई बार पति–पत्नी के बीच विवाद हो जाते है। कहीं ये वो (तीसरा पक्ष) ! नेगेटिव तो नही है। उसके कारण ही तो विवाद नही हो रहा है। अगर नही है तो बहुत अच्छी बात है। फिर विवाद को सुलझाने के लिये वो (तीसरा पक्ष) को लेकर आईये और विवाद को सुलझाईये। ये वो (तीसरा पक्ष) दोनों पक्षों की बात सुनेगा और उचित निर्णय देगा जो दोनों को मान्य होगा। सारी अदालते यही तो काम करती है। दानों पक्षों को सुनती है और फिर एक निष्पक्ष व्यक्ति द्वारा निर्णय कर दिया जाता है। इस तीसरे पक्ष को आप चाहे जज कहो, या पंच कहो।

बिजनस ऑर्गेनाईजेशन में थर्ड ऑल्टरनेटिव का कन्सेप्ट बड़े महत्व का है। ऑर्गेनाईजेशन जब कोई एग्रीमेन्ट्स करते है तो सम्भव है कि दोनों पार्टियाँ आपस में किसी मुद्दे पर सहमत ना हो। लेकिन दोनों को आपस में विचार–विमर्श कर कोई तीसरा विकल्प खोजना चाहिये। जो पहले पक्ष व दूसरे पक्ष के विकल्पों से कही ज्यादा श्रेष्ठ हो। यदि दोनों पार्टिज आपस में ऐसा कोई विकल्प न तलाश पायें तो किसी तीसरे व्यक्ति को पंच बनाया जा सकता हैं। ताकि वो दोनो पक्षों की बात सुनकर वह उचित निर्णय दे सके। अदालतों में आर्बीट्रेशन के समस्त मामले इसी थर्ड ऑल्टरनेटिव के सिद्धान्त पर आधारित है। परिवारों में सम्पत्ति आदि के विवाद प्रायःकर देखने में आते है। भाईयों में आपस में लम्बा इमोशनल संघर्ष होता रहता है। अतः सम्पत्ति के विवाद में इमोशनल रस्साकसी हो जाती है। और विवाद हल होने के बजाय

और बिगड़ जाता है। ऐसे मामले में किसी तीसरे पक्ष को अगर आर्बिट्रेटर लगा दिया जाये तो वो दोनों पक्षों की बात सुनकर फैंसला देगा और विवाद समाप्त हो जायेगा। लोक अदालते इसी सिद्धान्त पर काम करती है।

स्टीफन आर कोवी की छठीं आदत है ''**सीनर्जी**'' – यह आदत कहती है कि ऑर्गेनाईजेशन में टीम वर्क की वृद्धि हेतु हमें विपरीत विचारों वाले व्यक्तियों के साथ भी मिलकर काम करना होता है। यदि संगठन में सभी लोग एक ही विचार के हो तो संगठन वही तक प्रगति कर पाता है। अगर विचारों में मतभेद होंगे तब ही विचार विमर्श के बाद बेहतरीन विकल्प निकलेगा जो कि ज्यादा गुणवत्तापूर्ण व मात्रात्मक दृष्टि से ज्यादा बेहतर होगा।

छठीं आदत कहती है कि यदि दो लकड़ी के दो टुकड़ो को जो कि नदी में तैर रहे है, उनको जोड़ दिया जाये तो वह ज्यादा भार उठा सकते है बजाय कि एक–एक। यानि यदि एक लकड़ी के टुकडे पर 10 किलोग्राम भार रखा जा सकता है और वो तैर सकता है और दूसरे टुकडे पर भी 10 किलोग्राम रखा जा सकता है। यदि उन दोनों को जोड़ दिया जाये तो उन पर 25 से 30 किलोग्राम वजन आसानी से रखा जा सकता है। यानि कि कुल में अपने हिस्सों से ज्यादा ताकत होती है।

छठीं आदत में जब दो भिन्न विचारों के व्यक्ति मिलते है अथवा दो संगठन जब किसी मुद्दे पर मतभेद रखते है। फिर भी वो आपस में मिलकर के काम करते है तो इसे रचनात्मक सहयोग (Creative Cooperation) कहा जाता है।

सीनर्जी में इफेक्टिवनेस/प्रोडक्टीविटी 1+1 = 2 नही होती है। बल्कि 1+1 = 3, 7, 11, 111 आदि हो सकती है। अंकगणित को यह बात गले नही उतरती। लेकिन मनोवैज्ञानिक जोड़ इसी तरह बढ़ता है। यदि दोनों पक्षों के बीच में रचनात्मकता का सहयोग बढ़ जाये तो प्रोडक्टीविटी में लिवरेज हो जाता है। जिन परिवारों में,

जिन सरकारों में सीनर्जी होती है वहाँ परिवार का, देश का विकास घातांकीय दर (Exponential Growth Rate) से होता है। यूरोपीयन देशों की सरकारें या व्यक्ति कोई ज्यादा अधिक भारतीय लोगों से समझदार नही है। लेकिन सीनर्जीस्टीकली काम करते है जिससे वहाॅ पर ग्रोथरेट एक्पोनेन्शियल रहती है।

यह सीनर्जीस्टीकली ग्रोथरेट भारतीय परिवारों में भी देखने को मिलती है लेकिन नेगेटिव साईड में। क्योंकि परिवारों में भाई–भाई सहयोग तो करते है लेकिन गैर रचनात्मक तरीके से। इसलिये नेगेटिव सीनर्जी बन जाती है और परिवारों में विघटन हो जाते है, पार्टनरशिपे टूट जाती है, कम्पनियाॅ बन्द हो जाती है। सीनर्जी की आदत मतभेदों को न केवल स्वीकार करना सीखाती है बल्कि मतभेदो को सेलीब्रेट करने की नसीहत देती है। मतभेद है, उसके बावजूद रचनात्मक सहयोग है तो पोजिटिव सीनर्जी काम करेगी और ग्रोथरेट 50 से लेकर 5000 गुना तक हो सकती है। एसा स्टीफन आर कोवी का कहना है। सीनर्जी की आदत टीम बिल्डिंग की मुख्य आदत है। और स्टीफन आर कोवी की सभी आदतों का श्रेष्ठ सार है।

लेखक के द्वारा 7 हेबीट्स ऑफ हाईली इफेक्टिव पीपुल के वर्कशॉप/वेबनार आयोजित किये जाते है। सप्ताह में एक बार इन्ट्रोडक्टरी वेबनार/वर्कशॉप निःशुल्क भी किया जाता है।

इच्छुक नौजवान सम्पर्क कर सकते है व वेबनार/वर्कशॉप अटेण्ड करके अपनी व्यक्तिगत क्षमताओं व प्रबन्धकीय क्षमताओं को कई गुना कर सकती है।

NOTES (जो बातें आपके ह्रदय को छू गई है)

1. _______________________________________

2. _______________________________________

3. _______________________________________

4. _______________________________________

5. _______________________________________

6. _______________________________________

7. _______________________________________

8. _______________________________________

9. _______________________________________

10. _______________________________________

11. _______________________________________

12. _______________________________________

13. _______________________________________

14. _______________________________________

15. _______________________________________

16. _______________________________________

17. _______________________________________

18. _______________________________________

19. _______________________________________

20. _______________________________________

21. _______________________________________

22. _______________________________________

23. _______________________________________

24. _______________________________________

25. _______________________________________

NOTES (जो निर्णय आपने अपने जीवन में लेने हेतु तय किये है)

26. _______________________________________

27. _______________________________________

28. _______________________________________

29. _______________________________________

30 _______________________________________

31. _______________________________________

32. _______________________________________

33. _______________________________________

34. _______________________________________

35. _______________________________________

36. _______________________________________

37. _______________________________________

38. _______________________________________

39. _______________________________________

40. ____

41. ____

42. ____

43. ____

44. ____

45. ____

46. ____

47. ____

48. ____

49. ____

50. ____

(अध्याय—7)
बेर और केले के पेड़ की कहानी

कहु रहीम कैसे निभे, कैर बेर को संग ।
वे डौलत रस आपने, उनके फाटत अंग ।।

दो विपरीत प्रवृति के लोग एक साथ चैन से नही रह सकते है। इसके बारे में यह कहानी बडी सटीक है। एक केले का पेड़ था, मस्ती में उसके बड़े—बड़े पत्ते लोगो को आकर्षित करते थे। बारिश का मौसम आया। तेज बारिश हुई। धरती फूट पड़ी। कही घास उगी। कही झाडियॉ। एक कंटीली झाडी केले के पेड़ के पास भी उग आई। तेज धूप पड़ी। फिर बारिश हुई। झाडी सप्ताह 10 दिन में ही लम्बी चौड़ी, बडे—बडे कांटो वाली हो गई। अब केले के पेड़ के पत्तों को कभी इधर से नोचती, कभी उधर से काटती। केले के पत्ते भी नरम, केले का तना भी नरम। हवाऍ चलती तो मदमस्त होकर झाडी झूमती और कांटे बार—बार केले के पत्तो पर लगते, केले के तनो पर लगते। केले का पेड़ मायूस हो गया। लेकिन मदमाती मस्त झाडी को क्या मतलब। वो तो बसन्त के आने पर और इठलाने लगी। केले के पत्ते कांटो से तार—तार होने लगे।

इस कहानी में केले का पेड़ वो नरम, मजबूर, विवश लोग है जो आम आदमी के नाम से जाने जाते है। बेर की झाडी उन लोगो का प्रतीक है जो समय के साथ शक्तिवान हो गये है और अपने मद में मस्त है। अथवा अपने पुराने समय में शक्तिवान रहे थे।

आम आदमी की व्यथा

कल एक वर्मा जी प्रातःकाल भ्रमण के समय मिले। अपने कुत्ते को डांट रहे थे वो भी इंग्लिश में। हमने हिम्मत करके पूछ लिया वर्मा साहब पहले तो आपके यहाँ यह डॉगी नही था। हाँ आप ठीक कहते हों, वर्मा साहब ने फरमाया। अभी हाल ही में इसे लाये है। मैं अकेला हो गया तो मैनें सोचा डॉगी ले आता हूँ। हमने फिर हिम्मत जुटाई और पूछा इसे डांट क्यो रहे हो? पहले तो वर्मा जी सकपकाएँ, ऐसा असामान्य प्रश्न पाकर। फिर अपने को सम्भालते हुए, तपाक से हसते हुए उत्तर दिया, भाई बड़े अफसर रहे थे हमारी तो डांटने की आदत रही है। तो सोचा हमने की एक डॉगी ले आयें। तो इस तरह से हम डॉगी लाये। फिर हमने थोडी और हिम्मत की और पूछा, अपना प्यारा डॉगी है इसे हिन्दी में ही डांट लेते, भला इंग्लिश में ही क्यों? इस बार वर्मा जी थोड़े जोश के साथ बोल पड़े। अरे डॉगी की जात है पिछले कई समय से घर में रहती है। घरवालों ने इसे हिन्दी सीखा दी होगी। कही हिन्दी समझ जायेगा तो, घर पर और उत्पात होगा। हमारे पास अवाक् रहने के अलावा और कोई विकल्प नही था।

दर्द दिल बयानात

1. बस कट रही है मेरे मित्र।

2. चक्की पीस रहे है और क्या करना है? अखबार तो पूरा पढ़ डाला। एक बार चाय और मिल जाती तो इस को दुबारा पढ़ डालते।

3. बुझा हुआ चिराग हूँ। न जाने क्यों ईश्वर ने अभी तक दुनियाँ में रख रखा है?

4. किसी को मुझसे क्या मतलब। सब अपने में मस्त है। हाँ, मेरे मित्र मेरी पेन्शन पर सबकी नजर रहती है।

5. अब और क्या पाप किये है? परमात्मा उठा क्यों नही लेता। अधूरा– अधूरा हो गया हूँ। सभी उड़ गये है। न बेटा पास में है, न बेटी, पत्नी भी दुनियॉ में नही है।

6. बॉस को तो काम से मतलब है। वो हमारी दिक्कतों को क्या समझें? कितना ही काम कर दो। कभी उसके मुंह से तारीफ निकलती ही नही।

7. मेहनत पूरी करते है भाई। किस्मत का दोष है। देखों उसका प्रमोशन हो गया। कौन नही जानता कि मैं उससे सीनियर हूँ? काम में भी मैं उससे कम नही पडता हूँ। क्या करें जैक व चैक का जमाना है।

8. अब क्या नौ की तेरहा कर लेंगे। जैसे–जैसे साठ पकड़ ले (सेवानिवृति की उम्र)।

9. अन्दर से खोखला हो गया हूँ। पेन्शन से घर खर्चा कैसे चले? अभी बच्चे भी काम पर नही लगे।

10. ऑफिस में तो चारों और राजनीति है। घर में पत्नी और बच्चे मेरे खिलाफ लॉबी बना बैठे है।

11. अब कुछ नही बदलना। पांव अर्थी पर जो अटके है।

12. इस कम्पनी के लिये मैनें दिन–रात एक की। पूरी शिद्दत से काम किया। अचानक कह बैठें कोरोना के कारण कम्पनी घाटे में है। घर जाओं।

13. तुम्हें तो कांटो ने काटा है। मेरे मित्र हमें तो फूलों ने मारा है। अपनों ने ठुकराया है। गैरों की कहा औकात थी।

14. सिक्के के दोनों पहलू है। खुश है कि बच्चा विदेश में अच्छा कमा रहा है। अब जब हमारी किस्मत ही खोटी है तो बच्चे को क्या दोष दे? बुढ़ापे में दर–दर की ठोकरे खा रहे है।

15. बहुओं से तो आशा ही नही है। बेटियों के पास ठीक से गुजर हो रही है। पर मुआ लोगों को नही सुहाता। चुपके–चुपके अनर्गल टिप्पणियॉ करते है।

16. मजेदार बात है, मेरी तो जायदाद लेने वाला कोई नही। बच्चों ने कह दिया किसी आश्रम को दान कर दो। हमें इण्डिया आने की फूर्सत नही है। मैं इससे परेशान हूँ। मेरे पड़ौसी के छोटे से मकान के लिये उसके चार बेटे झगड़ रहे है। वो इससे परेशान है।

यह आवाजें आम आदमी की है। इन आवाजों को खास आदमी की आवाज में कैसे बदले? जब लोग प्रायःकर खेती में लगे होते थे तो सब लगभग एक साथ रहते थे। एक आनन्द का माहौल होता था। औद्योगिकरण का युग आया। बच्चे नौकरियों में चले गये अथवा उद्योग लगाने लगे। खेती के मुकाबले 50 गुना ज्यादा उद्योगों में आमदनियॉ। भला बच्चे भी क्या करें? अब उद्योगों का समय भी बीते दिन की बातें हो रहा है। और ज्ञान प्रधान व्यवसाय चल पडे है। यानि जो जितना अपने हूनर का मास्टर है वो उतना ही अधिक कमा रहा है।

माइक्रोसोफ्ट कम्पनी के पूर्व सीनियर तकनीकी अधिकारी बताते है कि औसत सोफ्टवेयर डवलपर के बजाय उच्च स्तर के सोफ्टवेयर डवलपर दस हजार गुना ज्यादा मासिक कमा रहे है। इस ज्ञान आधारित युग में गुगल ने और क्रान्ति ला दी। सारा ज्ञान गुगल पर मौजूद है। हर बच्चे के हाथ में मोबाईल है। उसमें गुगल है। एक से एक बढ़कर ज्ञान का सन्देश गुगल से उठाते है, वाट्सअप पर टिकाते है। ज्ञान का तो विस्फोट ही हो गया है।

आज के समय में पुराने तरीको से चलने वाले लोगों की तो सामत ही आ गई। अब यदि जमाने के साथ चलना है या जमाने से आगे निकलना है तो तीन काम करने पड़ेंगे।

1. **माइन्ड सैट बदलना पड़ेगाः–** अब के समय में जिस बुद्धिमता की जरूरत है वो बुद्धिमता सींखनी पड़ेगी। आइंस्टीन ने कहा है पुरानी बुद्धिमता कितनी ही अच्छी हो। वो पुरानी परेशानियों को बहुत अच्छे से सोल्व करती थी लेकिन आज की परेशानियों के लिये नई बुद्धिमता की जरूरत है। सामान्य तरीके से नौकरी करना रोजगार की तकनीक थी। लेकिन अब अपने हूनर में पारंगत होना तो मैदान की उतरने की कीमत भर है। बुद्धिमता के साथ–साथ मानसिकता भी बदलने की जरूरत है। 10 से 5 वाली मानसिकता अब काम न आयेगी। नौकरी में जो मिल गया उससे घर खर्चा अब नही चल पायेगा। इसलिये इससे अधिक कैसे कमाया जाये यह विचारना पड़ेगा? और अधिक कमाने की मानसिकता बनानी पड़ेगी। संतोषी सदा सुखी जैसी कहावते अब कारगर नही है। अब तो अधिकस्य अधिकम् की बात व्यवहारिक है जो बिना माइंड सैट बदले नही हो सकती। एक प्रोफेशनल माइंड सैट/ बिजनस माइंड सैट की जरूरत अब हर क्षेत्र में है।

2. **न्यू स्कील सैटः–** पुराने स्कील से तो वही मिलेगा जो अब तक मिलता आया है। अगर ज्यादा कमाना है। ज्यादा प्रतिष्ठा पानी है। ज्यादा समाज में अपना योगदान देना है। ज्यादा स्वस्थ रहना है तो नये हूनर सींखने पड़ेंगे जो जमाने के अनुकूल हो। पुराना स्कील अपने समय में कितना ही कारगर रहा हो। आज के समय में आपकों पर्याप्त आमदनी नही दे पायेगा। इसलिये इस जमाने के जो नये–नये विकसित हूनर है वो सींखने होंगे। अब तलवार का जमाना नही रहा। राफैल का जमाना है। अब तो लड़कियाँ भी फौज में

ऑफिसर्स बन रही है। क्योंकि लड़कियों को समझ में आ गया कि पुराने तरीके से जीना समय के अनुकूल नही है।

3. **न्यू टूल सैटः–** पुराने औंजार अपने समय में कितने ही अच्छे रहे हो। पर आज काम कर पायें मुश्किल है। चरखे ने अपने देश में क्रान्ति दी थी। गांधी जी ने चरखे की बदौलत देश को वस्त्र निर्भर बनाने का प्रयास किया था। काफी हद तक सफल भी रहे। लेकिन अब तो आज के जमाने के सोफ्टवेयर से चलने वाले चरखे चलाने पडेंगे। डिजिटल मार्केटिंग का युग है। अतः सब काम डिजिटल करना होगा। ऐसी विकट घड़ी में कोरोना आया। सोशल डिस्टेंसिंग रखों, भीड वाली जगहों पर मत जाओं। अपने को क्वारंटाईन रखो जहां तक सम्भव हों। जहाँ तक सम्भव हो कम्पनियॉ वर्क फ्रॉम होम करायें। ऐसे में पुराने तरीके कैसे काम आयेंगे? अब तो सब वेबनार, वर्चुअल वर्कशॉप के जरिये मार्केटिंग के तरीके विकसित करने होंगे। अब जो डिजिटल मार्केटिंग के जरिये काम करेंगे वहीं सफलतापूर्वक व्यापार कर पायेंगे। मजेदार बात यह है कि शिक्षा के क्षेत्र में भी क्रान्ति आ गई और इसका क्रान्तिदूत कोरोना है। बच्चों की क्लासेज ऑनलाईन होने लगी। बडी–बडी यूनिवर्सिटिज, बडे–बडे कॉलेजे के प्रांगण विरान नजर आते है। थोडे बहुत कही कोई छात्र दिखाई देते है वो डरे हुए है कि कहीं कोरोना की गिरफ्त में नही आ जाये।

अतः आज के समय में दर्द आम आदमी का बड़ा मुखरित हो रहा है। लेकिन वास्तविक समस्या को समझने के लिये न सरकार तैयार है और न समाज। आज–कल में अध्यापकों की भर्ती के लिये रीट की परीक्षा हो रही है। राजस्थान राज्य अकेले में 26 लाख

परीक्षार्थी इस परीक्षा में बैठ रहे है। इधर कोरोना की तीसरी लहर की दस्तक। उधर इतनी बड़ी विशाल परीक्षाओं का आयोजन। अगर इन परीक्षाओं को ऑनलाईन किये जाने पर विचार किया जायें तो कोरोना का भी भय नही रहेगा और परीक्षायें भी पारदर्शी रूप से हो सकेंगी।

जब से सुना है, सरकारे गूंगी बहरी है ।
तब से भैंस के आगे, बीन बजाना छोड़ दिया ।।

समस्याएँ:–

आम आदमी का दर्द तो बाहरी है। अन्तर में कुछ और समस्या है। हर व्यक्ति का शरीर चार आयामों का बना हुआ है।

1. **भौतिक शरीर:–** इसकों चाहिये पर्याप्त भोजन, रहने लायक आवास तथा बच्चों की परवरिश हेतु अच्छी खासी मासिक आमदनी। यदि ये चीजें नही मिलेगी तो व्यक्ति का भौतिक शरीर या तो बीमार हो जायेगा या इसको कोई ना कोई चोट लगती रहेगी। अतः समाज में ऐसी व्यवस्था होनी अपेक्षित है कि व्यक्ति के भौतिक शरीर को सुरक्षा मिले। और उसके लिये आवश्यक संसाधन सहज में मिले। मेहनत करने को हर इंसान तैयार है। हिन्दुस्तान में मेहनत करने से कोई नही घबराता लेकिन रोजगार के उचित अवसर नही मिलते। न सरकार इसके लिये गम्भीर है, न समाज अपनी कोई जिम्मेदारी निभा रहा है। अब समय आ गया है कि जनता स्वंय अपने प्रशिक्षण और अपने भौतिक विकास की व्यवस्था स्वयं करें। जो कि सम्भव भी है और व्यवहारिक भी है। जनता जगेगी तभी देश आगे बढेगा।

2. **मानसिक शरीर:–** मानसिक शरीर में व्यक्ति के बुद्धि, कल्पनाएँ रहती है। बच्चा जब जन्म लेता है तभी से

अनेक कल्पनाऐं करता है। माता–पिता भी बड़ा सहयोग करते है, उसकी कल्पना को बढ़ाने में। मसलन माँ कहती है बेटा इन्जीनियर बन, पिता कहता है डॉक्टर बन, पड़ौसी कहते है आई.ए.एस. बन। इन निर्देशों के साथ वो अपनी शिक्षा पूरी करता है। उसकी 12 वर्ष की मेहनत से वो सीनियर सैकेण्डरी करता है। तब वो समाज से अपेक्षा करता है कि अब उसकी समस्या का समाधान हो। कुछ बच्चें सीनियर सैकेण्डरी परीक्षा में 60 प्रतिशत से अधिक अंक प्राप्त करते है। और वो समाज से अपेक्षा करते है कि हम प्रथम श्रेणी से पास है, हमें उचित सम्मान मिले। आस–पास के माहौल में वो देखता है कि 70 प्रतिशत, 80 प्रतिशत वाले भी दिशाहीन घूम रहे है। तो उसका मस्तिष्क चकरा जाता है। उसकी मानसिक स्थिति कि मैं कुछ हूँ, प्रथम श्रेणी में पास हुआ हूँ, कूचल दी जाती है। घरवालें कहते है बेटा और आगे पढ़ अभी तो तुझे कई कम्पीटिशन एग्जाम देने है। वो समझ जाता है कि अब मेरे मस्तिष्क की शक्तियों की कोई कदर नही है। कुछ लोग इसी भूलावें में ग्रेजुऐशन, पोस्ट ग्रेजुऐशन भी कर डालते है लेकिन फिर रोजगार के बाजार में पाते है कि उनकी पढ़ाई–लिखाई कोई खास काम नही आ रही। उनकी बुद्धिमता की समाज में इज्जत के बजाय तोहीन होने लगी है। उसका दर्द वाजिब है। वो अपना दर्द किसी को बतलाता है तो लोग कह देते है कि दुबारा कम्पीटिशन दे, और तैयारी के साथ दे।

इसमें मैं आपको एक छोटी सी कहानी कहना चाहूंगा

हमारे एक परिचित ने सीनियर सैकेण्डरी अच्छे नम्बरों से पास की। उसी के साथ एक लड़की पढ़ती थी। उसने भी सीनियर सैकेण्डरी

ठीक ठाक नम्बरों से पास की। लड़की ने कॉलेज फर्स्टईयर में एडमिशन ले लिया। लड़के ने एस.एस.सी. की परीक्षा दी। लड़की फर्स्टईयर पास कर गई। लड़का पहले अटेम्प में एस.एस.सी. पास नही कर पाया। उसने दुबारा एस.एस.सी. की परीक्षा दी। लड़की सैकेण्डियर कर गई। लड़के ने तीसरी बार अंतिम चांस आजमाया और एस.एस.सी. की परीक्षा पूरी तैयारी के साथ दी। लेकिन बेचारा, किस्मत का मारा वेटिंग में रह गया। लड़की ग्रेजुएट हो गई। अब लड़की के घरवालों ने उस लड़के से मिलने के लिये लड़की को मना कर दिया। लड़के के सपने टूटने लगे जो उसने लड़की के साथ शादी करने के सपने संजोये थे। लड़के ने फिर इधर—उधर कई प्रतियोगी परीक्षायें दी। एक परीक्षा देता, उसका रिजल्ट आता लेकिन सलेक्ट नही होता। दूसरी परीक्षा देता, उसमें भी सलेक्ट नही होता। वो लड़की एम.ए. कर गई। इतना ही नही वो एम.फील कर गई। वो पी.एच.डी. कर गई। लड़की यूनिवर्सिटी में प्रोफेसर बन गई और लड़का आज भी कम्पीटिशन परीक्षा दे रहा है।

हम एक प्रोजेक्ट के अध्ययन हेतु कोटा गये और हमने देखा कि वहा पर प्रीमेडिकल टैस्ट और प्री इन्जीनियरिंग टैस्ट के लिये लाखों लोग तैयारी करने प्रतिवर्ष आते है। लेकिन कॉलेजेज में स्थान सीमित, अतः 10—5 प्रतिशत से ज्यादा का चयन नही होता। बाकि 90—95 प्रतिशत लोगों को निराश होना पड़ता है। इससे अधिक दुखद बात देखी कि प्रति सप्ताह कोई ना कोई छात्र या छात्रा पढ़ाई के तनाव से आत्महत्या कर लेता। जब हगने उनके साथियों से कारण पूछा तो।

बड़े इमोशनल जवाब दिये लोगों ने। छात्रों ने बताया कि हमें हमारे घर से माता—पिता ने यहॉ डॉक्टर, इन्जीनियर बनने के लिये भेजा है। माता और बहिनों ने अपने आभूषण गिरवी रखकर, कर्जा लेकर हमें यहॉ पढ़ने भेजा है। ऐसे में यदि हम बिना चुने अपने घर जायेंगे तो क्या मुंह दिखायेंगे? कुछ लड़कों ने तो यहॉ तक बताया

कि हमारी बहनों ने जब हम घर से चले थे तो हमारे मस्तक पर टीका लगाकर हमें विदा किया कि अब तुम मेडिकल कॉलेज/इन्जीनियरिंग कॉलेज में एडमिशन होने के बाद ही घर आना। हमारा सलेक्शन नही होगा तो हम कैसे घर जा सकते है?

इस और न समाज का ध्यान है ना ही सरकार का। सरकार को चेताने का प्रयास किया जाता है तो सरसरी तौर पर कुछ व्यवस्था कर देती है कि कोई बच्चा तनाव में नही आये इसके लिये मेडिकल आदि की व्यवस्था कोटा में की जाती है।

एक नया प्रयोग

आजकल डी.एम.आई.टी. जैसी कई तकनीक निकल गई है जिसमें बच्चे की इन्बोर्न टैलेन्ट का ज्ञान किया जा सकता है। और यह बात यदि पेरेन्ट्स को समझाई जाये कि आपका बच्चा किस फील्ड विशेष में कीर्तिमान स्थापित कर सकता है तो मेडिकल/इन्जीनियरिंग की अंधी दौड़ से बचा जा सकता है।

1. **भावनात्मक शरीरः–** हर व्यक्ति भावनाओं से बना हुआ है। वो अपनी तारीफ सुनना चाहता है। वो अपनी प्रसंशा चाहता है। वो अपने वजूद की मान्यता चाहता है। जब समाज उसे ये सब चीजे नही देता तब वो कुण्ठित हो जाता है। छोटे बच्चें जब उनकी तुलना किसी अधिक अंक लाने वाले बच्चे से की जाती है तो छोटे बच्चें का दिल टूट जाता है। लेकिन अपने समाज में यह आम है। अपने यहॉ सलेक्शन का अर्थ है दूसरों को गिरा देना। इससे बच्चों की, बड़ो की, वृद्ध लोगों की भावनाऐं आहत होती है। ऊपर बताये गये जो दर्द है उनमें भावनात्मक दर्द भी मुख्य है। जब तक भावनात्मक रूप से व्यक्ति को समर्थन नही मिलेगा

उसकी दूसरे को अपनी बात कहने की जो भूख है वो तृप्त नही होगी, तब तक यह दर्द बना रहेगा।

2. **आध्यात्मिक शरीरः–** अपने समाज में अनेक बार लोगों को वो काम करने पड़ते है जो उनकी आत्मा गवाही नही देती। अथवा वे काम भी करने पड़ते है जिनको कोई पूछता नही है। जैसे सरकारी अध्यापक से जनसंख्या गिनती करवाना। जैसे सरकारी कर्मचारियों से वोटर लिस्ट बनवाना। जैसे आधार कार्ड बनाने के लिये लम्बी लाईनों में खड़ा होना। लोन लेने के लिये लम्बी लाईनों में खडा होना। नोटबन्दी के समय तो अपने नोट निकालने के लिये भी लम्बी लाईनों में लगना पड़ता था। जब निरर्थक काम व्यक्ति को करने पड़ते है तो उसकी आत्मा रो देती है। ऐसे काम जो उसकी आत्मा पसंद नही करती वो करने पड़ते है तो आत्मा कुचली जाती है। ये दर्द भी ऊपर के दर्दो में मुख्य है।

अतः भौतिक शरीर की जरूरतों की पूर्ति हो। मानसिक शरीर की जरूरतों की पूर्ति। भावनात्मक शरीर की जरूरतों की पूर्ति हो व आध्यात्मिक शरीर की जरूरतों की पूर्ति हो तब उपरोक्त दर्द में राहत मिल सकती है। यानि कि समस्या दर्द नही है। बल्कि अन्तर में जो उपरोक्त चारों शरीरों का उपहास हो रहा है वो समस्या है।

आज ज्ञान आधारित युग है। औद्योगिक युग अब नही रहा। औद्योगिक युग में व्यक्ति को एक वस्तु समझा जाता था और उसे पैसा देकर के काम करवाया जाता था। यदि कोई व्यक्ति काम नही करता तो दूसरी व्यक्ति काम पर रख लिया जाता। यानि पूंजी प्रधान व्यवस्था थी। लेकिन ये पैराडाईम ज्ञान प्रधान युग में नही चल सकता। अब आंशिक आधे अधूरे व्यक्तियों की कोई वकत नही है। अब होल पर्सन पैराडाईम का समय आ गया। होल पर्सन

पैराडाईम का अर्थ है भौतिक शरीर, मानसिक शरीर, भावनात्मक शरीर एंव आध्यात्मिक शरीर का उचित विकास हो तथा इनका उचित सम्मान हो।

टीम 360 के बैनर के नीचे हम होल पर्सन पैराडाईम की वर्कशॉप आयोजित करते है। प्रति सप्ताह एक परिचयात्मक वर्क्स/वेबनार निःशुल्क आयोजित किया जाता है। अतः इच्छुक नौजवान लोग सम्पर्क कर सकते है व वर्कशॉप/वेबनार को अटेण्ड करके अपना होल पर्सन व्यक्तित्व का पैराडाईम बना सकते है और सामान्य व्यक्ति से अति सामान्य व्यक्ति बन सकते है।

NOTES (जो बातें आपके ह्रदय को छू गई है)

1. ____

2. ____

3. ____

4. ____

5. ____

6. ____

7. ____

8. ____

9. ____

10 ____

11. ____

12. ____

13. ____

14. ____

15. ____

16. ____

17. ____

18. ____

19. ____

20. ____

21. ____

22. ____

23. ____

24. ____

25. ____

NOTES (जो निर्णय आपने अपने जीवन में लेने हेतु तय किये है)

26. ____

27. ____

28. ____

29. ____

30 ____

31. ____

32. _______________________________________

33. _______________________________________

34. _______________________________________

35. _______________________________________

36. _______________________________________

37. _______________________________________

38. _______________________________________

39. _______________________________________

40. _______________________________________

41. _______________________________________

42. _______________________________________

43. _______________________________________

44. _______________________________________

45. _______________________________________

46. _______________________________________

47. _______________________________________

48. _______________________________________

49. _______________________________________

50. _______________________________________

(अध्याय—8)

सोफे पर बैठे डॉगी की कहानी

❖❖❖

एक सभ्रान्त परिवार के घर जाना हुआ। वहाँ आलीशान सजावट थी। दो सोफे लगे हुए थे। बड़े रईस रहे होंगे किसी टाईम परिवार के मुख्य व्यक्ति। हम मकान के मालिक से एक प्रोजेक्ट पर बातचीत कर रहे थे। सोफे पर बैठा हुआ एक डॉगी चू—चू कर रहा था। वो अच्छी ब्रीड का डॉगी था इसलिये जोर से भौंक नही सकता था, रो भी नही सकता था, सिर्फ चूं—चूं कर रहा था। हमने मकान के मालिक से पूछा कि यह डिस्टर्ब कर रहा है तो उन्होनें डॉगी को डांट दिया। डॉगी चुप हो गया। थोडी देर बाद फिर डॉगी चू—चू करने लगा। हमने मालिक से कहा कि अब इसे क्या हुआ। मालिक ने बता दिया कि सोफे की एक कील निकली हुई है। ज्योही कील से इसका बदन टच होता है तो यह चू—चू की आवाज करता है। हमने ससम्मान पूंछा कि अगर कील चुभ रही है तो यह उठकर कही और क्यों नही बैठ जाता? मकान मालिक ने बताया कि कील इतनी भी नही चुभ रही है।

मैं इस कहानी के जरिये आपको आम आदमी के रिएक्टिव होने की फितरत से अवगत करवाना चाहता हूँ। आम आदमी रिएक्टिव है। यानि की प्रोएक्टिव नही है। स्टीफन आर कोवी की प्रथम आदत है बी प्रोएक्टिव। लेकिन जो प्रोएक्टिव नही हो उन्हें हम क्या कहेंगे? अतः उन्हें रिएक्टिव कहना उचित होगा। रिएक्टिव व्यक्ति उस सोफे पर बैठे डॉगी की तरह है जिसके की कील चुभती रहती है, वह चू—चू करता रहता है। और जब कील से थोडा दूर हो जाता है तो चुप होकर बैठ जाता है।

रिएक्टिव पर्सन भी चूं–चूं करता रहता है यानि कि अपने दुखः दर्द को बताता रहता है। उसके साथ क्या–क्या अन्याय हुए है वो भी बताता रहता है। उसको किस–किस तरह से पड़ोसियों द्वारा परेशान किया जाता है, वो भी वो बडा रस लेकर बताता है। भाईयों ने उसे किस प्रकार परेशान किया है उसको भी वो बड़े मजे लेकर वर्णन करता है। जब हम रिएक्टिव पर्सन से पूछते है कि इतने रिएक्टिव पर्सन हो तो प्रोएक्टिव होने का प्रयास क्यों नही करते। तो उनका भी यही कहना है कि इतनी भी परेशानी नही है।

रिएक्टिव व्यक्ति की मुख्य फितरतेः–

1. उसके पास कोई लक्ष्य नही होता। अतः वो निरूद्धेश्य एवं दिशाविहीन होता है। अतः जो कोई भी उन्हें सलाह दे दे उसी की सलाह पर चल पडते है और सलाह देने वाले तो अपने समाज में निःशुल्क उपलब्ध है ही।

2. किसी भी प्रकार की जिम्मेदारी नही लेना चाहता। सब जिम्मेदारियॉ, भाईयों की, माता–पिता की, पडोसियों की, सरकार की है। एक इंसान होने के नाते जो जिम्मेदारी व्यक्ति को निभानी चाहिए ये रिएक्टिव व्यक्ति उनसे भी कतराता रहता है।

3. इसकी भाषा निगेटिव होती है। ये परिस्थितियों, आनुवंशिकी अथवा वातावरण से निर्धारित होता है। मैं तो परिस्थिति का प्रोडक्ट हूँ। मेरे माता–पिता भी ऐसे ही थे इसलिये मैं भी ऐसा ही हूँ। यानि वो नीयतिवाद का शिकार होता है।

4. वो बाह्य परिवेश, बाह्य परिस्थितियॉ, बाह्य वातावरण तथा जिन लोगों से घिरा होता है उन लोगों के निर्देशानुसार काम करता है।

5. सामाजिक विवेक यानि कि लोग क्या कहेंगे? लोगों को राजी करने के लिये काम करता है। लोगों से प्रसंशा पाने की अपेक्षा रखता है।

6. अपनी दुर्दशा के लिये दूसरों को जिम्मेदार मानता है।

7. इसका माइंड सैट व्यथित हुए व्यक्ति अथवा शिकार हुए व्यक्ति का होता है (Mindset of Victimization and Culture of Blame). तथा दूसरों पर आक्षेप लगाने की संस्कृति में पलाबढा होता है।

8. घटना के घटने की प्रतीक्षा करता है।

9. दूसरों में दोष ढूंढता रहता है।

रिएक्टिव व्यक्ति उन बातों की चिन्ता करता है जो प्रायःकर उसके लिये उपयोगी नही होती है। कई बार तो बड़ी—बड़ी बातों पर अपने विचार भी व्यक्त करता है जैसे अमेरिका—चीन के सम्बंध, अफगानिस्तान में तालीबान की समस्या। यानि कि अगर उसके दिमाग को एक सर्किल के रूप में रखा जाये तो उसके चिन्ता के दो सर्किल हो सकते है। एक तो वह सर्किल जिसमें वो कुछ कर सकता है। यद्यपि यह छोटा सर्किल है। तथा दूसरा वो सर्किल जिसमें वो कुछ नही कर सकता सिर्फ जिक्र करने के अलावा।

जीवन में तीन प्रकार की स्थितियॉं होती है:–

1. **प्रत्यक्ष घटनाएँ:–** यह ऐसी घटनाएँ होती है जिनमें व्यक्ति अपनी और से कुछ कर सकता है। अपनी आदते बदलकर सफलताएँ प्राप्त कर सकता है। रिएक्टिव व्यक्ति यदि स्टीफन आर कोवी की बताई गहली व दूसरी आदतों को सींखता है, उन पर विचार करता है व जीवन में उतारता है तो वो प्रत्यक्ष घटनाओं को अपने अनुकूल बना सकता है।

2. **अप्रत्यक्ष घटनाएँ:–** यह वो स्थितियॉं है जिनमें व्यक्ति स्वयं सीधा कुछ नही कर सकता। लेकिन दूसरे लोगों के द्वारा स्थितियों को अपने अनुकूल बना सकता है। यानि कि दूसरों का सहयोग लेकर इन स्थितियों को अनुकूल बनाया जा सकता है। यानि

सहयोग लेकर आपसी सम्प्रेषण व रचनात्मक सहयोग व विन/विन की मानसिकता से वो अप्रत्यक्ष घटनाओं को भी अनुकूल बना सकता है। इस हेतु स्टीफन आर कोवी की चौथी, पांचवी व छटी आदत पर्याप्त लाभकारी सिद्ध हो सकती है।

3. **अनियन्त्रित घटनाऐं:–** ये वे स्थितियॉ है जिनमें व्यक्ति का कोई बस नही चलता। अतः इनकों सहन करना व इनके साथ चलना सींखना पड़ेगा। जैसे कि कोरोना आ गया। अब कोरोना से एहतियात बरतते हुए काम करने पडेंगे।

रिएक्टिव व्यक्ति यदि स्टीफन आर कोवी की 7 आदतों को गहराई से सींखता है और उनको धीरे–धीरे जीवन में उतारता है तो वह सामान्य व्यक्ति से अति प्रभावकारी बन सकता है।

यहॉ मैं एक डॉगी वह सोफ्ट टॉयज एण्ड कैरी बेग की कहानी बतलाना चाहूंगा।

एक अच्छे परिवार में एक डॉगी था। वो अपने सोफ्ट टॉय से खेला करता था। एक दिन एक व्यक्ति आया और वो मौका पाकर सोफ्ट टॉय को ले जाने लगा। इस पर परिवार के मुखिया ने कहा कि आप यह सोफ्ट टॉय ना ले क्यों कि यह हमारे डॉगी का है। आप यदि फिर कभी आयेंगे तो यह डॉगी आपको काट लेगा। इस पर वो व्यक्ति सोफ्ट टॉय जिस कैरी बेग में रखे हुए थे उसे ले गया और सोफ्ट टॉय वही छोड गया। अगली बार जब वो व्यक्ति उस परिवार से मिलने आया तो आते ही डॉगी ने उसे काट लिया। तो उसने उलाहना दिया कि मैनें तो डॉगी का सोफ्ट टॉय यही रख दिया था। फिर इसने मुझें क्यो काट लिया। तो डॉगी के मालिक ने बताया कि आप सोफ्ट टॉय जिस थेली में रखा हुआ था वो थेली ले गये थे यानि कि कैरी बेग ले गये थे। अतः कैरी बेग जब डॉगी को यहॉ नही मिला तो डॉगी ने समझा कि आप ही ले गये है। इसलिये आपको काट लिया।

मैं यह कहानी बताकर रिएक्टिव लोगों को कहता हूँ कि आप भी सोफ्ट टॉयज को छोड देते हो लेकिन कैरी बेग को अपने साथ रखते हो इसलिये यह दुःख रूपी डॉगी तुम्हे काट लेता है।

रिएक्टिव लोगों के पास किसी भी काम को टालने के अनेक बहाने होते है। लेकिन उनके पास एक भी ऐसा कारण नही होता कि उस काम को किया जाये।

प्रोएक्टिव व्यक्ति की पहचानः– पूर्व में अपन ने रिएक्टिव व्यक्ति की फितरते देखी थी। अब अपन प्रोएक्टिव व्यक्ति की विशेषताओं को देखते है।

प्रोएक्टिव व्यक्ति की विशेषताएः–

1. प्रोएक्टिव व्यक्ति यह अच्छी तरह जानता है कि उसे चुनाव करने का अधिकार है।

2. कम्प्यूटर की भाषा में कहे तो व्यक्ति अपने स्वंय का प्रोग्रामर होता है। अतः सोफ्टवेयर को बदलने का उसे अधिकार होता है।

3. प्रोएक्टिव व्यक्ति सिद्धान्तों के अनुसार अपना जीवन चलाने का प्रयास करता है। प्रोएक्टिव व्यक्ति सिद्धान्तों पर आधारित मूल्यों को जीवन में अपनाता है।

4. प्रोएक्टिव व्यक्ति अपना वातावरण अपने साथ लेकर चलता है। यघपि पो भी आनुपंशिकी से, परिस्थितियों, वातावरण से तथा माता–पिता के लालन–पालन व सामाजिक वातावरण से प्रभावित होता है लेकिन वो अपनी प्रतिक्रियाएॅ अपने मूल्यों के आधार पर करता है। जैसे कि बारिश आ गई तो रिएक्टिव व्यक्ति घर में बैठ जाता है। जबकि प्राऐक्टिव व्यक्ति छाता खोलेगा या बरसाती पहनकर काम पर निकलेगा। यदि अपन सड़क पर गाड़ी से जाते है और सामने रेलवे फाटक बन्द हो

गया तो रिएक्टिव व्यक्ति अपने को कोसता है व प्रोएक्टिव व्यक्ति दूसरा रास्ता या विकल्प चुनता है।

5. प्रोएक्टिव व्यक्ति स्वयं के द्वारा विवेकपूर्ण निर्णय लेकर अपना मिशन तय करता है और उस पर चलता है। अतः वो अन्य लोगों से तारीफ, मान्यता आदि की अपेक्षा नही करता है।

6. प्रोएक्टिव व्यक्ति के पास में अपना लक्ष्य सुस्पष्ट होता है अतः उसे किसी अन्य से तुलना करने की जरूरत नही रहती। वो अपनी तुलना स्वयं अपनी पूर्व की प्रगति के स्तर से करता है।

7. प्रोएक्टिव व्यक्ति की भाषा में विवशता नही होती है। बल्कि कोई नया रास्ता व विकल्प खोजने की मानसिकता होती है।

अब मैं व्यक्ति के चार आयामों के बारे में बताता हूँ कि प्रोएक्टिव और रिएक्टिव व्यक्ति किस तरह से व्यवहार करते है।

1. **शारीरिक आयामः–** प्रोएक्टिव व्यक्ति अपने शरीर को स्वस्थ रखने के लिये पर्याप्त प्रयास करता है। जबकि रिएक्टिव व्यक्ति बीमार पडने पर ईलाज करवाता है। प्राऐक्टिव व्यक्ति अपने शरीर को अनुशासित बनाता है जबकि रिएक्टिव अनुशासन का महत्व न तो समझता है और न ही पालना करता है। जो भी बड़े काम किये गये है वो अनुशासित व्यक्तियों के द्वारा ही किये गये है।

2. **मानसिक आयामः–** प्रोएक्टिव व्यक्ति अपने दिमाग की कल्पनाओं का महत्व समझता है और अपने भविष्य की एक रूपरेखा बनाता है यानि की ब्ल्यू प्रिन्ट। और फिर एक योजना बनाकर कार्य को आरम्भ करता है और सफलता पाता है। यानि की प्रोएक्टिव व्यक्ति विजन बनाकर काम करता है। जिन लोगों की भविष्य दृष्टि कम हो गई या खत्म हो गई वो विजन के साथ काम नही करते। ऐसे लोग अपनी याद्दास्ति पुरानी बातों से

निर्धारित होते है। अपनी पुरानी किस्सों–कहानियों को लोगों को सुनाते रहते है और पुराने तरीकों से ही काम करते है। Their are Drive by Past Events.

3. **भावनात्मक आयामः–** प्रोएक्टिव व्यक्ति अपनी भावनाओं का अवलोकन करते है और अच्छी भावनाएँ जैसे उत्साह, साहस, निष्ठा आदि को बढ़ाते हैं और सुदृढ़ करते है और सफलता प्राप्त करते है। तथा दूसरों को इंस्पायर करते है। जबकि रिएक्टिव व्यक्ति अपनी भावनाओं पर गौर नही करते। जो आवेग आया उसी पर प्रतिक्रिया करते है। जैसे कि क्रोध आया तो क्रोधित हो गये। किसी से नाराजगी हो गई तो बदला लेने की भावना उनमें पैदा हो गई। प्रोएक्टिव व्यक्ति दूसरो से वेलिडेशन की जरूरत नही समझते न ही अपेक्षा करते है कि लोग उनकी तारीफ करें। लोग उनका महत्व स्वीकार करें।

4. **आध्यात्मिक आयामः–** प्रोएक्टिव व्यक्ति दूसरें लोगों के बारे में शुभकामनाएँ प्रेषित करते है, आशीर्वाद प्रेषित करते है तथा जिन लोगों ने उनका सहयोग किया है उनके कृतज्ञ रहते है। तथा उन अदृश्य व दिव्य शक्तियों के कृतज्ञ रहते है जैसे– सूर्य, हवा, पानी आदि। जबकि रिएक्टिव व्यक्ति आध्यात्मिक लोगों से अपनी कामनाएँ पूर्ति करने के शोर्ट तरीके पूछता रहता है। अपनी इच्छाओं की पूर्ति के लिये ईश्वर से भीख मांगता रहता है। यदि समय पर कोई उसका काम पूरा ना हो तो वो ईश्वर से भी शिकायत करता रहता है। नक्षत्रों आदि से भी वो पूछता रहता है। यदि उसके कार्य पूर्ण ना हो तो नक्षत्रों आदि से भी वो नाराज हो जाता है और शिकायत करता रहता है।

स्टीफन आर कोवी ने 7वीं हेबिट में यह बतलाया है कि उपरोक्त चारों आयामों का प्रतिदिन आधा–एक घन्टा अभ्यास करना चाहिये ताकि व्यक्ति को रिएक्टिव से प्रोएक्टिव होने में मदद मिले।

हम **टीम 360** के बैनर के तहत **सेवन हेबिट्स ऑफ हाईली इफेक्टिव पीपुल** पर वेबनार/वर्कशॉप ऑनलाईन आयोजित करते है। परिचयात्मक वेबनार व ऑनलाईन वर्कशॉप निःशुल्क भी किये जाते है। इच्छुक नौजवान सम्पर्क कर सकते है। और सेवन हेबिट्स ऑफ हाईली इफेक्टिव पीपुल के बारे में पर्याप्त जानकारी प्राप्त कर सकते है और अपने जीवन को सामान्य से अतिप्रभावकारी बना सकते है।

NOTES (जो बातें आपके ह्रदय को छू गई है)

1. ____

2. ____

3. ____

4. ____

5. ____

6. ____

7. ____

8. ____

9. ____

10 ____

11. ____

12. ____

13. ____

14. ____

15. ____

16. ____

17. ____

18. ____

19. ____

20. ____

21. ____

22. ____

23. ____

24. ____

25. ____

NOTES (जो निर्णय आपने अपने जीवन में लेने हेतु तय किये है)

26. ____

27. ____

28. ____

29. ____

30. ____

31. ____

32. ____

33. ____

34. ____

35. ____

36. ____

37. ____

38. ____

39. ____

40. ____

41. ____

42. ____

43. ____

44. ____

45. ____

46. ____

47. ____

48. ____

49. ____

50. ____

(अध्याय–9)

ब्ल्यू प्रिन्ट की कहानी

एक बड़े अधिकारी ने अपना निजी मकान बनवाने के लिये मानस बनाया। अपनी पत्नी से पूछा कि मकान बनाने में मेरा सहयोग करों। पति–पत्नी दोनों ने अपनी समझ के अनुसार मकान बनवाना शुरू कर दिया। काफी पैसा लग गया लेकिन मकान वैसा नही बना जैसा कि अन्य पडोसियों का था। तभी एक व्यक्ति आया। उसने कहा कि आपके डॉगी के लिये मैं मकान तैयार कर दू। वो बड़े अधिकारी थे उन्होनें कहा कि तुम कैसा मकान बनाओंगे? मेरे डॉगी को पसंद आयेगा कि नही, मेरी पत्नी को पसंद आयेगा या नही? इस पर उस व्यक्ति ने कई बने हुए नक्शे दिखाऐ। उन्हें वो पसन्द नही आये तो उस व्यक्ति ने कहा आप जो–जो चीज चाहते है, जैसी डिजाईन चाहते है। मैं आपकों वैसा ही नक्शा बना दूंगा। अधिकारी ने कहा हमें नक्शा नही बनवाना। डॉगी के लिये घर बनवाना है। व्यक्ति बोला नक्शा ही बनाने में समय लगता है। यदि नक्शा ठीक से बन गया, जो आपको पसंद आ जायें व हमें व्यवहारिक नजर आये तो फिर नक्शे को देखकर के मकान तो अनपढ़ कारिगर ही बना देंगे।

एक अच्छा मकान बनाने के लिये जिस तरह से नक्शा बनाया जाता है, जिसे कि ब्ल्यू प्रिन्ट कहते है। इंसान की जिंदगी मकान से ज्यादा महत्वपूर्ण है। यदि मकान के लिये नक्शा इतना जरूरी है तो जिंदगी के लिये तो और ज्यादा जरूरी है।

स्टीफन आर कोवी की **सैकिण्ड हेबिट – "अंत को ध्यान में रखकर काम करें"** – कहती है कि हर वस्तु की रचना दो स्तर पर

होती है। पहली मानसिक स्तर पर, दूसरी भौतिक स्तर पर। मानसिक स्तर की रचना को ही ब्ल्यू प्रिन्ट बनाना कहा जाता है। इसे हम प्रथम रचना भी कह सकते है तथा भौतिक रचना को द्वितीय रचना कहा जा सकता है।

दो रचनाओं के इस सिद्धान्त को अपन व्यवहार में भी देख सकते है।

1. भवन निर्माण करने से पहले विचार विमर्श करके नक्शा बनाया जाता है यानि ब्ल्यू प्रिन्ट तैयार किया जाता है।

2. संगीत में किसी धुन को तैयार करने से पहले नोट (Knot) बनाया जाता है।

3. व्याख्यानदाता व्याख्यान देने से पूर्व व्याख्यान का एक ब्ल्यू प्रिन्ट तैयार करता है।

4. कम्पनियों में जब कोई मिटिंग होती है तो उससे पहले एजेण्डा नोट तैयार किये जाते है।

इंसानी जीवन की जो प्रथम रचना यानि कि मानसिक रचना है वो व्यक्ति की जानबूझकर स्वयं के द्वारा तैयार प्रायःकर नही की जाती है। यह प्रथम मानसिक रचना बच्चे के लिये माता–पिता, कर देते है। व्यक्ति के लिये उसकी पत्नी कर देती है या पड़ोसी कर देते है यानि कि प्रथम रचना व्यक्ति के द्वारा जिम्मेदारी लेकर के तैयार नही की जाती। इसका अर्थ हुआ कि यदि आप अपनी प्रथम रचना करना चाहते है तो अब आपको रिस्क्रीप्टींग करनी होगी। पुरानी स्क्रीपटींग, पुरानी रचना को खारिज करना होगा। और उसके स्थान पर विवेक पूर्वक सोच विचार कर नई मानसिक रचना करनी होगी। उचित होगा कि मानसिक रचना को आप पेपर पर उतार ले ताकि ब्ल्यू प्रिन्ट बन जाये। जो लोग सफलता प्राप्ति के लिये लक्ष्यों को कागज पर लिख लेने की बात कहते है वो भी इसी सिद्धान्त के आधार पर अपनी बात को निरूपित करते है।

जिस तरह से व्यक्ति विशेष अपने जीवन का विभिन्न लक्ष्यों हेतु ब्ल्यू प्रिन्ट बना सकता है। ऐसे ही कोई भी ओर्गेनाईजेशन अपने लक्ष्यों का ब्ल्यू प्रिन्ट बना सकता है।

आजकल सभी बड़ी कम्पनियां अपने उद्देश्यों को तय करती है और एक सोच विचार करने के बाद मिशन स्टेटमेन्ट तैयार करती है। ये मिशन स्टेटमेन्ट ही कोवी की द्वितीय आदत का सार है। ये मिशन स्टेटमेन्ट लम्बी अवधि का यानि 25 सालों का भी हो सकता है अथवा तीन साल की अल्प अवधि का भी। मिशन स्टेटमेन्ट ब्ल्यू प्रिन्ट शब्द के लिये ही सुन्दर शब्द खोजा गया है। जब ब्ल्यू प्रिन्ट बन जाता है तो मानसिक रूप से व्यक्ति अथवा ओर्गेनाईजेशन उस कार्य को करने के लिये तैयार हो जाता है। उसके पास में एक लम्बी अवधि की प्लानिंग हो जाती है और वो उस पर सतत् चलते रहते है और अपने लक्ष्यों की प्राप्ति की स्पष्ट रूपरेखा तैयार हो जाती है।

मिशन स्टेटमेन्ट के लाभ:–

1. जब व्यक्ति/ओर्गेनाईजेशन अपना मिशन स्टेटमेन्ट बना लेते है तो उनके लक्ष्य व योजनाऐं, समयावधियॉ तय हो जाती है।

2. बदली हुई परिस्थितियॉ अथवा बदला हुआ लोगों का व्यवहार कम्पनी की नीतियों को प्रभावित नही कर पाता।

3. मिशन स्टेटमेन्ट होगा तो कर्मचारियों में आवंटन ठीक ढंग से किया जा सकेगा।

4. मिशन स्टेटमेन्ट पर कार्य करने से समय–समय पर समीक्षा की जा सकती है।

5. यदि मिशन स्टेटमेन्ट बना लेने के बाद कोई नई बात ध्यान में आती है तो उसे भी मिशन स्टेटमेन्ट में शामिल किया जा

सकता है। यदि कोई बात मिशन स्टेटमेन्ट में गलत जुड गई हो तो उसे हटाया जा सकता है।

6. मिशन स्टेटमेन्ट से लक्ष्यों की, कार्य की क्लियरिटी रहती है। अतः प्रत्येक व्यक्ति में उत्साह पूर्वक कार्य करने की भावना जागृत हो जाती है।

7. कर्मचारियों को आगामी 5 वर्ष में क्या करना है, 10 वर्ष में क्या करना है, स्पष्ट रहता है। इसलिये कोई दिशाभ्रम नही होता।

8. मिशन स्टेटमेन्ट के आधार पर वार्षिक कार्यकारी योजना आसानी से बनाई जा सकती है।

9. मिशन स्टेटमेन्ट प्रथम रचना (मेन्टल क्रियेशन) है।

दूसरी आदत मिशन स्टेटमेन्ट बनाकर अपने विजन को पैना करना हैं तथा भविष्य के लिये एक निश्चित योजना बनाना है।

मिशन स्टेटमेन्ट अगर ठीक से बना लिया जाये तो उसके बाद तो एक्शन करने की ही जरूरत रहती है और सफलता सुनिश्चत हो जाती है।

मिशन स्टेटमेन्ट बनाने में रखी जाने वाली सावधानियॉ:–

व्यक्ति की जिंदगी का मिशन स्टेटमेन्ट हो या कम्पनी का, इससे मंजिल स्पष्ट हो जाती है तथा रास्ते के माईलस्टोन भी तय हो जाते है।

1. मिशन स्टेटमेन्ट व्यक्ति स्वयं, उसकी पत्नी आदि मिलकर बना सकते है। मिलकर ही बनाना चाहिये। परिवार का मिशन स्टेटमेन्ट भी दोनों मिलकर बना सकते है, बच्चों को शरीक कर सकते है। जब सभी लोगों को सम्मिलित करके मिशन स्टेटमेन्ट बनाया जाता है तो सभी को उसको पूरा करने में पूरा लगाव हो जाता है।

2. मिशन स्टेटमेन्ट बनाते समय गत वर्षा की प्रगति और भविष्य में होने वाले परिवर्तनों को ध्यान में रखा जाना चाहिये।

3. मिशन स्टेटमेन्ट को व्यक्ति अपने पांचो आयामों को ध्यान में रखकर बनायेः– 1. **स्वास्थ्य,** 2. **आर्थिक उपार्जन,** 3. **पारिवारिक रिश्ते,** 4. **सामाजिक प्रतिष्ठा,** 5. **समाज/राष्ट्र को योगदान।**

4. प्रतिवर्ष मिशन स्टेटमेन्ट की समीक्षा की जा सकती है ताकि यदि कोई बात जोड़नी हो तो जोड़ी जा सके व घटानी हो तो घटाई जा सके।

व्यक्ति प्रायःकर कई तरह के विश्वासों के होते है अतः उनके मिशन स्टेटमेन्ट अलग–अलग बनेंगे। जैसे कोई व्यक्ति अर्थ/मुद्रा केन्द्रित होता है। कोई व्यक्ति परिवार केन्द्रित होता है। कोई व्यक्ति कार्यालय में कार्य करने हेतु केन्द्रित होता है। कोई व्यक्ति मित्र केन्द्रित होता है। कोई व्यक्ति समाज केन्द्रित होता है। लेकिन एक अच्छे मिशन स्टेटमेन्ट को बनाने के लिये यदि उसे सिद्धांत केन्द्रित बनाया जाये तो वो अधिक उपयोगी होगा। क्योंकि सिद्धांत सैकड़ों सालों से प्रमाणित होते आये है। जबकि व्यक्ति विशेष के विश्वास गलत भी साबित हो सकते है। व्यक्ति की निष्ठायें भी टूट सकती है लेकिन सिद्धांत कालजयी होते है और स्वतः प्रमाणित होते है। Results are Governed by Principles not by People and Circumstances.

एक अच्छे मिशन स्टेटमेन्ट का स्वरूप निम्न प्रकार हो सकता हैः–

1. **स्वास्थ्यः–** व्यक्ति को अपने स्वास्थ्य के बारे में मिशन स्टेटमेन्ट में लिखना चाहिये कि वो कैसा स्वास्थ्य चाहता है? कितना उसका वजन हो? कितनी उसकी हाईट हो? उसका आकार,

डीलडोल कैसा हो? कम्पनियों के मिशन स्टेटमेन्ट में भी स्वास्थ्य जरूरी है। यहाँ स्वास्थ्य से तात्पर्य आर्थिक क्षमता, कम्पनी की बिल्डिंग आदि है।

2. **आर्थिक समृद्धिः–** व्यक्ति कितना रूपया साल में कमाना चाहता है? किस तरीके से कमाना चाहता है? पांच साल बाद कितना कमाना चाहता है? इसका उल्लेख मिशन स्टेटमेन्ट में किया जा सकता है। कम्पनियाँ भी अपने आर्थिक लक्ष्यों को तय कर सकती है।

3. **सामाजिक रिश्तेः–** व्यक्ति को किस प्रकार के परिवार में रिश्ते रखने है? किन–किन लोगों से उदासीन होना है? किन–किन लोगों के साथ संगठन बनाना है? आदि मिशन स्टेटमेन्ट में लिखा जा सकता है। कम्पनियाँ/परिवार/स्वंयसेवी संस्थायें भी अपने मिशन में अपने कस्टमर्स/बेनिफिसरी से कैसे सम्बंध रखना चाहते है? बराबर वालों से कैसे सम्बंध रखना चाहते है? सरकार से कैसे सम्बंध रखना चाहते है आदि?

4. **सामाजिक प्रतिष्ठा प्राप्त करनाः–** हर व्यक्ति समाज में अपनी प्रतिष्ठा चाहता है। इसलिये उसे अपने मिशन स्टेटमेन्ट में स्पष्ट रूप से लिखना चाहिये कि उसे आज कितनी प्रतिष्ठा चाहिये। पांच साल बाद कितनी प्रतिष्ठा चाहिये। दस साल कितनी प्रतिष्ठा चाहिये। ऐसे ही कम्पनियाँ भी अपनी कितनी व्यापारिक साख को बनाये रखना चाहती है।

5. **समाज/राष्ट्र को योगदानः–** प्रत्येक व्यक्ति समाज/राष्ट्र को कुछ योगदान देना चाहता है। अतः उसका उल्लेख भी मिशन स्टेटमेन्ट में किया जा सकता है। परिवार/संगठन/ कम्पनियाँ/एन.जी.ओ. भी अपने मिशन स्टेटमेन्ट में समाज के प्रति अपने जो दायित्व है और जो वो पूरा करना चाहती है लिख सकते है। राष्ट्र के प्रति भी जो दायित्व समझते है और

जिन्हे पूरा करना चाहते है वो मिशन स्टेटमेन्ट में उल्लेख करना चाहिये।

ब्ल्यू प्रिन्ट/मिशन स्टेटमेन्ट प्रत्येक व्यक्ति के लिये जीवन में जरूरी है। प्रत्येक कम्पनी के लिये, प्रत्येक परिवार के लिये, प्रत्येक संगठन के लिये, प्रत्येक एन.जी.ओ. के लिये जरूरी है। इस मिशन स्टेटमेन्ट को बनाना हमारे वेबनार/ वर्कशॉप में ऑनलाईन सींखाया जाता है। सप्ताह में एक दिन मिशन स्टेटमेन्ट बनाने की पूरी विधि निःशुल्क सींखाई जाती है। इच्छुक लोग सम्पर्क कर सकते है।

NOTES (जो बातें आपके ह्रदय को छू गई है)

1. _______________________________________

2. _______________________________________

3. _______________________________________

4. _______________________________________

5. _______________________________________

6. _______________________________________

7. _______________________________________

8. _______________________________________

9. _______________________________________

10. ______________________________________

11. ______________________________________

12. ______________________________________

13. ______________________________________

14. _______________________________

15. _______________________________

16. _______________________________

17. _______________________________

18. _______________________________

19. _______________________________

20. _______________________________

21. _______________________________

22. _______________________________

23. _______________________________

24. _______________________________

25. _______________________________

NOTES (जो निर्णय आपने अपने जीवन में लेने हेतु तय किये है)

26. _______________________________

27. _______________________________

28. _______________________________

29. _______________________________

30. _______________________________

31. _______________________________

32. _______________________________

33. ____

34. ____

35. ____

36. ____

37. ____

38. ____

39. ____

40. ____

41. ____

42. ____

43. ____

44. ____

45. ____

46. ____

47. ____

48. ____

49. ____

50. ____

(अध्याय-10)

ओह। गिलहरी बनी विजयी – कहानी

एक बार जंगल में पशु–पक्षियों के बीच इंकलाब की लहर आयी। सभी ने आपस में तय किया कि क्यों नही जंगल के राजा का चुनाव किया जायें। हर बार शेर ही क्यों जंगल का राजा बने? सब जगह विश्व में प्रजातांत्रिक सरकारे बन रही है तो जंगल में भी प्रजातांत्रिक सरकार क्यों नही बने? बंदर इस खुशी के मारें झूम उठा कि अब चुनाव के जरिये राजा चुना जायेगा। शायद अपना भी नम्बर पड जाये। लेकिन लोमडी ने अपना विरोध प्रकट किया कि चुनाव करने से प्रतिभा का हनन होगा। अतः किसी प्रतिभाशाली प्राणी को ही जंगल का राजा बनाया जाना चाहिए। लोमडी ब्रिटेन, अमेरिका व पूरे हिन्दुस्तान में घूम चुकी थी। प्रतिभावान व्यक्ति किस तरह से चयनित होकर ऊंचे–ऊंचे पदों पर बैठते है, वो देख चुकी थी। अतः उसने प्रतिभा के आधार पर राजा चुनने का सुझाव सभी के सामने रखा।

सभी प्राणियों ने इस बात पर सहमति जताई कि वाकई में राजा प्रतिभावान होना चाहिये। जैसे इंसानों में हिन्दुस्तान आदि देशों में आई.ए.एस. जैसे प्रतिभावान लोग आते है वैसे ही जंगल में भी एक सार्वजनिक परीक्षा होनी चाहिये ताकि उसमें सर्वाधिक अंक प्राप्त करने वालें को जंगल का राजा बनाया जाये। आनन–फानन में शेर ने भी अपनी सहमति दे दी और अन्य प्राणियों ने भी एक कमेटी का गठन कर दिया। उस कमेटी में भालू, लोमडी, बंदर, कव्वा आदि को रखा गया।

कमेटी ने रिपोर्ट दी कि 50 नम्बर का पेपर होगा। 5 विषयों के बारे में प्रतियोगिता होंगी। प्रत्येक विषय के 10 अंक होंगे। जिसके

सबसे अधिक अंक आयेंगे उसको ही जंगल का राजा घोषित कर दिया जायेगा और उसी को शपथ दिला दी जायेगी।

निम्न पांच विषय रखे गयेः–

विषय का नाम   अंक

1. तैरने की कला में पारंगत   10

2. दौड़ने की कला में पारंगत   10

3. पेड़ पर चढ़ने की कला में पारंगत   10

4. जमीन में बिल खोदने की कला में पारंगत   10

5. छलांग लगाने में पारंगत   <u>10</u>

कुल अंक   <u>50</u>

जैसे हिन्दुस्तान में प्रीमेडिकल टैस्ट, प्रीइंजीनियरिंग टैस्ट व आई.ए.एस. आदि की तैयारी के लिये कोचिंगे होती है वैसे ही जंगल में उपरोक्त विषयों की तैयारी कराने के लिये कोचिंगे खोली गई। साल भर का समय दिया गया। साल भर बाद तय तिथि को तय समय पर प्रतियोगी परीक्षा होनी तय हुई।

सभी जंगल के वाशिंदो ने पांचों पेपरों की तैयारी वैसे ही की जैसे आई.ए.एस. देने के लिये प्रत्याक्षी करते है, अथवा प्रीमेडिकल वाले तीन पेपर की तैयारी करते है या प्रीइंजीनियरिंग वाले तीन पेपर की तैयारी करते है।

परीक्षा की तय तिथि पर परीक्षा का आयोजन किया गया। सभी को जो अंक प्राप्त हुए उन अंको को जोड़ा गया और रिजल्ट घोषित कर दिया गया। गिलहरी को सर्वाधिक 30 अंक प्राप्त हुए। शेर 5 अंको पर ही निपट गया। लोमडी भी 10 से अधिक अंक नही ले पाई। अन्य कोई भी प्राणी 15 अंको से अधिक नही ले पाया। चयन

कमेटी की रिपोर्ट के आधार पर गिलहरी को जंगल का राजा घोषित किया गया।

जिस हास्यास्पद तरीके से गिलहरी का जंगल के राजा के पद पर चयन हुआ। उसी तरह से अपने देश में प्रतियोगी परीक्षाओं के जरिये जो चयन होते है वो ऐसे ही होते है। मैं यहाँ पर एक महत्वपूर्ण सिद्धान्त की ओर आपका ध्यान आकर्षित करना चाहूंगा। हमारा मकसद वर्तमान व्यवस्था को नई दिशा देना है ताकि प्रत्येक व्यक्ति को जो ईश्वर की यूनिकनेस देकर के पैदा किया गया है। उस यूनिकनेस को पैना किया जाना चाहिये, उसका सम्मान किया जाना चाहिये और उस क्षेत्र विशेष में उस व्यक्ति को आगे बढ़ना चाहिये। देखा–देखी की भेड़चाल कि मार्केट में किस व्यवसाय की ज्यादा प्रतिष्ठा है और आर्थिक आय ज्यादा की जा सकती है, उसी व्यवसाय में लोग घूसना चाहते है। परिणाम यह होता है कि लम्बी लाईन लग जाती है और बड़ा कम्पीटिशन होता है।

हाल ही में सुना है कि एक अध्यापकों के चयन की प्रतियोगी परीक्षा हुई जिसमें 26 लाख लोगों ने फार्म भरा और 23 लाख लोग परीक्षा में बैठे। क्या वाकई में 23 लाख लोगों में से जो लोग चुनकर आयेंगे क्या वो अच्छे अध्यापक सिद्ध होंगे? इसकी कोई गारन्टी नही है। हो सकता है उनमें से कई तो अध्यापक लगने के बाद भी किसी थानेदार या आर.ए.एस. आदि में चयन हो गया तो वो इस अध्यापन को छोड़ भी जायेंगे।

डी.एम.आई.टी. कन्सेप्ट की अवधारणा

डी.एम.आई.टी. का अर्थ है – डर्मिटोग्राफीक मल्टीपल इन्टेलीजेन्स टैस्ट – इस टैस्ट के द्वारा यह कोशिश की जाती है कि व्यक्ति के हाथों की अंगुलियों व अंगूठे के तीन–तीन निशान लिये जाये और उनके आधार पर सोफ्टवेयर के जरिये एनालिसिस किया जाये। और व्यक्ति की दिमाग की संरचना को पढ़ने का प्रयास किया जावे। जब

बच्चा मां के गर्भ में होता है तब ही हाथों की अंगुलियों के निशान बनते है और उसी समय बच्चे का दिमाग विकसित होता है। अत: दोनों में हजारों लोगों के अंगुलियों के निशान और दिमाग की प्रतिभाओं का अध्ययन करने के पश्चात एक कोरिलेशन होना प्रमाणित हुआ है।

इस कोरिलेशन के जरिये एक रिपोर्ट तैयार की जाती है। जिसे कि हम ब्रेन का एक्सरे कह सकते है। इससे व्यक्ति की जन्मजात प्रतिभाओं के बारे में बहुत कुछ सटिक बताया जा सकता है। कम्प्यूटर में जैसे सोफ्टवेयर होता है, कम्प्यूटर उसी तरह से चलेगा। इस डी.एम.आई.टी. रिपोर्ट को आप ऐसा ही समझे जैसे ये दिमाग का सोफ्टवेयर/एक्सरे है।

मल्टीपल इन्टेलीजेन्सी से आशय:–

पहले जो व्यक्ति गणित में होशियार होता था, भाषा में होशियार होता था, तर्क में होशियार होता था, विश्लेषण करने में होशियार होता था। उसको इन्टेलीजेन्ट कहा जाता था। करीबन 200 सालों तक मनोवैज्ञानिकों ने बुद्धिमता की यही परिभाषा रखी। जिसे कि आई.क्यू. (Intelligence Quotient) कहा जाता है। लेकिन वर्तमान मनोवैज्ञानिकों ने कई और प्रकार की इन्टेलीजेन्सिज भी खोज ली है। वर्तमान में जो डी.एम.आई. टैस्ट होता है उसमें **हार्वड गार्नर** के द्वारा बताई गई 8 इन्टेलीजेन्सिज का उपयोग होता है। **हार्वड गार्नर** बहुत बड़े मनोवैज्ञानिक है। उनका नाम नोबल पुरूस्कार हेतु भी विचारार्थ प्रस्तुत हुआ था। **हार्वड गार्नर** ने निम्न 8 इन्टेलीजेन्सिज बताई।

1. Intra Personnel (स्वंय मुखर) - Self Smart (स्व:प्रधान)

2. Inter Personnel (समुह मुखर) - People Smart ¼समुह प्रधान)

3. Auditory (सुनने में निपुण) - Listening Smart (श्रवण प्रधान)

4. Kinesthetic (करने में निपुण) - Body Smart (शरीर प्रधान)

5. Visual (चित्रांकन) - Picture Smart (चित्र प्रधान)

6. Linguistic (भाषायी) - Word Smart (शब्द प्रधान)

7. Musical (संगीत) - Music Smart (स्वर प्रधान)

8. Naturalist (परिवेष) - Nature Smart (प्रकृति प्रधान)

उपरोक्त 8 प्रकार की इन्टेलीजेन्सिज को इस रिपोर्ट के जरिये देखा जा सकता है।

बुद्धिमता के चार पैरामिटर (Quotient)

1. Intelligence Quotient (I.Q.) (तार्किक गुणांक)

2. Emotional Quotient (E.Q.) (भावनात्मतक गुणांक)

3. Creative Quotient (C.Q.) (रचनात्मक गुणांक)

4. Adversity Quotient (A.Q.) (विषम परिस्थितियों में डटे रहने का गुणांक)

उपरोक्त चारों प्रकार के कोसेन्ट्स के जरिये व्यक्ति की इन्टेलीजेन्सिज का अनुपातिक ज्ञान किया जाता है।

इसी तरह से व्यक्ति का सीखने का अपना अलग तरीका होता है। इसको बच्चों के लिये लर्निंग पैटर्न कहा जा सकता हैं। लर्निंग पैटर्न प्रायःकर तीन प्रकार के होते है जो निम्न प्रकार है।

1. Auditory Learning Patter (श्रवण द्वारा सीखने का तरीका)

2. Visual Learning Pattern (देखकर सींखने का तरीका)

3. Kinesthetic Learning Pattern (छूकर या करके सींखने का तरीका)

इसी तरह से कई अन्य बातें भी व्यक्ति के बारे में इस रिपोर्ट से जानी जा सकती है। जैसे कि व्यक्ति के व्यक्तित्व का प्रकार आदि भी।

अगर किसी व्यक्ति के अथवा बच्चे के लर्निंग पैटर्न के बारे में जानकारी कर ली जाये कि बच्चा सुनकर के जल्दी सींखता है अथवा देख करके जल्दी सींखता है अथवा लिखकर के। तो एक अच्छी एडवाईस मिल सकती है। क्योंकि बच्चा ऑडिटरी है तो वह सुन करके बातों को जल्दी याद करता है। अगर इसकी इस यूनिकनेस का मालूम चल जाये तो बच्चे के परीक्षा में 20 प्रतिशत तक अंक अधिक आने की सम्भावना बन जाती है। तथा जीवन में भी जहाँ–जहाँ सुनने की जरूरत है वहा–वहा वह कीर्तिमान स्थापित करेगा।

ऐसे ही यदि कोई व्यक्ति अथवा बच्चा देख करके सींखता है और उसको उसमें यूनिकनेस मिली है। और वो अपनी इसी यूनिक प्रतिभा का उपयोग करता है तो उसकी भी परफोरमेन्स परीक्षा में 20 प्रतिशत अधिक अंक प्राप्त होने की सम्भावना बन जाती है।

लर्निंग पैटर्न का आधारः–

जब बच्चा 3–4 साल का होता है तो मम्मी–पापा को यह पता चल जाता है कि इसका बांया हाथ ज्यादा चलता है अथवा दांया हाथ। आपने देखा होगा कि कई बच्चे दाहिने हाथ से लिखते है जबकि कई अन्य बच्चे बायें हाथ से लिखते है। इसका कारण आज तक न तो वैज्ञानिक बता पाये न माता–पिता को जानकारी है।

इसी तरह से कई बच्चे ऑडिटरी होते है। कई बच्चे विजुअल होते है और गई बच्चे कायनेस्थेटिक। अतः इस जानकारी से बच्चों

की प्रतिभाओं में वृद्धि की जा सकती है। उनको उचित काउंसलिंग दी जा सकती है।

डी.एम.आई. टेस्ट का मूल उद्देश्य व्यक्ति की इन्बोर्न टेलेन्ट की जानकारियॉ देने के बारे में है। यदि बच्चे के विभिन्न प्रकार के इन्बोर्न टेलेन्ट की जानकारी हो जायेगी तो बच्चे को उसी प्रकार के कैरियर में जाने के लिये प्रोत्साहित किया जा सकता है, ताकि वो बच्चा उस क्षेत्र विशेष में कीर्तिमान स्थापित कर सके।

ऐसा अनुभव में भी आता है कि एक **मशहूर गायिका** को मेडिकल में भेजने हेतु माता–पिता ने काफी मोटीवेट किया लेकिन वो मेडिकल में नही जा पाई लेकिन अपने इन्बोर्न टेलेन्ट संगीत से जब वो परिचित हुई तो संगीत के क्षेत्र में कीर्तिमान स्थापित किया। इसी तरह से **एक प्रसिद्ध क्रिकेटर** भी पढ़ाई में ज्यादा परफोर्म नही कर पाये लेकिन उन्होनें अपने अन्दर के इन्बोर्न टेलेन्ट को पहचाना और विश्व प्रसिद्ध क्रिकेटर बने और एक उच्च कीर्तिमान स्थापित किया। उन्हें उनकी इस प्रतिभा के कारण राज्यसभा में भी मनोनित किया गया।

पूर्व यू.एस.एस.आर. में खेलों में चयन हेतु डी.एम.आई. टेस्ट जरूरी होता था। इसके बाद ही बच्चों को खेलों में कैरियर बनाने हेतु अवसर दिये जाते थे। इसका परिणाम स्पष्ट था कि सोवियत रूस ने ओलम्पिक गैम्स में अनेक गोल्ड मेड़ल जीते थे।

आप भी किसी अच्छी संस्था / कम्पनी / निपुण डी.एम.आई.टी. एक्सपर्ट से अपने बच्चे का अथवा स्वयं का डी.एम.आई.टी. टैस्ट करवा सकते है तथा किसी डी.एम.आई.टी. एक्सपर्ट से काउंसलिंग प्राप्त कर सकते है और अपने इन्बोर्न टैलेन्ट आदि से लाभ उठा सकते है।

टीम 360 पिछले 9 सालों से इस क्षेत्र में कार्य कर रही है तथा अपने बेहतरीन कार्यों हेतु अनेक मंचो पर सम्मानित भी हुई है। इच्छुक लोग इससे लाभ उठा सकते है।

NOTES (जो बातें आपके हृदय को छू गई है)

1. ____

2. ____

3. ____

4. ____

5. ____

6. ____

7. ____

8. ____

9. ____

10. ____

11. ____

12. ____

13. ____

14. ____

15. ____

16. ____

17. ____

18. ____

19. ____

20. ____

21. ____

22. ____

23. ____

24. ____

25. ____

NOTES (जो निर्णय आपने अपने जीवन में लेने हेतु तय किये है)

26. ____

27. ____

28. ____

29. ____

30 ____

31. ____

32. ____

33. ____

34. ____

35. ____

36. ____

37. ____

38. ____

39. ____

40. ____

41. ____

42. ____

43. ____

44. ____

45. ____

46. ____

47. ____

48. ____

49. ____

50. ____

अध्याय–11

डी.एम.आई.टी. क्या रोजगार का साधन भी है?

पर्याप्त आमदनी हो इसलिये किसी स्कील को निपुणता के साथ सीखना जरूरी है। और यदि कोई सीनियर व्यक्ति मार्गदर्शन देने हेतु मिल जाये तो व्यक्ति की उस व्यवसाय में सफल होने की सम्भावनाएं बढ जाती है। डी.एम.आई.टी. एक व्यवसाय के रूप में पिछले 10–12 साल से अपने देश में विकसित हो रहा है। इससे पहले ये विश्व के सिंगापुर, सोवियत रूस, यू.एस.ए. आदि में काफी लोकप्रिय हो चुका है। डी.एम.आई.टी. विश्व के महान मनोवैज्ञानिकों की देन है। अतः यह एक प्रोफेशन के रूप में विकसित होता जा रहा है।

डी.एम.आई.टी. के तहत निम्न कार्य किये जाते हैः–

1. बच्चों के अथवा बड़े व्यक्तियों के हाथों की दसों उंगलियों के 30 निशान लिये जाते है यानि कि एक–एक अंगुली व अंगूठे के 3–3 निशान लिये जाते है। जो कि एक विशेष स्कैनर द्वारा लेने होते है।

2. इन स्कैनर के द्वारा लिये गये निशानों से एक सोफ्टवेयर के जरिये एक रिपोर्ट तैयार की जाती है। पहले यह रिपोर्ट सिंगापुर आदि से तैयार होकर आती थी। लेकिन अब अपने देश में भी सोफ्टवेयर बनते हैं। अतः रिपोर्ट यही बन जाती है। यद्यपि स्कैनर अभी तक बाहर से ही आ रहे है।

3. इस रिपोर्ट के आधार पर अनुभवी एवं निपुण डी.एम.आई.टी. एक्सपर्ट अपनी काउंसलिंग करता है। बिन्दु 1 और 2 तो टैक्निकल है। वो तो पूरी तरह वैज्ञानिक है। लेकिन यह बिन्दु 3 विज्ञान सम्मत, अवलोकन व निर्वचन का होने के साथ—साथ प्रेक्टिह से पैना होता है। और इसमें अनुभव से धीरे—धीरे आदमी में निपुणता आती है। जैसे चिकित्सक बीमारों को देख—देख कर अपने प्रोफेशन में होशियार हो जाता है।

बस यह आसान सा काम डी.एम.आई.टी. में करना होता है। टीम 360 पिछले 9 सालों से डी.एम.आई.टी. टैस्ट करती है व लोगों को सींखाती है तथा एक कोम्बो पैक के तहत इसकी फ्रेन्चाईजी देती है। ताकि जो व्यक्ति फ्रेन्चाईजी ले उसके सफल होने की सम्भावनाएं बढ जाए। फ्रेन्चाईजी देने के बाद आफ्टर केयर प्रोग्राम भी टीम 360 प्रदान करती है। ताकि फ्रेन्चाईजी को जब तक मार्गदर्शन व सपोर्ट की जरूरत हो तो उन्हें मिलता रहे।

इस प्रोफेशन/व्यवसाय का पोटेंशियलः—

इस टैस्ट के लिये उम्र की कोई सीमा नही है। 2—3 साल का बच्चा जिसके कि फिंगर प्रिन्ट लिये जा सके से लेकर 80—85 साल के व्यक्ति भी इस टैस्ट से लाभ उठा सकते है। टीम 360 अपनी फ्रेन्चाईजिज को स्कूलों में बच्चों की डी.एम.आई.टी. करके उनकी इन्बोर्न टेलेन्ट के बारे में एडवाईज करने व काउंसलिंग करने हेतु मोटिवेट करती है। इससे दो लाभ हैं। एक तो फ्रेन्चाईजी को अधिक संख्या में एक साथ कस्टमर मिल जाते है। दूसरा टीम 360 का मार्गदर्शन आसानी से मिल जाता है। चूंकि डी.एम.आई.टी. टैस्ट व इसकी काउंसलिंग ऑनलाईन भी की जा रही है। अतः इसका स्कोप और अधिक बढ़ जाता है। ऑनलाईन में तो पूरा विश्व ही बाजार बन जाता है। अभी डी.एम.आई.टी. का प्रोफेशन/बिजनस

अपने देश में प्रोफेशनली ढंग से किया जाये तो मोनोपोली की स्थिति में है।

क्या जो लोग पहले से किसी व्यवसाय में लगे हुए है वो भी डी. एम.आई.टी. का व्यवसाय कर सकते हैः– हाँ, जो लोग पहले से किसी प्रोफेशन में है या व्यवसाय में है उनको अपनी आमदनी और अधिक बढ़ाने के लिये डी.एम.आई.टी. का व्यवसाय और अधिक लाभकारी होगा। टीम 360 जैसा कि पूर्व में बताया कि डी.एम.आई. टी. की फ्रेन्चाईजी के साथ में बच्चों के लिये बडा उपयोगी प्रोग्राम मिडब्रेन एक्टिवेशन साथ में देती है। इसमें 5 साल से लेकर 16 साल तक के बच्चों को वर्कशॉप कराये जाते है जिससे उनकी आन्तरिक प्रतिभाएं बहुत अधिक मात्रा में बढ़ जाती है। अधिकांश बच्चों में एक और प्रतिभा विकसित हो जाती है कि वो आंखों पर पट्टी बांधकर मोबाईल के मैसेज आदि पढ़ सकते है।

मिडब्रेन एक्टिवेशनः–

जापान में 16000 ऐसे लोगों का सर्वे हुआ जिन्होनें बचपन में मिडब्रेन एक्टिवेशन का वर्कशॉप अटेन्ड किया था। 25 वर्ष की उमर होते–होते वो सभी 16000 लोग मल्टिमिलेनर बने। अगर जापान में इतनी सूझ–बूझ से काम किया जा रहा है और अपनी आगामी पीढ़ी को मल्टिमिलेनर बनाने के लिये मिडब्रेन एक्टिवेशन के वर्कशॉप बच्चों को करवाये जा रहे हैं। तो अपने देश में भी इसको लोकप्रिय बनाने की महति आवश्यकता है।

यू.एस.ए. में डॉ. पीलई मिडब्रेन एक्टिवेशन पर बड़ा शोध कर चुके है। और उन्होने बताया है कि मिडब्रेन वो ब्रेन है जो वर्षों पहले व्यक्तियों का विकसित हुआ करता था। लेकिन पिछले 500 सालों में तार्किक ब्रेन यानि की सिरिब्रल कोरटेक्स का विकास ज्यादा होने लगा और मिडब्रेन रूडिमेन्ट्री ब्रेन के रूप में बौना होकर रह गया। मिडब्रेन तीसरे आयाम का ब्रेन है। जो तर्क से आगे की बातें

सुनने–पढ़ने में आती है वो इस मिडब्रेन के एक्टिवेशन से ही होती है। जो तीसरी आंख के नाम से अध्यात्म में अथवा धार्मिक शास्त्रों में लिखा गया है उसका एक सूक्ष्म रूप मिडब्रेन एक्टिवेशन है।

एक्स्ट्रा सनसरी प्रोजेक्शन, फोटोग्राफिक मैमोरी, क्वांटन स्पीड रिडिंग ये वर्कशॉप भी मिडब्रेन एक्टिवेशन की तरह ही है। इनसे भी बच्चों की, व्यक्तियों की आंतरिक प्रतिभाए बढ़ती है। तथा ये डी.एम. आई.टी. के साथ मिलाकर किये जाते है।

डी.एम.आई.टी. रिपोर्ट की काउंसलिंगः–

जब किसी बच्चे की डी.एम.आई.टी. रिपोर्ट काउंसलिंग की जाती है तो कई उसकी स्ट्रेन्थ की बाते होती है वो उसे बतलाई जाती है ताकि वो उसका उपयोग करें। कई विकनेसेज होती है। विकनेसेज को दूर करने हेतु बच्चों को मिडब्रेन एक्टिवेशन का वर्कशॉप अटेन्ड करने की सलाह दी जाती है। बड़े लोगों को Neuro Linguistic Programming (N.L.P.) का वर्कशॉप अटेन्ड करने की सलाह दी जाती है। कुछ को अल्फा माइंड के वर्कशॉप अटेन्ड करने की सलाह दी जाती है। इन सबके पीछे एक ही उद्देश्य होता है कि व्यक्ति का व्यक्तित्व आधा अधूरा नही रहकर सम्पूर्ण रूप से विकसित हो। उसके निम्न चारों आयाम पूरी तरह विकसित हो।

1. शारिरिक आयाम

2. मानसिक आयाम

3. भावनात्मक आयाम

4. आध्यात्मिक आयाम

डी.एम.आई.टी. व इसके साथ जो दूसरे वर्कशॉप है इनको मिला करके एक पूरा प्रोफेशन बन जाता है। जिसको सींखकर उसकी फ्रेन्चाईजी लेकर व्यक्ति प्रतिमाह अच्छी खासी आमदनी कर सकता है।

चूंकि यह अभी नया व्यवसाय है इसलिये इसकी मांग भी ज्यादा है और इसमें अच्छी खासी मोनोपोली का पुट भी है।

डी.एम.आई.टी. प्रोफेशन / व्यवसाय में चुनौतियाॅः–

1. इस व्यवसाय को जो प्रोफेशनली करेगा वो अवश्य अच्छा पैसा कमायेगा, प्रतिष्ठा प्राप्त करेगा व अपना सामाजिक योगदान देगा। जो रूटीन में करेगा वो उसका पूरा लाभ नही उठा पायेगा।

2. चूंकि ये नया व्यवसाय है इसलिये जो अनुभवी व सीनियर लोग है उनके मार्गदर्शन में व उनके सपोर्ट से किया जाये तो निश्चित रूप से लाभकारी है।

3. इसका स्कोप बहुत है। इसमें पोटेन्शियल भी बहुत है। लेकिन ये शिक्षा के क्षेत्र में इनोवेशन करने जैसा है। इसलिये इसे बहुत जिम्मेदारी से व एक उचित तैयारी के साथ करने की जरूरत है।

4. चूंकि ये व्यवसाय बच्चों का भविष्य बनाने वाला है। उनको उचित कैरियर गाईड करने वाला है। इसलिये एक अच्छे खासे अनुशासन / एथिक्स की मांग करता है।

जिन लोगों को इस व्यवसाय को आरम्भ करने में रूचि हो तथा जो लोग पहले से ही कोई व्यवसाय कर रहे है तो अपनी आमदनी बढ़ाना चाहे तो इसे आरम्भ कर सकते है।

NOTES (जो बातें आपके हृदय को छू गई है)

1. ____

2. ____

3. ____

4. ____

5. ____

6. ____

7. ____

8. ____

9. ____

10. ____

11. ____

12. ____

13. ____

14. ____

15. ____

16. ____

17. ____

18. ____

19. ____

20. ____

21. _______________________________

22. _______________________________

23. _______________________________

24. _______________________________

25. _______________________________

NOTES (जो निर्णय आपने अपने जीवन में लेने हेतु तय किये है)

26. _______________________________

27. _______________________________

28. _______________________________

29. _______________________________

30. _______________________________

31. _______________________________

32. _______________________________

33. _______________________________

34. _______________________________

35. _______________________________

36. _______________________________

37. _______________________________

38. _______________________________

39. _______________________________

40. ____

41. ____

42. ____

43. ____

44. ____

45. ____

46. ____

47. ____

48. ____

49. ____

50. ____

अध्याय—12

अमीरी की कहानी

एन्ड्रूकार्नेगी एक सामान्य इंसान थे लेकिन उन्होनें समझदारी से और लगातार परिश्रम करते हुए अमेरिका के सबसे बडे ईस्पात किंग बने। इनकी कहानी को अपन समझेंगे कि एक सामान्य आदमी किस प्रकार से अमीर बन सकता है?

नेपोलियन हिल ने अपनी पुस्तक **थिंक एण्ड ग्रो रिच** में 12 प्रकार की अमीरी बतलाई है। मूलरूप में यह पुस्तक ही एन्ड्रूकार्नेगी की प्रेरणा से लिखी गई थी। एन्ड्रकार्नेगी ने नेपालियन हिल को प्रेरित किया था कि कुछ सफल लोगो के साक्षात्कार लो और फिर उनकी सफलताओं के राज को एक पुस्तक के रूप में प्रकाशित करों। नेपोलियन हिल ने ऐसा ही किया। इसलिये नेपोलियन हिल की बताई गई अमीरी के प्रकारों में एन्ड्रूकार्गी सरीखे सैकड़ो लोगो की सफलता की नसीहते शामिल है।

12 प्रकार की अमीरी:– नेपोलियन हिल ने अपनी पुस्तक में 12 प्रकार की अमीरी बताई है। आर्थिक अमीरी को उन्होनें सबसे अंतिम स्थान पर रखा है। इसका अर्थ यह नही है कि आर्थिक अमीरी का महत्व कम है। लेकिन इसका अर्थ है कि अन्य अमीरी भी इसी के बराबर महत्वपूर्ण है।

1. सकारात्मक रवैया (A Positive Mental Attitude)

2. अच्छी सेहत (Sound Physical Health)

3. मृदु सम्बंध (Harmony in Human Relationships)

4. भय से मुक्ति (Freedom for Fear)

5. उपलब्धि की आशा (The Hope of Achievement)

6. विश्वास की क्षमता (The Capacity of Faith)

7. अपनी नेमतो को बांटना (Willingness to Share One's Blessings)

8. श्रम से प्यार (A Labour of Love)

9. खुला दिमाग व सोच (An Open Mine on All Subjects)

10. आत्म अनुशासन (Self Discipline)

11. लोगो को समझने की क्षमता (The Capacity to Understand People)

12. आर्थिक सुरक्षा (Economic Security)

उपरोक्त अमीरी की प्राप्ति हेतु व्यक्ति के चेतन मस्तिष्क और अर्द्धचेतन मस्तिष्क दोनों का उपयोग किया जाना अपेक्षित है।

स्वयं संवादः– व्यक्ति दिनभर बातचीत करता रहता है। अगर अपन उसकी बातचीत सर्वाधिक किनसे हुई है, ये जानकारी करें तो वो अन्य लोगों के बजाय सबसे ज्यादा बातचीत स्वयं से ही करता है। निरन्तर यह बातचीत चलती रहती है। आंतरिक बातचीत सबकोन्सियस माइंड में उन विचारों का बीज बो देती है जो इस बातचीत में होते है। यदि व्यक्ति गरीबी के हालातों का चित्रण करता है और मन ही मन अपनी गरीबी के बारे में सोचता रहता है तो सबकोन्सियस में गरीबी के बीज बोये जाते है। कुछ लोग अपने प्राचीन किस्से लोगों को सुनाते रहते है अथवा मन ही मन में उन पुराने किस्सों का चिंतन करते रहते है। आंतरिक बातचीत से यह सारे अच्छे–बुरे खयालों के बीच सबकान्सियस में बोये जाते है।

सबकोन्सियस माइंड का रोलः– जाने–अन्जाने में जो भी खयालात के बीज सबकोन्सिय मे पड जाते है। वहाँ पर वो खयालात के बीज

अंकुरित हो जाते है और आपके जीवन में प्रकट होने लग जाते है। मित्रों, आप ऐसा समझों कि सबकोन्सियस माइंड एक बगीचे की ऊपजाउ गीली मिट्टी की तरह है। उसमें जो भी बीज बो दोगे उसी का अंकुरण होगा। यदि गुलाब के बीज बोओगें तो गुलाब लगेगा और यदि नीम के बीज बोओगे तो नीम लगेगा आदि–आदि।

री–प्लान्टिंग ऑफ सबकोन्सियस माइंड/ईनर इंजीनियरिंगः– यदि आपने पूर्व में जाने अन्जाने में सबकोन्सियस में गरीबी/मध्यमवर्ग के बीज बो दिये है तो गरीबी/मध्यमवर्ग के अंकुर फूट रहे है, गरीबी/मध्यमवर्ग का ही वृक्ष जीवन में बन रहा है। लेकिन एक शुभ सूचना है। एक अच्छी बात है कि हम प्लान्टेशन दुबारा कर सकते है। अपने चाहे अनुसार अमीरी के बीज अब सबकोन्सियस में डाल करके अमीरी के पौधे का अंकुरण कर सकते है। इसे कई अध्यात्म शास्त्री ईनर इन्जरिंग भी कहते है। साइकोलोजिस्ट लोग Reconstitution of Subconscious Mind कहते है।

यह काम मुश्किल नही है। बस थोडा गौर करिए और यह तय कीजिए कि आपकों करोड़पति बनना है। बस उसके बाद की प्रक्रिया हम बता देते है। यदि हमारी प्रक्रिया से आपको तसल्ली हो जाये तो इस नुस्खे को काम में लेना आरम्भ कर दे। और यदि तसल्ली पूरी तरह नही हो तो हमारे वर्कशॉप को इच्छुक लोग ज्योईन कर सकते है। ताकि उसमें प्रेक्टिकल रूप से सबकोन्सियस माइंड में बीज डालने की प्रक्रिया को सीख सकते है।

उपरोक्त 12 प्रकार की अमीरी को आप निम्न प्रकार अपने सबकोन्सियस माइंड में डाल सकते हैः–

मित्रों मैं आपको एक अच्छी खबर दू। ज्योही आप अपने सबकोन्सियस माइंड में अमीरी के बीज डाल देंगे। त्यों ही आपका कामं समाप्त। बाकि सारा काम और प्रक्रिया जिससे आप अमीर बने। वह आपका सबकोन्सियस माइंड करेगा। जो विचार बीज रूप

में सबकोन्सियस माइंड में डल जाते है वो आपकी जिन्दगी में अवश्य प्रकट होंगे। सृष्टी की रचना का यही तरीका है। इसिलिये कहा जाता है कि You are the creator of the future. You are the product of your choices.

सबकोन्सियस में अमीरी के बीज डालने की प्रक्रियाः—

1. उपरोक्त 12 प्रकार की अमीरी को आप ध्यान से पढ़े। फिर प्रत्येक में अपना एक लक्ष्य तय करें। जैसे कि आपको रूपये कमाने है तो साल के कितने कमाने है व 10 साल में कितने कमायें है यह क्लियर करने है। इसी तरह से कितना पोजिटिव होना है?, कैसा स्वास्थ्य रखना चाहते है? कितने आत्म अनुशासित होना चाहते है? आदि का भी पैमाना तय कर ले ताकि आपके सबकोन्सियस में उसके बीज डाले जा सके।

2. जब आप अमीर होने के लक्ष्यों को तय कर ले तो प्रतिदिन प्रातः और सांय इन्हें जोर—जोर से 10 बार बोले। इसे आत्म सुझाव भी कहा जाता है। सबकोन्सियस माइंड में बीजारोपण की पूरे विश्व में यही एक तकनीक है। क्योंकि सबकोन्सियस माइंड आपके ही विचारों के प्रति ग्रहणशील होता है। आप जो इजाजत देंगे उन्ही को ही सबकोन्सियस ग्रहण करेंगा।

3. तीसरा एक आसान तरीका है कि शाम को रात्रि में सोते समय जबकि आप नींद लेने वाले हो तब अपने इन लक्ष्यों को दोहरायें। इसको मेडिकल व मनोविज्ञान की भाषा में अल्फा माइंड तकनीक भी कहा जाता है। क्योंकि इस समय आपका दिमाग अल्फा माइंड वाईब्रेशन में होता है। इसी तरह से प्रातःकाल उठते ही ज्योंही आपकी नींद खुले आप अपने लक्ष्यों को दोहराईये।

4. बार–बार के दोहराने से विशेषकर रात्रि में सोते समय व प्रातःकाल में उठते समय (अल्फा माइंड टाईम) उपरोक्त लक्ष्य/विचार आपके सबकोन्सियस में चले जायेंगे।

5. आप अल्फा माइंड तकनीक के जरिये भी अपने सबकोन्सियस माइंड में अमीरी के बीज डाल सकते है। ये तकनीक टीम 360 के वर्कशॉप में सींखाई जाती है।

6. **न्यूरोलेंग्विस्टिक प्रोग्रामिंगः–** इस तकनीक के जरिये भी अमीरी के विचारों को आपके सबकोन्सियस में डाला जाता है। यह तकनीक भी टीम 360 के वर्कशॉप में सींखाई जाती है।

आपकों कैसे पता चलेगा कि सबकोन्सियस में आपके विचार पहुंच गये है?

जब आपकों अपने लक्ष्यों पर विश्वास हो जायेगा। और आपको ऐसा महसूस होने लगे कि आपने उनको प्राप्त कर लिया है। जब आपकी जुबान से यदा–कदा उन लक्ष्यों की पूर्ति की बात निकलने लग जाये तो समझों कि आपमें अमीरी के बीज डल गये और आपका पैराडाईम गरीबी व मध्यमवर्गीय का न रहकर अमीरी का हो गया है।

Sixth Sense/ छठी इन्द्रीः– आज मनोवैज्ञानिक छठी इन्द्री के मौजूद होने से पूरी तरह से सहमत है। ये छठी इन्द्री सबकोन्सियस के नीचे की परत होती है जिसे कि Creative Imagination भी कहा जाता है। अथवा Receptive Mind भी कह सकते है। सबकोन्सियस माइंड के उपर का हिस्सा ब्रोडकास्टिंग माइंड के रूप में काम करता है। यानि कि आपके विचारों को पैदा करता है, प्रकट करता है और प्रेषित करता है। सबकोन्सियस माइंड मूलरूप में इन्फाईनाईट माइंड से जुडा होता है, जहॉ विचार जन्म लेते है अथवा जहॉ विचार एकत्रित रहते है। दूसरों के सबकोन्सियस माइंड से विचार आपके सबकोन्सियस माइंड तक पहुंचते है और प्रभावित

भी करते है। इसिलिये प्रायःकर कहा जाता है कि संगत का असर पड़ता है।

Sixth Sense Creative Imaginative Mind:- यह एक रेडियों के रिसिविंग सैट की तरह है जो अन्य लोगों के विचारों को पकड़ता है तथा परिवेश से भी विचारों को पकड़ता है। अदृश्य में भी जो विचार विचरण करते रहते है उनको भी पकड़ता है। यदि आपको एफ.एम. रेडियों पर गाने सुनने हैं तो आप एक विशेष फ्रिक्वेंसी पर लगाकर विशेष गाने सुन सकते है। आपको यदि दूसरी तरह के गाने सुनने है तो आप फ्रिक्वेंसी बदल सकते है। इसका मतलब यह हुआ कि **लता मंगेशकर, किशोर कुमार, मोहम्मद रफी** आदि के गाने परिवेश के वाईब्रेशन के रूप में घूम रहे है। लेकिन जो फ्रिकवेंसी पर आप लगाओंगे वही सुनोंगे व पकडोगे।

मित्रों मैं आपको एक विशेष बात बताना चाहता हूँ। वो यह कि गरीबी, मध्यमवर्ग, अमीरी के विचार भी इसी तरह परिवेश में घूमते रहते है। आप जिस फ्रिक्वेंसी से कनेक्ट कर दोगे वही आपके पास आ जायेगी। यदि गरीबी से कनेक्ट करोगे तो गरीबी के गाने सुनोगे, जीवन में गरीबी को प्रकट होते हुए देखोगे। अगर मध्यमवर्ग की फ्रिक्वेंसी से सैट करोंगे तो मध्यमवर्ग के गाने सुनोंगे और मध्यमवर्ग की स्थिति से कनेक्ट करोंगे। यदि अमीरी से अपनी फ्रिक्वेंसी से कनेक्ट करोगे तो अमीरी का आनन्द उठावोंगे और जीवन में अमीरी को प्रकट होते हुए देखोगे।

आपके सबकोन्सियस माइंड का उपरी हिस्सा ब्रोडकास्ट करता है। नीचला हिस्सा जिसे की Sixth Sense कहते है, वो रिसिव करता है। अतः आपकी च्योइस हैं कि अमीरी से कनेक्ट करें और अमीरी का लाभ उठाये। अपने ब्रोडकास्ट स्टेशन से लोगों को अमीरी के विचार भेजे और लोगों को अमीर बनावें।

अगर मेरी बात ठीक से समझ में आ गई हो तो इच्छुक लोग गरीब से मध्यमवर्गीय बन सकेंगे और मध्यमवर्ग से अमीर बन

सकेंगे। प्रेक्टिकल करने हेतु भी वर्कशॉप आजकल मनोवैज्ञानिकों द्वारा आयोजित किये जा सकते है। इच्छुक लोग उन्हें भी अटेन्ड करके लाभ उठा सकते है। मेरा मूल उद्देश्य हर भारतीय आर्थिक रूप से सम्पन्न बने। इसलिये जो–जो नई तकनीक आ रही है उनसे आपको रूबरू कराना है।

NOTES (जो बातें आपके हृदय को छू गई है)

1. ____

2. ____

3. ____

4. ____

5. ____

6. ____

7. ____

8. ____

9. ____

10 ____

11. ____

12. ____

13. ____

14. ____

15. ____

16. _______________________________________

17. _______________________________________

18. _______________________________________

19. _______________________________________

20. _______________________________________

21. _______________________________________

22. _______________________________________

23. _______________________________________

24. _______________________________________

25. _______________________________________

NOTES (जो निर्णय आपने अपने जीवन में लेने हेतु तय किये है)

26. _______________________________________

27. _______________________________________

28. _______________________________________

29. _______________________________________

30. _______________________________________

31. _______________________________________

32. _______________________________________

33. _______________________________________

34. _______________________________________

35. ______________________________

36. ______________________________

37. ______________________________

38. ______________________________

39. ______________________________

40. ______________________________

41. ______________________________

42. ______________________________

43. ______________________________

44. ______________________________

45. ______________________________

46. ______________________________

47. ______________________________

48. ______________________________

49. ______________________________

50. ______________________________

अध्याय–13

समस्याओं के निवारण हेतु अल्फा माइंड टेक्निक

व्यक्ति अपनी समस्याओं के निवारण हेतु समय–समय पर अनेक खोजबीन करता रहा है। इसी क्रम में मनोवैज्ञानिकों ने समस्याओं के निवारण हेतु एक अचूक टेक्निक खोज निकाली जिसे कि अल्फा माइंड टेक्निक कहा जाता है।

व्यक्ति के दिमाग में कम्पन होते रहते है और कम्पनों की एक लयबद्धता है। जिसे की फ्रिक्वेंसी कहा जाता है। इसी से उस व्यक्ति के दिमाग के स्तर की जानकारी होती है। कोई व्यक्ति बहुत शांत होता है। कोई बहुत फूर्तीला होता है। कोई बडी टेंशन में रहता है। कोई उथल–पूथल करने में ही लगा रहता है। यह सब स्थितियॉ उस व्यक्ति की ब्रेन की फ्रिक्वेंसिज के कारण होती है। ब्रेन की फ्रिक्वेंसिज के कारण शरीर में भी उन क्रियाओं के पैटर्न बन जाते है और व्यक्ति उसी तरह का व्यवहार करने लगता है। जब व्यक्ति बीटा फ्रिक्वेंसिज पर होता है तो समस्याएं उसे बढी चढी नजर आने लगती है। जब व्यक्ति शांत फ्रिक्वेंसी पर होता है तो बडी समस्या भी उसे छोटी नजर आने लगती है।

आजकल ब्रेन फ्रिक्वेंसिज को मापने का तरीका निकल आया है जिसे कि ई.ई.जी. कहा जाता है। जैसे कि हृदय की धडकन आदि की जानकारी के लिये हार्ट का ई.सी.जी. किया जाता हैं उसी प्रकार से ब्रेन की क्रियाशीलता जानने हेतु ई.ई.जी. (Electroence-phalography).

सामान्य व्यक्तियों के मस्तिष्क की स्थितियों को निम्न प्रकार दर्शाया जा सकता है:–

फ्रिक्वेंसी	स्टेट ऑफ माइंड
1. Beta 14-30Hz	Highly alert and focused (अत्यधिक सतर्क एवं क्रियाशील)
2. Alpha 8-14Hz	Relaxed but alert (आराम से लेकिन सतर्क)
3. Theta 4-8Hz	Drowsy (also first stage of sleep) (नींद का पहला चरण)
4. Delta 0.5-4Hz	Deep Sleep (गहरी निद्रा)

उपरोक्त फ्रिक्वेंसिज के आधार पर व्यक्ति दिनभर क्रियाशील रहता है। जो लोग शांत एवं प्रभावशील होते है उनमें ई.ई.जी. रिपोर्ट के आधार पर अल्फा फ्रिक्वेंसिज का होना प्रायःकर पाया जाता है। बीटा फ्रिक्वेंसिज में व्यक्ति अत्यधिक सतर्क होकर काम करता है। और इस तरह से काम करता है जैसे कि कोई अज्ञात शक्ति उसे बहाए ले जा रही है। जैसे कि उसे गुस्सा आता है तो खुद ही बेकाबू हो जाता है। बदला लेने की भावना जगती है तो लम्बी अवधी तक बदला लेने के मूड में बना रहता है।

थीटा फ्रिक्वेंसिज में व्यक्ति को हल्की सी नीद्रा आई रहती है। इसका उपयोग चिकित्सा विज्ञान में किया जाता है। दन्त चिकित्सा आदि इस अवस्था में की जा सकती है। डेल्टा फ्रिक्वेंसिज अध्यात्म का द्वार है। इसके आगे आध्यात्मिक आयाम है।

अल्फा फ्रिक्वेंसिजः–

माइंड की यही वो स्टेज है जिसमें व्यक्ति विशेष प्रकार से अपनी शक्तियों को बढ़ा सकता है। अपने ज्ञान को बढ़ा सकता है व अपनी समस्याओं का निदान पा सकता है। ये वो मानसिक स्थिति

हैं जब व्यक्ति न तो पूरी तरह नींद में है और न ही पूरी तरह जगा हुआ है। इस स्थिति में दिमाग की फ्रिक्वेंसिंज 8 से 14 हर्टज तक होती है। औसतन 10 फ्रिक्वेंसिज होती है। सामान्यतः व्यक्ति या तो बीटा स्टेज में रहता है अथवा बीटा से भी उपर गामा स्टेज में भी चला जाता है। यानि की तनावग्रसित, अत्यधिक क्रियाशील, आक्रामक, हाईपर टेन्शन में रहता है। थीटा व डेल्टा स्टेज में व्यक्ति लगभग नींद्रा या आध्यात्मिक स्टेजेज में रहता है।

अल्फा स्टेज के फायदेः–

1. रचनात्मक आईडियाज को पकड़ना।

2. अन्तर्गज्ञान के द्वारा मार्गदर्शित होना व उचित निर्णय करना।

3. मेडिटेशन के गहरे स्तरों पर जाना और रिलेक्स होना।

4. धनप्राप्ती हेतु इस रहस्य का उपयोग करना।

5. बूरी आदतों को छोडकर नई आदते बनाना।

6. ओवरवेट को कम करना।

7. अपनी समस्याओं के निदान को प्राप्त करना।

अल्फा माइंड में जाने की प्रक्रियाः–

1. एक कुर्सी पर आराम से बैठ जाइए और अपनी आंखे बन्द कर लीजिए।

2. अपनी बन्द आंखों से अपनी शारिरिक बॉडी को सिर से लेकर पांव तक धीरे–धीरे देखना और ऐसा महसूस करना कि एक सफेद बोर्ड है जिस पर बडे–बडे अक्षरों में 3 लिखा हुआ है। जब कभी इस स्थिति में 3 लिखा हुआ देखूंगा तो मेरी फिजिकल बॉडी इसी तरह से रिलेक्स हो जायेगी जैसी कि अभी है अथवा इससे अधिक। ज्यो–ज्यो मेरी प्रेक्टिस बढ़ेगी मेरी फिजिकल बॉडी और ज्यादा रिलेक्स हो जायेगी।

3. इसके बाद बन्द आंखों से ही अपने विचारों को देखें, अपनी कल्पनाओं को देखें, अपनी भावों को देखें और ऐसा महसूस करे कि एक सफेद रंग का बोर्ड है जिस पर 2–2 लिखा हुआ है। जब कभी मैं इस स्थिति में 2 को देखूंगा तो मेरा मानसिक शरीर रिलेक्स हो जायेगा। ज्यो–ज्यो मेरा अभ्यास बढ़ेगा त्यो–त्यो मानसिक शरीर और ज्यादा रिलेक्स हो जायेगा।

4. बंद आंखों से और गहराई में अपने मस्तिष्क की कल्पनाओं को देखें, और अधिक गहराई में देखें, अपनी आत्मा के स्थान से निकलने वाली आर्शीवाद, कृतज्ञता आदि भावों को देखें और महसूस करे कि एक सफेद रंग का बोर्ड है जिस पर 1–1 लिखा हुआ है। मेरा आत्मिक शरीर ज्योही मैं बोर्ड पर 1–1 देखूंगा तो शांत और प्रफुल्लित हो जायेगा जैसे कि अभी है। अथवा इससे अधिक जैसे–जैसे मेरी प्रेक्टिस बढेगी।

5. इस स्थिति में आप अपनी जो भी समस्या हैं उसको देखें तो ये 3–2–1 टेक्निक आपकों उस समस्या के समाधान हेतु निदान बतलाने में सक्षम होगी। ज्यो–ज्यो इसका अभ्यास किया जायेगा तो 1–2 महिने की प्रेक्टिस से आप अल्फा माइंड की स्टेज में आ जायेंगे। 1 की स्टेज ही अल्फा माइंड स्टेज है।

साल–छः महिने का अभ्यास होने के बाद यह मेडिटेशन करने की आवश्यकता नही होगी। क्योंकि आपका सबकोन्सियस आपके इंस्ट्रक्शंस को कनेक्ट कर लेगा अतः ज्योही आप चैयर पर बैठेंगे और अपने आपको 3–2–1 बोलेंगे तो बोलने के साथ ही आप अल्फा माइंड स्टेज में आ जायेंगे। आपने सुना भी होगा कि जो लोग हिप्नोटिज्म/मेसमेरिजम आदि का अभ्यास करते है वो अभ्यास पूर्ण होने के बाद मात्र यह कहते है कि हिप्नोटाईज हो जाओं और सामने वाला व्यक्ति हिप्नोटाईज हो जाता है। यद्यपि हिप्नोटाईज होने वाले व्यक्ति की इसमें स्वीकृति होनी जरूरी है।

अल्फा माइंड टेक्निक में ज्यों ही आप जाते हैं त्यों ही आपकी समस्याओं के समाधान मिलने शुरू हो जाते है। जब आप बीटा स्टेज में होते है तब आप एक कागज पर अपनी समस्याओं को लिख ले। फिर आप अपने को अल्फा माइंड में उपरोक्त प्रक्रिया के द्वारा ले जायें। उसके बाद आप समाधान प्राप्त कर सकेंगे। ज्यो–ज्यो आप अभ्यास करेंगे त्यो–त्यो समाधान मिलने की संभावनाएं बढ जायेगी और सटीक समाधान मिल पायेंगे।

अल्बर्ट एस्टिन का कहना है कि जिस बुद्धिमता के स्तर पर कोई समस्या बनी हैं। उसी बुद्धिमता के स्तर से कोई समाधान नही खोज सकते। लेकिन बुद्धिमता का स्तर बढ़ाया जाये तो तत्काल समस्या का समाधान मिल जाता है। बस अल्फा माइंड टेक्निक यही काम करती है। कुछ समय के लिये आपकी बुद्धिमता को बढ़ा देती है जिससे आपको आपकी समस्याओं का समाधान मिल जाता है।

सिल्वा अल्ट्रामाइंड ई.एस.पी. वर्कशॉपः–

ये अल्फा माइंड में जाने की एक टेक्निक है जिसको **जॉब सिल्वा** नाम के अमेरिकन व्यक्ति ने 50 साल की खोज के बाद पाया। तथा इस तकनीक को अमेरिकी डिफेन्स विभाग को देने हेतु जॉब सिल्वा ने निवेदन किया। लेकिन तात्कालिक अमेरिका के राष्ट्रपति द्वारा जॉब सिल्वा को यह उत्तर भिजवाया कि अभी इस तकनीक की हमें जरूरत नही है। जॉब सिल्वा का देहांत होने पर 50 सालों की मेहनत का सारा डोक्यूमेन्टेशन अपने पुत्र को संभला गये। कई वर्षो बाद अमेरिकन डिफेन्स सेक्रेटरी का पत्र आया कि अब हमें उस टेक्निक की जरूरत है। तब जॉब सिल्वा के पुत्र ने वो तकनीक अमेरिकन डिफेन्स सेक्रेटरी को सौप दी जिसके लिये अमेरिकन डिफेन्स विभाग ने जॉब सिल्वा के पुत्र को अच्छी खासी रकम भी इसके बदले दी। अमेरिकी डिफेन्स विभाग के द्वारा इस अल्फा

माइंड टेक्निक के जरिये गुप्त व अदृश्य सूचनाएं प्राप्त की जाती है। इस तकनीक को प्रमाणिक तकनीक के रूप में पहचाना जाता है।

इच्छुक इस तकनीक का लाभ उठाये और अपनी समस्याओं का समाधान करें।

NOTES (जो बातें आपके ह्रदय को छू गई है)

1. ____
2. ____
3. ____
4. ____
5. ____
6. ____
7. ____
8. ____
9. ____
10. ____
11. ____
12. ____
13. ____
14. ____
15. ____
16. ____

17. _________________________________

18. _________________________________

19. _________________________________

20. _________________________________

21. _________________________________

22. _________________________________

23. _________________________________

24. _________________________________

25. _________________________________

NOTES (जो निर्णय आपने अपने जीवन में लेने हेतु तय किये है)

26. _________________________________

27. _________________________________

28. _________________________________

29. _________________________________

30. _________________________________

31. _________________________________

32. _________________________________

33. _________________________________

34. _________________________________

35. _________________________________

36. ____
37. ____
38. ____
39. ____
40. ____
41. ____
42. ____
43. ____
44. ____
45. ____
46. ____
47. ____
48. ____
49. ____
50. ____

(अध्याय—14)

कृतज्ञता की कहानी

एक मित्र ने अपने जन्मदिन पर दूसरे मित्र को एक लेपटोप गिफ्ट किया। उसने अपने मित्र द्वारा दिये गये लेपटोप की तारीफ की और उस मित्र को भी खुश होकर थेंक्यू बोला। उस मित्र ने एक अन्य मित्र को भी अपनी शादी की सालगिरह पर एक लेपटोप गिफ्ट किया। लेकिन उसने उस लेपटोप में कई नुस्ख निकाल दिये। और चेहरे पर ऐसे भाव लाया कि जैसे उसको गिफ्ट पसंद नही आया हो। क्या आप उम्मीद कर सकते है कि जिसने उदासीनता के अथवा अवहेलना के भाव गिफ्ट के लिये प्रकट किये, उसको फिर कभी वो मित्र अपनी शादी की सालगिरह पर दुबारा गिफ्ट देगा? कभी नही। लेकिन जिस मित्र ने उसके गिफ्ट की तारीफ की, उसको थेंक्यू बोला उस मित्र को वो अपने जन्मदिन पर फिर गिफ्ट देने के लिये अवश्य प्रोत्साहित होगा।

ये यूनिवर्स भी आपका परम मित्र है। इसने आपको अनेकानेक गिफ्ट दे रखी है। जैसे कि सूर्य समय पर उदय होता है, आपको प्रकाश देता है तथा अपेक्षित गर्मी भी। रात्रि में चंद्रमा निकलता है, शीतलता देता है। प्रकृति ने जल के अनेक संसाधन दिये है और हम पानी पीकर तृप्त होते है। हवा प्रकृति ने गैलन के गैलन वातावरण में डाल रखी है। भारत में कोरोना की दूसरी लहर के समय ऑक्सिजन की कैसी किल्लत आयी थी। तब लोगो को ऑक्सिजन के महत्व का पता चला। प्रतिवर्ष बारीश का होना, भूमि में अनेक सब्जियाँ, फल—फसल आदि पैदा होते है। ये सब प्रकृति की अपने को गिफ्ट है।

कृतज्ञता के भाव का प्रकटीकरण

ये गिफ्ट प्रकृति के द्वारा हमे मिली है। हमें इनके लिये कृतज्ञ होना चाहिये क्योंकि इनके बिना हमारा जीवन सम्भव नही है। हम स्वस्थ होते है तो यह प्रकृति की गिफ्ट है। लेकिन हम स्वस्थ है इस बात के लिये कभी प्रकृति को थेंक्यू नही कहते। हाँ बीमार पड जाते है तब कई प्रकार की शिकायते अवश्य करते है।

आम आदमी के जीवन में कौन–कौन सी ऐसी सकारात्मक बातें है? जिसके लिये उसे कृतज्ञ रहना चाहिये एवं धन्यवाद के भाव प्रकट करने चाहिये। यहाँ पर मैं एक **रोण्डा ब्राईन** का एक पॉवरफुल स्टेटमेन्ट Quote करना चाहूंगा जो उन्होनें अपनी विश्व प्रसिद्ध पुस्तक **"सिक्रेट"** में लिखा है।

जो व्यक्ति प्रकृति के द्वारा दिये गये उपहारों के लिये कृतज्ञ नही रहता है उसको प्रकृति तीन तरह से पीड़ित करती है।

1. उसका स्वास्थ्य खराब रहेगा।

2. आर्थिक किल्लत रहेगी।

3. रिश्तों में बिखराव रहेगा।

सूफियों के यहाँ शुक्र का बड़ा महत्व बताया गया है। वो कहते है कि जो अस्तित्व के द्वारा दिये गये उपहारों के लिये कृतज्ञ नही रहते उन्हे निम्न तीन बीमारियाँ होना तय है:–

1. ईल्लत (शारीरिक बीमारी)

2. किल्लत (आर्थिक परेशानी)

3. जिल्लत (रिश्तों में बिखराव व स्वजनों के बीच अपमान)

रोण्डा ब्राईन ने आगे यह भी लिखा है कि जो लोग प्रकृति के दिये गये उपहारों हेतु कृतज्ञ रहेंगे उन्हें निम्न तीन लाभ होंगे।

1. वो स्वस्थ रहेंगे।

2. वो आर्थिक रूप से समृद्ध रहेंगे।

3. उनके रिश्तों में मधुरता रहेगी।

रोनाल्ड बर्न तो यहाँ तक लिखती है कि अगर कोई व्यक्ति आर्थिक संकट में है अथवा बीमार हैं तो उसका एकमात्र कारण उसका शुक्रगुजार न होना है। अथवा प्रकृति के साथ ताल–मेल में नही रहना है।

निम्न बातों के लिये अपन प्रकृति के शुक्रगुजार हो सकते है। होना ही चाहिये ताकि हम स्वस्थ, समृद्ध व मधुर रिश्तों के साथ अपना जीवन आनंद से जी सके।

1. इंसान का जीवन मिला है।

2. इंसान को च्यौईस करने की शक्ति व स्वंतत्रता मिली है (Power and Freedom of Choice)

3. माता–पिता मिले है।

4. पानी पीने को मिला है।

5. हवा श्वांस लेने को मिली है आदि–आदि

इनके प्रति कृतज्ञता के भाव प्रकट करके हम अपने जीवन को आनंददायक बना सकते है।

कुछ सहयोग अपने को परिवेश से मिलता है। अपने भाई–बंधो से, मित्रों से, पत्नी से, पति से उसके लिये भी शुक्रगुजार हो सकते है।

1. भोजन समय पर मिल जाये तो शुक्रगुजार होने का एक मजबूत कारण है। जिन्होनें भोजन बनाया है, जिन्होनें परोसा है और जिनकी वजह से भोजन मिला है। उन सभी के लिये शुक्रगुजार होना लाजमी है। भोजन के लिये भी कृतज्ञता व्यक्त करना उचित है।

2. पहनने को कपड़े मिल जाये तो यह भी कृतज्ञता प्रकट करने के लिये एक मजबूत कारण है।

3. हमने पढ़ लिख कर डिग्रियॉं प्राप्त की है। इसके लिये भी हम गुरूजनों के, माता–पिता के शुक्रगुजार हो सकते है। जिन लेखकों की लिखी हुई पुस्तके पढ़कर ज्ञानवर्धन किया है उनके लिये भी शुक्रगुजार होना लाजमी है। इत्यादि।

कृतज्ञता एक बार की जाने वाली क्रिया नही है बल्कि कृतज्ञ रहने का अभ्यास नित्य करना जरूरी है और कृतज्ञ रहने की आदत बनानी जरूरी है। इसके लिये हम एक परामर्श देते है कि एक नोटबुक आप अपने पास रख सकते है और जिसमें प्रतिदिन तारीख लगाकर रात्रि में सोने से पहले दिनभर में कौन– कौन सी अच्छी बातें हुई उनको उस नोटबुक में लिखे और उसमें अपनी कृतज्ञता के भाव प्रकट करें। इस अभ्यास को 90 दिन किये जाने की मैं सलाह देता हूँ। मैं वर्कशॉप में कृतज्ञता पर बहुत बल देता हूँ और कृतज्ञ रहने का व्यक्ति अभ्यस्त हो जायें और ये एक अच्छी आदत उसमें आ जायें इसके लिये मैं पूरी एक्सरसाईज करवाता हूँ।

यदि एक व्यक्ति कृतज्ञ रहने की आदत डाल लेता है तो उसे कौन–कौन से लाभ होंगे?

1. वो परिवेश से शिकायत करना बंद कर देगा। क्योंकि परिवेश में उसे अच्छे उपहार मिल रहे है अतः वो उनके प्रति कृतज्ञ है। इसलिये आम आदमी जो दिनभर शिकायत करता रहता है उससे मुक्ति मिल जायेगी।

2. जो व्यक्ति कृतज्ञ होगा उसमें एक सकारात्मक संतुष्टि का भाव होगा इसलिये वो प्रसन्न होगा तथा कभी हताश नही होगा तथा दूसरों से तुलना करके दुखी नही होगा।

3. जो व्यक्ति कृतज्ञ रहने की 90 दिन तक अभ्यास करके आदत डाल लेता है वो लोगो के साथ कम्पीटिशन करने के बजाय कॉओर्डिनेट करना उचित समझता है जिससे समाज में उसकी प्रतिष्ठा बढ़ती है और लोकप्रियता भी।

4. चूंकि उसे जो मिलता है उन सब सकारात्मक बातों के लिये वो कृतज्ञ रहता है। यानि कि जो भूतकाल में पोजिटिव मिला है उसके लिये कृतज्ञ है, जो वर्तमान में हैप्पी ईवेन्ट्स है उनके लिये कृतज्ञ है। तथा भविष्य की आशाओं व अपेक्षाए है। उनके लिये कृतज्ञ है। तो ऐसा व्यक्ति अपना समय लोगों की आलोचना करने में नही लगाता है। जिसके कारण अनेक लोगो से उसके मित्रता पूर्ण सम्बंध बन जाते है।

5. जो व्यक्ति कृतज्ञता का अभ्यास करके अपने आपकों यूनिवर्स से अनुकूल परिस्थितियॉ प्राप्त करने हेतु अपने को ग्रहणशील बना लेता है वो प्रबल आत्मविश्वासी बन जाता है व उसे अदृश्य अलौकिक शक्ति पर भी श्रद्धा हो जाती है। अतः वो किसी व्यक्ति विशेष से विवाद में नही पड़ता।

उपरोक्त पांचो को **स्टीफन ऑर कोवी** ने **5C's** कहा है। तथा इन्ही को ही पांच प्रकार के इमोशनल कैंसर्स कहा है। कृतज्ञता की आदत डालने वाला व्यक्ति इन पांचों प्रकार के भावनात्मक कैंसर से बचा रहता है।

वॉल्टर वॉल्स ने अपनी विश्वप्रसिद्ध पुस्तक **The Science of Getting Rich** में कृतज्ञता पर एक पूरा चैप्टर लिखा है। इसी प्रकार **नेपोलियन हिल** ने अपनी विश्व प्रसिद्ध पुस्तक **Think and Grow Rich** में भी कृतज्ञता पर एक पूरा चैप्टर लिखा है। वॉल्टर वॉल्स तो स्पष्ट लिखते है कि जो व्यक्ति कृतज्ञ नही रहता वो तो

बीमार रहने के लिये, गरीब रहने के लिये तथा बिखरे हुए सम्बधों के लिये ही पैदा हुआ है। इसके विपरीत जो कृतज्ञता की आदत विकसित करता है वो गरीब होगा तो यूनिवर्स के द्वारा अमीर बना दिया जायेगा। बीमार होगा तो यूनिवर्स के द्वारा स्वस्थ कर दिया जायेगा और यदि उसके सम्बंध बिखरे हुए है तो उसके सम्बंध मधुर कर दिये जायेंगे।

मैं आपको नीचे कृतज्ञता के 90 दिन हेतु अभ्यास करने हेतु निवेदन करना चाहूंगा। आप प्रतिदिन सोने से पहले दिनभर की शुभ घटनाओं को लिखे और उनके लिये कृतज्ञ रहे।

आपसे विनयपूर्वक आशा करता हूँ कि नीचे दिये गये प्रफोर्मे में आप एकबारगी सारी अच्छी घटनाओं (Happy Events) को जो कि आपके जीवन में अच्छी हुई है, लिख ले।

S. No.	Past Happy Events	Present Happy Events	Future- Cherished Goals and Expectations
1.			
2.			
3.			
4.			
5.			
6.			
7.			
8.			

9.			
10.			
11.			
12.			
13.			
14.			
15.			
16.			
17.			
18.			
19.			
20.			

नोट:– आप उपरोक्त प्रारूप को एक दिन में भर ले अथवा एक सप्ताह में भर ले। उसके बाद 20 के बजाय आप इसको 300 तक ले जाये। यानि की 100 Past Happy Events, 100 Present Happy Events, 100 Future Happy Events यानि कुल **300 Happy Events** को लिखेंगे तो आपकी आदत बन जायेगी। आप कृतज्ञता के अनेकानेक लाभ उठा सकेंगे। अगर आप ऐसा करते है तो हम सदैव आपके कृतज्ञ रहेंगे।

NOTES (जो बातें आपके हृदय को छू गई है)

1. ____

2. ____

3. ____

4. ____

5. ____

6. ____

7. ____

8. ____

9. ____

10. ____

11. ____

12. ____

13. ____

14. ____

15. ____

16. ____

17. ____

18. ____

19. ____

20. ____

21. ____

22. ____

23. ____

24. ____

25. ____

NOTES (जो निर्णय आपने अपने जीवन में लेने हेतु तय किये है)

26. ____

27. ____

28. ____

29. ____

30. ____

31. ____

32. ____

33. ____

34. ____

35. ____

36. ____

37. ____

38. ____

39. ____

40. ____

41. ____

42. ____

43. ____

44. ____

45. ____

46. ____

47. ____

48. ____

49. ____

50. ____

जलती झोपड़ी ने बचाई जिन्दगी — एक कहानी

◆◆◆

मूकं करोति वाचालम्। पंगुम् लंघयते गिरिम् ।।
यत् कृपा तम हम वन्दे । परमानन्द माधवम् ।।

एक बार एक जहाज में कुछ सेनापति लोग रवाना होकर जा रहे थे। अचानक तूफान आ गया और एक टापू से जहाज टकरा गया। सभी लोग जहाज के साथ मर गये। पर एक सेनापति पानी में कूद गया और टापू की ओर बढ़ गया। टापू पर घास आदि लगी थी। पेड की टहनियॉ थी, उनको पकडकर टापू पर चला गया। रात का समय था, एक पेड के नीचे दुबका रहा। ज्योहि सूर्योदय हुआ। जो कुल्हाडी वो जहाज से अपने साथ ले आया था। उसके सहारे उसने कुछ पेडो की डालिया काटी और अपने सोने लायक एक झोपडी उन लकडियों से बना ली। उसके पास एक बन्दूक भी थी। वो अपनी बन्दूक व कुल्हाडी लेकर जंगल में शिकार आदि कर लेता था और रात को झोपड़ी में आकर के सो जाता। ऐसा करते–करते उसे महिनों गुजर गये।

सेना के बड़े अफसरों ने उस जहाज की खोजबीन हेतु कई पनडुब्बियॉ भेजी। लेकिन कोई खोजबिन का पता नही चला, और खोज जारी रखी गई।

एक दिन वो व्यक्ति शिकार करके झोपडी की ओर आ रहा था तो उसे झोपडी में आग लगी हुई दिखाई दी। सांयकाल का समय था। वो कुछ नही कर सका और झोपडी जल गई। उसी समय एक

सैनिक जलपोत उस जहाज की खोज करता हुआ उस टापू के पास आया और उसने उस टापू पर धुऑ देखा। तो जलपोत के पायलट ने देखा कि कोई व्यक्ति यहां हो सकता है। उसने जहाज किनारे पर लगाया और टापू पर आ गया और उसने जहॉ धुआं निकला था वहा आग लगी हुई देखी। और पास में ही एक पेड के नीचे एक व्यक्ति को बैठा हुआ देखा जो रो रहा था। उस व्यक्ति ने भी उसको पहचान लिया। दोनों एक ही रेजीमेन्ट में काम करते थे इसलिये आसानी से एक–दूसरे को पहचान गये। जलपोत के पायलेट ने कहा कि तुम रो क्यों रहे हो। तब उन्होने कहा कि रात गहरा गई है। मेरी कोई सुरक्षा की जगह भी नही है, जो झोपडी थी वो भी जल गई। अब रात को कोई भी जंगली जानवर आकर मुझें खा सकता है।

जलपोत के पायलेट ने कहा कि नही, अब हम आ गये है ना, अब हमारे साथ वापिस देश चलो। उसने कहा ओ.के.। पर मुझें एक आश्चर्य है कि आपको पता कैसे चला कि में यहॉ इस टापू पर फसा हुआ हूॅ? तब उन्होनें कहा कि हमें धुऑ दिखाई दिया, फिर आग की लपटे दिखाई दी, तो हमने अनुमान लगाया कि यहॉ अवश्य कोई व्यक्ति है वरना यहॉ धुँआ और अग्नि की लपटे कैसे होती?

वो सेनापति तो खिलखिलाकर हंसने लगा और परमात्मा को शुक्रिया कहने लगा कि अगर मेरी झोंपडी नही जलती तो आप मुझें लेने नही आ सकते थे। अतः मैं झोंपडी के जलने का जो गम कर रहा था वह व्यर्थ था। झोंपड़ी जली इसलिये मैं टापू से स्वतंत्र होकर जा पा रहा हॅं। थेंक्यू गौड़।

ऐसी कृपायें कई बार जीवन में देखने को आती है। इन्हें चांस कह करके नही छोडा जा सकता। अवश्य कोई दिव्य योजना होती है जिसके तहत हमें यह कृपायें मिलती है।

बांये हाथ टूटने की व्यथा और गोल्ड मैडल जीतने की खुशीः— एक और कृपा की कहानी।

एक 7वीं कक्षा का बच्चा जिसका नाम था मोहन। उसको स्कूल में अध्यापकों द्वारा एक पराक्रम वाली फिल्म दिखाई गई। उस फिल्म में गोल्ड मैडल जीतने के लिये लोगो ने बहुत मेहनत की थी। मोहन तो फिल्म देखकर रोमांचित हो उठा और गोल्ड मैडल जीतने की कल्पना में खो गया। उसकी कक्षा की एक खुबसूरत लड़की ने कहा कि मोहन स्कूल की छुट्टी हो गई, घर चलों वरना बस निकल जायेगी। दोनों स्कूल के सामने पहुंचे। जहॉ बस खडी जो इंतजार कर रही थी। खूबसूरत लडकी तो बस में चढ़ गई लेकिन मोहन ज्योही चढ़ने लगा त्योही एक बड़ी क्लास के बडे बच्चे ने मोहन के कंधे पर हाथ रखा और खुद बस में चढ गया। मोहन अपने को सम्भाल नही पाया और नीचे गिर गया और बस के पीछले टॉयर के नीचे उसका बांया हाथ आ गया और बुरी तरह जख्मी हो गया।

ड्राईवर ने तत्काल बस रोकी। बस के सभी यात्रियों ने मदद की और उसे अस्पताल ले गये। डॉक्टरों ने तत्काल ईलाज आरम्भ किया लेकिन खेद की बात डॉक्टर्स को बांया हाथ काटना पडा। क्योंकि पूरे हाथ में जहर फैल गया था। खुबसूरत लड़की रोती रही। रोजाना अस्पताल में उसे देखने जाती। 6–8 महिने में मोहन ठीक हो गया। लेकिन उसे एक बात सालती रही कि वो लडका जिसने मुझें धक्का दिया उससे बदला लेना है। लेकिन मोहन कमजोर था और उम्र में भी छोटा था। उसकी दोस्त खुबसूरत लड़की भी उम्र में छोटी थी। अतः उस बडे लडके का कुछ भी बिगाड पाना सम्भव नही था।

मोहन के अन्दर बदले की आग बढ़ चली। वो अनेक जिमों में गया और कहा कि मैं पहलवान बनना चाहता हूँ। जिम के इंचार्ज ने कहा कि तुम्हारा तो बांया हाथ ही नही है, अतः सम्भव नही है। वो

कई जगह गया कि मैं ऐसा अपना शरीर बना लू कि मैं उस लड़के से बदला ले सकू लेकिन कही सफलता नही मिली।

फिर उसकी स्कूल में एक कराटे का ब्लेक बेल्ट अपने आश्चर्यजनक करतब दिखाने हेतु आया। उसने करतब दिखाये। मोहन को बड़ा अच्छा लगा। मोहन और उसकी खुबसूरत दोस्त ने तय किया कि इस ब्लेक बेल्ट व्यक्ति से मिला जाये। शायद यह अपनी मदद करें। मोहन और उसकी दोस्त उस ब्लेक बेल्ट कराटे चैम्पियन से मिले और अपनी व्यथा सुनाई और कहा कि हमें भी आप जैसा ब्लेक बेल्ट चैम्पियन बना दो, हम पूरी मेहनत करेंगे। ब्लेक बेल्ट चैम्पियन ने कहा तुम क्यों इतनी मेहनत करना चाहते हो। तो मोहन ने कहा कि मैं उस लड़के से बदला लेना चाहता हूँ। तो कहा ठीक है। तुम्हारा कारण स्पष्ट है और उचित है, वजनदार भी है।

तुम कल से मेरे पास कराटे सींखने के लिये आना आरम्भ कर दो। पांच साल तक मोहन ने उस व्यक्ति से कराटे सींखे। वो कराटे में इतना पारंगत हो गया कि सबको हरा देता था। लेकिन उसका उद्देश्य चैम्पियन बनना नही था। उसका उद्देश्य तो उस बडे लडके से बदला लेना था।

एक दिन ब्लेक बेल्ट चैम्पियन ने मोहन को अपने पास बुलाया और कहा कि अब तुम कराटे में काफी होशियार हो गये हो। जाओं और बदला लो। तब मोहन रोने लगा कि मैं कैसे बदला लू? मैं उस लड़के को जानता ही नही, वो कहा पढ़ता है मुझें पता नही, वो कहां मिलेगा मुझें पता ही नही, मैं उसका चेहरा ही भूल गया। मेरा तो यह कराटे सींखना व्यर्थ ही रहा।

तब ब्लेक बेल्ट चैम्पियन ने कहा कि अभी 3 महिने बाद एक प्रतियोगिता होने वाली है। उसमें बडे–बडे चैम्पियन आयेंगे। तुम उस प्रतियोगिता में भाग लो। मोहन ने कहा यह तो बड़ा चुनोतिपूर्ण है। मिरे तो एक हाथ भी नही है। लेकिन मैं कम्पीटिशन में भाग

लूंगा। मैं तो उस बड़े लडके को भूल गया हूँ। उसका चेहरा भी मुझें याद नही है लेकिन वो तो बड़ा था उसे मेरा चेहरा अवश्य याद होगा। मैं इस कम्पीटिशन में भाग लूंगा और विजयी होऊंगा। और मेरी फोटो अखबार, टी.वी. पर आयेगी। वो बडा लडका जहां होगा वो मेरी फोटो देखकर जरूर यह महसुस करेगा कि उससे बदला ले लिया गया है।

नीयत समय व स्थान पर कराटे की प्रतियोगिता आयोजित हुई। और विश्व विजेता चैम्पियन से मोहन का मुकाबला हुआ। हजारों लोगों की भीड के बीच मोहन ने अपने प्रतिद्वंदी को पछाड दिया और मोहन को विजयी घोषित किया गया तथा गोल्ड मेडल से सुशोभित किया गया।

मोहन रात को अपने घर आकर सो गया। लेकिन रात्रि में उसे नींद नही आई। बार–बार एक ही ख्याल बना रहा कि मैं इस प्रतियोगिता में कैसे जीत पाया? सामने वाला प्रतिद्वंदी तो विश्व विजयी था। मेरे तो एक हाथ भी नही है। मैं कैसे विजयी हुआ? ज्योही सवेरा हुआ। मोहन नहाया–धोया और सीधा अपने कोच ब्लेक बेल्ट कराटे चैम्पियन के पास गया। चैम्पियन अखबार पढ़ रहा था जिसमें मोहन के विजयी होने की व गोल्ड मेडल लेने की फोटो छपी थी। चैम्पियन ने मोहन को बहुत–बहुत बधाई दी और गले से लगा लिया।

मोहन ने पूछा कि मैं विजयी कैसे हुआ? मैं यह कारण जानना चाहता हूँ। क्योंकि मेरे तो एक हाथ भी नही है और सामने वाला प्रतिद्वंदी विश्व विजयी था। तब ब्लेक बेल्ट चैम्पियन ने उत्तर दिया कि तुमने दाहिने हाथ से इतनी प्रक्टिस कर ली थी कि तुम्हाने सामने कोई नही टिक सकता था। तुम्हाने दाहिने हाथ के दावों के आगे किसी भी प्रतिद्वंदी की कोई चाल नही चल सकती थी। हॉ इसका एक तोड होता कि वो तुम्हारे बांये हाथ को पकडता और तुम्हे नीचे गिराता तो तुम्हे हरा सकता था। लेकिन तुम्हारे तो बांया हाथ था ही नही।

मोहन की आंखों के आगे तो अचम्भित दुनिया आ गई। और उसको बांया हाथ टूटने का मर्म समझ में आया कि मेरा बांया हाथ नही टूटता तो आज मैं इतनी बडी प्रतियोगिता में विजयी नही होता। ईश्वर को बार–बार शुक्रिया कहने लगा।

ऐसी कृपाऐं अनेक बार जीवन में आस–पड़ोस के लोगों के साथ देखने– सुनने में आती है। ऊपर जो श्लोक लिखा हुआ है उसका अर्थ है कि परमात्मा की जब कृपा होती है तो गूंगा भी बोलने लग जाता है और लंगड़ा भी पर्वत जा चढ़ता है। आज की भाषा में कहे तो एक सामान्य व्यक्ति भी परमात्मा की कृपा होने से असामान्य व्यक्तित्व का धनी बन जाता है। और असामान्य कीर्तिमान स्थापित कर देता है।

क्या इन कृपाओं को प्राप्त किये जाने का कोई उद्देश्यपूर्ण आयोजन हों सकता है:–

यह कृपाऐं चांस की तरह होती है या च्यौइस से भी प्राप्त की जा सकती है। इनको डिजाईन किया जा सकता है या ये डिफॉल्ट है। क्या इन्हें ब्ल्यू प्रिन्ट बनाकर प्राप्त किया जा सकता है। इस प्रकिया को समझते है। पृथ्वी के इर्द–गिर्द कई परते है:–

1. लिथोस्फियर

2. हाईड्रोस्फियर

3. ऐरोस्फियर

4. आइनोस्फियर

ये चार परतें भूगोल आदि में पृथ्वी की संरचना या वायुमण्डल की संरचना आदि के पठन के समय पढ़ाई जाती है। आईनोस्फियर इलेक्ट्रो मैग्नेटिव वेवज जो पृथ्वी के चारों है। जिसके जरिये एफ. एम. रेडियो आदि कार्य करते है। एफ.एम. रेडियो इलेक्ट्रोनिक वेज को ब्रॉडकास्ट करता है जो आईनोस्फियर से टकराकर वापिस

रिसिविंग सैट के पास आ जाती है। इसी तरह से आप रेडियो पर गाने आदि सुनते है। आजकल चूंकि आर्टिफिशियल आईनोस्फियर बना लिये गये है जिन्हे सैटेलाईट कहा जाता है। टेलीकम्यूनिकेश की कम्पनियों ने अपने– अपने सैटेलाईट स्थापित कर रखे है जो कि कृत्रिम आईनोस्फियर है। मकान पर लगी डिश वाईब्रेशन भेजती है और आर्टिफिशियल सैटेलाईट से टकराकर वापिस आती है जिसके कारण हम टीवी पर चित्र भी देख सकते है और आवाज भी सुन सकते है।

Circler of Grace:- आईनोस्फियर की वैज्ञानिकों ने खोज कर ली है। और लाभ भी उठा रहे है। इसी तर्ज पर सर्किल ऑफ ग्रेस भी परिवेश में मौजूद है। यदि इस सर्किल ऑफ ग्रेस से हम हमारी फ्रिक्वेंसिज को कनेक्ट कर सके तो उस यूनिवर्सल ग्रेस को महसूस कर सकते है। इसे छठी इन्द्री की तकनीक से ठीक से समझा जा सकता है।

छठी इन्द्री (6th Sense):- जो लोग प्रयास करके मेडिटेशन आदि से या अन्य किसी वैज्ञानिक तकनीक से अपनी छठी इन्द्रिय तक पहुंच बना लेते है और उसे विकसित कर लेते है। वे अपने आपकों कृपा के लोक (Circle of Grace) से कनेक्ट कर सकते है और कृपा का अनुभव कर सकते है। वो अपने जीवन में दृष्टा हो सकते है और यूनिवर्सल कृपा उनके कार्यो को करती है। जब सामान्य व्यक्ति बडे–बडे कार्य करने लगते है तब यह बात सही भी प्रतीत होती है कि इन लोगों ने उस कृपा के लोक से अपने को कनेक्ट कर लिया है।

छठी इंन्द्र सबकोंशियस माइंड के नीचे की परत है जिसे कि क्रियेटिव इमेजिनेशन भी कहा जा सकता है। इसे रिसिविंग स्टेशन भी कहते है। यही रिसिविंग सैट कृपा को रिसिव करता है। यानि की व्यक्ति में ग्रहणशिलता बढ़ जाती है और कृपा के वाईब्रेशन तो परिवेश में मौजूद है ही। वह व्यक्ति छठी इन्द्र के जरिये कृपा के

लोक से कनेक्ट करता है और अपने जीवन में वह स्वंय तो कृपा महसूस करता ही है। लेकिन उसके साथ उठने–बैठने वाले उसके आचरण, व्यवहार को देखकर समझ जाते है कि ईश्वरीय कृपा की मौजूदगी अवश्य है।

सबकोन्शियस माइंड ब्रोडकास्टिंग स्टेशन है जो विचारों को ब्रोडकास्टिंग करता है।

विचार कहा से आते है?

1. विचार अनन्त बुद्धिमता के क्षेत्र से आते है (ईश्वरीय क्षेत्र)।

2. विचार आपके चेतन मस्तिष्क से आते है।

3. आपके सबकोन्शियस माइंड से विचार आते है।

4. दूसरों के सबकोन्शियस माइंड से आपके विचार आते है।

5. दूसरों से चेतन मस्तिष्क से आपके विचार आते है।

यह पांच ही तरीके है जहाॅ से विचार आ सकते है। अन्य कोई तरीका नही है। और यह पांचो ही विचारों के स्त्रोत एक सर्किल से जुडे हुए है जिसे सर्किल ऑफ थोट कहते है।

अध्यात्म में इसे विचारों का मण्डल या ब्रह्मांडिय बुद्धि कहा जाता है यानि ब्रह्मांडिय क्षेत्र में एक सर्किल है जहा पर विचार पैदा होता है। इसका एक छोटा रूप हमारा हृदय में जहाॅ कि चित्त रहता है जिसे कि चिदाकास कहते है वो भी उसी महाकाक्ष की परछाई की तरह है। अतः महाकाक्ष में विचार पैदा होते है। और उनकी परछाई चिदाकास में भी होती है।

अतः स्पष्ट है कि ब्रह्मांडीय विचारों का जो मण्डल है वहा से विचार आते है। इसे कुछ लोग इथिरियल बॉडी भी कहते है। कुछ लोग यूनिवर्सल इन्टीलेक्चुअल बॉडी कहते है।

अब समीकरण स्पष्ट है कि अपना शरीर है और कृपा का सर्किल है। उन दोनों के बीच में एक विचारों का सर्किल भी है। कृपा के सर्किल को महाशून्य भी कहा जाता है। लेकिन महाशून्य सीधा अपने शरीर को निर्देश नही देता। वो विचारों के जरिये अपने शरीर को निर्देश देता है। सरश्री नामक एक महापुरूष है जिन्होनें शरीरायान, विचारायान और मौनायान इस तरह से भी ब्रह्मंडीय परिवेश को वर्गिक्रित किया है।

सारांशतः यह कहा जा सकता है कि अगर छठी इन्द्रि को विकसित किये जाने के प्रयास करें तो जब चाहे तब कृपा के लोक से कनेक्ट हो सकते है और कृपा को प्राप्त कर सकते है।

NOTES (जो बातें आपके ह्रदय को छू गई है)

1. _______________________________________

2. _______________________________________

3. _______________________________________

4. _______________________________________

5. _______________________________________

6. _______________________________________

7. _______________________________________

8. _______________________________________

9. _______________________________________

10. _______________________________________

11. _______________________________________

12. _______________________________________

13. ________________________________

14. ________________________________

15. ________________________________

16. ________________________________

17. ________________________________

18. ________________________________

19. ________________________________

20. ________________________________

21. ________________________________

22. ________________________________

23. ________________________________

24. ________________________________

25. ________________________________

NOTES (जो निर्णय आपने अपने जीवन में लेने हेतु तय किये है)

26. ________________________________

27. ________________________________

28. ________________________________

29. ________________________________

30. ________________________________

31. ________________________________

32. ____

33. ____

34. ____

35. ____

36. ____

37. ____

38. ____

39. ____

40. ____

41. ____

42. ____

43. ____

44. ____

45. ____

46. ____

47. ____

48. ____

49. ____

50. ____

अध्याय—16

मेरी अपनी मंजिले, मेरी अपनी दौड़ ।
ना किसी से ईर्ष्या, ना किसी से हौड़।।

मैं तो अकेला ही चला था जानीबे मंजिल। लोग आते गये काँरवा बनता गया।

इस सम्बंध में चींटी की कहानी प्रसिद्ध है। एक राजा था। युद्ध में हार गया और कही गुफा में छिपकर बैठ गया और बड़ा निराश, उदास, हताश था। वो क्यो हारा इस पर पश्चाताप कर रहा था, उसके पास फौज भी ज्यादा थी, साधन भी ज्यादा थे, फिर भी वो हार गया, इसलिये वो व्यथित था। अपनी नजरों में भी गिर चुका था। तभी उसने गुफा के अन्दर चींटियों को अपने शरीर से भारी गुड़ के दाने को ले जाते हुए देखा। सब चींटिया इकट्ठी होकर चल रही थी। सब चींटियों के मुह में गुड़ का दाना था। कई बार दीवार पर चढ़ती–चढ़ती गिर जाती थी। लेकिन वापिस चढ़ना आरम्भ कर देती। वो इस किड़ी नगरे का कमाल घण्टो देखता रहा। सांयकाल उसने देखा कि सारी चींटिया अपने–अपने गुड के दाने को लेकर के अपनी मंजिल पर पहुंच गई। ये देखकर के उसके दिमाग में विचार कौंधने लगा कि अगर चींटिया अपने से भारी गुड़ के दाने को ले जा सकती है और बार–बार गिरने के बावजूद वापिस उठ सकती है। और सफलता पा सकती है, तो मैं क्यों नही? मैं एक फिर अपनी सेना को एकत्रित करूंगा। फिर लड़ूंगा। उसने साहस बटोरा और सेना को इकट्ठा किया और दुश्मन पर विजय पायी।

इस कहानी से यह नसीहत मिलती है कि अगर मंजिल तय है तो बहुत कुछ आसानी हो जाती है। आदमी में साहस बना रहता है। कार्य के प्रति श्रद्धा बनी रहती है। वो गिर पड़ता है तो पुनः उठ जाता है। और अपनी मंजिल को पाकर के ही रहता है। गिरना बुरा नही है। लेकिन गिर कर पुनः नही उठना पाप है। हारता वही है जिसने पुनः उठने से इंकार कर दिया। अतः मंजिल कैसे स्पष्ट रहे? और रास्ता कैसे स्पष्ट रहे? इसको तय करना आवश्यक है। अतः उपरोक्त दोनों लाईने कि **"मेरी अपनी मंजिले"** बहुत महत्वपूर्ण है। जब मंजिल तय हो जाती है और रास्ता तय हो जाता है तो फिर व्यक्ति का कम्पीटिशन अपने आप से ही रहता है। वो अपनी यूनिकनेस पा लेता है। फिर वो दूसरों से न तो कम्पीटिशन की चाहत रखता है और ना ही वेलिडेशन की, ना ही दूसरों से ईर्ष्या रखता और ना ही दूसरों कोई होड़ रखता।

स्टीफन ऑर कोवी अपनी 7 हेबिट्स ऑफ हाईली पीपुल में कहते है कि व्यक्ति को जब च्योईस करने का अधिकार मिला है तो उसे अपनी मंजिल और रास्ता चुन लेना चाहिये। और मंजिल और रास्ते के स्थानों/माईल स्टोन्स को कागज पर लिख लेना चाहिये। इसको स्टीफन टेक्निकल भाषा में मिशन स्टेटमेन्ट कहते है।

मिशन स्टेटमेन्ट किसी भी व्यक्ति या ओर्गेनाईजेशन का निम्न पांच पैरामीटरों पर बनाया जा सकता है:–

1. स्वास्थ्य (ओर्गेनाईजेशन के लिये स्वास्थ्य का तात्पर्य है आर्थिक क्षमता व संसाधन)।

2. आर्थिक सम्पन्नता।

3. पारस्परिक रिश्ते।

4. सामाजिक प्रतिष्ठा।

5. समाज/राष्ट्र को योगदान।

व्यक्ति को अपनी जिंदगी में क्या—क्या प्राप्त करना है? उपरोक्त पांचो पैरामिटर पर विवरण लिख लेना चाहिये। कितने—कितने समय में कितनी—कितनी उपलब्धियॉ करनी है? वो भी लिख लेनी चाहिये। ओर्गेनाईजेशन्स के अधिकारी व कर्मचारी मिलकर के मिशन स्टेटमेन्ट बनावे तो ज्यादा उचित है।

मिशन स्टेटमेन्ट के लाभः—

1. जिसके पास में मिशन स्टेटमेन्ट है उसकी मंजिल स्पष्ट है। अतः वो बिना रूके अपनी मंजिल की और बढ़ेगा।

2. जिसके पास मिशन स्टेटमेन्ट है उसे रास्ते के सभी माईल स्टोन मालूम है। अतः वो अपनी समीक्षा समय—समय पर कर सकेगा।

3. जिसके पास मिशन स्टेटमेन्ट है, उसे मालूम है कि उसे कहां जाना है? और किस रास्ते से जाना है? तथा कब जाना है? इसलिये उसे किसी अन्य व्यक्ति से पूछनें की जरूरत नही होती।

4. जिसके पास मिशन स्टेटमेन्ट है उसने अपने पैरामीटर विवेकपूर्व तरीके से तय कर रखे है। अतः उसे न तो लोगों से कम्पीटिशन की जरूरत और न ही कम्पेयर करने की।

5. जिसके पास मिशन स्टेटमेन्ट नही है। वो लोगो के कहने से भटकता रहता है। उसकी ऊर्जा एवं प्रयत्न दूसरों से वेलिडेशन लेने में ही लगे रहते है।

6. जिसके पास अपना मिशन नही है। वो तो या तो दूसरों की नकल करेगा, या निरूद्धेश्य भटकेगा, या कुछ थोडा बहुत करेगा तो दूसरों से तारीफ व मान्यता प्राप्त करने में लगा रहेगा।

7. जिनके पास मिशन स्टेटमेन्ट नही है। वो भी चातुर्य से बात कर सकते है कि वो दूसरों को सम्मान देने के लिये उन्हे अपनी प्रति से अवगत कराते है। लेकिन ऐसा नही होता है। उनके

अन्दर कही खालीपन है। या मैं यह कहू कि कही उनमें अन्दर में कपट है। इसीलिये वो अपने आपको फेस नही कर पाते है। और वो चाहते है कि हमारा खालीपन हमे कचोटे नही। इसलिये दूसरों से मान्यता लेने की फिराक में रहते है।

8. कुछ लोगो के पास मिशन स्टेटमेन्ट नही होते, वो आधा—अधूरा काम करते है। स्टीफन आर कवी ऐसे लोगो को फ्रेगमेन्टेड पर्सनलिटी कहते है। यानि की उनकी सोच में, उनके कर्म में, उनकी जबान में समन्वय नही है। ऐसे लोग सहानुभूति पाने में ही लगे रहते है।

9. जिनके पास मिशन स्टेटमेन्ट हैं वो लोगो के आगे दुखड़ा नही रोयेंगे। लोगों से सहानुभूति बटोरने का प्रयास नही करेंगे। बल्कि सार्थक प्रयास करके अपनी मंजिल की और बढ़ेंगे। वो सहानुभूति की बजाय मेहनत करके प्रेम को अर्जित करेंगे। सहानुभूति प्राप्त करने की मानसिकता तो भीखारीपना है। प्रेम को अर्जित करना वीरों का काम है। तलाक देने में भला महिला को कौनसी बहादुरी दिखानी है। लेकिन गृहस्थी को संजोकर रखने में बहादुरी व समझदारी से से काम लेना पड़ता है। तलाकशुदा महिलाओं को सहानुभूति देने वाले बहुत लोग मिल जायेंगे। सरकारों ने राजकीय नौकरियों में उनके आरक्षण की व्यवस्था भी कर दी है। लेकिन अगर मिशन स्टेटमेन्ट है तो उस व्यक्ति को दिशा मिलती रहती है और अपनी पूरी ऊर्जा के साथ गतिशील होकर कार्य करता रहता है।

10. जिसके पास मिशन है, उसके पास दृढविश्वास व श्रद्धा है। इसलिये उसके जीवन में अनेक प्रकार की अदृश्य कृपाऐं भी होती हुई देखी जाती है।

11. जिसके पास मिशन है, वो लोगों के साथ मिलकर के, टीम बनाकर के काम भी सार्थकता के साथ पूरा कर सकता है।

12. जिसके पास मिशन स्टेटमेन्ट है वो अपने उद्धेश्यों को छोटे–छोटे टुकड़ों में तोड़ लेता है और प्रत्येक छोटे काम को पूरा करता है। एक काम पूरा हो जाता है तो दूसरा काम हाथ में लेकर पूरा करता है फिर तीसरा काम हाथ में लेता है और पूरा करता है। इस तरह कामों को पूरा करने की उसमें क्षमता पैनी हो जाती है। फिर अपनी इस पैनी हुई क्षमता से बडे–बडे काम भी पूरे कर डालता है।

हर वस्तु की दो रचनायें होती है, का सिद्धान्तः– पहली रचना मानसिक स्तर पर होती है और दूसरी रचना भौतिक स्तर पर होती है। यानि की इस विश्व में काई भी कार्य हुआ है तो सबसे पहले उस कार्य की व्यक्ति के विचारों में रूपरेखा बनी है। चाहे वो कोई वैज्ञानिक शोध हो अथवा साहित्यिक कृति। अपने जीवन में जो घटनायें घटती है, वो पहले अपने विचारों में ही घटती है। विचारों में बनने वाली रूपरेखा को ही प्रथम रचना या मानसिक रचना कहते है। प्रायःकर हम अपनी मानसिक रचना को जिम्मेदारी से पूरा नही करते है। या तो दूसरो के भरोसे छोड़ देते है या तो हमारे भूतकाल की घटनायें हमारे वर्तमान को तय करने के लिये मानसिक रचनाऐं कर देती है।

यदि जिम्मेदारी लेकर हम अपनी मानसिक रचना को स्वयं करें तो इसे जीवन का ब्ल्यू प्रिन्ट बनाना कहा जाता है और इस ब्ल्यू प्रिन्ट को पूरा करने की योजना भी साथ में बना ली जाये तो इसे मिशन स्टेटमेन्ट बोला जाता है। मिशन स्टेटमेन्ट पर यदि गम्भीरता अथवा अनुशासन के साथ कार्य किया जायें तो जैसी मानसिक संरचना आपने मिशन स्टेटमेन्ट में बनाई है वही आपके जीवन में भौतिक आकार ले लेगी।

अतः मेरा सभी से निवेदन है कि वो विचार पूर्वक अपनी प्रथम रचना को तैयार करें, क्योंकि जीवन कीमती है, इसको भगवान भरोसे छोड़ना ठीक नही। अपनी जिम्मेदारी ले। अपनी च्योईस की

ताकत का इस्तेमाल करे और जीवन में क्या–क्या चाहते है? उसको लिख ले और एक सुस्पष्ट मिशन स्टेटमेन्ट बनावें व उस पर कार्य करके मनोवांछित सफलताएं प्राप्त करें।

जो लोग मिशन स्टेटमेन्ट बनाकर उस पर चलेंगे उनको मैं अग्रिम शुभकामनाएं प्रस्तुत करता हूॅ।

जिन लोगों को मिशन स्टेटमेन्ट बनाने में कोई दिक्कत आती है तो टीम 360 के द्वारा आयोजित इस आशय के वेबनार/वर्कशॉप को अटेन्ड करके सीख सकते है।

NOTES (जो बातें आपके हृदय को छू गई है)

1. ____

2. ____

3. ____

4. ____

5. ____

6. ____

7. ____

8. ____

9. ____

10 ____

11. ____

12. ____

13. ____

14. ____

15. ____

16. ____

17. ____

18. ____

19. ____

20. ____

21. ____

22. ____

23. ____

24. ____

25. ____

NOTES (जो निर्णय आपने अपने जीवन में लेने हेतु तय किये है)

26. ____

27. ____

28. ____

29. ____

30. ____

31. ____

32. ____

33. ____

34. ____

35. ____

36. ____

37. ____

38. ____

39. ____

40. ____

41. ____

42. ____

43. ____

44. ____

45. ____

46. ____

47. ____

48. ____

49. ____

50. ____

अध्याय—17

विश्वास की ताकत
(बड़े भईया गोपाल की कहानी)

◆◆◆

पुरानी बात है। एक मां अपने बेटे को पढ़ने के लिये स्कूल में भेजना चाहती थी। लेकिन स्कूल दूर था। बीच में नदी भी पड़ती थी और जंगल भी पड़ता था। चूंकि बच्चे के पिता का देहांत भी हो चुका था। अतः पूरी जिम्मेदारी उसकी मां पर ही थी। मां अपने बच्चे को अनपढ़ नही रखना चाहती थी। अतः उसने दूर के स्कूल में भेजने का फैसला किया। वह अपने बच्चें को अपने साथ स्कूल ले गई। नदी को दोनों ने तैरकर पार किया। जंगल को पार किया। और फिर स्कूल में प्रवेश कराया। सप्ताह—दस दिन तो मां बच्चे को रोजाना प्रातःकाल स्कूल ले जाती और फिर सांयकाल वापिस लेने जाती। लेकिन घर गृहस्थी के कार्य के कारण और कमाने की जिम्मेदारी भी मां पर थी। अतः वो समय नही निकाल पा रही थी, बच्चे को स्कूल लाने—ले जाने के लिये।

एक दिन मां ने बच्चे से कहा कि बेटा, अब कई दिन हो गये है। अब तुम स्कूल खुद जा सकते हो और आ सकते हो। बेटा छोटा था। उसने कहा, नही मां मैं तो छोटा हूॅ। मुझें तो डर लगता है। कैसे जंगल को पार करूंगा? स्कूल से आते समय तो सांयकाल हो जाता है और अंधेरा हो जाता है। मां ने हौंसला अफजाई की और कहा। तुझें डरने की जरूरत नही है। जंगल में तेरा बड़ा भाई गायें चराता रहता है। तू आवाज देगा तो वह तेरी मदद करने के लिये चला आयेगा। ये आश्वासन पाकर बच्चा बहुत खुश हुआ।

उसने अपनी मां से पूछा कि मेरे बडे भाई का नाम क्या है? तो मां ने कहा कि गोपाल है।

बच्चा स्कूल चला गया। लेकिन वापिस आते समय बारिश होने लगी और अंधेरा हो गया। उसे डर लगने लगा। उसने अपनी मां की बात पर विश्वास करके जोर से आवाज दी। मुझें बहुत डर लग रहा है। गोपाल भइया तुम जल्दी आओं। एक बार आवाज दी। अन्धेरें के सन्नाटे में आवाज खो गई। बच्चें ने रोते हुए दुबारा चिल्लाकर आवाज दी। देखता है कि एक बड़ा लड़का हाथ में दूध का कटोरा लिये हुए आ गया। उससे कहा कि मैं तेरा बड़ा भाई हॅू। तू दूध पी, डर मत, मैं तुझे घर तक छोड़ कर आउंगा। बच्चे ने खुश होकर दूध पीया और बडे भाई के साथ गांव की ओर चल दिया। जब घर पास आया तो बड़े भाई ने कहा कि मेरे को जंगल में गायों को सम्भालना है। इसलिये मैं अब जाता हॅू। तू अब अपने आप चला जा। बच्चे ने कहा कि ठीक है। लेकिन मैं कल फिर बुलाउंगा, तो तुम जरूर आ जाना। बडे भाई ने कहा ठीक है।

महिनों गुजर गये। बच्चा डरता और अपने गोपाल भईया को आवाज देता। बड़े भइया आ जाते। उसे गायों का दूध पिलाते, कभी खीर खिलातें और घर तक छोड़ कर जाते। बच्चा खुश था। रोजाना स्कूल जाता, पढ़ता और मस्त था।

एक दिन बच्चे का जन्मदिन था। मां ने बहुत सी मीठाइयाँ बनाई तो बच्चें ने कहा कि तुम बड़े भइया को भी बुला लो। तब मां ने कहा कि कौन बड़ा भइया? पडौस के सभी बच्चों को तो बुला रखा है। बच्चे ने कहा कि नही उस गोपाल भईया को जो रोजाना जंगल में मुझें दूध पिलाता है, खीर खिलाता है और घर तक छोड़कर जाता है। मां ने टालने के उद्धेश्य से कह दिया कि ठीक है अगली बार बुलायेंगे। लेकिन मां बैचेन हो गई कि कौन गोपाल भइया है? जो इसको खीर खिलाता है, दूध पिलाता है और घर तक

छोड़कर जाता है। कहीं बच्चें को कोई दिमागी बीमारी तो नही हो गई? कोई दीवास्वप्न तो नही आने लगे।

दूसरे दिन प्रातःकाल मां बोली कि आज मैं तुम्हारे साथ चलती हूँ। कौन गोपाल भइया है? जो तुम्हे दूध पिलाता है। तो बच्चें ने कहा कि जाते समय नही। मैं जब स्कूल से आता हूँ तब पिलाता है। मां ने कहा कि ठीक है अभी तो तू स्कूल जा, आज तुझें लेने मैं आऊंगी। तय समय पर स्कूल से बच्चें को लेने मां गई। बच्चा मां के साथ घर आने लगा। मां ने कहा कि उस गोपाल भइया को बुला। बच्चा बोला कि मैं क्यों बुलाऊ। मुझें डर ही नही लग रहा। तुमने ही तो कहा था कि जब डर लगे तब गोपाल भइया को बुलाना। मुझें तो डर लग ही नही रहा। मैं क्यों मेरे गोपाल भइया को तकलीफ दूँ?

मां ने कहा मैं मिलना चाहती हूँ, तू बुला तो सही। बच्चें ने आवाज दी लेकिन कोई नही आया। दुबारा चींख कर आवाज दी लेकिन कोई नही आया। लेकिन बच्चें को एक आवाज सुनाई दी कि तेरी मां तेरे साथ है इसलिये मैं नही आ सकता। बच्चा बोला कि मेरी मां तुमसे मिलना चाहती है। गोपाल भइया ने कहा कि मैं नही आ सकता। तुम्हारी मां का मन पवित्र नही है। मैं सिर्फ परित्र हृदय वालें लोगो के पास आता हूँ। बच्चें ने जिद पकड़ ली कि भइया तुम्हे आना ही होगा। तो आवाज आई कि तुम बैठ जाओं और अपनी मां को भी अपनी गोद में बैठा लो। इससे तुम्हारी मां का हृदय भी पवित्र हो जायेगा। बच्चा बैठ गया और अपनी मां को भी बैठा लिया। इतने में गोपाल भइया दूध का कटोरा लेकर आ गये।

विश्वास की ताकत से वो घटनायें भी घटती है जो चमत्कार की श्रेणी में दिखाई देती है। अतः मिशन स्टेटमेन्ट पर कार्य करते समय एक्शन का जितना महत्व है। उतना ही विश्वास के साथ कार्य करने का भी महत्व है। जो कार्य विश्वास के साथ किये जाते है वो पूर्णता को प्राप्त होते है और सफलता को प्रदान करते है।

विश्वास किसे कहते है:—

व्यक्ति के चारों और एक शरीर बताया जाता है जो विश्वास का बना होता है। उसमें विश्वास के भाव होते है। इसे साईकोलोजिस्ट ने इमोशनल बॉडी कहा है। जब इमोशन्स किसी एक्शन के साथ मिलते है तो उसकी ताकत को दस गुना–बीस गुना कर देते है। मैं उन लोगों के बारे में बतलाना चाहूंगा जिन्होंने विश्व में बहुत बड़े कार्य किये है। उनके तीन गुण अवश्य रहे है।

1. **आत्म अनुशासन (सेल्फ डिशिप्लेन):—** व्यक्ति अपने शरीर से जब कोई कार्य करता है। बार–बार उसको करने की आदत विकसित करता है। तथा विपरीत कार्य न करने की आदत विकसित करता है तो इसे आत्म अनुशासन कहते है। सभी महापुरूषों में यह गुण बढी–चढी मात्रा में देखने को मिलता है।

2. **भविष्य दृष्टि (विजन):—** महापुरूषों में ये बात पाई जाती है कि वो अपने दिमाग से सोच विचार कर निर्णय करते है। वो अपनी कल्पना शक्ति से भविष्य की योजना बनाते है। और भविष्य को ऐसे ही स्वीकार करते है जैसे कि वो वर्तमान में घटित हो रहा है। उनकी उस दृष्टि को ही भविष्य दृष्टि व विजन कहा जाता है। जिस व्यक्ति के पास विजन नही है। उसका नाश होना ही निश्चित है। जिस ओर्गेनाईजेशन के पास भविष्य दृष्टि नही है। उसका विनाश सुनिश्चित है। जिस देश के नागरिकों के पास भविष्य दृष्टि नही है। उसकी बरबादी कौन रोक सकता है?

3. **प्रचण्ड उत्साह (पैशन):—** महान व्यक्तियों में जबरदस्त उत्साह का गुण पाया जाता है। ये उनके इमोशन्स के कारण है।

उपरोक्त तीनों गुण जिन व्यक्तियों में होंगे वो अवश्य महान बनेंगे। पाठकों यदि आप भी महान बनना चाहते है तो इन तीनों गुणों का धीरे–धीरे अपने में विकसित करें।

चाहे किसी भी क्षेत्र में सिद्धहस्त होना हों। ये तीनों गुण आवश्यक है। लेकिन यदि नेगेटिव गुणों को ले लेंगे तो जबरदस्त नेगेटिव व्यक्तित्व वाले बन जायेंगे जैसे **हिटलर** आदि। यदि सकारात्मक गुणों को विकसित करेंगे तो जबरदस्त आत्मिक गुणों के धनी बन जायेंगे जैसे **महात्मा गांधी** आदि।

अतः उपरोक्त तीनों गुण व्यक्तित्व को जबरदस्त बनाते है। लेकिन चौथा आत्मिक गुण चारित्रिक व गैर चारित्रिक का भेद करता है। इसको मनोवैज्ञानिकों ने पी.क्यू., आई.क्यू. और ई.क्यू. को बढ़ाकर अपने व्यक्तित्व को संवारना कहते है। चौथा गुण एस.क्यू. (Spiritual Quotient) है। एस.क्यू. फर्क करता है कि जबरदस्त व्यक्तित्व का धनी डाकू बनेगा या महात्मा।

आत्मा के गुणों व अहंकार में अन्तरः–

अगर व्यक्ति तानाशाही रवैया अपनाता हैं। डोमिनेटिंग होता है अथवा भयभीत करने वाला होता है, तो समझें कि उसका अहंकार उस पर हावी है। यदि दूसरों पर राज करना चाहता हैं। दूसरों के सुझावों को अपने आदेशों की अवहेलना समझता है अथवा अपना अपमान समझता है तो वो व्यक्ति अहंकारी है। जो व्यक्ति माइक्रोमेनेज्ड है, तनावग्रसित रहता है, कपटपूर्वक हावी होना चाहता है, तो वो अहंकारी है। जो व्यक्ति अपने पद, ताकत, सामाजिक रिश्तों का प्रयोग करते हुए दूसरों पर हुकुमत करना चाहता है वो अहंकारी है। इसके विपरीत जो दूसरों को साथ लेकर चलता है। दूसरों के मतों को स्वीकार करता है और महत्व देता है। अथवा दूसरों को सहयोग देता है अथवा लेता है व मधुरता का व्यवहार करता है, सिद्धांतपरक बात करता है तो आत्मिक गुणों से विभूषित

है। यह व्यक्ति ईश्यूबेस्ड वार्ता करता है। भावुकता से विरोध या समर्थन नही करता। दूसरों को मदद करते समय उसका ध्येय रहता है **"नेकी कर कुंए में डाल"** वो अपनी प्रतिष्ठा के लिये, मान्यता के लिये काम करने के बजाय दूसरों को वास्वत में सहयोग करने हेतु मदद करता है। ये व्यक्ति लोकप्रियता भी अधिक प्राप्त करता है।

अतः हम थोड़ा अहंकार को नीचा रखते हुए आत्मिक गुणों का संवर्धन करें तो ज्यादा सार्थक कार्य कर सकेंगे। आप महान बने, ऐसी मेरी शुभकामनाएं।

NOTES (जो बातें आपके हृदय को छू गई है)

1. ____

2. ____

3. ____

4. ____

5. ____

6. ____

7. ____

8. ____

9. ____

10 ____

11. ____

12. ____

13. ____

14. ____

15. ____

16. ____

17. ____

18. ____

19. ____

20. ____

21. ____

22. ____

23. ____

24. ____

25. ____

NOTES (जो निर्णय आपने अपने जीवन में लेने हेतु तय किये है)

26. ____

27. ____

28. ____

29. ____

30. ____

31. ____

32. ____

33. ____

34. ____

35. ____

36. ____

37. ____

38. ____

39. ____

40. ____

41. ____

42. ____

43. ____

44. ____

45. ____

46. ____

47. ____

48. ____

49. ____

50. ____

अध्याय—18

कुल्हाड़ी की धार को तेज करने की कहानी

जंगल में लकड़हारे पेड़ो को काटने का काम करते थे। महिनों से पेड़ो को काट रहे थे। उनमें से एक लकडहारे को हर महिने ओरों के मुकाबले दुगुना मेहनताना मिलता। तीन वर्ष बाद उस लकडहारे को सभी साथी लकडहारों का सुपरवाईजर बना दिया गया। साथी लकडहारों को यह बात नागवार गुजरी। क्योंकि सभी लकडहारे प्रातःकाल 9 बजे काम पर आते थे और शाम को 6 बजे तक काम करते थे। यानि सभी बराबर मेहनत करते थे तो फिर एक लकडहारे को दुगुना वेतन देना और उसे सुपरवाईजर बना देना, यह तो अन्याय है। अतः लकडहारों ने यूनियन बनाई और जंगल के ठेकेदार के पास गये कि इस लकडहारे को क्योकर वेतन दुगुना दे रहे है। कैसे आपने इसे सुपरवाईजर बना दिया?

जंगल के ठेकेदार ने कहा मेरे यहॉ रिकॉर्ड के अनुसार यह दुगुनी लकडियां काटता है, इसलिये इसका वेतन आप लोगो से दुगुना है। चूंकि यह मेरे को आकर सभी लकड़हारों के हालात भी बतलाता है और लकड़हारों के वेतन को बढ़ाने की भी रिक्वेस्ट भी मुझसे करता है। यह चूंकि सभी लकड़हारों के भले का काम करता है और मेरे लिये भी अधिक फायदे वाला है। इसलिये इसे सुपरवाईजर बना दिया। इस पर यूनियन के नेता ने कहा वो कैसे दुगुनी लकड़िया काटता है? हमें बतायें हम भी वही तरीका इस्तेमाल करेंगे। इस पर ठेकेदार ने कहा यह बात तो उसी से जाकर पूछों।

इस पर यूनियन का लीडर उस लकड़हारे के पास आया और पूछा कि तुम दुगुनी लकडिया कैसे काटते हो? जबकि तुम भी 9 बजे आते हो और 6 बजे जाते हो। मेहनत हम भी तुम्हारे बराबर ही करते है फिर तुम हमसे दुगुनी लकडिया कैसे काट पाते हो? इस पर लकड़हारे ने उत्तर दिया कि मैं प्रत्येक दो घंटे के बाद 20 मिनट के लिये लकडी काटना बंद कर देता हूँ और आराम करता हूँ व कुल्हाड़ी की धार को तेज करता हूँ। इससे मैं भी तरोताजा हो जाता हूँ और कुल्हाड़ी भी ज्यादा पैनी हो जाती है इसलिये मैं दुगुनी लकड़ियां काट पाता हूँ।

मैनेजमेन्ट के क्षेत्र में इस कहानी की नसीहतः—

किसी भी ओर्गेनाईजेशन में कर्मचारी कार्य करते है तो उनका कार्य कुछ महिनों बाद रूटिन हो जाता है। ऐसे में हर छठे महिने उन्हें दो दिन का ब्रेक देकर नया प्रशिक्षण दिया जाना चाहिए यानि कि कुल्हाड़ी की धार को तेज किया जाना चाहिये। मैनेजमेन्ट के क्षेत्र में कुल्हाडी की धार को तेज करने से आशय है कि अपने स्टॉफ को समय—समय पर प्रशिक्षण ट्रेनिंग आदि देकर और ज्यादा कार्यकुशल बनाना ताकि और ज्यादा अच्छे रिजल्ट्स स्टॉफ दे सके।

मैनेजमेन्ट के क्षेत्र में Delegation of Authority का महत्वः—

प्रायःकर देखने में आता है कि नवयुवक व्यवसाय आरम्भ करते है लेकिन वो कार्य से इतने ज्यादा बोझिल हो जाते है कि वो खाना भी समय पर नही खा पाते। कई बार तो मुझे देखकर ताज्जुब होता है कि खाना खा रहे है और मोबाईल पर बात कर रहे है। चाय पी रहे है लेकिन मोबाईल पर बात कर रहे है। कार चला रहे है और मोबाईल पर बात कर रहे है। इस तरह से नौजवान अपने आपको कार्य में अत्यधिक व्यस्त कर लेता है। व्यस्त रहना तो ठीक है

लेकिन अगर कोई ऐसे कार्य है जो ज्यादा महत्व के नही हैं वो दूसरों को दिये जा सकते है ताकि बिजनसमैन स्वयं फ्री हो जाये और अन्य महत्वपूर्ण कार्यो में अपना समय लगा सके। मैनेजमेन्ट में कुल्हाडी की धार को तेज करना जैसे महत्वपूर्ण है वैसे ही छोटी कुल्हाडी साथियों के हाथ में सौंपना भी महत्वपूर्ण है ताकि बिजनसमैन मात्र प्रोड्यूसर बनकर ना रह जाये बल्कि मैनेजर बने। प्रोड्यूसर और मैनेजर में यह फर्क है कि प्रोड्यूसर सारे काम स्वयं करता है जबकि मैनेजर अधिकांश काम दूसरों से करवाता है और विशेष महत्वपूर्ण कार्य ही स्वयं करता है। यदि स्वयं कार्य करेंगे तो अत्यधिक व्यस्त हो जायेंगे और लम्बी अवधि तक बिजनस को ठीक से सम्भाल नही पायेंगे।

कुछ लोगों से मैंने सुना है कि मैं व्यस्त इसलिये हूँ क्योंकि मुझे बांया हाथ नही मिलता। यानि की कोई सहयोगी नही मिलता, जो मेरे काम में हाथ बंटा सके। मैनें अच्छे–अच्छे बिजसमैनों के मुंह से यह कहते हुए भी सुना है कि हम इसलिये भी व्यस्त है क्योंकि हमें सैकण्ड लाईन नही मिलती। यानि की अधिनस्थ कर्मचारियों में ऐसा कोई व्यक्ति नही मिलता जो बिजनस की जिम्मेदारी को सम्भाल सके।

स्टीफन आर कोवी ने अपनी पुस्तक **"8th Habit (Effectiveness to Greatness)"** में लिखते हैं कि मेरे को एक बड़े प्रबन्धक ने बतलाया कि मैं पिछले 20 वर्षा से एक बड़ी कम्पनी का रिजनल मैनेजर हूँ। लेकिन जब भी मैं ऑफिस जाता हूँ तो मेरा स्टॉफ वॉटर कूलर के पास पानी पीता हुआ गपशप करता हुआ मिलता है। मुझें देखकर वो अपनी सीटो पर जाते है। मैं नही समझ पाता कि मेरा स्टॉफ क्यों नही जिम्मेदारी से काम करता अथवा मुझें ऐसे जिम्मेदार कर्मचारी क्यों नही मिलते कि वो मेरी अनुपस्थिति में भी कार्यालय का काम करें। **कोवी** ने एक और भी उदाहरण दिया है कि एक बड़ी कम्पनी के सीनियर मैनेजर ने कोवी को बतलाया कि

मैं मेरे अधिनस्थ प्रबन्धको को **पटाया** का विजिट ट्यूर देना चाहता हूँ कि जो लोग बताये गये लक्ष्यों को पूरा करेंगे उन्हें यह ट्यूर दिया जायेगा। वो सीनियर मैनेजर अपने कक्ष में एक चार्ट भी बनाकर रखता है कि मेरे निम्न 6 मैनेजर 6 घोड़ों पर बैठे हुए है और वो तेजी से भागकर अपने लक्ष्य को पूरा कर रहे है। मैं कई सालों से ऐसा कर रहा हूँ लेकिन मैनेजरर्स है कि समझते ही नही और वो लक्ष्य पूरा नही करते।

स्टीफन आर कोवी ने बताया कि आपकों अपने स्टॉफ को तैयार करना पड़ेगा और यह सैकिण्ड क्वाडरेन्ट की गतिविधि है जो तुम्हे प्रोएक्टिवली करनी होगी। अपने अधिनस्थो को विश्वास में लेना होगा, उन्हें आवश्यक प्रशिक्षण देना होगा जिसमें जिम्मेदारी से काम करने का प्रशिक्षण भी शामिल है तथा एक विश्वास का माहौल बनाना होगा। इसके लिये प्रत्येक अधिनस्थ मैनेजर के कार्य की स्पष्टता भी होनी चाहिये तथा समीक्षा का भी एक सिस्टम कार्यालय में होना चाहिये। ताकि अधिनस्थ मैनेजर अपना कार्य करके सीनियर को रिपोर्ट कर दे। प्रतिदिन की रिपोर्टिंग से मैनेजर ने क्या–क्या कार्य किया है वो आपकी जानकारी में आ जायेगा और आपका उससे रोजाना Rapport बना रहेगा और एक विश्वास का माहौल बनेगा। तथा आपका अधिनस्थों की क्षमता में विश्वास अधिक होगा। व अधिनस्थों को आपके नेतृत्व में भी विश्वास बनेगा। कार्य यदि कर्मचारियों के पास में क्लियरिटी के साथ न हो तो वो कार्य को ठीक से कर नही पाते है। यदि कर्मचारी अपने लक्ष्यों से अधिक कार्य करें तो उसे क्या इन्सेन्टिव मिलेगा यह नीति भी सुस्पष्ट होनी चाहिये।

यदि कोई कर्मचारी काम नही कर पाता है तो दो कारण हो सकते है कि या तो उसे ठीक से काम करना आता नही है या उसका रवैया ठीक नही है। ऐसे में जिसकी कार्यक्षमता ठीक नही है

उसको स्कील ट्रेनिंग देना जरूरी है और जिसका रवैया ठीक नही है उसको एटीट्यूट की ट्रेनिंग देना जरूरी है।

मित्रों अब जो लोग डेलिगेशन करते है उनका हाल देखते है। कुछ ऐसे मैनेजर होते है जो कर्मचारियों के पीछे पड़े रहते है। कि तू खाली क्यों बैठा है? इस कार्य को ऐसे करों, उस कार्य को वैसे करों। अभी तक कार्य किया क्यों नही? इस तरह से पीछे पड़कर कार्य करवाने को मैनेजमेन्ट में **गिफन डिलिगेशन** कहा जाता है जो कि कोई खास अच्छा रिजल्ट नही देता। लेकिन यदि इस तरह से कार्य दूसरों को सौंपा जाये कि अधिनस्थ जिम्मेदारी से अपने तयशुदा कार्य को पूर्ण करें व पूर्ण हो जाने के बाद प्रसन्नता महसूस करें और अपने आपकों जिम्मेदार प्रबन्धक होने का गर्व करें। ऐसा **डिलिगेशन स्टीवर्डशिप डिलिगेशन** कहलाता है। इस प्रकार के डिलिगेशन से ओर्गेनाईजेशन की कार्यक्षमता कई गुना बढ़ेगी और अधिनस्थ प्रबन्धकों की विश्वसनीयता भी बढ़ेगी और सीनियर मैनेजर्स की अधिनस्थों के प्रति जो शिकायते है वो भी दूर हो जायेंगी।

लेकिन इसमें कुछ व्यवहारिक दिक्कते आती है जैसे बिजनसमैन के कार्यालय में एक गद्दी होती है। यानि की उसका वर्चस्व, उससे उसका मोह नही छूटता यानि कि गद्दी का प्यार नही छूटता। इसलिये वो अपनी गद्दी पर किसी और को नही बैठने देता। दूसरा चैकबुक पर साईन करने की अथोरिटी दूसरे को देना उसे ऐसे लगता है जैसे सारे अधिकार ही उससे छीने जा रहे है। अतः जैसा कि पूर्व में मेरे द्वारा बताया गया है कि बिजनसमैन को अपने करेक्टर को मजबूत बनाने की जरूरत है। करेक्टर में तीन बातें वेबनार में मेरे द्वारा मुख्य बताई जाती है।

1. **Integrity:-** इसका अर्थ है कि जो वादा किया जाये उसे पूरा किया जाये और ओनेस्टली किया जाये। इसके बारे में **ओशो रजनीश** ने एक कहानी सुनाई है वो मैं

इस समय आपको बतलाना चाहूंगा। रजनीश ने कहा कि **मुल्ला नसरूद्दीन** अपने अंतिम समय में था, मृत्यु के बिलकुल नजदीक था। उसने अपने लडके को अपने पास बुलाया और कहा कि देखों अब मैं आगे व्यापार नही कर पाउंगा। तुम व्यापार को ठीक से चलाओं इसलिये मैं कुछ थोडी बहुत तुम्हे नसीहत देना चाहता हॅू। बस तुम दो बांतो का ध्यान रखना – पहली तो ईमानदारी। जिस किसी से वादा करों, समय पर पूरा करना। इसे पूरी जिन्दगी निभाना, बस तुम्हारा व्यापार बहुत अच्छा चलेगा। यह कहकर मुल्ला चुप हो गया। लडके ने कहा कि दूसरी और कौनसी बात बता रहे थे? वो भी बतलादों ताकि मेरे व्यापार में तरक्की व बरकत हो। मुल्ला ने बताया कि दूसरी बात है समझदारी से काम लेना है। यानि कि किसी से वादा करना ही नही हैं।

बस हम इसी तरह से ईमानदारी और समझदारी के जाल में फंस जाते है। ईमानदारी यह कि वादा निभाना है व समझदारी यह कि वादा करों ही मत।

2. **Maturity (परिपक्वता):‐** कैरेक्टर में मैच्योरिटी का अर्थ यह है कि आप दूसरों के प्रति संवेदनशील रहे, दूसरों के हित के कार्य करने की मानसिकता रखे। लेकिन साथ‐साथ में दूसरों के हित साधने की क्षमता भी विकसित करें। यानि कि साहस भी हो और संवेदनशीलता भी हो। दोनों का संतुलन जरूरी है। इस बारे में एक छोटी सी बात बतलाना चाहूंगा कि सड़क पर कोई दुर्घटना हो जाती है तो घायल व्यक्ति को उठाने की बजाय लोग मोबाईल पर विडियों बनाते हैं। यानि कि वो संवेदनशील नही है। लेकिन कुछ

संवेदनशील लोग घायल की मदद करना चाहते है पर उनको तरीका नही मालूम। उनमें साहस नही। उन्होनें कोई प्रशिक्षण भी प्राप्त नही किया। जब प्रशिक्षित पुलिस का व्यक्ति पहुंचता है तभी घायल को इमदाद हो पाती है। इससे स्पष्ट होता है कि मानसिकता अच्छी होना, भला व्यक्ति होना पर्याप्त नही है। साहसी व कार्य में निपुण होना भी आवश्यक है। ओर्गेनाईजेशन में स्टॉफ का भला होना अच्छी बात है लेकिन कार्यकुशल होना भी आवश्यक है। दोनों का संतुलन अपेक्षित है।

3. **Abundance (प्रचुरता):–** कर्मचारी के चरित्र में अबेन्डेंस की मानसिकता होनी जरूरी है। यदि यह नही होगी तो वो निम्न पांच भावनात्मक कैंसर से वो ग्रसित हो जायेगा।

1. कम्पलेनिंग
2. कम्पेयरिंग
3. क्रिटिसाईजिंग
4. कम्पीटिशन
5. कोन्टेन्डिंग

जिस व्यक्ति में प्रचुरता की मानसिकता नही है वो दूसरे लोगों से तुलना करेगा, कम्पीटिशन करेगा, क्रिटिसाईज करेगा। इससे उसकी स्वयं की कार्यकुशलता तो गिरेगी ही लेकिन साथ ही टीम की कार्यकुशलता भी पिछड़ जायेगी। इस स्थिति को मैं अभाव की मानसिकता कहता हूँ। अभाव की मानसिकता वाले प्रबन्धक टीम के खिलाड़ी नही बन सकते। ना ही वो टीम के लीडर बन सकते है। हॉ वो अच्छे इण्डिविजुअल खिलाड़ी हो सकते है। लेकिन टीम के लिये अच्छे मैनेजर्स वही होंगे जिनकी प्रचुरता की मानसिकता होती है। प्रचुरता की मानसिकता से अभिप्राय है कि पदोन्नति के अनेक

अवसर है और यही नही भी है तो प्रयास करने पर पदोन्नति के नये अवसर प्रकट हो जायेंगे। या उच्च प्रबन्धकों द्वारा नये पदोन्नति के अवसर बना दिये जायेंगे।

उपरोक्त कहानी को कुछ लोग आरी की धार तेज करना भी कहते है। अगर अपने व्यक्तित्व के सुधार की बात करें तो हर व्यक्ति का शरीर निम्न चार आयामों का होता है।

1. शारीरिक आयाम

2. मानसिक आयाम

3. भावनात्मक आयाम

4. आध्यात्मिक आयाम

उपरोक्त चारों का क्रमशः P.Q., I.Q., E.Q. & S.Q. से भी सम्बोधित किया जा सकता है। उपरोक्त चार प्रकार की इंटेलिजंसिज यथा शारीरिक बुद्धिमता, मानसिक बुद्धिमता, भावनात्मक बुद्धिमता व आध्यात्मिक बुद्धिमता है।

इन चारों प्रकार की बुद्धिमताओं का योग किया जाये और चार का भाग देकर औसत निकाला जाये। वो औसत बुद्धिमता ही व्यक्ति की प्रभावकारिता होती है। और प्रभावकारिता के अनुरूप ही उसकी आमदनी होती है। अतः उपरोक्त चारों प्रकार के शरीरो को नित्य पैना करने हेतु समय दिया जावें व उचित व्यायाम, पठन, तारीफ, ध्यान आदि करके बढ़ाया जाये।

लेखक द्वारा प्रभावकारिता को बढ़ाने हेतु प्रति सप्ताह निःशुल्क वेबनार/वर्कशॉप ऑनलाईन आयोजित किया जाता है। इच्छुक नौजवान सम्पर्क कर सकते है। वेबनार में भाग लेकर अपनी प्रभावकारिता को बढ़ाना सीख सकते है।

NOTES (जो बातें आपके ह्रदय को छू गई है)

1. ____

2. ____

3. ____

4. ____

5. ____

6. ____

7. ____

8. ____

9. ____

10. ____

11. ____

12. ____

13. ____

14. ____

15. ____

16. ____

17. ____

18. ____

19. ____

20. ____

21. ____

22. ____

23. ____

24. ____

25. ____

NOTES (जो निर्णय आपने अपने जीवन में लेने हेतु तय किये है)

26. ____

27. ____

28. ____

29. ____

30 ____

31. ____

32. ____

33. ____

34. ____

35. ____

36. ____

37. ____

38. ____

39. ____

40. ____

41. ____

42. ____

43. ____

44. ____

45. ____

46. ____

47. ____

48. ____

49. ____

50. ____

अध्याय–19

महात्मा गांधी व कुर्ते की कहानी

(तीन प्रकार की महानताएँ – निजी महानता,
नेतृत्व की महानता
व संगठनात्मक महानता)

महात्मा गांधी को एक बार एक गांव में स्कूल के प्राचार्य ने बच्चों को उद्बोधन देने हेतु बुलाया। ठीक सुबह ठीक प्रातःकाल 7 साल बजे स्कूल में प्रार्थना होनी थी। महात्मा गांधी को भी उसी प्रार्थना में उद्बोधन देना था। यथासमय महात्मा गांधी स्कूल में पहुंच गये और अपना उद्बोधन दिया। सभी बच्चें उद्बोधन सुनकर बड़े उत्साहित थे और महात्मा गांधी की जय-जयकार कर रहे थे। एक बच्चा खड़ा होकर कुछ कहना चाह रहा था। लेकिन अध्यापक ने टोक

दिया और बैठा दिया। महात्मा गांधी पास के ही कस्बे में जहाँ कि उनका बड़ा प्रोग्राम होना था, चले गये।

दोपहर बाद उस कस्बे में बड़ा प्रोग्राम हुआ जिसमें उस स्कूल के सभी बच्चों को भी ले जाया गया। वहाँ पर भी महात्मा गांधी ने बड़ी प्रेरणादायक बातें की। सभी लोग उनकी बातों को सुनकर जोश–जुनून में भर उठे और देश की आजादी के लिये अपने आपको समर्पित करने की शपथ खाने लगे। तभी वही बच्चा जो स्कूल में खड़ा होकर के कुछ कहना चाह रहा था, यहाँ पर फिर खड़ा हो गया। महात्मा गांधी की नजर बच्चे पर पड़ी कि यह बच्चा कुछ कहना चाहता है। महात्मा गांधी ने उसे स्टेज पर अपने पास बुला लिया और बोले कि बेटा क्या कहना चाहते हो?

बच्चा बोला प्रातःकाल स्कूल में जब आप आये थे तब भी आपने कुर्ता नही पहन रखा था। उस समय मौसम भी ठण्डा था। और हल्की बारिश के कारण अभी भी मौसम ठण्डा है। आपने अब भी कुर्ता नही पहन रखा। इसका मतलब है कि आपके पास कुर्ता है ही नही। अतः मैं मेरी अम्मा को कहकर आपके लिये एक कुर्ता सिलवाकर ला देता हूँ, ताकि आपका सर्दी से बचाव हो सके।

मासूम बच्चे के यह उद्गार सुनकर महात्मा गांधी की आँखों में आँसू आ गये। बच्चे को उन्होने धन्यवाद दिया। लेकिन कहा कि मेरे लिये तो तुम अपनी अम्मा से कहकर के कुर्ता बनवा दोगे। लेकिन करोड़ो हिन्दुस्तानियों के पास पहनने को कुर्ता नही है। इसलिये मैं कैसे कुर्ता पहन सकता हूँ। अगर तुम चाहते हो कि मैं कुर्ता पहनू तो अपनी स्कूल में रोजाना 1 घण्टा चरखा कातो और सूत बनाओं और सभी बच्चों को प्रेरित करों कि वो भी रोजाना 1 घण्टे सूत काते। इसी तरह सभी लोग प्रेरित होकर चरखे पर एक घण्टे सूत कातेंगे तो सभी देशवासियों को पहनने के लिये पर्याप्त कपड़े मिल सकते है।

महात्मा गांधी की भारतीय नोटो पर फोटो क्यों?

देश ने महात्मा गांधी को इतना सम्मान दिया है कि देश के नोटों पर महात्मा गांधी की फोटो लगी होती है। महात्मा गांधी निजी रूप से महान थे। उन्होनें अपने आपको तराश करके महान बनाया। यह बात सही है। उनकी निजी महानता को हम नतमस्तक है। देश में अनेक लोग निजी रूप से महान है। लेकिन यदि वो दूसरों को महान बनाने में योगदान नही कर पाते है। तो उनकी निजी महानता कोई विशेष लाभकारी नही होती। अतः लोगों को प्रेरित करके लोगों में नेतृत्व का गुण का विकसित करें। इस कार्य में महात्मा गांधी बहुत निपुण थे। और उन्होनें अपने आपको नेतृत्व विकसित करने में महान बना लिया था। यही वजह थी कि आजादी के जंग के समय हजारों की संख्या में श्रेष्ठ नेता विकसित हुए। लेकिन नेतृत्व की महानता भी अंतिम नही कही जा सकती। जब तक कि संगठनात्मक व सांस्कृतिक महानता विकसित न हो। महात्मा गांधी ने कांग्रेस में श्रेष्ठ लोग नेतृत्व को सम्भाले, इस हेतु सतत् प्रयत्न किया व श्रेष्ठ कार्य करने वालें लोगों की संस्कृति विकसित की। श्रेष्ठ लोग मिलकर काम करें यह बड़ा मुश्किल है। छोटी सोच के लोग मिलकर के हुडदंग कर लेते है लेकिन श्रेष्ठ लोग मिलकर कोई अच्छी मिसाल कायम करें। ऐसा देखने में कम आता है।

महात्मा गांधी के जीवन के व्यवहार से निम्नांकित तीन महानताएॅ देखने में आती है।

1. निजी महानता (Personal Greatness)

2. नेतृत्व की महानता (Leadership Greatness)

3. संगठनात्मक महानता (Organizational Greatness)

प्राय.कर परिवारों में देखने में आता है कि पिता निजी रूप से बहुत श्रेष्ठ गुणों वाले व्यक्तित्व का धनी हो सकता है। लेकिन अगर

उसमें नेतृत्व देने की क्षमता नही है तो वो परिवार का नेतृत्व नही कर सकता, प्रेरित नही कर सकता, बांध कर नही रख सकता। परिणातः परिवार बिखर जाते है, टूट जाते है। परिवार के सदस्यों में आपस में प्रतिस्पर्धा, बिखराव व खटास पैदा हो जाती है। पिता की श्रेष्ठताऍ परिवार के बिखराव, खटास को नही रोक सकती। लेकिन यदि पिता ने नेतृत्व करने की क्षमता विकसित की है तो वो परिवार को प्रेरित कर सकता है, बांधे हुए रख सकता है व परिवार को फलने–फूलने में सहयोगी व मार्गदर्शक हो सकता है।

लेकिन परिवार एक संगठन है। अपने देश में तो तीन–तीन पीढ़ियां एक साथ रहती है। इसलिये निजी श्रेष्ठता व नेतृत्व के गुण से भी काम नही चलेगा। जब तक कि पिता ने संगठनात्मक क्षमताऍ अपने में विकसित नही की है। क्योंकि तीन पीढ़ियों को साथ लेकर चलना चुनोती भरा है। यह तभी सम्भव है जब उपरोक्त तीनों प्रकार की निजी, नेतृत्व व संगठनात्मक महानताओं को विकसित किया जावें।

महात्मा गांधी को राष्ट्रपिता कहा जानाः–

एक परिवार के पिता के लिये उपरोक्त तीनों श्रेष्ठताऍ विकसित करना जरूरी है। तो वो एक सफल पिता बन सकता है। व वसीयत में अपनी भावी पीढ़ियों को श्रेष्ठताऍ सौंप कर जा सकता है।

महात्मा गांधी में उपरोक्त तीनों प्रकार की महानताऍ यथा निजी नेतृत्व व संगठनात्मक महानताऍ थी। इसलिये उन्होनें पूरे राष्ट्र को एक परिवार समझा व एक पिता के रूप में पूरे राष्ट्र को संरक्षण, प्रेरण व प्रोत्साहन व मार्गदर्शन दिया। इसिलिये उन्हें राष्ट्रपिता का दर्जा दिया गया है। जो कि उनका उचित ही सम्मान है।

महात्मा गांधी के जीवन की एक गाथा और, मैं आपको बतलाना चाहूंगा जिससे महात्मा गांधी की बड़ी सोच का दिग्दर्शन होता है।

महात्मा गांधी एक बार एक सम्मेलन में जाने हेतु ट्रेन में चढ़े। ट्रेन में भीड़ थी। इसी ऊहापोह में महात्मा गांधी का एक जूता पांव से खुल गया और चलती हुई ट्रेन से नीचे गिर गया। महात्मा गांधी ने बिना विलम्ब किये तत्काल अपना दूसरा जूता खोला और ट्रेन से नीचे गिरा दिया।

ऐसा देखकर एक व्यक्ति ने पूछ लिया कि कैसे बेवकूफ हो? दूसरा जूता भी गिरा दिया। एक जूता गिर गया, यह गलती तो समझ में आ सकती है लेकिन दूसरा जानबूझकर गिरा दिया। इस दूसरी गलती को तो माफ कैसे किया जा सकता है? इतने में दूसरे डिब्बे से कुछ लोग जो कि महात्मा गांधी को देखने के लिये सम्मेलन में जा रहे थे, वो आ गये। उन्होनें गांधीजी को पहचाना लिया और डिब्बे में यथा स्थान सम्मान से बैठाया। लोगों ने कहा कि यह महात्मा गांधी है। इन्ही को सुनने के लिये हम लाहौर जा रहे है। तो उस व्यक्ति ने कहा कि इनमें तो इतनी भी समझ नही है कि एक जूता गिर गया तो दूसरा भी इन्होनें जानबूझकर डाल दिया। इस पर लोगों ने महात्मा गांधी की ओर प्रश्नवाचक दृष्टि से देखा।

महात्मा गांधी बोले मुझसें जब एक जूता गिर ही गया था तो दूसरा जूता मेरे किसी काम नही आना था। मैनें दूसरा जूता इसलिये नीचे डाला कि जिसे एक जूता मिले उसे दूसरा जूता भी मिल जाये ताकि वो तो कम से कम इन्हें पहन सके। ऐसे उच्च विचार सुनकर सभी लोग महात्मा गांधी के चरणों में गिर गये।

महात्मा गांधी ने अपने जीवन में अनेक निजी श्रेष्ठताएँ विकसित की और उन्हें तराशा। एक बार एक विदेशी पत्रकार ने उनसे पूछ

कि आप विश्व के नाम क्या संदेश देना चाहोगे? तो महात्मा गांधी ने कहा कि मेरा जीवन ही मेरा संदेश है। लेकिन इसी निजी श्रेष्ठता के कारण गांधीजी इतने महान नहीं हुए। उन्होनें नेतृत्व की क्षमता भी बखूभी विकसित की और कांग्रेस में संगठनात्मक शक्ति भी बेजोड़ विकसित की। ऐसे तानाशाही शासकों के आगे जिनके राज्य में सूर्य कभी अस्त नही होता था। कांग्रेस अपनी संगठनात्मक शक्ति के कारण इन शासकों का मुकाबला कर पायी और देश को आजाद करवा पायी।

नैतिक अधिकारिकता (Moral Authority) v/s औपचारिक अधिकारिकता (Formal Authority):- महात्मा गांधी के पास औपचारिक अधिकारिकता के नाम पर कुछ भी नही था। न ही आजादी के बाद उन्होनें कोई पद लेना स्वीकार किया। लेकिन वो नैतिक अधिकारिकता से इतने परिपूर्ण थे कि सभी पदाधिकारी लोग उनका दिल से सम्मान करते थे। नैतिक अधिकारिकता प्रायमरी ग्रेटनेस है। औपचारिक अधिकारिकता सैकेण्ड्री है।

अतः उपरोक्त तीनों प्रकार की महानताओं को विकसित करने हेतु टीम 360 के बैनर के नीचे वर्कशॉप आयोजित किये जाते है। इच्छुक लोग सम्पर्क कर सकते है और लाभ उठा सकते है।

NOTES (जो बातें आपके हृदय को छू गई है)

1. ____

2. ____

3. ____

4. ____

5. ____

6. ____

7. ____

8. ____

9. ____

10. ____

11. ____

12. ____

13. ____

14. ____

15. ____

16. ____

17. ____

18. ____

19. ____

20. ____

21. ____

22. ____

23. ____

24. ____

25. ____

NOTES (जो निर्णय आपने अपने जीवन में लेने हेतु तय किये है)

26. ____

27. ____

28. ____

29. ____

30. ____

31. ____

32. ____

33. ____

34. ____

35. ____

36. ____

37. ____

38. ____

39. ____

40. ____

41. ____

42. ____

43. ____

44. ____

45. ______________________________________

46. ______________________________________

47. ______________________________________

48. ______________________________________

49. ______________________________________

50. ______________________________________

अध्याय–20

हॉकी के महान खिलाड़ी ध्यानचंद की कहानी

एक बार की बात है कि ध्यानचंद विश्वस्तरीय हॉकी टूर्नामेन्ट में खेल रहे थे। उन्हें पेनल्टी स्ट्रॉक मिले लेकिन वो गोल नही कर पाये। इस पर ध्यानचंद ने टिप्पणी की कि खेल के मैदान का डाईमेन्शन और पोल्स सही नही लगे हुए है। अतः इनका माप करवाया जायें। मैं जिस गति से और दिशा से बॉल फैंकता हूँ, वो अचूक होती है। खेल समाप्त होने के बाद एम्पायर की सिफारिश पर खेल के मैदान के डाईमेन्शंस व गोल पोल्स को चैक करवाया। वाकई में वो गलत निकले। ध्यानचंद का कहना सही था।

इस बात की इतनी ख्याति फैली कि जर्मनी के प्रमुख राष्ट्राध्यक्ष हिटलर ने ध्यानचंद को अपना संदेश भिजवाया और जर्मनी की ओर से खेलने के लिये आग्रह किया। ध्यानचंद ने उन्हें मना कर दिया। इस पर हिटलर ने जवाब भिजवाया कि तुम्हारा गरीब हिन्दुस्तान तुम्हें क्या दे सकता है? मैं तुम्हें सैना में बहुत बड़ा पद दूंगा और बहुत अधिक धनराशि।

इस पर ध्यानचंद ने कहा कि यह तो मुद्दा ही नही है कि मेरा देश मुझें क्या दे सकता है। मुद्दा यह है कि मैं देश को क्या देता हूँ। मेरा देश के प्रति जो कर्तव्य है वो ठीक से निभा सकू। मेरी बस इसी में दिलचस्पी है।

राष्ट्र व निजी स्वार्थ दोनों के बीच किसी एक का चुनाव करना पड़े तो उस समय सही राष्ट्रभक्ति का पता चलता है। व्यक्ति अपने निजी लाभ के लिये तो दिनरात मेहनत करता ही है। लेकिन कभी

बड़ी सोच के साथ पूरे देश व राष्ट्र के लिये काम करने की मानसिकता भी बननी चाहिये। ध्यानचंद इसके उत्कृष्ठ उदाहरण है।

आत्म विवेक व सामाजिक विवेक
एक संगीतकार व खूबसुरत डांसर युवती की कहानी –

एक बार एक कॉलेज में एक बड़े संगीतकार को वार्षिक समारोह में विशेष अतिथि के रूप में बुलाया गया। वह संगीतकार अपने जमाने का एक अच्छा डांसर भी था। उसके डांस की खनक पूरे देश में प्रसिद्ध थी। उस कॉलेज की एक युवती जिसका नाम रमा था। वो भी डांस में बहुत रूचि रखती थी। और अच्छा डांस करने के लिये पर्याप्त मेहनत भी की थी।

कॉलेज के वार्षिक समारोह में उस युवती ने अपने डांस का बड़ी खूबसुरती से प्रदर्शन किया। लोगों को बहुत पसंद आया। तालियों की गडगडाहट के बीच लोगों ने रमा की तारीफ की। समारोह के समाप्त होने के बाद रमा उस संगीतकार व श्रेष्ठ डांसर से मिली और अपने डांस के बारे में उनसे जानना चाहा।

श्रेष्ठ संगीतज्ञ व डांसर बोला हाँ तुम्हारे डांस में कोई खास दम नही था। हाँ ठीक ठाक था। लेकिन तुममे अच्छी डांसर होने के कोई गुण नही है। डांसर होना तुम्हारे डी.एन.ए. में ही नही है। रमा वहा से अपने घर आ गई। और विचारने लगी कि इतने बड़े डांसर ने कह दिया है कि उसके डांस में कोई खास दम नही था। और उसके डी.एन.ए. में डांसर होने की कोई बात नही है। और ऐसे में मुझें डांस करने के लिये समय व ऊर्जा खराब नही करनी चाहिये। अतः उसने डांस करना छोड़ दिया।

साल दो साल बाद पड़ौस के ही कस्बे में उसकी शादी हो गई और वो अपने ससुराल रहने लगी। समय पाकर उसके दो बच्चे भी हो गये।

7 साल बाद पुनः उस कॉलेज के अन्दर वार्षिक समारोह में उसी डांसर व संगीतकार को पुनः बुलाया गया। वार्षिक समारोह पूरा हो गया लेकिन उस डांसर की नजर उस युवती को खोजती रही। लेकिन वो युवती तो आनी ही नही थी। उसकी तो शादी हो गई थी व ससुराल चली गई थी।

उस प्रसिद्ध संगीतज्ञ व डांसर ने समारोह के आयोजको से उस युवती के बारे में पूछा। जब मैं पहले आया था तब उसने बढिया डांस किया था। अब वो युवती कहा है? मैं उससे मिलना चाहता हूँ। आयोजको ने उत्तर दिया कि वो तो कॉलेज की पढ़ाई छोड गई व उसकी शादी भी हो गई। पास के ही कस्बे में उसका ससुराल है। उस प्रसिद्ध डांसर ने कहा कि मैं उससे मिलना चाहता हूँ। लोगों ने कहा चलिये उसके ससुराल, मिला लाते है।

युवती के ससुराल में जब प्रसिद्ध डांसर पहुंचे और युवती से पूछा कि तुम्हारे डांस की प्रेक्टिस कैसी चल रही है? तो उस युवती ने कहा मैंनें तो डांस छोड़ दिया। क्योंकि आपने जब कह दिया था कि मेरे डांस में कोई खास दम नही था और मेरे डी.एन.ए. में भी डांस की प्रतिभा नही है।

इस पर प्रसिद्ध डांसर ने कहा कि मेरी तो यू ही मजाक करने की आदत है। तुमने तो बहुत अच्छा डांस किया था।

मैं आपसे एक प्रश्न पूछता हूँ कि इसमें गलती प्रसिद्ध डांसर की है या उस युवती की?

हम समाज में उन लोगों की बातों पर विश्वास कर लेते है जिन्हे कि हम ज्यादा पढ़ालिखा अथवा रिश्ते में बडा या उम्र में बड़ा मान लेते है। अथवा वो काम नही करते जो समाज नही पसंद करता। अथवा वो काम करते है जिन्हे समाज इजाजत देता है। समाज को प्रमुख मानकर हम जिस विवेक का प्रयोग करते है उसे मैं सामाजिक विवेक कहता हूँ। वो युवती सामाजिक विवेक की

शिकार हो गई। ऐसे ही अनगिनत युवा-युवतियाँ सामाजिक विवेक का शिकार होते रहते है। जब बच्चों की तुलनाएँ किसी अन्य बच्चें से की जाती है। समाज के अन्य सफल बच्चों से बराबरी की जाती है, तो बच्चा व्यथित हो जाता है। लेकिन वो समाज का अन्धा भक्त होता है इसलिये समाज की बातों को मान लेता है और अपनी प्रतिभा को अपने ही हाथों कुचलते हुए देखता है।

आत्म विवेकः-

जब व्यक्ति अपने आपका अवलोकन करता है और वो पाता है कि ईश्वर ने उसको कई खूबियाँ दी है। सम्भव है कुछ कमियाँ भी हों। लेकिन यदि वो अपनी खूबियों पर फोकस करें और अपनी खूबियों को पैना करें तो वो अपने आपको ज्यादा परिपक्व व ज्यादा काबिल बना सकता है। अपने आत्म विवेक से अपने को परिभाषित करें न कि सामाजिक विवेक से। यद्यपि सामाजिक विवेक का अपना महत्व है। इसलिये उस पर भी व्यक्ति को गौर करना चाहिये। लेकिन अपने आत्म विवेक को भी नजर अंदाज नही करना चाहिये। दोनों विवेको की मेरिट के आधार पर समीक्षा करके अपने जीवन को दिशा देनी चाहिये।

सबसे बड़ा रोग, क्या कहेंगे लोगः-

जब व्यक्ति कोई नया काम करने की कोशिश करता हैं तो इर्द-गिर्द के लोग उसे निरूत्साहित कर सकते है। यद्यपि लोगों का आशय उसे निरूत्साहित करना नही होता। वो तो अपनी और से सावचेत करते है, ताकि भविष्य में कोई गलती नही हो जायें। लेकिन व्यक्ति उस कार्य को करने की हिम्मत नही जुटा पाता। और यदि उसे उस कार्य में अस्थाई असफलता मिल जाये तो लोगों को और मौका मिल जाता है। अपनी बात के प्रमाण हेतु।

यहाँ मैं यह कहना चाहूंगा कि अस्थाई हार कभी हार नही होती। अस्थाई हारों से ही विजय जन्म लेती है। हारना अथवा गिरना बुरा नही है। लेकिन गिरकर वापिस ना उठना पाप है।

स्वामी विवेकानन्द लिखते है कि व्यक्ति अपने को दीन–हीन समझे, यह सबसे बड़ा पाप है। अपने को समर्थ समझें और अपनी सामर्थ्य को अच्छे कार्यो में लगावें, यह सबसे बड़ा पुण्य है।

स्टीफन ऑर कोवी लिखते है कि व्यक्ति के चारों शरीरों की ठीक से देखभाल करना, उन्हें विकसित करना, संतुलित रखना व सिनर्जिस्टिक रखने से व्यक्ति का सम्पूर्ण व्यक्तित्व बनता है और वो एक परिपक्व, समर्थ एवं संवेदनशील इंसान बनता है जो समाज के लिये अनूठी सम्पति होता है।

NOTES (जो बातें आपके ह्रदय को छू गई है)

1. _______________________________________

2. _______________________________________

3. _______________________________________

4. _______________________________________

5. _______________________________________

6. _______________________________________

7. _______________________________________

8. _______________________________________

9. _______________________________________

10 _______________________________________

11. _______________________________________

12. ____

13. ____

14. ____

15. ____

16. ____

17. ____

18. ____

19. ____

20. ____

21. ____

22. ____

23. ____

24. ____

25. ____

NOTES (जो निर्णय आपने अपने जीवन में लेने हेतु तय किये है)

26. ____

27. ____

28. ____

29. ____

30 ____

31. __________
32. __________
33. __________
34. __________
35. __________
36. __________
37. __________
38. __________
39. __________
40. __________
41. __________
42. __________
43. __________
44. __________
45. __________
46. __________
47. __________
48. __________
49. __________
50. __________

अध्याय–21

मूर्ति बनने हेतु तैयार होने की कहानी

एक शिल्पकार था। उसकी इच्छा हुई कि भगवान की एक सुन्दर एवं दिव्य मूर्ति बनाई जायें और उसे मंदिर में प्राण प्रतिष्ठा के साथ स्थापित किया जायें ताकि वो मन्दिर लोगों की आस्था का केन्द्र बन सके। इस हेतु वह बस्ती के पास ही पहाड़ों में कोई अच्छा पत्थर खोजने लगा। एक पत्थर उसे ठीक दिखाई दिया। उसने उस पत्थर को उठाया और पूछा क्या मैं तुम्हारी मूर्ति बनाकर मन्दिर में स्थापित करवा दू। पत्थर ने कहा कि मुझें क्या लाभ होगा। शिल्पकार ने बतलाया कि लोग तुम्हे प्रणाम करेंगे, प्रसाद चढ़ायेंगे, तुम्हारी आरती करेंगे। तुम बहुत प्रतिष्ठा पाओंगे। इस पर पत्थर ने कहा, बहुत अच्छी बात है। लेकिन इसके लिये मुझें क्या करना होगा। शिल्पकार ने कहा तुम्हे तो चुपचाप बैठे रहना है। करना तो मुझें होगा। छैनी और हथौड़े से जो–जो फालतू हिस्सा तुम्हारा है, उसे काटना होगा। ताकि तुममे से एक दिव्य मूरत बाहर आ सके। इस पर पत्थर ने कहा कि इसमें तो मुझें बहुत दर्द होगा और मूर्ति बनने से पत्थर ने इंकार कर दिया।

पास ही पड़े दूसरे पत्थर को शिल्पकार ने उठाया और उससे भी पूछा कि क्या मैं तुम्हें मूर्ति बना दू? उसने कहा इससे मुझें क्या लाभ होगा? तो शिल्पकार बोला कि जब तुममे से दिव्य मूर्ति निकल आयेगी तो तुम्हारी मंदिर में प्राण प्रतिष्ठा होगी। लोग तुम्हे पूजेंगें। लोग तुम्हारी भक्ति करेंगे। यह सुनकर पत्थर बहुत रोमांचित हो गया और बोला कि तुम मुझे जल्दी से मूर्ति बना दों। इस पर शिल्पकार ने कहा कि तुम्हें जो थोड़ा बहुत कष्ट होगा वो बतला दू। पत्थर बोला कि वैसे ही मैं कौनसा सुख में हूँ? लोग आते है और

मुझ पर पांव रखकर चले जाते है। बच्चें मुझें ठोकर मारते है। अगर मुझें मूर्ति बनने का सुनहरा अवसर मिल रहा है तो मैं तैयार हूँ।

दूसरे पत्थर ने सकारात्मक बातों पर फोकस किया जबकि पहले पत्थर ने नकारात्मक बातों पर। परिणाम यह रहा कि दूसरे पत्थर को मूर्ति बनाया गया और मन्दिर में स्थापित किया गया। प्राण प्रतिष्ठा हुई, लोग सम्मान करनें लगे, पूजा करने लगे, आरती होने लगी, लोग नारियल फोड़ते, प्रसाद चढ़ाते, खुश होते। पत्थर भी अपने इस सुखद बदलाव को देखकर बहुत आनन्दित था।

अब उस पहले वाले पत्थर का देखें जो नकारात्मकता पर फोकस था। लोग उसे उठा लायें और मंदिर के आगे रख दिया। जो चोटे खाने से घबरा रहा था। उसी के सिर पर अब लोग नारियल फोड़ते और मूर्ति को चढ़ाते। इस कहानी से यह एक महत्वपूर्ण सबक मिलता है कि सकारात्मकता पर फोकस करने वालों को सकारात्मक स्थितियाॅ मिलती रहती है। और नकारात्मकता पर फोकस करने वाले कितने ही अपने बचाव के तरीके निकाले फिर भी उन पर चोटे लगती रहती है, जैसी कि प्रथम पत्थर पर।

सबकोन्सियस माईंड में सकारात्मक बातों को डालना पड़ता है:–

प्रोएक्टिव होकर सकारात्मक बातों को बोलना पड़ता है और बार–बार अपने आपकों सुनाना पड़ता है। मेहनत करनी पड़ती है। नकारात्मक बातों पर मेहनत की जरूरत नही है। वो स्वतः ही सबकोन्सियस में डलती रहती है। क्योंकि आपने नकारात्मक बातें बोलने, करने व महसूस करने की आदत जो विकसित कर ली है। सकारात्मक बातों की आपको आदत नही है। इसलिये आदत डालनी होगी। और जब तक आदत नही डल जायें तब तक प्रयास करना होगा और समय देना होगा।

90 दिन तक प्रतिदिन सकारात्मक बातों को सबकोन्सियस में डाला जानाः–

यदि आपने कोई ऊंचा लक्ष्य निर्धारित किया है तो उसको प्रतिदिन अपने आपकों सुनाने की जरूरत है। सुनाना सम्भव नही हो तो उसका लेखन किया जा सकता है। जब सबकोन्सियस माईंड में कोई विचार भावनात्मक तीव्रता के साथ डल जाता है तो वो जीवन में परीलक्षित हो जाता है। जो प्रबल भावनात्मक विचार सबकोन्सियस में डल गया वो निश्चित रूप से आपके जीवन में प्रकट होगा। अतः जरूरत इस बात की है कि आप अपने विचारों पर कडी नजर रखे। कोई नेगेटिव विचार आये तो उसे रूखसत कर दे। भावनात्मक रूप से किसी नेगेटिव विचार को प्रबल न बनने दे।

पोजिटिव विचारों को भावनात्मक रूप से प्रबल बनायें और दिन में कम से कम एक निश्चित समय 10 बार बोले या लिखें ताकि वो आपके सबकोन्सियस में चला जाये। बस आपका काम समाप्त। लक्ष्य तय करना, बोलना, लिखना व कार्य करना ऐसे ही है जैसे बीजों को ऊपजाउ भूमि में बोना। बाकि कार्य प्रोसेसिंग यूनिट का है। आपका सबकोन्सियस माईंड ही प्रोसेसिंग यूनिट है।

अध्यात्म में सबकोन्सियस माईंड का महत्वः–

अध्यात्मिक लोग सबकोन्सियस माईंड को चित्त कहते है। चित्त व्यक्ति के शरीर में वो स्थान है जहाँ पुरानी बातों के संस्कार एकत्रित रहते है। जैसे पानी जब बह जाता है तो भी मिट्टी पर पानी के बहने के निशान बने रहते है। यही संस्कार कहे जाते है। अध्यात्मिक व्यक्तियों का मुख्य फोकस चित्त को शुद्ध करने में ही लगा रहता है। चित्त को शुद्ध करने के लिये अनेक अध्यात्मिक क्रियाऐं की जाती है। चित्त में विचारों की जननी (मां) जिन्हे कि

वृतियाॅं कहा जाता है, रहती है। इन चित्त वृत्तियों से ही विचार पैदा होते है।

लोग प्रश्न पूछते है कि विचार कहा से आते है?

सीधा सा उत्तर है आपके चित्त में स्टोर हुई वृत्तियों से आते है। ये वृत्तियाॅं ही विचारों की जननी है। जैसे आपका चित्त है। वैसे ही पूरे यूनिवर्स का भी एक चित्त है जिसे चिदाकास कहते है। उसमें भी ब्रह्मण्ड की वृत्तियाॅं है। वहाॅं से भी विचार आते है। वैज्ञानिक लोग इसको ईथर से विचार आना कहते है। चिकित्सकों का मानना है कि परिवेश में चारों और विचारों का एक मण्डल है। जिसे कि ईथर कहा जाता है। इसी ईथिरियल लेयर में ब्रह्मण्डीय विचार रहते है। आपके हृदय/चित्त में जो विचार पैदा होते है उन्हें हृदयाकाश से विचारों का पैदा होना कहा जाता है। जैसे आपके सबकोन्सियस में विचार पैदा हाते है। ऐसे ही दूसरें लोगों के सबकोन्सियस में भी विचार पैदा होते है। आपका शरीर व महाशून्य इन दोनों के बीच में विचारों का सर्किल है। आपका शरीर सीधें ही महाशून्य से कनेक्ट नही हो सकता। क्योंकि बीच में विचारों की वैतरणी है।

विचार शून्यता बनाम् विचारशीलताः– जब चित्त में से विचार एकदम गायब हो जाते है और आप विचार शून्य हो जाते है। तो आपका कनेक्शन महाशून्य से हो जाता है। यानि की असीमित बुद्धिमता से। यानि की परमात्मा से। जब आप पूरी तरह किसी विचार में खो जाते है और प्रखर विचारशील बन जाते है तब भी आप महाशून्य से कनेक्ट हो जाते है। इसीलिये परमात्मा को शून्य अथवा पूर्ण दोनों कहा जाता है। वो एक ही सिक्के के दोनों पहलू की तरह है। जैसे सिक्के में हैड और टेल होता है। उसी तरह परमात्मा रूपी सिक्के में एक तरफ विचारशीलता है। दूसरी तरफ विचार शून्यता यानि कि शून्य व पूर्ण दोनों प्रकृति परमात्मा की है।

आप अगर जीवन में कोई लक्ष्य प्राप्त करना चाहते है तो अपना मिशन स्टेटमेन्ट बनावें। उसमें अपने जीवन के लक्ष्यों को लिखे। फिर धीरे–धीरे उनके सबकोन्सियस माईंड में डालने के प्रयोगों को नित्य दोहरायें। इससे आपके सबकोन्सिय में ज्योंही लक्ष्य डलेंगे, त्यो ही जीवन में वो बातें प्रकट हो जायेंगी। वो परिस्थितियाँ पैदा हो जायेंगी जो कि आपके लक्ष्यों की पूर्ति के लिये जरूरी है।

NOTES (जो बातें आपके ह्रदय को छू गई है)

1. ________________________________

2. ________________________________

3. ________________________________

4. ________________________________

5. ________________________________

6. ________________________________

7. ________________________________

8. ________________________________

9. ________________________________

10. ________________________________

11. ________________________________

12. ________________________________

13. ________________________________

14. ________________________________

15. ________________________________

16. ______________________________

17. ______________________________

18. ______________________________

19. ______________________________

20. ______________________________

21. ______________________________

22. ______________________________

23. ______________________________

24. ______________________________

25. ______________________________

NOTES (जो निर्णय आपने अपने जीवन में लेने हेतु तय किये है)

26. ______________________________

27. ______________________________

28. ______________________________

29. ______________________________

30. ______________________________

31. ______________________________

32. ______________________________

33. ______________________________

34. ______________________________

35. ____

36. ____

37. ____

38. ____

39. ____

40. ____

41. ____

42. ____

43. ____

44. ____

45. ____

46. ____

47. ____

48. ____

49. ____

50. ____

अध्याय–22

मन्नू भाई को दिल का दौरा – एक दिलचस्प कहानी

(घटना एक प्रतिक्रियाएं अलग–अलग)

रमेश अपने घर पर प्रातःकाल की चाय के साथ अखबार पढ़ रहा था। अचानक पड़ौस की खबर पर ध्यान गया कि मन्नू भाई को कल दिल का दौरा पडा और वो पास के हॉस्पिटल में इन्टेन्सिव केयर में है।

रमेश ने अपनी पत्नी को आवाज दी। सुनती ओ सुनीता। सुनीता आई, क्या हुआ? पड़ौस के मन्नू भाई को दिल का दौरा पड गया। इन्टेन्सिव केयर में है। पत्नी बोली उफ बहुत बुरा हुआ। अभी मन्नू भाई की उम्र ही क्या है? मुश्किल से 50 पकड़े होंगे। रमेश बोला बीमारी कब उम्र देख कर आती है। सुनीता किचन में गई और अपने काम में लग गई।

मन्नू भाई की पत्नी को पता चला कि मन्नू भाई इन्टेन्सिव केयर में है। तो उसका तो रो–रोकर बुरा हाल हो गया। पूछा, होश आया क्या? मन्नू भाई के पिता ने बताया, नही, अभी नही आया। डॉक्टर ने कहा है, दिल का दौरा बहुत तेज पडा है और यह कहकर फूट–फूटकर रोने लगे। मेरे बेटे की अभी उम्र ही क्या है? यह कहकर अपने को कोसने लगे।

मन्नू भाई का नौकर, रामू बड़ा परेशान। कभी हॉस्पिटल, कभी घर। काम बढ़ गया। सोचने लगा बहुत लोग आ रहे है। कैसे काम समेटूंगा?

नरेश जिसने कल ही मन्नू भाई से 5 लाख रूपये उचंती लिये थे कि दो–चार दिन में वापिस लौटा दूंगा। जब मन्नू भाई के दिल के दौरे की बात सुनी और यह भी सुना कि बेहोश है। और इन्टेन्सिव केयर में है। तो उसके तो चेहरे पर खुशी के भाव आ गये, कि अब तो मन्नू भाई की फाईल निपटने ही वाली है। पांच लाख रूपये दिये इसका किसी को पता भी नही है। मैं इस पैसे को काम धन्धे में लगाऊंगा और लोन पर एक नई कार भी लूंगा। वो मीठे सपनों में खोने लगा।

चौथे दिन डॉक्टरों की मेहनत रंग लाई और मन्नू भाई को होश आ गया। डॉक्टर एक–दूसरे को बधाई देने लगे। होश आने की बात मन्नू भाई की पत्नी तक पहुंची तो वो खुशी के मारे बेहोश हो गई।

होश आने की खबर मन्नू भाई के पिता को लगी तो पिता रोमांचित हो उठे। ईश्वर को धन्यवाद देने लगे।

मन्नू भाई के नौकर को मन्नू भाई के होश में आने की खबर लगी तो उसे कुछ राहत मिली कि अब कुछ काम हल्का होगा।

देखते–देखते यह खबर अखबार में छप गई। रमेश फिर सुबह की चाय पर अखबार पढ़ रहा था। मन्नू भाई के होश में आने की खबर पर चिल्लाया। सुनीता सुनती हो क्या? मन्नू भाई को होश आ गया। उसकी पत्नी सुनीता किचन में से ही बोली। आजकल डॉक्टर्स का भरोसा नही। ठीक से जांच तो करते नही है। और यह कहकर अपने काम में लग गई।

इस खबर को अखबार में जब नरेश ने पढ़ा। उसके तो होश उड़ गये कि यह क्या हुआ? उसके तो सारे सपने ही धूमिल होने लगे कि अब पांच लाख रूपये लेने वाला होश में आ गया।

तथ्य परिस्थितियाँ देती है। घटनायें घटती है। उपरोक्त मन्नू भाई को दिल का दौरा पड़ा, यह एक घटना है, एक तथ्य है।

लेकिन इस पर मन्नू भाई की पत्नी की प्रतिक्रिया अलग, नौकर की प्रतिक्रिया अलग और जिसने पांच लाख रूपये उधार लिये उसकी प्रतिक्रिया अलग। पड़ौसी रमेश जो चाय के समय अखबार में न्यूज पढ़ता है, उसकी प्रतिक्रिया अलग। रमेश की पत्नी की प्रतिक्रिया अलग।

मैं यहॉ ये बतलाने का प्रयास कर रहा हूँ कि घटनायें न तो दुःख देती है और न ही सुख देती है। यह तो निरपेक्ष तथ्य होती है। दुःख-सुख तो अलग-अलग लोगों के अपने-अपने एंगल से प्रतिक्रियाओं के कारण होते है।

कोई घटना तथ्य हो सकती है। नुकसान भी दे सकती है। लेकिन व्यक्ति को दुखी तभी करेगी। जब उस व्यक्ति की प्रतिक्रिया दुखी होने की होगी। यानि कि घटनाओं पर प्रतिक्रिया ही महत्वपूर्ण है। यदि हम अपनी-अपनी प्रतिक्रियाओं पर नियंत्रण करने का अभ्यास करें तो दुखी होने से काफी हद तक बचा जा सकता है।

स्टीमूलस एण्ड रेस्पोन्सः– इंसान में अनेक भावनाओं के आवेग व उद्वेग उठते रहते है। इंसान उन उद्वेगो वा आवेगों पर अपनी प्रतिक्रिया तत्काल करता है और दुखी होता है लेकिन उद्वेग व रेस्पोन्स के बीच एक खाली जगह (Space) है। यदि कोई व्यक्ति प्रोत्साहित करने वाले माता–पिता के यहॉ पैदा हुआ है तथा सम्पन्न घर में है तो उसका स्टीमूलस एवं रेस्पोन्स का स्पेस अधिक हो सकता है। यदि कोई व्यक्ति विषम परिस्थितियों वाले परिवार में पैदा हुआ है तो उसका यह स्पेस कम हो सकता है। लेकिन स्पेस होता सब में है। अगर प्रयास किया जायें तो इस स्पेस को बढ़ाया जा सकता है। यदि आवेग आया और आपने विवेक पूर्वक प्रतिक्रिया देने का अभ्यास कर लिया तो, धीरे–धीरे यह स्पेस बढ़ जाता है। जब यह स्पेस बढ़ता है तो व्यक्ति अपने उद्वेगो पर तत्काल प्रतिक्रिया नही करता बल्कि सोच–विचार कर उचित निर्णय लेता है। ये स्पेस ही है जो आपके आवेगो पर नियंत्रण करने में सक्षम बनाता है।

क्रोधः– आपको किसी कारणवश क्रोध का आवेग आ गया। सामान्यतः लोग इस आवेग में बह जाते है और एक मदहोश या बेहोश व्यक्ति की तरह क्रोध करते रहते है। कई तो यहाँ तक कह देते है कि यह क्रोध का आवेग मुझमें ज्यादा इसलिये है कि मेरे दादाजी को क्रोध आता था, मेरे पिताजी को क्रोध आता था। यानि कि क्रोध तो खानदानी मेहमान है।

एक मेरे मित्र मुझसें किसी मुद्दे पर नाराज हो गये और बहुत क्रोधित हो गये। दो–तीन घंटे बाद जब उनका क्रोध ठण्डा हुआ तो उन्होनें माफी मांगी और कहा कि मुझें इतना गुस्सा नही करना चाहिये था। गुस्से लायक कोई बात भी नही थी। आपने जो टिप्पणी की उससे मेरा सीधा कोई लेन–देन भी नही था। अतः मुझें गुस्सा नही करना चाहिये था। लेकिन क्या करू मेरे नानाजी को गुस्सा बहुत तेज आता था। अतः आनुवांशिकी कारण से मुझमें गुस्सा अधिक आता है। कुछ लोग कहते है कि हमें तो गुस्से की आदत है, हम क्या कर सकते है।

मेरा कहना है कि उद्वेग और प्रतिक्रिया के बीच में जो स्पेस है, आपने कभी उस पर गौर नही किया। यदि गौर करें और थोडा प्रयास करें तो आपको गुस्से पर नियंत्रण रखने की पूरी आजादी है। आपकी इजाजत के बिना गुस्सा आये। यह बात तो होनी नही चाहिये। हाँ यह हो सकता है कि आपकी कन्डीशनिंग हो गई हो। कई बार गुस्सा किया इसलिये गुस्सा करने की कन्डिशनिंग हो गई है। लेकिन ये कन्डिशनिंग हटाई जा सकती है। और उद्वेग व प्रतिक्रिया के बीच के स्पेस को बढ़ाया जा सकता है।

लोभ व लालचः– कई लोगों में धन के प्रति बडी आशक्ति होती है। गलत–सलत तरीके से वो धन को प्राप्त करना चाहते है। और फिर कभी लोग बुरा–भला कहते है तो उत्तर देते है कि मेरे माता–पिता भी लालची थे। इसलिये मेरे में भी लालच करने का अवगुण आ गया। इसमें मेरा कोई दोष नही है।

मैं ध्यान दिलाना चाहता हूं कि आप अपने उद्वेग और रेस्पोंस के स्पेस पर गौर करिये और उसे बढ़ाने का प्रयास करिये। तो आप अपने गुस्से पर काबू पा सकेंगे और लोभ से आपको आजादी मिल सकेगी।

मोह, मत्सर, ईर्ष्या, द्वेष, जलन, बदला लेने की भावनाएं आदि भी ऐसे ही आवेग है। यदि आप आवेग और रेस्पोन्स के बीच के स्पेस को गौर से देखते है और उसे बढ़ाने का प्रयास करते है तो आप इन सब इमोशन्स पर नियंत्रण पा सकते है।

क्रोध बुरा नही है। मगर इसका प्रयोग विवेकशील तरीके से होना अपेक्षित है। अन्य इमोशन्स भी बुरे नही है पर उनका प्रयोग विवेक के साथ किया जाना उचित है।

प्रोएक्टिव व्यक्ति के बारे में **स्टीफन आर कोवी** बतलाते है कि इस व्यक्ति का रेस्पोन्स उसके द्वारा तय किये गये सिद्धान्त परक मूल्यों के अनुसार होता है। मूल्य तो हर व्यक्ति के होते है। डाकुओं के भी अपने मूल्य होते है। वो भी अपने मूल्यों पर टिके रहते है और अपने मूल्यों का सम्मान करते है। राजनेताओं के अपने मूल्य है। वो भी अपने मूल्यों पर डटे रहते है, और उनका सम्मान करते है। समर्थन करते है। लेकिन प्रोएक्टिव व्यक्ति के मूल्य सिद्धान्तों पर विचार करके तय किये जाते है। वो सिद्धान्त परक होते है।

अतः प्रोएक्टिव व्यक्ति अपनी प्रतिक्रियाओं को आवेगों के उद्वेग से न करके अपने सिद्धान्त परक मूल्यों के अनुसार करता है। जबकि रिएक्टिव व्यक्ति ज्यो ही कोई आवेग आया तत्काल अपनी आदत के अनुसार रिएक्ट कर देता है और प्रतिक्रिया करता है। अपने आपके ठगे जाने की शिकायत करता है। अपने दुखड़ो के लिये दूसरों पर ब्लेम लगाता है।

कम्पलेन करने का माइंड सैट और ब्लेम करने की संस्कृति ने अपने समाज में परिवारों में बिखराव कर रखा है और युवकों व

युवतियों को निरूत्साहित व दिशाविहीन कर रखा है। अतः प्रोएक्टिव कैसे बने? इस हेतु टीम 360 के बैनर के नीचे वर्कशॉप/वेबनार आयोजित किये जाते है। इच्छुक लोग सम्पर्क कर सकते है। और वर्कशॉप/वेबनार में भाग लेकर लाभ लेकर अपने को प्रोएक्टिव बना सकते है।

NOTES (जो बातें आपके ह्रदय को छू गई है)

1. ____

2. ____

3. ____

4. ____

5. ____

6. ____

7. ____

8. ____

9. ____

10. ____

11. ____

12. ____

13. ____

14. ____

15. ____

16. ______________________________________

17. ______________________________________

18. ______________________________________

19. ______________________________________

20. ______________________________________

21. ______________________________________

22. ______________________________________

23. ______________________________________

24. ______________________________________

25. ______________________________________

NOTES (जो निर्णय आपने अपने जीवन में लेने हेतु तय किये है)

26. ______________________________________

27. ______________________________________

28. ______________________________________

29. ______________________________________

30. ______________________________________

31. ______________________________________

32. ______________________________________

33. ______________________________________

34. ______________________________________

35. ____

36. ____

37. ____

38. ____

39. ____

40. ____

41. ____

42. ____

43. ____

44. ____

45. ____

46. ____

47. ____

48. ____

49. ____

50. ____

अध्याय—23

एडिसन की कहानी

(पढ़ाई में कमजोर बच्चा कैसे वैज्ञानिक बना?)

एडिसन बचपन में एक स्कूल में भेजा गया। लेकिन वो स्कूल में ठीक से पढ़ाई को पकड नही पाया। दो—तीन बार तो परीक्षाओं में असफल ही हो गये। एक-आध बार एडिसन की मम्मी को बुलाकर स्कूल के प्रिसिंपल ने कहा कि एडिसन पढाई में कामयाब नही हो सकता। एडिसन की मम्मी ने कहा कि मेरे बेटे में कोई कमी नही है। बस थोड़ा सा यह धीमे सीखता है। अतः इसे एक बार के बजाय दो—तीन बार सींखाया जायें तो यह सीख जायेगा और धीरे—धीरे इसकी पढ़ाई की योग्यता पैनी हो जायेगी।

साल के अंत में परीक्षा हुई और एडिसन किसी भी विषय में शून्य से अधिक नम्बर नही ला सका। स्कूल के प्राचार्य ने एडिसन की मम्मी के नाम एक पत्र लिखा कि आपका लड़का पढ़ने में बिलकुल डफर है। इसलिये इसे स्कूल से निकाला जाता है। और उस पत्र को लिफाफे में बंद करके एडिसन के साथ भिजवा दिया।

एडिसन की मम्मी ने पत्र खोलकर पढ़ा तो उसकी आंखों से आंसू टपकने लगे। लेकिन उसने अपने—आप पर काबू किया और बेटे से बोली आज से मैं तूझे घर पर ही पढाऊंगी। स्कूल वाले अब नही पढ़ायेंगे या तूझें दूसरी स्कूल में भेजूंगी।

मां के प्रोत्साहन से एडिसन ने धीरे—धीरे पढ़ाई में प्रगति करनी आरम्भ कर दी। लेकिन ऐसी कोई उल्लेखनीय प्रगति नही हुई। एडिसन भी मेहनत करता रहा। एडिसन व उसकी मां की मेहनत रंग लाई। एडिसन एक बहुत बड़ा वैज्ञानिक बन गया और उसने

कई आविष्कार किये। विश्व में उसका नाम प्रसिद्ध हो गया। लेकिन उसकी मां का देहांत हो गया।

वे क्रिसमस के अवसर पर घर की सफाई करवा रहे थे। तो उन्होनें अपनी मम्मी के संदूक की भी सफाई करवाई तो उसमें से उन्हे एक लिफाफा मिला। यह वही लिफाफा था जो स्कूल के प्रिंसिपल ने बचपन में उसे मम्मी को देने के लिये दिया था। उन्होने लिफाफे में रखा कागज निकाला और उसे पढ़ा। और उनकी आंखे नम हो गई और उन्हे अपनी मां की याद आने लगी। मां के प्रति उसका हृदय कृतज्ञता के भाव से भर गया। और वो बोल उठे कि यह मेरी मां ही थी जिसने इतनी हिम्मत रखी और मुझ जैसे पढ़ाई में डफर विद्यार्थी को भी इतना काबिल बनाया कि आज मैं विश्व का माना हुआ वैज्ञानिक हूँ।

इस कहानी से प्रोत्साहन की जरूरत को समझा जा सकता है तथा एक बच्चें को प्रोत्साहन की कितनी जरूरत होती है? प्रोत्साहन से बुद्धिमता बढ़ सकती है। बुद्धिमता का बढ़ना ही प्रतिभाओं की विकास का केन्द्र बिन्दु है।

बुद्धिमता का विकास एक चुनौती

गायत्री मंत्र में कहा गया है कि प्राण स्वरूप दुख नाशक सुख स्वरूप तेजस्वी श्रेष्ठ ईश्वर को मैं हृदय में धारण करु और वो ईश्वर हमारी बुद्धि को संगमार्ग में प्रेरित करें।

यानि कि बुद्धि सन्मार्ग में जा रही है तो व्यक्तित्व का विकास होता है। आदमी का व्यक्तित्व बढ़ता है व निखरता है। यदि बुद्धि का विकास अवरूद्ध हो जाता है या भूतकाल की बातों में लग जाता हैं तो फिर उसके व्यक्तित्व विकास भी अवरूद्ध हो जाता है।

बुद्धि को आदमी के व्यक्तित्व विकास में केन्द्र में रखा गया है। सबसे उपर आत्मा को रखा गया है। अगर बुद्धि आत्मा के प्रकाश से प्रकाशित होती रहे तो वो बुद्धि सर्चोच्च बुद्धि कहलाती है, और

यदि बुद्धि आत्मा का संग छोड़ दे। मन व इन्द्रियों के प्रभाव में आ जाती हैं तो वो क्षुद्र बुद्धि बन जाती है और वो छोटे–छोटे गलत निर्णय करती है।

भगवान कृष्ण ने गीता में कहा है कि "मैं जिस पर प्रसन्न होता हूँ उसे बुद्धि योग देता हूँ।" यानि कि बुद्धि ही मुख्य चीज है जिससे व्यक्ति के व्यक्तित्व का पता चलता है। अगर बुद्धि नकारात्मक बातों में उलझी रहती है तो व्यक्ति भी नकारात्मक बन जाता है और यदि बुद्धि सकारात्मक बातों में लगी रहती है तो व्यक्तित्व भी सकारात्मक बातों का बनता है।

भारतीय शास्त्रों में बुद्धि को आत्मा की पत्नी कहा गया है। अतः जिस तरह से स्त्री और पुरूष के मिलने से सुख की अनुभूति होती है। उसी तरह से बुद्धि और आत्मा के मिलन से सुख व आनन्द की अनुभूति होती है। बुद्धि केन्द्र में हैं। यदि हम जागरूक रहकर बुद्धि को आत्मा से जोड़े रखे और आत्मिक प्रकाश के चश्मे से बुद्धि को काम में ले तो बुद्धि उचित और उच्च किस्म के निर्णय करेंगी और यदि बुद्धि को मन के अधीन कर देंगे या इन्द्रियों के अधीन कर देंगे तो यह निम्न व अधोगति वाले निर्णय करेंगी।

जिस तरह से न्यायाधीश यदि कमजोर हो जाता है तो पुलिस वाले हावी हो जाते है। इसी तरह मन और इन्द्रियाँ हावी हो जाती है। बुद्धि इनके प्रभाव में आ जाती है और बुद्धि इनके कहे अनुसार निर्णय करने में अपनी क्षमता का उपयोग करने लगती है। मन और इन्द्रियों के गलत कामों को बुद्धि अपने तर्कबल से न्यायोचित ठहराना आरम्भ कर देती है।

बुद्धि दोनों तरह से कार्य करती है। बुद्धि भविष्य दृष्टि (विजन) बनकर आत्मा के साथ मिलकर व्यक्तित्व को उच्च स्थिति में ले जाती है और यदि वह मेमोरी के साथ जुड जाती है यानि की भूतकाल की बातों में जुडी रहती है तो यही बुद्धि विनाश का कारण बनती है। बुद्धि का खुलना ही विवेक कहलाता है।

मैथिलिशरण गुप्त ने लिखा है कि– "जब नाश मनुज पर छाता है, पहले विवेक मर जाता है।" यानि कि जब किसी व्यक्ति का नाश होना होता है तो उससे पहले उसका विवेक अधोगामी हो जाता है।

भगवान कृष्ण ने गीता में कहा है कि "जब बुद्धि अधोगामी हो जाती है तो आत्मा का पतन हो जाता है।" इसलिये बुद्धि को ठीक से रखने की जरूरत है। अतः गायत्री मंत्र में जो प्रार्थना की गई है वो महत्वपूर्ण है। इसीलिये वेदों में गायत्री मंत्र को सबसे बड़ा मंत्र बतलाया गया है। गीता में भी भगवान कृष्ण ने कहा है कि गायत्री मंत्र में मैं स्वयं हूँ।

स्टीफन ऑर कोवी इस बुद्धि को इन्टेलीजेन्सी कहते है। और वो निम्न चार प्रकार की इन्टेलीजेन्सीज बतलाते है।

1. शारीरिक बुद्धिमता (Physical Intelligence/P.Q.)

2. मानसिक बुद्धिमता (Mental Intelligence/I.Q.)

3. भावनात्मक बुद्धिमता (Emotional Intelligence/E.Q.)

4. आध्यात्मिक बुद्धमता (Spiritual Intelligence/S.Q.)

उपरोक्त चारों प्रकार की बुद्धिमताओं को जोड़कर चार का भाग देकर औसत निकाला जायें तो वह व्यक्ति के व्यक्तित्व की सही परख देता है। उपरोक्त चारों प्रकार की बुद्धिमताओं को कैसे बढ़ाया जायें? और इनमें किसी प्रकार से सिनर्जिक वृद्धि की जायें इसका विवरण निम्न प्रकार किया जाता है।

1. **शारीरिक बुद्धिमताः–** इसको बढ़ाने हेतु चार काम किये जाने आवश्यक है।

    1. नित्य 15 मिनट शारीरिक कसरत करना।

    2. पौष्टिक आहार लेना।

    3. बॉडी को रिलेक्स करना।

    4. बॉडी को पर्याप्त आराम देना।

2. **मानसिक बुद्धिमताः**— इसको बढ़ाने हेतु निम्न तीन काम किये जा सकते हैं:—

   1. नित्य प्रति 15 मिनट किसी पुस्तक को पढ़ना।

   2. नित्य 15 मिनट किसी विषय विशेष पर चिन्तन करना और उसे लिखना।

   3. किसी क्वीज आदि को सोल्व करना।

3. **भावनात्मक बुद्धिमताः**— इसको बढ़ाने हेतु सबसे अच्छा उपाय यह है कि **7 हेबिट्स ऑफ हाईली इफेक्टिव पीपुल** का वर्कशॉप अटेन्ड किया जावें। कोई व्यक्ति बिजनस शुरू करें अथवा किसी ऊंचे पद के लिये चयनित हो। इस हेतु तो मानसिक और शारीरिक बुद्धिमताएं पर्याप्त होती है। लेकिन अपने व्यापार में निरन्तर प्रगति करता रहे अथवा किसी बड़ी जॉब को निरन्तर सफलता पूर्वक करें इसके लिये उच्च भावनात्मक बुद्धिमता की जरूरत होती है। इसको निम्न तीन प्रकार से बढ़ाया जा सकता है।

   1. आत्म अवलोकन (Self Awareness) को बढ़ाकर।

   2. व्यक्तिगत नेतृत्व (Personal Leadership) को बढ़ाकर।

   3. व्यक्तिगत प्रबन्धन (Personal Management) को बढ़ाकर।

उपरोक्त तीनों तरीके यानि कि आत्म अवलोकन, व्यक्तिगत नेतृत्व व व्यक्तिगत प्रबन्धन स्टीफन ऑर कोवी की बताई गई तीनों आदतों के ही पर्याय है। इन तीनों आदतों के ठीक से विकसित होने से व्यक्ति में इमोशनल क्यूसेन्ट बढ़ जाता है और वह टीम वर्क के साथ मिलकर काम करने के योग्य हो जाता है। जिसके लिये स्टीफन ऑर कोवी की चौथी, पांचवी और छठी हेबिट बतलाती है। स्टीफन ऑर कोवी की सातवी हेबिट आरी की धार तेज करना। उपरोक्त छहों आदतों के नित्य विकास करने की प्रक्रिया है।

बुद्धिमता जितनी अधिक होगी उतना ही व्यक्ति अधिक प्रभावशाली व्यक्तित्व का धनी होगा। और उतनी ही उसकी धन कमाने की क्षमता होगी। नेपोलियन हील ने 12 प्रकार की अमीरी बताई है। जिसमें आर्थिक सम्पन्नता अंतिम बारहवें स्थान पर है। ये 12 प्रकार की अमीरी उसी व्यक्ति को नसीब होगी जो अपनी उपलब्ध चारों प्रकार की बुद्धिमताओं को बढ़ा लेगा और इसे सिनर्जिस्टिकली निखार लेगा।

NOTES (जो बातें आपके ह्रदय को छू गई है)

1. _______________________________

2. _______________________________

3. _______________________________

4. _______________________________

5. _______________________________

6. _______________________________

7. _______________________________

8. _______________________________

9. _______________________________

10. _______________________________

11. _______________________________

12. _______________________________

13. _______________________________

14. _______________________________

15. ____

16. ____

17. ____

18. ____

19. ____

20. ____

21. ____

22. ____

23. ____

24. ____

25. ____

NOTES (जो निर्णय आपने अपने जीवन में लेने हेतु तय किये है)

26. ____

27. ____

28. ____

29. ____

30. ____

31. ____

32. ____

33. ____

34. ____

35. ____

36. ____

37. ____

38. ____

39. ____

40. ____

41. ____

42. ____

43. ____

44. ____

45. ____

46. ____

47. ____

48. ____

49. ____

50. ____

(अध्याय–24)

अंकल रोबिन – हुये छूमंतर
(एक बार पूछ लो)

एक व्यक्ति अधेड उम्र, कामकाज छूट गया। कही कोई बसेरा नही। उसने सोचा कि किसी अच्छे घर में कुछ दिन के लिये मेहमान बन जाये। इस आशय से एक अच्छे खासे मकान को देखा जिस पर **जिराल्डो फोर्ड** नाम लिखा हुआ था। सोचा यह शायद किसी क्रिश्चियन का घर है। इसमें चलते है और अपना नाम अंकल रोबिन बताकर कुछ दिन मेहमान बन जाते है।

अंकल रोबिन ने दरवाजे पर लगी कॉलबेल बजाई तो अन्दर से मिसेज वेलिंगटा आई। दरवाजा खोला। अंकल रोबिन बोले। आई एम अंकल रोबिन। वेलिंगटा ने सोचा उसके पति के अंकल दिखते है। इसलिये अंदर ड्राइंगरूम में बैठा दिया। चाय–नाश्ता कराया। उनका प्रोग्राम पूछा। अंकल रोबिन बोले अभी सप्ताह–दस दिन का प्रोग्राम यही का है। वेलिंगटा के पति ऑफिस गये हुए थे। वेलिंगटा ने उन्हें फोन किया कि अंकल रोबिन आये हुए है। सप्ताह–दस दिन रूकेंगे। आते हुए सब्जी आदि भी ले आना।

दो घन्टे बाद वेलिंगटा के पति घर आ गये और अंकल रोबिन से बातचीत करने लगे। अंकल रोबिन बोले कई वर्षों से अफ्रीका में व्यापार कर रहा था। हाल ही में इण्डिया आया था, तो सोचा कि बेटी वेलिंगटा से मिल लू। वेलिंगटा का पति बोला जरूर–जरूर सप्ताह भर क्या महिना भर रूको, आपका ही घर है।

पति–पत्नी दोनों अंकल रोबिन की सेवा में लग गये। पत्नी ने समझा कि पति के अंकल है और पति से समझा कि पत्नी के

अंकल है। पांच वर्ष हो गये अंकल रोबिन अपनी फरमाईशे बताते। मेरे लिये यह खाना बनाओ, मेरे लिये यह कपडे लाओं और दोनो पति–पत्नी सारी फरमाईशे पूरी करते।

एक दिन अचानक वेलिंगटा के पास उसकी मौसी का फोन आया कि मैं इण्डिया आ रही हूँ। कुछ दिन तुम्हारे यहाँ रूकूंगी। वेलिंगटा बोली कि हमारे यहाँ तो इनके अंकल आये हुए है। मौसी बड़ी आश्चर्य में पडी कि इस नाम के तो कोई अंकल वेलिंगटा के ससुराल में है ही नही। और बिना बताये ही दूसरे–तीसरे दिन वेलिंगटा के घर उसकी मौसी पहुंच गई। और पहला ही प्रश्न किया कि वेलिंगटा तुम्हारी शादी के समय मैं मौजूद थी। अंकल रोबिन नाम के कोई अंकल तुम्हारी ससुराल में नही है। पूछताछ करने लगी। इतने में वेलिंगटा के पति आ गये। उनसे पूछताछ करने लगी कि यह अंकल रोबिन कौन है? पूछताछ हो रही है, यह अंकल रोबिन के कानो में पडी। उसी समय उन्होनें अपना बेग और सामान समेटा और घर से निकल गये। वेलिंगटा ने अपने पति से कहा कि अंकल रोबिन कहाँ जा रहे है? पूछो तो सही। और यह भी पूछो कि यह तुम्हारे रिश्ते में क्या लगते है? वेलिंगटा का पति बोला मेरे रिश्ते में कौन अंकल रोबिन है? मैं तो यह सोच रहा था कि यह तुम्हारे अंकल है। वेलिंगटा बोली कि मेरे रिश्ते में तो कोई रोबिन अंकल नही है। पति ने कहा कि मेरे रिश्ते मे भी नही है। तो फिर कौन है? मालूम करों। ज्योही पूछताछ की बात अंकल रोबिन के कानो में पडी। वो तो छूमंतर हो गये।

कहानी एक बड़े तथ्य की और इशारा करती है कि तुम पूछताछ कर लो। कही ऐसा ना हो कि तुम्ह कोई भ्रम में रहो। कोई व्यक्ति तुम्हारा दुरूपयोग करें या तुम्हे ठग ले।

हमारा उद्देश्य इस कहानी के जरिये व्यक्ति की मनोवैज्ञानिकता को समझाने का है। व्यक्ति के शरीर में चार मुख्य चेतना के स्तर है।

1. पहला शरीर
2. दूसरा मन
3. तीसरा भावनाएँ
4. चौथा आत्मा

आपके ऊपर अनेक प्रकार के दुःख आते रहे है, क्यों? क्योंकि आप भ्रम में जी रहे है। पूछताछ नही करते। एक बार अपने शरीर को पूछ लो कि उसे कोई शारीरिक पीडा है तो क्यों है? ईसका इलाज कैसे सम्भव है?

इसी तरह से मन में अनेक विचार आते रहते है। आप अपने मन से पूछ लो कि यह विचार कैसे आया? मन के मुताबिक बहो मत। पूछो कि यह विचार कैसे आया? क्यों आया? क्या मकसद है?

इसी तरह से कोई आवेग आवे जैसे कि क्रोध का, लोभ का, लालच का, ईर्ष्या, द्वेष का और बदले का। तो पूछ लो कि मिस्टर क्रोध क्यों आये? कहाँ से आये? क्या तुम्हारा आना जरूरी है? क्रोध से पूछताछ अवश्य करों। उसी तरह ईर्ष्या, द्वेष व बदले के आवेग आपमें उठे तो पूछताछ करों।

ज्योही आप पूछताछ की शुरूआत करोंगे, त्योही अंकल रोबिन छूमंतर

ज्योही आप क्रोध से पूछताछ करोंगे, त्योही क्रोध छूमंतर। बस बहो मत आवेगो में, पूछताछ करों। पूछताछ में बड़ी ताकत है। आवेग तत्काल छूमंतर हो जायेंगे।

सरकारें काम करती है। अधिकारी काम करते है। जहाँ पूछताछ नही होती वहाँ सब घोटाले चलते रहते है। ज्योही पूछताछ की सुरसुराहट होती है, चोर भाग खडे होते है।

एक बिजनस में सेल्स एक्जिक्यूटिव के लिये पूछने का एक और भी आशय हो सकता है। कि आप अपने कस्टमर से पूछ लो कि

अमुख चीज की आपको जरूरत है क्या? ज्यादा से ज्यादा वो ना कर देगा। लेकिन औसत का नियम कहता है कि यदि आप 10 कस्टमर से पूछेंगे तो कम से कम एक कस्टमर आपकी वस्तु के लिये हॉ कर देगा। पूछने में जाता भी क्या है? ट्रेन कहॉ जा रही है? यद्यपि ट्रेन पर लिखा हुआ है, फिर भी पूछ लो ताकि कन्फर्म हो जाये। पूछ लेना दो तरह से लाभकारी है। एक तो पूछने की ज्योही सुरसुराहट होती है तो गडबड करने वाले गायब हो जाते है। दूसरा पूछने ने अपने को नई जानकारी मिलती है। और औसत के नियमानुसार कस्टमर भी।

मार्केटिंग में एक सर्वमान्य सिद्धान्त है – (Please Ask) कृपया कस्टमर को पूछ ले।

शिक्षा जगत में भी पूछने का सिद्धान्त बड़ा प्रभावकारी है। छात्र कोई बात समझ में नही आये तो टीचर से पूछ ले, तो लाभ ही रहेगा। इसी तरह से टीचर बड़ा प्रभावकारी है लेकिन फिर भी छात्रों की समझ में आया कि नही आया, पूछ ले तो उसे फीडबैक मिल जायेगा।

ईमोशनल कोसेन्ट में फीडबैक का महत्व

यदि भावनात्मक रूप से कोई व्यक्ति मजबूत नही है। इसका अर्थ यह हुआ कि वो अहंकारी है। अहंकारी व्यक्ति फीडबैक पसंद नही करता। न सुझाव लेना पसंद करता है। अगर कोई व्यक्ति उसे नेगेटिव फीडबैक दे तो वो नाराज हो जाता है। तो लोग ऐसे अहंकारी, भावनात्मक रूप से कमजोर व्यक्ति को पोजिटिव बातें झूठी–साची परोसते रहते है। यानि कि उसके अहम को पुष्ट करते रहते है। वो पूछता नही है। भावनात्मक रूप से मजबूत होने के लिये सबसे पहले अपने आपसे पूछताछ शुरू करने की जरूरत है। अपने मन से पूछिये कि वो क्या चाहता है? अपने शरीर से पूछिये कि वो क्या चाहता है? अपने आवेगो से पूछिये कि वो क्या चाहत

है? अपनी आत्मा से पूछिये कि वो क्या चाहती है? यानि कि अपनी आंतरिक वॉईस को पहचाने और उसे दूसरे लोगों के सम्मुख प्रकट भी करें। स्टीफन ऑर कोवी कहते है कि Know you voice and inspire others to know their voices.

बिखरा हुआ व्यक्तित्व व स्व:निर्मित व्यक्तित्व

बिखरे हुए व्यक्तित्व व स्व:निर्मित इंसानो में उनके चारों आयामों को निम्न अंतर स्पष्ट नजर आता है:–

शरीर	बिखरा हुआ व्यक्तित्व	स्व:निर्मित
बॉडी (Physical Body)	व्यर्थ के कार्य करने वाला (Indulgence)	अनुशासित (Disciplined)
मेंटल बॉडी (Mental Body)	शिकार हुआ व्यक्ति (Victimized)	भविष्य दृष्टी (Visionary)
भावनात्मक बॉडी (Emotional Body)	निराश / टूटा हुआ (Frusted)	जोश और जूनून (Passion)
आत्मिक बॉडी (Spiritual Body)	अहंकारी (Egoist)	विवेकयुक्त (Conscious)

उपरोक्त प्रकार से बिखरे हुए व्यक्तित्व वाले व्यक्ति को अपनी शारीरिक, मानसिक, भावनात्मक व आत्मिक क्रियाओं व विचारों की पूछताछ करनी चाहिये। एक चौकीदार की तरह आप पूछताछ करें। ज्योंही आप अपने शरीर को, मन को, भावों को अलग करके पूछताछ करेंगे तो नेगेटिव बातें छूमंतर हो जायेगी। जिस प्रकार से अंकल रोबिन हो गये छूमंतर।

NOTES (जो बातें आपके हृदय को छू गई है)

1. ____

2. ____

3. ____

4. ____

5. ____

6. ____

7. ____

8. ____

9. ____

10. ____

11. ____

12. ____

13. ____

14. ____

15. ____

16. ____

17. ____

18. ____

19. ____

20. ____

21. ______________________________

22. ______________________________

23. ______________________________

24. ______________________________

25. ______________________________

NOTES (जो निर्णय आपने अपने जीवन में लेने हेतु तय किये है)

26. ______________________________

27. ______________________________

28. ______________________________

29. ______________________________

30. ______________________________

31. ______________________________

32. ______________________________

33. ______________________________

34. ______________________________

35. ______________________________

36. ______________________________

37. ______________________________

38. ______________________________

39. ______________________________

40. _______________________________________

41. _______________________________________

42. _______________________________________

43. _______________________________________

44. _______________________________________

45. _______________________________________

46. _______________________________________

47. _______________________________________

48. _______________________________________

49. _______________________________________

50. _______________________________________

(अध्याय–25)

रामू ने अपने से बड़ी उम्र के लड़के को कुएँ से खींच निकाला

(वीरता की कहानी)

एक बार रामू और श्यामू खेत में खेल रहे थे। रामू छोटा था और श्यामू बड़ा। खेत में और कोई नही था। श्यामू खेलते–खेलते खेत में बने हुए कुंए के पास चला गया और उसमें झांकने लगा। अचानक संतुलन बिगडने से वो कुंए में जा गिरा। गांव में अकाल पड़ा हुआ था। इसलिये कुंए में पानी लगभग नही था। श्यामू कुंए में पड़ा–पड़ा चिल्ला रहा था कि मुझें बाहर निकालों, मुझें बाहर निकालों, नही तो मैं डूब जाऊंगा। श्यामू के पानी कंधो तक आ गया था। वो चिल्ला रहा था मुझें बचाओं, मुझें बचाओं। उसकी आवाज रामू ने सुनी और देखा कि श्यामू तो कुंए में गिर गया है और डूबने ही वाला है।

रामू ने बिना विलम्ब किये अपने दिमाग को दौड़ाया कि श्यामू को कैसे कुंए से बाहर निकाला जा सकता है? तभी उसने देखा कि बाल्टी और रस्सी कुंए की मेढ पर पड़ हुई है। उसने फटाफट रस्सी को बाल्टी से बांधा और धीरे–धीरे बाल्टी को कुंए में उतार दिया। जब पानी के पास बाल्टी पहुंची तो श्यामू ने बाल्टी पकड़ ली। रामू बाल्टी को खींचने लगा। उसने अपनी पूरी ताकत लगाई और लगाता ही गया कि मेरा मित्र श्यामू कहीं डूब कर मर ना जाये। इसलिये वो पूरी ताकत लगाता रहा और रस्सी को खींचता रहा। खींचते– खींचते बाल्टी उपर आ गई। और श्यामू ने कुंए की मेड पकड ली, और कुंए से बाहर आ गया।

श्यामू ने बाहर आकर अपनी जिन्दगी को बचाने के लिये रामू को धन्यवाद कहा। साथ में यह भी कहा कि घर में किसी को बताना मत। नही तो मेरे मम्मी–पापा और तुम्हारे मम्मी–पापा बहुत डाटेंगे।

खुशी–खुशी दोनों घर आ गये। श्यामू भी रामू के घर आ गया। रामू की मम्मी ने पूंछा बेटा इतने समय कहा थे? मां का प्यार पाकर दोनों बच्चे बिलख पड़े और अपनी बीती मां को सुना दी। मां ने यह बात रामू के पापा को बतलाई तो पापा ने कहा कि यह असम्भव है। श्यामू इतना बड़ा है और रामू इतना छोटा है तो रामू इतने बड़े लड़के के कैसे खींच सकता है? ये झूंठ बोल रहे है। दोनों बच्चों ने कहा कि नही हम सही बोल रहे है। रामू के पापा ने यह बात गांव के और लोगों को बता दी। लोग रामू के घर बधाई देने के लिये पहुंच गये। रामू के पापा ने कहा कि मुझें तो विश्वास ही नही होता कि यह बच्चे सही बोल रहे है। गांव के सरपंच ने कहा कि अपने पड़ौस में एक समझदार व्यक्ति रहते है जो लोगों को उनका व्यक्तित्व बढ़ाने हेतु प्रशिक्षण देते है। चलकर उनसे पूछते है कि अगर बच्चें सही बोल रहे है तो यह कैसे सम्भव हुआ?

उस व्यक्तित्व प्रशिक्षण देने वाले महापुरूष के पास गांव के लोग पहुंचे और रामू की वीरता की बात बताई। तो महापुरूष ने कहा सम्भव है रामू ने अपने से बडे लडके को कुंए से खींचकर बाहर निकाला। गांव वालों ने पूछा कि यह कैसे सम्भव हो सकता है? कि छोटे बच्चे ने अपने से बडे बच्चे को कुंए से बाहर निकाला। तब महापुरूष ने बताया कि चूंकि रामू को खेत में कोई यह कहने वाला नही था कि तुम यह नही कर सकते। इसलिये रामू ने अपने आप पर विश्वास किया और ताकत लगाई और कामयाब हो गया।

मैं आपकों तीन उदाहरण दूंगा।

1. एक कॉलेज में लगे लेक्चरार को हमने पूंछा कि तुम तो सैकिण्ड डिविजन में ही पास हुए थे। तुम कॉलेज में

लेक्चरार कैसे लगे? तुमने क्या जतन किया? कि तुम्हारा लोकसेवा आयोग में चयन हो गया। उन्होनें उत्तर दिया कि मुझें खुद को नही मालूम था कि सैकिण्ड डिविजन का चयन नही हो सकता और ना ही किसी ने यह कहा कि मेरा चयन नही हो सकता। इसलिये मेरे दिमाग में यह बात आई ही नही कि मेरा चयन नही हो सकता। इसलिये मेरा चयन हो गया।

2. एक प्रीमेडिकल टैस्ट में एक बच्चे का चयन हुआ। उसे किसी ने पूछा कि तुम्हारे सीनियर सैकेण्डरी में तो मार्क्स बहुत कम आये है। तुम्हारा प्रीमेडिकल टैस्ट में चयन कैसे हुआ? तो उसने बताया कि ज्योही सीनियर सैकेण्डरी स्कूल की वार्षिक परीक्षा समाप्त हो गई। मैं गांव चला गया। गांव में ही मुझें मेरा रिजल्ट मालूम चला। मैं तृतीय श्रेणी में पास हुआ और बहुत खुश हो गया। गांव में एक डॉक्टर था। उससे वो लड़का मिला तो डॉक्टर ने कहा कि तुम प्रीमेडिकल टैस्ट दो। उनके प्रोत्साहन से मैनें प्रीमेडिकल टैस्ट देने की तैयारी शुरू की। गांव में था इसलिये कोई यह कहने वाला नही था कि मेरा चयन नही होगा। थर्ड डिविजन वाला प्रीमेडिकल टैस्ट में बैठ सकता है। इसलिये मेरे दिमाग में कभी आई ही नही कि मेरा चयन नही हो सकता। इसलिये मेरा चयन हो गया।

3. एक आई.ए.एस. ऑफिसर को हमने उनका आई.ए.एस. में चयन होने के बारे में पूछा। तो उन्होनें बताया कि उन्होंने एम.एस.सी. की लेकिन मार्क्स ज्यादा अच्छे नही आये। तो परिवार वालों ने बी.एड. करने की सलाह दी। ये भी कहते रहे कि एम.एस.सी. करना फालतू हो गया। इससे परेशान होकर मैं अपनी बहिन के पास दिल्ली आ

गया। और एक कोचिंग इन्स्टीट्यूट में गणित पढ़ाने लग गया। कोचिंग इन्स्टीट्यूट में एक दिन एक सीनियर आई.ए.एस. ऑफिसर को उद्बोधन के लिये बुलाया। उन्होनें अपने जीवन के अनुभव सुनाये। तो मैनें भी पूछ लिया कि क्या मैं भी आपकी तरह आई.ए.एस. बन सकता हूँ? लेकिन मेरे एम.एस.सी. में मार्क्स अच्छे नही है। उन्होनें कहा कि आई.ए.एस. की परीक्षा देने हेतु ग्रेजुएट पर्याप्त है। बाकि आपका मानस, लगन, सोच और प्लानिंग पर निर्भर करेगा। मैनें तय कर लिया कि मैं आई.ए.एस. की परीक्षा दूंगा और जिन लोगों ने पहले से आई.ए.एस. की परीक्षा पास कर रखी है। उनसे मिलकर आई.ए.एस. की परीक्षा कैसे पास की जाये? उसकी प्लानिंग करूंगा व उसके बाद तैयारी करूंगा। मैनें ऐसा ही किया और मैं आई.ए.एस. में चयनित हो गया।

क्योंकि मुझें कोई यह कहने वाला नही था कि मैं आई.ए.एस. में चयनित नही हो सकता। और न ही मेरे दिमाग में कभी विचार आया कि मैं चयनित नही हो सकता।

व्यक्ति अपनी सीमाओं को खुद ही बना लेता है। जैसे मकड़ी अपने मुंह में से मुंह में से थूक निकालती है और अपना जाला बुन लेती है। और उस जाले के अन्दर खुद ही फंस जाती है। ऐसे ही हमें लोग कह देते है कि तुम सलेक्ट नही हो सकते। तुम काबिल नही हों। तुम्हें ऊंचे ख्वाब नही देखने चाहिये। जमीन पर पांव रखकर चलों। **'तेते पांव पसारिया, जेती लाम्बी सोंच।'** परिवेश में लोग अपने को इस तरह की बांते कहते रहते है इससे हमारे चारों और भी जाला बुन जाता है। और हमारा विश्वास सीमित हो जाता है। और हम मान लेते है हम छोटे-छोटे कामो को करने के लिये पैदा हुए है। बड़ी उपलब्धि हमारे नसीब में नही है। जबकि नसीब

तो स्वयं व्यक्ति खुद बनाता है। ईश्वर ने अपने कार्यो का चुनाव करने का पूरा अधिकार व्यक्ति को दिया है। वो अपना स्वयं चुनाव नही करें और दूसरों के कहने से व देखादेखी झूंठा विश्वास स्वीकार कर ले तो अलग बात है।

मैं आपकों एक पुरानी कहानी बतलाना चाहूंगा।

एक गर्भवती शेरनी थी। उसने पहाड़ी पर से छलांग लगाई तो उसका बच्चा समय से पहले ही हो गया और वो नीचे गिर गया। शेरनी प्रसव पीड़ा से पीड़ित थी। इसलिये अपने बच्चे को ढूंढ नही पाई। एक भेड़ चराने वाला गड़रिया उधर से गुजरा और उसने भेड़ का बच्चा समझ कर उस शेर के बच्चे को गोद में उठा लिया। उसे भेड़ो का दूध पिलाया और भेड़ो के झूंड के अन्दर उसे घूमाने ले जाने लगा। वो शेर का बच्चा भी भेड़ो की तरह ही व्यवहार करने लगा। यद्यपि गड़रिया उसका शारीरिक गठन देखकर डर जाता था। क्योंकि वो भेड़ो से बडा दिखाई देता था। एक दिन एक शेर ने उस बच्चे को देख लिया और पकड लिया। भेडे और गडरियॉ शेर को देख कर भाग गये। शेर उस बच्चे को कुएं के पास ले गया। और कुंए में उसे उसका चेहरा पानी में दिखाया। चेहरा देखते ही बच्चे के अन्दर शेर का अहसास होने लगा और रगो में शेर का खून दौड़ने लगा। शेर ने दहाड़ लगाई तो बच्चे ने भी बराबर में दहाड़ लगाई। शेर के बच्चे को अहसास हो गया कि वो भेड का बच्चा नही है बल्कि एक शेर का बच्चा है।

इसी तरह से हर इंसान पैदा तो बादशाह की तरह होता है। क्योंकि वो ईश्वर की संतान है। लेकिन दुर्भाग्यवश उसे ऐसे लोग मिलते है जो बचपन से ही उसे भेड़ो के अन्दर छोड़ देते है। और उसे कहने लगते है कि वहॉ मत जाना, वहॉ डर है। उसको डरपोक होने की घूंटी बचपन में ही पिला देते है। इस तरह इंसान का बच्चा उस शेर के बच्चे की तरह भेड़ो की तरह व्यवहार करने लगता है।

हर इंसान को ईश्वर ने कोई **इन्बोर्न टैलेन्ट** दिया है। और आज उस इन्बोर्न टैलेन्ट को पहचानने की तकनीकी भी निकल गई है जिसे "डी.एम.आई. टैस्ट" कहते है। इस टैस्ट के जरिये इंसान के इन्बोर्न टैलेन्ट को पहचाना जा सकता है और निखारा जा सकता है। टीम 360 के बैनर के नीचे पिछले 10 सालों से यह कार्य किया जा रहा है। इच्छुक लोग सम्पर्क कर सकते है और लाभ उठा सकते है।

NOTES (जो बातें आपके ह्रदय को छू गई है)

1. ______________________________________

2. ______________________________________

3. ______________________________________

4. ______________________________________

5. ______________________________________

6. ______________________________________

7. ______________________________________

8. ______________________________________

9. ______________________________________

10. ______________________________________

11. ______________________________________

12. ______________________________________

13. ______________________________________

14. ______________________________________

15. _______________________________

16. _______________________________

17. _______________________________

18. _______________________________

19. _______________________________

20. _______________________________

21. _______________________________

22. _______________________________

23. _______________________________

24. _______________________________

25. _______________________________

NOTES (जो निर्णय आपने अपने जीवन में लेने हेतु तय किये है)

26. _______________________________

27. _______________________________

28. _______________________________

29. _______________________________

30. _______________________________

31. _______________________________

32. _______________________________

33. _______________________________

34. ____

35. ____

36. ____

37. ____

38. ____

39. ____

40. ____

41. ____

42. ____

43. ____

44. ____

45. ____

46. ____

47. ____

48. ____

49. ____

50. ____

(अध्याय–26)

सेठजी की कहानी
(जैसे विचार वैसे हाल)

एक प्रतिष्ठित सेठ थे। उन्होने काफी पैसा कमा रखा था। वो अपनी तिजोरी में रखकर के, अच्छी तरह ताला आदि लगाकर सोते थे। लेकिन उन्हें यह चिन्ता लगी रहती थी कि जमाना खराब है। कोई धन को चुरा कर ना ले जाये। कभी–कभी तो रात को वो तिजोरी का ताला खोलकर धन की निगरानी भी कर लेते थे। उनके दिमाग में विचार चलता रहता था कि चोरी ना हो जाये। सेठ के एक बेटा भी था जो यू.एस.ए., इंग्लैण्ड, जर्मनी आदि दशों में व्यापार के लिये जाता था और वहा से महंगी–मंहगी वस्तुए खरीद कर लाता था। जिस कमरे में सेठ सोता था उसके पास वाले कमरे में ही बेटा सोता था। बेटे के दिमाग यह बात रहती थी कि यह महंगी चीजे मेरे ही पास रहनी चाहिये। उन महंगी चीजों को देखकर वो बहुत खुश होता था।

उनकी बड़ी हवेली थी। ईर्द–गिर्द अन्य सेठों की भी हवेलियाँ थी। एक चोर के दिमाग में खयाल आया कि छोटी–छोटी चोरियां तो बहुत की है। आज रात को कोई बडी चोरी की जाये। इसलिये वो रात को पूरी तैयारी करके और किसी बड़ी चोरी के उद्देशय से निकला। उसने अनेक हवेलियाँ देखी। लेकिन उसे उसी पूर्व वर्णित सेठ की हवेली ही जमी। वो दीवार फाँदकर हवेली में घूसा और सेठ के लड़के के कमरे में घूसा। सेठ के बेटे के कमरे में किसी चीज को नही छुआ। उस कमरे में एक खिड़की थी जो सेठ के कमरे में खुलती थी। उस खिड़की पर यद्यपि ताला लगा हुआ था।

लेकिन चोर ने उस खिडकी के ताले को अपनी मास्टर चाबी से खोला और कमरे में घुस गया। तिजोरी का ताला मास्टर चाबी से खोला और तिजोरी का सारा धन चुरा लिया। और वापिस खिडकी से होते हुए सेठ के बेटे के कमरे से होता हुआ बाहर आ गया।

कस्बे के थानेदार के दिमाग में विचार आया कि छोटी–मोटी चोरियाँ तो बहुत पकड़ी है, कोई बड़ी चोरी पकडी जाये। उसने अपना विचार अपनी पत्नी को बताया। पत्नी ने कहा कि मुझें तो मेरे पीहर गये बहुत दिन हो गये। मुझें तो पीहर जाना है। मैं तो एक सप्ताह के लिये पीहर जा रही हूॅ। तुम चाहे जितनी बडी चोरी पकडो। थानेदार उसी रात बडी चोरी पकडने के लिये निकला और छिपते–छिपाते उस चोर को पकड लिया जो बडी चोरी करके आया था।

प्रकृति ऐसे ही काम करती है। जैसे विचार आपके होते है। और उन विचारों में यदि इमोशन्स मिल जाता है तो विचार दृढ़ बन जाता है और प्रकृति ऐसे दृढ संकल्पित लोगों के मंसूबो को पूरा करती है। जैसे कि सेठ का मनसुबा था कि चोरी ना हो जाये, लेकिन उसका मंसूबा पूरा हुआ। प्रकृति दानशील है। जो चीज आप मांगते हो। वो चीज आपको देती है। प्रकृति को 'ना' की भाषा समझ में नही आती है। आप कहते हो की चाहिये तो चाहिये, आप कहते हो की नही चाहिये तो नही चाहिये तो भी प्रकृति समझती है चाहिये। प्रकृति की भाषा में 'ना' शब्द नही है। इसलिये सेठ का दृढ विचार था कि चोरी होगी तो उसके चोरी हो गई। उसके बेटे का दृढ विश्वास था कि मेरे महंगे आईटम मेरे पास रहे तो उसके आईटम चोरी नही हुए। थानेदार का दृढ विश्वास था कि वह बडी चोरी पकडे। इसलिये उसका मंसूबा भी पूरा हुआ। थानेदार की पत्नी का दृढ संकल्प था कि मैं पीहर जाऊ। इसलिये उसका मंसूबा भी पूरा हुआ।

आकर्षण का सिद्धान्त कहता है कि यूनिवर्स एक उपजाऊ गिली मिट्टी की तरह है। जैसा आप बीज डालोगे, वही पौधा लगेगा। यदि नीम का बीज डाला है तो नीम लगेगा। आम का बीज डाला है तो आम लगेगा। आप और हमारे लिये बीज का अर्थ है, आपके हमारे विचार, आपकी हमारी भावनाएं, आपकी हमारी वाणी और आपके व हमारे कर्म।

निम्न चार बातें बीज का निर्माण करती है:–

1. विचार

2. भावनाएं

3. वाणी

4. कर्म

इन चारों में तालमेल अगर रखा जाये तो जो आप सोचते हों वही आपके जीवन में प्रकट हो जायेगा। लेकिन होता क्या है? कि विचार कुछ होते है, कर्म कुछ होते है। फिर जो चाहते है वो प्रकट नही होकर दूसरी चीज प्रकट हो जाती है।

सीमाएं तो बुद्धि के लिये है। लॉ ऑफ अट्रक्शन के लिये नही, प्रकृति के लिये नही। यदि एक ही वस्तु है और उसके दो दावेदार है तो बुद्धि तो कहती है कि दोनों की इच्छा पूरी नही हो सकती। लेकिन आकर्षण का सिद्धान्त व प्रकृति यह कहती है कि दोनों की इच्छाए पूरी हो सकती है। ये बात आम आदमी के गले नही उतरती है। और उपरोक्त कहानी में यह बात स्पष्ट है कि प्रकृति एक साथ एक ही वस्तु के लिये कईयों की इच्छा पूर्ति कर सकती है।

इच्छापूर्ति का मैकेनिजमः–

इच्छा ही व्यक्ति के जीवन का उद्देश्य है। हर व्यक्ति की अलग–अलग इच्छाएं होती है। **ललिता सहस्त्रनाम** में इच्छा को ही

देवी का स्वरूप बताया है। कि हे देवी तू इच्छा रूप में रहती है। तीन प्रकार की शक्तियाँ ललिता सहसनाम में बताई है– इच्छा शक्ति, ज्ञान शक्ति और कर्म शक्ति। इन तीनों के तालमेल से आपके जीवन में आपकी इच्छायें भौतिक संतुलन को पैदा करती है। बुद्धि व तर्क की अपनी सीमाएं है। लेकिन प्रकृति की व आकर्षण के सिद्धान्त की कोई सीमा नही है। अनेक लोगों ने वो कार्य किये है जो बुद्धि कभी नही समझ पाई। जो चीज बुद्धि के द्वारा विवेचित नही की जा सके उसे प्रायकर चमत्कार कहा जाता है। प्रकृति में चमत्कार होना आम बात है। **आइंसटीन** बडे वैज्ञानिक हुए है। उन्होनें कहा है कि या तो आप बुद्धि के महत्व को स्वीकार करें या चमत्कार के महत्व को स्वीकारे। दोनों अपनी–अपनी जगहों पर सही है।

अगर कोई व्यक्ति यह कहता है कि मैं यह कार्य कर सकता हूँ तो वो कर सकता है। अगर कोई व्यक्ति कहता है कि मैं यह कार्य नही कर सकता तो वो भी सही है। वो नही कर सकता। निर्णय तुम्हारा है। दोनों मामलों में तुम सही हो। चमत्कार भी प्रकृति में देखने को मिलते है। क्योंकि प्रकृति में एक कृपा का मण्डल है। यदि हमारा विचार उस मण्डल से कनेक्ट हो जाये तो जीवन में चमत्कार होने लगते है। प्रार्थना के जरिये हम उस कृपा के मण्डल से कनेक्ट हो सकते है। अतः दो भिन्न–भिन्न प्रकार की परिस्थितियाँ हो तो प्रार्थना के जरिये एक जैसे अपेक्षित परिणाम मिल सकते है।

इस सम्बंध में मैं दो कबूतरों की एक कहानी का उल्लेख करना चाहूंगाः– एक पेड़ पर दो कबूतर बैठे हुए थे। प्रार्थना के महत्व पर चर्चा कर रहे थे। इतने में नीचे की तरफ देखा कि पेड़ के नीचे शिकारी ने धनुष तान रखा था, उन कबूतरों का वध करने के लिये। यह दृष्य देखकर वो भयभीत हो गये और उड़ना चाहा। इतने में ही एक पेड़ पर ऊपर बाज बैठा दिखाई दिया। ऊपर बाज रूपी मृत्यु थी और नीचे शिकारी रूपी मृत्यु। मादा कबूतर ने कहा कि प्रार्थना

करों। नर कबूतर ने कहा कि अब प्रार्थना करने से क्या लाभ है? नीचे शिकारी मारने को तैयार है और ऊपर बाज झपटने को तैयार है। इस पर मादा कबूतर ने कहा, यही तो समय है प्रार्थना की परीक्षा करने का। प्रार्थना की गई। इतने में एक चींटी ने शिकारी के पांव पर काट लिया। शिकारी का निशाना चूक गया और तीर बाज के जा लगा। ऐसे दोहरे संकट से भी कबूतर बच गये। प्रकृति में प्रार्थना का इसिलिये महत्व है।

प्रार्थना के स्वरूप

मनोवैज्ञानिकों का कहना है कि प्रार्थना के समय यदि असीमित बुद्धिमता से अपने को कनेक्ट कर लिया जाये तो प्रार्थना पूरी हो जाती है। अध्यात्मवेताओं का कहना है कि परम शक्ति से अपने को कनेक्ट कर लिया जाये तो प्रार्थना सफल हो जाती है। दोनों एक ही बात कह रहे है, सिर्फ शब्दों का फर्क है। प्रार्थना के समय अध्यात्मवेता यह कहते है कि आप परमात्मा के लोक में अपने को रखे अथवा परमात्मा के समीप अपने को रखे अथवा परमात्मा के स्वरूप में लय हो जाये। इन तीनों परिस्थितियों में प्रार्थनाएं पूरी होती है। इसे निम्न तीन शब्दों के द्वारा बतलाया गया है।

1. **सालोक्यः–** उस असीम शक्ति में पहुंचकर अपने को कनेक्ट करे। यानि की अन्य सारें विचारों को परे कर दे। और उसी असीम शक्ति के विचारों को हृदय में रखे। उस परिस्थिति में जो प्रार्थना की जाती है वो पूरी होती है। इस स्थिति में व्यक्ति दिन में कई बार आता रहता है लेकिन अपना उस समय प्रार्थनाओं के स्तर का ज्ञान नही रहता। अपने जो विचार है, चेतन मस्तिष्क के अथवा अवचेतन मस्तिष्क के, वो ही प्रार्थना बन जाते है। और प्रकृति उन्हें तथास्तु कह देती है। यानि की महत्वपूर्ण हो गये आपके विचार। अगर नेगेटिव विचार

है तो वो पूरे हो जायेंगे। पोजिटिव विचार है तो वो पूरे हो जायेंगे। इसलिये प्रार्थना के समय पोजिटिव विचार ही रखे जाने चाहिये।

2. **सामिप्यः–** इस स्थिति में व्यक्ति अपने को अपने ईष्ट के सम्मुख समझता है और जो प्रार्थना करता है ईष्ट के द्वारा पूरी की जाती है। यहाँ ईष्ट से तात्पर्य आकर्षण का सिद्धान्त व प्रकृति है।

3. **सारूप्यः–** जब आप अपने आपकों ध्यानादि करके उस असीम शक्ति के साथ ऐकाकार कर लेते है तो वो समस्त इच्छाएं थी वो पूरी होने लगती है।

प्रकृति व आकर्षण का सिद्धान्त तो उपजाऊ गिली मिट्टी है। विचार जो है वो बीज है। अतः जैसे विचार डालोगे वैसे ही आपके जीवन में वस्तुएं आकर्षित हो जायेंगी। जब आप विचारों के साथ अपने इमोशन्स को जोड़ देते हो तो हाईब्रिड बीज बन जाता है जो कि न केवल सफलता प्रदान करता है बल्कि सफलताओं की लड़ी बना देता है।

आकर्षण के सिद्धांत की एक मुख्य बात

आपके जीवन में क्या चीजें आकर्षित होगी? वही चीजें आकर्षित होंगी, जिन पर आप अपना अधिकांश समय लगाते है व अधिकांश प्रयास करते है। यानि की जिन पर आप फोकस करते है। इस सम्बंध में मनोवैज्ञानिकों का कथन है कि **Where is your intention, there goes energy. Where the energy concentrates, there the process of manifestation starts.** जहाँ आपका ध्यान है, ऊर्जा वही एकत्रित होती है। जिस चीज पर ऊर्जा एकत्रित होती है। वही आपके जीवन में आकर्षित होगी। आकर्षण के सिद्धान्त में दूसरा महत्वपूर्ण कारक है, कृतज्ञता का। यानि कि शुक्रगुजार होना।

विश्वप्रसिद्ध सीक्रेट पुस्तक में लिखा गया है कि जो व्यक्ति कृतज्ञ नही होते है उन्हें यूनिवर्स के द्वारा गरीब रखा जायेगा, बीमार रखा जायेगा व उनके सम्बंध टूटे–फूटे रहेंगें। इसके विपरीत जो लोग अपने जीवन में घटने वाली घटनाओं के प्रति कृतज्ञ रहते हैं वो अमीर बनेंगे, स्वस्थ रहेंगे, उनके सम्बंधों में मधुरता रहेगी।

आकर्षण के सिद्धान्त से पाठक अपने जीवन में मनचाही वस्तुएं प्राप्त कर सकते है। टीम 360 आकर्षण के सिद्धान्त पर वर्कशॉप/वेबनार ऑनलाईन आयोजित करती है। इच्छुक लोग सम्पर्क करके लाभ उठा सकते है।

NOTES (जो बातें आपके ह्रदय को छू गई है)

1. ____

2. ____

3. ____

4. ____

5. ____

6. ____

7. ____

8. ____

9. ____

10 ____

11. ____

12. ____

13. _______________________________________

14. _______________________________________

15. _______________________________________

16. _______________________________________

17. _______________________________________

18. _______________________________________

19. _______________________________________

20. _______________________________________

21. _______________________________________

22. _______________________________________

23. _______________________________________

24. _______________________________________

25. _______________________________________

NOTES (जो निर्णय आपने अपने जीवन में लेने हेतु तय किये है)

26. _______________________________________

27. _______________________________________

28. _______________________________________

29. _______________________________________

30. _______________________________________

31. _______________________________________

32. _______________________________________

33. _______________________________________

34. _______________________________________

35. _______________________________________

36. _______________________________________

37. _______________________________________

38. _______________________________________

39. _______________________________________

40. _______________________________________

41. _______________________________________

42. _______________________________________

43. _______________________________________

44. _______________________________________

45. _______________________________________

46. _______________________________________

47. _______________________________________

48. _______________________________________

49. _______________________________________

50. _______________________________________

(अध्याय–27)

हंस और कोवे की कहानी
(Focus Decides your Fate)

मानसरोवर पवित्र स्थान है। वहाँ ऐसे हंस पाये जाते है जो अत्यधिक सुंदर और आकर्षक होते है। उनकी एक विशेषता होती है कि वो दूध में से दूध–दूध तो पी लेते है और पानी छोड देते है। उसी मानसरोवर में ऐसे कव्वे भी पायें जाते है जो साफ पानी को छोड गन्दे पानी में ही रमण करते है।

ये कहानी बतलाती है कि कुछ लोग हंस प्रकृति के होते है। वो खुद के जीवन की घटनाओं पर विचार करते है। जो खुशनुमा घटनायें जीवन में होती है, उन पर फोकस करते है। उन्हें अपनी डायरी में लिख लेते है। उनके लिये ईश्वर/सर्वशक्तिमान का आभार व्यक्त करते है। इस कारण से उनमें कोन्फिडेन्स रहता है और वो तृप्त रहते है, प्रसन्न रहते है, प्रफुल्लित रहते है।

कुछ लोग ऐसे होते है जिनके पास जीवन की घटनाओं का कोई लेखा जोखा नही होता, और वो नेगेटिव घटनाओं पर ही फोकस करते रहते है। इसलिये वो ईश्वर के अथवा सर्वशक्तिमान के आभारी होने के बजाय उनके लिये शिकायत करते रहते है।

उपरोक्त कहानी के अनुसार जो हैप्पी इवेन्ट्स पर फोकस करते है उन्हे गुणग्राही कहा जाता है। ये हंस की तरह है। अध्यात्म में इस स्थिति के लोगो को गुरू अथवा हंस कहा जाता है। ये गुणग्राही होते है। जबकि कुछ लोग अवगुणों पर ही फोकस करते है। उन्हें कव्वा शिष्य कहा जाता है।

मुख्य बात यह है कि यदि आप अपने जीवन में घटित होने वाली हैप्पी इवेन्ट्स पर फोकस नही करोंगे, उनका लेखा जोखा नही रखेंगे, उनको अपनी डायरियों में नही उतारोगे और उनके लिये कृतझ नही रहोगे तो आप स्वतः ही नेगेटिव घटनाओं पर फोकस हो जाओंगे। यह प्रकृति का नियम है। जैसे किसी मकान की तीसरी मंजिल पर पानी को पहुंचाने के लिये कई जतन करने पड़ते है। लेकिन उपर से पानी नीचे गिराने के लिये कोई जतन की जरूरत नही, पानी अपने आप ही नीचे गिर जायेगा।

ऐसे ही गुणों पर फोकस रहने के लिये प्रोएक्टिव रहना पडता है, प्रयत्न करने पड़ते है, कमिटेड रहना पड़ता है, अगर कमिटेड नही होंगे तो स्वतः ही नेगेटिव बातों पर इन्टेन्सन हो जायेगा और कृतज्ञता का स्थान शिकायत ले लेगी।

एकाग्रता की कहानी व लाभ

आपने बचपन में कन्वेक्स लैन्स के जरिये कागज को जलाने के प्रयोग किये होंगे। आप एक हाथ में कन्वेक्स लैन्स को पकड़ते है, नीचे कागज का टुकडा रखते है और कन्वेक्स लैन्स को सूर्य के सामने करते है और सूर्य के प्रतिबिम्ब को कागज पर मजबूती से बिना हिले—डूले अपने हाथ से कन्वेक्स लैन्स को पकडे रहते है तो 5—7 मिनट बाद कागज गर्म होकर जलने लगता है। इस प्रयोग में हमने कन्वेक्स लैन्स का महत्व देखा तो उतना ही महत्वपूर्ण अपने हाथ का स्थिर रहना है। यदि हाथ हिलता रहेगा तो प्रतिबिम्ब कागज पर स्थिर नही होगा तो कागज जलेगा नही। यानि कि कन्वेक्स रूपी संसाधन आपके पास हो तो जब तक आप स्थिरता से काम नही करेंगे तब तक सफलता नही मिलेगी। अतः सफलता के लिये कन्सिटेन्टली स्थिर रहते हुए काम करने की जरूरत है।

इंसान का मन कन्वेक्स लैंस की तरह है। अगर यह हिलता डूलता रहेगा। यानि कि इसमें विचार आयेंगे जायेंगे और यह किसी

एक विचार पर दृढ नही होगा तो सफलता नही मिलती। किसी भी कार्य में सफल होने के लिये मन को एकाग्र एवं भावनाओं से ओतप्रोत रखने की जरूरत है। मन एक विचार देता है और जब ये विचार इमोशन्स के साथ जोड लिया जाता है तो ये एक इम्प्रूव्ड वेरायटी का बीज बन जाता है। जब उपजाऊ गिली मिट्टी में इस बीज को बोया जाता है तो निश्चित अंकुरण देता है। फलता फुलता है और फल देता है।

विचार बीज है, भावनाऐं इन बीजो को अधिक एक्टिव बनाती है। क्रियाऐं इन बीजों को जमीन में उगाने का कार्य करती है। वाणी यह बतला देती है कि भविष्य में इस इंसान के बारे में क्या होने जा रहा है। एक यूनिवर्सल लॉ है कि जो इंसान के अन्दर है वो बीज है। बाहर उसका प्रकटिकरण है। इसलिये जो लोग बाहर सफलताएं ढूंढते है उन्हे सफलता मिलना नामुमकिन है। सफलता तो आपके अन्दर निहित हैं। यदि आपके मन में, हृदय में किसी कार्य को करने का विश्वास बन गया तो ये ब्ल्यू प्रिन्ट की तरह है जो देर–सवेर आपके जीवन में घटित होगा।

दोष सामने वाले व्यक्ति में नही है, सामने वाला व्यक्ति तो आपका रिफ्लेक्शन है

अगर समस्या को हम बाहर समझते है तो ये समझ ही समस्या है। समस्या तो व्यक्ति के अंदर होती है। अतः उपचार भी अंदर के किये जाने की जरूरत है। ये यूनिवर्स तो इंसान का आईना है। जैसे इंसान अंदर से होता है वैसा ही उसे आईने में दिखाई देता है।

यदि किसी व्यक्ति के चेहरे पर दाग हो तो वो उसको खुद को दिखाई नही देता। उसको देखने के लिये या तो उसे आईने का प्रयोग करना होगा तो उसे दिखाई दे सकता है। इसी तरह से ये दुनिया आईना है जो आपको आपके दागों के बारे में परिचित कराती रहती है। दुनिया आईने से ज्यादा कुछ नही है। यदि आप

अपने दाग को मिटाने के लिये आईने को साफ करते हो, साबुन लगा कर साफ करते हो तो दाग नही मिटेगा। क्योंकि दाग आईने में है ही नही। दाग तो आपके चेहरे है। इसी तरह से दोष तो आपके अंदर है लेकिन दिखाई दुनिया को पड़ता है। आप दुनिया वालों को समझाओं तो दाग दूर नही हो पायेगा। स्वंय के अंदर ही दाग को साफ किया जायेगा तो दाग दूर होगा।

यदि आप विभिन्न क्षेत्रों में सफलता प्राप्त करना चाहते है तो अपने अन्दर में उन सफलताओं को होते हुए देखों – इसे मनोवैज्ञानिक लोग विजुलाईजेशन कहते है। इस विजुलाईजेशन के तीन प्रयोग बहुत प्रसिद्ध हुए है।

1. चन्द्रमा पर जब **नीलऑर्मस्ट्रोग** गये तो उन्हे तीन महिने तक एक विशेष तरह की मशीन पर कदमताल कराया गया। यह मशीन चन्द्र आकार की थी। उन्हें ये विजुलाईजेशन कराया गया कि तुम चन्द्रमा पर चल रहे हो। इस विजुलाईजेशन का यह प्रभाव पडा कि एक दिन वो चन्द्रमा पर वाकई में चल पडे।

2. **ऐडिसन** ने बिजली का बल्ब बनाने से पहले आंख बन्द करके एक चित्र बनाया और उसको अपनी कल्पनाओं में देखना आरम्भ किया और एक दिन उसने अपनी कल्पनाओं के अनुरूप बिजली का बल्ब बनाने में सफलता पा ली।

3. साईकिल ठीक करने वाले दो भाईयों ने विजुलाईज किया कि ये साईकिल के पहिये आसमान में उड़ रहे है। वर्षो विजुलाईज करते रहे और प्रयास करते रहे कि ऐसा यंत्र बने जो हवा में उड़ सके। इनका नाम **राईट ब्रदर्स** था और उन्होनें हवाई जहाज की खोज कर ली।

लब्धप्रतिष्ठित क्रिकेट खिलाड़ी **मैथ्यू हेडेन** से एक बार पूछा गया कि तुम मैदान में उतरने से पहले क्या करते हो। तो उन्होनें बताया कि मैं विजुलाईज करता हूॅं। आंखे बन्द करके देखता हूं कि मैं खेल में जबरदस्त प्रदर्शन कर रहा हूॅं और हमारी टीम विजयी हो रही है।

इसी तरह से ओलम्पिक दौड़ में जीतने वाले एक गोल्ड मेडलिस्ट से पूछा गया तो उन्होनें बताया कि मुझें वायरल फीवर हो गया और डॉक्टर ने खुले में दौड़ने से मना कर दिया। तो मैनें अपने घर में एक बडा शीशा लगाकर उसके साथ कदमताल करने लगा। विजुलाईज किया कि मैं मैदान में ही दौड रहा हूॅं। और मैं ओलम्पिक में जीत गया। इंसान का दिमाग यह फर्क नही करता है कि वो वास्तव में दौड रहा है या कल्पना में दौड रहा है।

जो बातें व्यक्ति के अर्धचेतन मस्तिष्क में स्टोर हो जाती है वो जीवन में प्रकट होती है। विजुलाईजेशन व पोजिटिव अफरमेशन (सकारात्मक वाक्यों का उच्चारण) ये दो ऐसी प्रक्रियाएं है जिनसे व्यक्ति अपने विचारों को, अपनी चाहतों को, अपने सपनों को अपने सबकोन्सियस माइंड में डाल सकता है ताकि जीवन में वो अपनी चाहतों को प्राप्त कर सके।

सबकोन्सियस माइंड के रिकोन्सिट्र्यूसन हेतु टीम 360 के बैनर तले वेबनार किया जाता है। इच्छुक लोग सम्पर्क कर सकते है।

NOTES (जो बातें आपके ह्रदय को छू गई है)

1. ____

2. ____

3. ____

4. ____

5. ______________________________

6. ______________________________

7. ______________________________

8. ______________________________

9. ______________________________

10. ______________________________

11. ______________________________

12. ______________________________

13. ______________________________

14. ______________________________

15. ______________________________

16. ______________________________

17. ______________________________

18. ______________________________

19. ______________________________

20. ______________________________

21. ______________________________

22. ______________________________

23. ______________________________

24. ______________________________

25. ______________________________

NOTES (जो निर्णय आपने अपने जीवन में लेने हेतु तय किये है)

26. ____

27. ____

28. ____

29. ____

30 ____

31. ____

32. ____

33. ____

34. ____

35. ____

36. ____

37. ____

38. ____

39. ____

40. ____

41. ____

42. ____

43. ____

44. ____

45. ____

46. ____

47. ____

48. ____

49. ____

50. ____

अध्याय–28

मन चंगा तो कठौती में गंगा
(Focus on Positive Thoughts)

एक व्यापारी थे, उनकी इच्छा हुई कि सपरिवार गंगाजी की तीर्थयात्रा करके आया जाये। उन्होनें तीर्थयात्रा के लिये अपनी पत्नी, बेटे, बहु, पोते–पोतियों को राजी किया और तैयारी की। पुराने जमाने की बात है उस समय बैलगाड़ियों से यात्राएं होती थी। महिनों लग जाते थे तीर्थयात्रा में जाने–आने में। व्यापारी को एक बात का विचार आया कि क्यों नही अपने गांव में एक जूते गांठने वाला व्यक्ति है। लोग उसे महात्मा भी कहते है। अपन उसको भी साथ ले चले।

उस महात्मा का नाम **रैदास** था। वो चमड़े की जूते आदि गांठने का काम किया करते थे। व्यापारी, रैदास के स्थान पर गये और उन्हें जानकारी दी कि वो परिवार सहित गंगाजी के दर्शन करने तीर्थयात्रा पर जा रहे है। यह सुनकर रैदास बहुत खुश हुए। उन्होनें कहा कि यह तो बहुत सुन्दर विचार है। अवश्य जाओं। व्यापारी ने रैदास से कहा कि आप भी हमारे साथ चलते तो अच्छा रहता। रैदास ने कहा कि अभी मेरे पास में आने–जाने के लिये रूपये आदि की व्यवस्था नही है। अतः मैं अभी जाने में असमर्थ हूँ। व्यापारी ने कहा कि रूपये पैसे तो मैं खर्च कर दूंगा। आप तो सिर्फ चलो। रैदास ने कहा, नही, दूसरे के पैसों से तीर्थयात्रा करना उचित नही है। व्यापारी ने कहा, अभी तो मैं 6 महिने बाद जाऊंगा। तब तक आप पैसे की व्यवस्था कर लो। जाते समय मैं आपको ले चलूंगा। रैदास ने अपनी सहमति दे दी।

बातों ही बातों में 6 महिने गुजर गये। एक दिन व्यापारी अपनी पत्नी, बेटे, बहु, पोते-पोतियों के साथ बैलगाडी लेकर रैदास की कुटिया पर आ गया और बोला कि चलों तीर्थयात्रा पर। रैदास ने निवेदन किया कि मेरे पास तो पैसे का जुगाड़ बना नही। इसलिये मैं नही जा पाऊंगा। तुम लोग जाओं। व्यापारी के परिवार ने कहा कि ठीक है जब आपका योग बनेगा तब चले जाना। अभी हम जाते है।

इस पर रैदास ने कहा कि आप मेरा एक काम करों तो अच्छा रहे। बोले क्या? और अपनी गद्दी के नीचे से एक ताम्बे का सिक्का निकाला और उस व्यापारी को पकड़ाया। उसे कहा कि तुम जब गंगा स्नान कर लो तो तुम मेरा ये सिक्का गंगा मैया को समर्पित कर देना। लेकिन शर्त यह है कि गंगा मैया से यह कहोगे कि यह रैदास का भेजा हुआ ताम्बे का सिक्का है। इसलिये तुम अपना सुन्दर हाथ पानी से बाहर निकाल कर इसे स्वीकार करों। यदि गंगा मैया अपना हाथ निकाल कर सिक्का स्वीकार नही करें तो सिक्का वापिस ले आना। व्यापारी ने इस बात को मजाक समझा। लेकिन रैदास का मन रखने के लिये ताम्बे का सिक्का ले लिया।

व्यापारी का परिवार बैलगाड़ी पर बैठकर तीर्थयात्रा के लिये रवाना हुआ। चलते-चलते महिनों हो गये तो गंगा घाटा पर पहुंचे। वहां पर स्नान किया। मौजमस्ती की। कुछ दिन रूक कर वो वापिस बैलगाडी में बैठकर गांव की ओर रवाना हो गये। 5-7 किलोमीटर आने के बाद व्यापारी को याद आया कि वो रैदास का ताम्बे का सिक्का तो देना तो भूल ही गये।

बैलगाड़ी हांकने वालें व्यक्ति को व्यापारी ने कहा कि वापिस चलो। सिक्का गंगा जी में देकर आयेंगे। व्यापारी की पत्नी और बेटे ने समझाया कि अपन ने बहुत दान-पुण्य किये है। उसी में एक सिक्का रैदास का मान लो। व्यापारी चतुर था। उसने कहा वापिस चलेंगे और सिक्का गंगा मैया को पेश करेंगे ताकि पता चल जायेगा कि रैदास ने यू ही बात कही है या उसकी बात में दम है। लोग यू

ही उसके शिष्य बने हुए है या उसमें कोई सामर्थ्य है। बैलगाड़ी वापिस गंगा घाट की तरफ चल दी। सेठ–सेठानी दुबारा नहा धोकर रैदास का सिक्का गंगा मैया को अर्पित करने के लिये गंगा मैया से प्रार्थना की कि यह रैदास का ताम्बे का सिक्का है। यदि तुम इस सिक्के को अपना हाथ पानी से बाहर निकाल कर इसे ग्रहण करों तो मैं इसे देने को तैयार हूॅं। नही तो रैदास ने कहा है कि मेरा सिक्का वापिस ले आना।

रैदास का नाम सुनते ही गंगा मैया बिलख पड़ी और अपने पुत्र की याद से आँखे भर आई। और उसने अपना सुन्दर हाथ बाहर निकाला तो व्यापारी और उसकी पत्नी ने रैदास का सिक्का उसके हाथ पर रख दिया। इतने में गंगा मैया ने अपना दूसरा हाथ बाहर निकाला जिसमें एक सोने का सुन्दर कंगन था। और बोली कि यह रैदास को रिटर्न गिफ्ट दे देना। वो सुन्दर कंगन लेकर व्यापारी का परिवार वापिस गांव की ओर चल दिया।

कुछ महिनों के बाद गांव पहुंच गये। व्यापारी और उसकी पत्नी अपने कामकाज में लग गये। वो सोने का कंगन रैदास को देना भूल गये। दीवाली आई तो दीवाली की पूजन के समय व्यापारी की पत्नी ने सभी गहने पूजन में रखने हेतु निकाले, तो वह सुन्दर सोने का कंगन भी दिखाई दिया। तो पत्नी ने व्यापारी से कहा कि यह तो रैदास को देना था। अभी तक दिया कैसे नही? दीवाली का समय था। प्रकृति में रजोगुण बढ़ा हुआ था। व्यापारी का मन भी बदल गया कि रैदास सोने का कंगन लेकर क्या करेगा? इसे तो मैं राजा को दूंगा। राजा पता नही खुश होकर मुझें क्या दे–दे? हो सके मुझें पांच गांवो की जागीर ही दे दे। तो मेरी सात पीढ़ियां आराम से खाती–पीती रहेंगी।

यह सोचकर दूसरे दिन दीपावली की राम–नामी करने के बहाने व्यापारी राजा के समक्ष उपस्थित हुआ। और वो कंगन राजा को भेंट किया। सुन्दर सोने का कंगन देखकर राजा तो खुश हो गया।

उसने वो कंगन अपनी महारानी के पास भिजवाया। महल से महारानी का का निवेदन आया कि जो कोई व्यापारी इस कंगन को लाया है। उसे अच्छा ईनाम दिया जाये। राजा ने खुश होकर पांच गावों की जागीर व्यापारी को दे दी।

महारानी कंगन को पहनकर बहुत खुश थी और महल की छत पर खड़ी होकर इठला रही थी। ऐसा वो कई दिनों से कर रही थी। पर एक दिन एक बूढ़ी औरत जो कि महल के आस–पास सफाई कर रही थी, उसने महारानी को देखा। वो कंगन पहनकर लहरा रही थी, इठला रही थी। बूढ़ी औरत ने दबे स्वर में कहा कि कंगन तो दोनों हाथों में अच्छे लगते है? एक हाथ में ही क्या पहन रखा है, महारानी जी? महारानी तो यह बात कहा सुनती क्योंकि वो तो महल की छत पर थी? लेकिन महल के दास–दासियों ने यह बात सुन ली और उन्होनें महारानी के कान भर दिये। महारानी ने कहा कि बूढ़ी औरत ने, ताना तो मारा है लेकिन बात में दम है। दोनों हाथों में कंगन होने चाहिये। एक हाथ में कंगन शुभ नही है।

महारानी ने राजा को बुलावा भेजा, राजा आयें। महारानी ने कहा कि एक हाथ के कंगन का मैं क्या करू? कंगन तो दोनों हाथो में होना चाहिये। दूसरे हाथ का कंगन और लाओ, राजा ने कहा कि उस व्यापारी को बुलाकर एक कंगन और मंगवा लेते है। राजा ने सिपाहियों को भेजा कि व्यापारी को बुलाकर लाओं। सिपाही व्यापारी को बुलाकर ले आये। राजा ने कहा कि महारानी बहुत नाराज है। दोनों हाथों में कंगन होने चाहिये। अतः एक कंगन और लेकर आओं।

यह बात सुनकर व्यापारी के पांव के नीचे से जमीन ही खिसक गई। उसे डर लगा कि अब तो चोरी पकड़ी जायेगी। व्यापारी ने राजा से निवेदन किया कि दूसरा कंगन तो नही मिल सकता। यह तो गंगा मैया का उपहार दिया हुआ है। राजा ने कहा कि जाओं वापिस तीर्थयात्रा पर और गंगा मैया से दूसरा उपहार लेकर आओं।

तुम्हे तीन महिने का समय दिया जाता है। अगर नही लाये तो तुम्हे मृत्यु दण्ड दिया जायेगा।

व्यापारी चिन्तित हुआ, घर आया और अपनी पत्नी को बताया। पत्नी ने कहा कि मैनें कहा था ना कि मत लफडे में पडो। यह कंगन रैदास को दे दो। व्यापारी बोला कि रैदास आदमी भला है। थोड़ी बेइज्जति तो होगी पर संत आदमी है। वो कोई ना कोई तरकीब मुझें बता देगा। इस बार मैं उसे भी लेकर एक बार फिर गंगाजी के दर्शन को चला जाऊंगा। वह मुझें एक कंगन और गंगा मैया से दिलवा देगा। लेकिन उसे समझ में नही आ रहा था कि वह किस मुंह से रैदास को यह बात कहे? वह अपनी पत्नी से बोला कि रैदास के पास तू चल और बोल कि अगर आपने हमारी मदद नही की तो मेरा सुहाग उजड़ जायेगा। वो एक संत आदमी है, वो औरत के आँसू नही देख पायेगा। वो हमे कोई ना कोई तरकीब जरूर बता देगा। हम सब एक बार और गंगा मैया के दर्शन कर आयेंगे और दूसरा कंगन लेकर आ जायेंगे।

पति–पत्नी दोनों रैदास के पास गये और अपनी पीड़ा रैदास को बताई। पहले तो रैदास ने आनाकानी की लेकिन जब व्यापारी की पत्नी रोने लगी तो उसने कहा कि ठीक है मैं मदद करता हूँ। व्यापारी ने कहा कि अपन इसी सप्ताह तीर्थयात्रा पर चलते है और गंगा मैया से दूसरा कंगन लेकर आते है। अगर आप नही जा सकते तो मुझें एक ताम्बे का सिक्का दे दो। मैं अकेला ही गंगाजी जाकर कंगन ले आता हूँ।

रैदास ने कहा कि कंगन के लिये इतनी दूर जाने की कहा जरूरत है? और यह कहकर पास रखी पानी की जो कठौती, जिसमें वो चमड़ा आदि धोते थे। उसमें हाथ डाला और बाहर निकाला तो उसके हाथ में वही सोने का कंगन था। व्यापारी को कंगन पकडा दिया और कहा कि इसे ले जाओं। रैदास अपने जूते गांठने के काम में लग गये। वहा कुछ लोग इस दृश्य को देखने

वालें भी मौजूद थे। उन्होनें कहा कि ये कैसे हुआ? तो रैदास ने बताया कि मन शुद्ध हो तो कठौती में भी गंगा ही है। तब से यह कहावत चल पड़ी कि **'मन चंगा तो कठौती में गंगा।'**

मनोवैज्ञानिकों का कहना है कि यदि आप अपने मन को सकारात्मक विचारों के ईद–गिर्द घूमाते हो। सकारात्मक कार्य करते हो। सकारात्मक शब्द बोलते हो तो आपका मन शुद्ध हो जाता है और वह सुन्दर चीजे जिन्हे की आप चाहते हो आकर्षित करने लग जाता है।

मन को ऐसे समझियें जैसे कि यह एक जानवर है। जैसे जानवर को ट्रेनिंग देकर पालतू बनाया जाता है, तो जानवर बॉल पकड़कर वापिस ले आता है। जानवर अपने पंजो से हाथ जोडने लग जाता है। जानवरों को जैसे ट्रेनिंग देकर मन को प्रशिक्षित किया जा सकता है। मन को भी वैसे ही प्रशिक्षित करने के लिये दो बातें बताई जाती है, एक तो एकाग्रता, दूसरा मन को शुद्ध करना अथवा दोषो से दूर रखना।

भगवद् गीता में भगवान कृष्ण ने मन को एकाग्र करने के प्रयास करवाये जाने को अभ्यास कहा है तथा मन को दोषों से दूर रखने व साफ करने को वैराग्य कहा है। अर्जुन ने भगवान श्रीकृष्ण से कहा कि मन तो वायु के समान तेज गतिशील है, इसको बस में करना मुश्किल ही नही, असम्भव है। भगवान कृष्ण ने कहा कि अर्जुन तुम सही कहते हो, वाकई में मन पर नियंत्रण करना लगभग असम्भव है, लेकिन अभ्यास और वैराग्य से इसे पालतू बनाया जा सकता है। पालतू मन आपका स्वामी भक्त सेवक होगा। उत्श्रंखल मन आपको परेशान करता है। आपके द्वारा प्रशिक्षित किया गया मन आपको हर कार्य में सहयोग प्रदान करेंगा।

असंशयं महाबाहों मनो दुर्निग्रह चलं।
अभ्यासेन तु कौन्तेय वैराग्येण च गृह्यते।। 6.35।।

एकाग्रता का अभ्यास करके मन को एकाग्र किया जा सकता है। कुछ लोग ध्यानादि करके मन को नियंत्रित करते है। मन को प्रशिक्षित करने के दौरान निम्न स्थितियॉ बनती है।

1. **जाग्रत स्थितिः–** जब व्यक्ति आंख बन्द करके किसी बिन्दु विशेष पर या अपने ईष्ट पर ध्यान केन्द्रित करता है तो इसे धारणा कहा जाता है। कई महिनों के अभ्यास से इस धारणा में अपने ईष्ट के दर्शनादि होने लगते है अथवा अन्य सुन्दर दृश्य दिखाई देने लगते है। माण्डुक्य उपनिषदों में मन की इस स्थिति को जाग्रत समाधी कहा है।

2. **स्वप्न स्थितिः–** जब एकाग्रता का अभ्यास करते हुए कुछ गहराई में धारणा होने लगती है तो व्यक्ति ऐसा महसूस करता है जैसे कि उसे नींद आ गई। और वो बंद ऑखों से नींद लेने लगता है और उसे स्वप्न दिखाई देने लगते है। वो सपनों में अनेक–अनेक अपने पूर्वकाल के दृश्यों को देखता है अथवा भविष्य में आने वालें दृश्यों को देखता है। इस समय मन के अंदर उथल–पूथल मची होती है और वह सपनों के रूप में दिखाई देती है। जो पुराने संस्कार इकट्ठे होते है जिसे कि अध्यात्म की भाषा में चित्त कहा जाता है। चित्त में विचारों की वृतियॉ एकत्रित रहती है। ये वृतियॉ ही विचारों को जन्म देती है। यानि कि आपके जीवन में कोई भी घटना घटती है तो उसका एक संस्कार चित्त में बन जाता है। और धीरे–धीरे वो संस्कार वृति बन जाता है। और फिर उस वृतियों से विचार बनते रहते है। यानि कि वृतियॉ विचारों की जननी है। योग में एक प्रसिद्ध कथन है किः–

योगश्चित्तवृत्तिनिरोधः।

यानि कि चित्त वृत्तियों का निरोध ही योग है। स्वप्न समाधी में इन संस्कारों का क्षय होता है। चित्त के अन्दर जो संस्कार इकट्ठे है, वो खत्म होने लगते है। इसको माण्डुक्य उपनिषद में स्वप्न समाधी कहा गया है। साधक यह सोचता है कि मैं गिर गया। जबकि वास्तव में गिरने के बजाय संस्कारो का क्षय होता है।

मनोवैज्ञानिक इस प्रक्रिया को सबकोन्सियस माईंड को सकारात्मक बनाना व नकारात्मकता को हटाना कहते है।

1. **सुसुप्ति अवस्थाः–** जब धारणा करते–करते स्वप्न आने बंद हो जाते है तो एक गहरी नींद की अवस्था आ जाती है। जिसमें न तो धारणा करने वाले का ध्यान रहता है। न ही जिस चीज पर धारणा की जाती है उसका ध्यान रहता है। यह तो गहरी नीद्रा की अवस्था है। यहाँ पर मन अपनी भागदौड़ बन्द कर देता है और पूरी तरह पालतू व प्रशिक्षित हो जाता है।

2. **निरोधावस्थाः–** जब सुसुप्ति से मन बाहर निकलता है तो वो आपके कहे में चलने लग जाता है। अनेक प्रकार के आपके कार्यो को सिद्ध करने लग जाता है। जो लोग सिद्ध कहे जाते है वो इसी अवस्था के लोग कहे जाते है। कल्पवृक्ष व कामधेनू आदि की सिद्धियाँ इसी निरोधावस्था के समय साधक को मिलती है।

मन को प्रशिक्षित करना उचित है, लाभकारी है। लेकिन इससे करामाते दिखाना अध्यात्म वेताओं द्वारा उचित नही कहा गया है। अध्यात्म वेता को इस स्थिति तक अध्यात्म की शुरूआत भी नही मानते है। इन्हे दुनियॉवी बांते ही मानते है। ज्ञान प्राप्ति, बुद्धि का

पैना होना, निर्मल होना, निश्चल होना आदि को अध्यात्म बतलाते है।

मनोवैज्ञानिकों की दृष्टि में मन व बुद्धि दोनों मिलाकर एक यूनिट है। जिसे उन्होनें सबकोन्सिय माईंड, सुपर कोन्सियस माईंड कहा है। सबकोन्सियस माईंड का जब शुद्धिकरण हो जाता है तो बुद्धि का तराशना आरम्भ होता है। और बुद्धि सनमार्ग में प्रेरित हो जाती है और इस बुद्धि को प्रज्ञा कहा जाता है। आगे चलकर यह बुद्धि ऋतम्भरा बन जाती है।

व्यक्ति का पूर्ण व्यक्तित्व विकसित हो इसके लिये स्टीफन और कोवी की बताई गई चारों बुद्धिमताओं जैसे P.Q. (Physical Quotient), I.Q. (Intelligence Quotient), E.Q. (Emotional Quotient) & S.Q. (Spiritual Quotient) इन चारों क्योसेन्ट्स को ठीकठाक विकसित कर लेना और सिनर्जिकली विकसित कर लेना, व्यक्ति को पूर्ण व्यक्तित्व का धनी बना सकता है। व्यक्ति अपने अपेक्षित क्षेत्रों में सर्वोच्च सफलता प्राप्त कर सकता है।

NOTES (जो बातें आपके ह्रदय को छू गई है)

1. ____

2. ____

3. ____

4. ____

5. ____

6. ____

7. ____

8. ____

9. ____

10. ____

11. ____

12. ____

13. ____

14. ____

15. ____

16. ____

17. ____

18. ____

19. ____

20. ____

21. ____

22. ____

23. ____

24. ____

25. ____

NOTES (जो निर्णय आपने अपने जीवन में लेने हेतु तय किये है)

26. ____

27. ____

28. _______________________________________

29. _______________________________________

30. _______________________________________

31. _______________________________________

32. _______________________________________

33. _______________________________________

34. _______________________________________

35. _______________________________________

36. _______________________________________

37. _______________________________________

38. _______________________________________

39. _______________________________________

40. _______________________________________

41. _______________________________________

42. _______________________________________

43. _______________________________________

44. _______________________________________

45. _______________________________________

46. _______________________________________

47. _______________________________________

48. _______________________________________

49. ____

50. ____

(अध्याय—29)

पानी में बहा बच्चा वापिस मिला – एक कहानी

(कृतज्ञता की आदत ही अमीर बनाती है, स्वस्थ बनाती है व मधुर सम्बंध बनाती है)

गंगा के तट पर एक महिला अपने बच्चें को गोद में लिये बैठी थी। नदी में पानी का बहाव तेज बढ़ रहा था। बारिश का मौसम था। बच्चा व बच्चे की मां दोनों लुत्फ उठा रहे थे। पानी की धारा तेज हुई। पानी किनारे पर छलकने लगा। अचानक एक लहर आई और मम्मी के हाथ से बच्चा छूट गया और लहर बहा ले गई।

मम्मी रोने लगी। विलाप करने लगी, आसपास में खड़े लोगो को मदद के लिये पुकारने लगी। विकल हो गई। परमात्मा से प्रार्थना करने लगी, कि मेरे बच्चे को लहर क्यों ले गई? अचानक दूसरे किनारे से एक लहर आई, बच्चे को वापिस साथ बहा लाई। बच्चा मम्मी के पास बहता हुआ आया। मम्मी ने बच्चे का हाथ पकडा और गोद में ले लिया। बच्चा बिलकुल सही हालात में था। मां खुश हुई और परमात्मा को धन्यवाद देने लगी, कि मेरा बच्चा डूबने से बच गया। सभी लोग कृतज्ञता का भाव प्रकट करने लगे। फिर लोग अपने–अपने काम से चले गये। बच्चा और मम्मी दोनों किनारे से उठे और चलने लगे। इतने में मम्मी ने गौर से देखा कि बच्चे के एक पांव में चांदी की पायल नही है। जबकि लहर बच्चे को ले गई थी तब बच्चे के दोनों पांवो में चांदी की पायल थी। एक पांव की पायल कहां गई? भाग्य को कोसने लगी। बच्चे को कोसने लगी कि वह पायल कहां छोड आया? और परमात्मा को कोसने लगी।

कृतज्ञता के भाव गायब हो गये और स्थान ले लिया भाग्य को कोसना, शिकायत करना आदि के भावों ने।

इस कहानी से मेरा आशय आपको इतना भर बतलाना है कि कृतज्ञता एक बार की क्रिया नही है, न ही यह कोई रस्म है जिसे निभाया जाये। कृतज्ञता तो एक आदत है जिसे बार–बार कृतज्ञता प्रकट करके सींखनी होती है। आज की प्रबंधकीय भाषा में कहूं तो कृतज्ञता का सार्थक प्रशिक्षण लेना होता है।

कृतज्ञता ही वो मूल मंत्र है जिसके आधार पर आप स्वस्थ रहेंगे, अमीर बनेंगे व आपके रिश्तों में मधुरता आयेगी। इसलिये कृतज्ञता के इस सिद्धान्त को हल्के में न लिया जाये। जिस तरह से चिकित्सक को डॉक्टर बनने से पहले पांच साल का अध्ययन करना होता है। फिर उसकी परीक्षा देनी होती है। फिर प्रेक्टिस करके अनुभव प्राप्त करना होता है। फिर अथिक्स (नैतिकता) पर चलकर गुडविल प्राप्त करनी होती है। इसी तरह से कृतज्ञता भी एक पूरा विषय है जिसका ठीक से पठन व अभ्यास करने की जरूरत है।

मैनें 'कृतज्ञता की संजीवनी' नामक एक पुस्तक लिखी है। जिसे आप पढ़ सकते है। उस पुस्तक में मैनें कई प्रकार की एक्सरसाईज बताई है। उन एक्सरसाईज को आप 30 दिन तक लगातार करके कृतज्ञता के सिद्धान्त को अमल में ला सकते है तथा आगे 60 दिन और प्रेक्टिस करके कृतज्ञता की आदत अपने में अच्छी प्रकार से विकसित कर सकते है।

कृतज्ञता से होने वाले लाभ

1. जीवन में घटित होने वाली घटनाओं में दो प्रकार की घटनाएं हो सकती है। एक तो वो घटनाएं जिन्होनें आपको खुशियाॅ प्रदान की है। मैं इन घटनाओं को हैप्पी इवेन्ट्स का नाम देता हूॅ। दूसरी वो घटनाएं जो आपको खुशियाॅ प्रदान नही करती व तकलीफ देती है। ऐसी घटनाओं को मैं अनहैप्पी इवेन्ट्स कहता

हूँ। आप पहले हैप्पी इवेन्ट्स पर अपने को फोकस करें। अच्छा हो कि आपके साथ पिछले साल कौन–कौन सी घटनाएं खुशनुमा हुई, उन्हे लिख ले। उसके बाद उससे पहले साल जो खुशनुमा घटनाएं हुई, उन्हे लिख ले। ऐसे आप पीछे दर पीछे प्रत्येक साल की खुशनुमा घटनाओं को लिख ले। मैनें इस अभ्यास को स्वंय ने किया है। शुरू में लिखना आरम्भ किया तो 5–7 खुशनुमा घटनाओं से ज्यादा नही लिख पाया। धीरे–धीरे अभ्यास करने से मेरे पास 100 से अधिक ऐसी घटनाएं हो गई जो मेरे लिये खुशनुमा रही और मैं उनके लिये कृतज्ञ हूँ। आप भी ऐसा कर सकते है। यदि आप महिने डेढ महिने के अभ्यास से 100 से अधिक खुशनुमा घटनाओं को लिखने में कामयाब हो जाते हो, तो आप एक खुशदिल इंसान बन जायेंगे। आपके पास में खुश होने के लिये 100 खुशनुमा घटनाओं का स्टॉक होगा। जब आपकी याददास्ती में 100 खुशनुमा घटनाऐं रहेंगी तो एक–आध दो कोई तकलीफ देनी वाली घटनाऐं भी आपके पास आ गई तो आप उसे नजरअंदाज कर देंगे और आप दिलखुश इंसान बने रहेंगे।

2. **प्रतिदिन की खुशनुमा घटनाएं:–** आप रात्रि में सोने से पहले या तो मेरे द्वारा लिखी गई **'कृतज्ञता की संजीवनी'** में दी गई इस आशय की एक्सरसाईज को कर ले। अन्यथ आप स्वंय एक डायरी ले सकते है जिस पर शीर्षक डाल दे ग्रेटिट्यूड डायरी। रोजाना सोने से पहले दिनभर में जितनी घटनाएं खुशनुमा हुई है उनकी लिस्ट उसमें बनाले। व आपकों क्यों कृतज्ञ रहना चाहियें घटना के आगे लिख दे। अगर आप इस एक्सरसाईज को वर्षभर करते है यानि कि कुछ दिन नही भी कर पायें तो 360 दिन करते है और प्रतिदिन पांच ही घटनायें खुशनुमा होती है। आपके पारा गें 1000 खुशनुगा घटनायें हो जायेंगी। ये आपकी भावनात्मक समृद्धि होगी, पूंजी होगी। अगर कोई

तकलीफ देने वाली घटना आपके जीवन में घटेगी भी तो उसे आप हंसकर टाल देंगे। क्योंकि आपके पास में खुशनुमा घटनाओं का एक अच्छा खासा संग्रह है।

3. **भविष्य की इच्छाएं:–** आप अपनी भविष्य दृष्टि के अनुसार अपने गोल्स को तय कर सकते है। और उन्हें लिख ले। प्रतिदिन अपने लक्ष्य की तरफ जो दो सार्थक प्रयास किये गये हैं, उनको रात्रि में सोने से पहले ग्रेटिट्यूड बुक में तारीखवार लिख ले। इससे आपके जो भविष्य के गोल्स है वो आपके सबकोन्सियस में चले जायेंगे। और आपके जीवन में आपके द्वारा चाही गई चीजें व घटनाएं प्रकट करने लगेंगे।

4. **श्रृद्धा का विकसित होना:–** जब आप खुशनुमा घटनाओं को पूरे वर्षभर लिखेंगे तो आप पायेंगे कि आपकों अपने आपमें श्रृद्धा हो गई। आपको परमात्मा में श्रृद्धा हो गई और आपकों अपने ईर्द गिर्द रहने वालें लोगों में विश्वास बन गया। आप यूनिवर्स को अपना मित्र समझने लगेंगे।

5. **पैराडाईम परिवर्तन:–** जब आप वर्षभर प्रतिदिन खुशनुमा घटनाओं को लिखेंगे तो आपके पास में खुशनुमा घटनाओं का भण्डार होगा। और आपकी वाणी से खुशनुमा शब्द निकलेंगे और आपके चेहरे से खुशियाँ झलकेंगी। आपके जीवन का पैराडाईम बदल जायेगा। अब आप जो भी अपनी बात कहोंगे उसमें कृतज्ञता झलकेंगी। पड़ौसियों का सहयोग झलकेगा। परमात्मा की कृपा झलकेंगी। अधूरापन व शिकायत करने की आदत खत्म हो जायेगी।

6. **पैराडाईम परिवर्तन से आपको तीन लाभ होंगे:–** (1)– आप अब अमीरी की प्राप्ति की और बढते चलेंगे, (2) आपका स्वास्थ्य अच्छा होने लगेगा, (3) आपके रिश्तों में मधुरता विकसित होने लगेगी।

मछली बेचने वाली महिला की कहानी

एक बार की बात है। दो सहेलियाँ थी जिनके गांव पास–पास में ही थे। तीन–चार किलोमीटर का अंतर था। एक सहेली अपने गांव से निकलती, और रास्ते में दूसरी महिला का गांव आता, उसको भी साथ लेकर कस्बे में पहुंचती थी। एक महिला तो मछलियों का बोरा भरकर सिर पर लेकर जाती थी और मछलियाँ बेचती थी। दूसरी गुलाब के फूलों का टोकरा गांव से ले जाती थी और वो गुलाब के फूल कस्बे में बेचती थी।

एक दिन कस्बे में मेला लगा। खूब मछलियाँ बिकी, खुब गुलाब के फूल बिके। लेकिन अंधेरा पड गया। रात्रि में दोनों महिलायें वापिस अपने गांव की और चल पडी। बीच में गुलाब बेचने वाली महिला का गांव आया। उस महिला ने दूसरी महिला से निवेदन किया कि तुम रात्रि में कहा जाओगी? मेरे यही रूक जाओं। उसने भी रात्रि में अकेले जाना उचित नही समझा और उसके घर पर रूक गई। वही पर दोनों ने खाना खाया, खाना खाने के बाद दोनों सो गई। लेकिन उस घर में तो जिधर देखो उधर ही गुलाब की खुशबु थी। गुलाब के फूल बेचने वाली महिला तो थकी हुई थी। उसे तो तत्काल नींद आ गई। लेकिन मछली बेचने वाली महिला को नींद नही आई। फिर उसे ख्याल आया और वो अपनी मछली रखने वाली टोकरी के पास गई और अपनी ओढ़नी लेकर आई और उसे मुंह पर रखकर सो गई जिससे उसे भी नींद आ गई।

मैं इस कहानी से आपको यह बतलाना चाह रहा हूँ कि गुलाब में कितनी ही अच्छी खुशबु हो लेकिन मछली बेचने वाली महिला मछलियों की गंध से ही कंडिशन्ड हुई थी। अतः उसने मछलियों वाली ओढनी को मुंह पर डाला तभी उसे चैन मिला और नींद आई।

बस यटी होता है। शिकायत करने की, जिन लोगो की आदत पडी हुई है। दूसरों पर दोषारोपण करने की जिनकी आदत पडी हुई

है। अपने को दीनहीन समझने की जिनकी आदत पडी हुई है। कमियाॅं निकालने की जिनकी आदत पडी हुई है। वो लोग कृतज्ञता को अपने जीवन में आसानी से नही उतार पाते। अतः विशेष प्रयास करके कृतज्ञता की ओढ़नी ओढी जायेगी तब ही कृतज्ञता की आदत डलेगी। एक बार कृतज्ञता की बात कह देने मात्र से व रस्मी तौर पर थैंक्स कह देने से, कृतज्ञता जीवन में नही उतरेगी और कृतज्ञता के लाभ नही मिलेंगे। ये तो कृतज्ञता का पैराडाईम बनाने से ही कृतज्ञता के खूबसूरत लाभ मिलेंगे।

कृतज्ञता बॉल का महत्व

कृतज्ञता को विकसित करने के लिये प्रतिदिन एक कार्य और किया जा सकता है। एक सुन्दर बॉल जो बाजार में मिल जायेगी। आप ले सकते है। छोटी बॉल हो जो आराम से हाथ में आ जाये। उसको प्रतिदिन रात्रि में सोने से पहले अपने दिनभर की खुशनुमा बातों को बताईये और थैंक्स बोलियें। इसे आप प्रतिदिन आसानी से कर सकते है। 90 दिन अगर लगातार अभ्यास करेंगे तो आपमें अच्छी खासी आदत विकसित हो जायेगी और कृतज्ञता का सिद्धान्त आपके जीवन में क्रान्ति ला देगा।

टीम 360 ग्रेटिट्यूड श्रीचक्र लोगों को देती है। इससे दोहरा फायदा है– एक तो कृतज्ञता की आदत विकसित होती है। दूसरा जीवन में शुभ घटनाओं का प्रकटीकरण होने लगता है। इच्छुक लोग टीम 360 से सम्पर्क कर ग्रेटिट्यूड श्रीचक्र को प्राप्त कर सकते है। जीवन में जो **किल्लत, ईल्लत, जिल्लत का कुचक्र चल रहा है।** यदि ग्रेटिट्यूड श्रीचक्र को प्रतिदिन सोने से पहले आप खुशनुमा घटनाओं को बोलकर बतायेंगे और थैंक्स कहेंगे तो निरन्तर तीन महिने के प्रयास के बाद आप पायेंगे कि आपके जीवन में क्रान्ति आ गई। और शुभ घटनाओं का श्रीचक्र आपके जीवन में चल पड़ा है। यदि कोई घटना अप्रिय भी घटेगी तो भी आप दिव्य योजना के

जरिये आपके जीवन में कोई बडा लाभ होने जा रहा है, इस नजरिये से आप उस अप्रिय घटना को लेंगे। और आप अप्रिय घटनाओं को भी प्रिय घटनाओं में बदल देंगे। और पूरी तरह श्रीचक्र आपके जीवन में चल पडेगा और आप खुश व खुशहाल हो जायेंगे।

NOTES (जो बातें आपके हृदय को छू गई है)

1. ____

2. ____

3. ____

4. ____

5. ____

6. ____

7. ____

8. ____

9. ____

10. ____

11. ____

12. ____

13. ____

14. ____

15. ____

16. ____

17. _______________________________________

18. _______________________________________

19. _______________________________________

20. _______________________________________

21. _______________________________________

22. _______________________________________

23. _______________________________________

24. _______________________________________

25. _______________________________________

NOTES (जो निर्णय आपने अपने जीवन में लेने हेतु तय किये है)

26. _______________________________________

27. _______________________________________

28. _______________________________________

29. _______________________________________

30. _______________________________________

31. _______________________________________

32. _______________________________________

33. _______________________________________

34. _______________________________________

35. _______________________________________

36. _______________________________________

37. _______________________________________

38. _______________________________________

39. _______________________________________

40. _______________________________________

41. _______________________________________

42. _______________________________________

43. _______________________________________

44. _______________________________________

45. _______________________________________

46. _______________________________________

47. _______________________________________

48. _______________________________________

49. _______________________________________

50. _______________________________________

अध्याय-30

गलत नक्शा नही मदद करेंगा – एक कहानी

(पैराडाईम परिवर्तन ही आपकों अति प्रभावकारी बनायेगा)

एक व्यक्ति को मुम्बई में घूमने जाना था। वो अपने साथ में मुम्बई का नक्शा ले गया। ताकि वो मुम्बई को अच्छी तरह से घूम सके। लेकिन गलती से वो गलत नक्शा ले गया जो दिल्ली का नक्शा था लेकिन गलती से मुम्बई छप गया।

वो नक्शे के अनुसार कुतुबमीनार देखना चाहता था। नक्शे में कुतुबमीनार बनी हुई थी। उसने टैक्सी किराये पर ली और विचार बनाया कि मैं कुतुबमीनार को देखूंगा। मैं संसद भवन को देखूंगा। मैं बिडला मन्दिर को देखूंगा। लेकिन टैक्सी चालक समझ नही पाया। बोला आगे चलकर किसी को पूछ लेंगे। मुझें तो मालूम नही है कि कुतुबमीनार कहां है? कुतुबमीनार ढूंढने-पूछने में घंटो लग गये। लेकिन उन्हें कुतुबमीनार नही मिली। पर्यटक व्यक्ति ने कहा तुम तेज गति से चलो। तुम सकारात्मक रहो। अपना व्यवहार मृदु रखो। लोगों से पूछ लो। पूछने में क्या शर्म है? बी कॉपरेटिव, बी पोजिटिव, हैव जेन्टलमेन बिहेवियर।

क्या वो पर्यटक कभी कुतुबमीनार देख पायेगा? जितना टैक्सी को ज्यादा तेज चलवायेगा उतना ही ज्यादा कन्फ्यूज होंगा और लक्ष्य से दूर जायेंगा। कितना ही पोजिटिव हो जायें? कुतुबमीनार नही मिलेगी। कितना ही अपना व्यवहार सुधार ले, रवैया अच्छा कर ले लेकिन कुतुबमीनार नही मिलेगी। क्योंकि जिस नक्शे से वो ढूंढ

रहे थे वो नक्शा ही गलत था। वो नक्शा मुम्बई का था ही नही। दिल्ली के नक्शे पर गलती से मुम्बई छप गया था। यदि नक्शा सही होता तो टैक्सी की तेज गति से जल्दी पहुंचने की सम्भावनाएं होती। पोजिटिव रवैये से भी सकारात्मक फर्क पडता। कुतुबमीनार जल्दी मिल सकती थी। मृदु व्यवहार भी लाभकारी होता। लेकिन नक्शा गलत, तो सबकुछ गलत।

इंसान के जीवन में भी उसके दिमाग में गलत नक्शे होते है। वो उन गलत नक्शों के सहारे अनेक लक्ष्य पूरे करना चाहता है। तो वो लक्ष्य उसे मिलते नही। इंसान के अंदर जिस प्रकार के विश्वास है, जिस प्रकार की कल्पनाएं है, जिस प्रकार के संस्कार है, उन सबको मिलाकर उस व्यक्ति का पैराडाईम कहा जाता है। पैराडाईम से तात्पर्य है कि व्यक्ति के अंदर जो सोफ्टवेयर है। उसी से उसे विभिन्न प्रकार के कार्य करने की प्रेरणा मिलती है। पैराडाईम को यो भी समझा जा सकता है कि एक व्यक्ति अगर दिल्ली से मुम्बई जाने वाली ट्रेन में सवार हो गया और उसे जाना था अमृतसर तो वो अमृतसर नही पहुंच पायेगा। वो मुम्बई पहुंचेगा। इसी तरह से इंसान के अंदर जो-जो पैटर्न बने हुए है उन्ही पैटर्न के अनुसार उसके जीवन में घटनाऐं घटेंगी।

यदि कोई व्यक्ति अपनी प्रभावकारिता को अथवा अपनी आमदनी को 10–15 प्रतिशत बढ़ाना चाहे तो प्रयास अधिक करके तथा रवैया सकारात्मक रखकर बढ़ा सकता है। लेकिन यदि वो व्यक्ति अपनी आमदनी को तिगुना, पांचगुणा, दसगुणा बढ़ाना चाहे तो उसे पैराडाईम को बदलना होगा। एक व्यक्ति का जॉब करने का पैराडाईम है। उससे उसे एक निश्चित आमदनी प्रतिमाह प्राप्त होती है, अगर वो यदि अधिक प्रयास करेगा, अपने व्यवहार को सकारात्मक रखेगा तो उसकी आमदनी में 10–15 प्रतिशत की वृद्धि हो सकती है। लेकिन तिगुनी, पांचगुनी, दसगुनी नही हो सकती। ये केपिंग ही व्यक्ति की क्षमताओं को सीमित करती है।

इंसान के आम जीवन में पैराडाईम के स्वरूप

स्टीफन ऑर कोवी ने अपनी पुस्तक **'7 हेबिट्स ऑफ हाईली इफेक्टिव'** में पैराडाईम के कन्सेप्ट को बड़ा प्रभावकारी ढंग से व विस्तार से समझाया है। लेखक को ये लिखने में कोई शर्म नही है कि इस पुस्तक को पढ़ने से पहले वो पैराडाईम शब्द से परिचित नही थे। लेकिन लेखक प्रयास और भाग्य, इनमें कौन अधिक प्रबलता से, इंसान के जीवन को प्रभावित करता है, पर विचार करते थे।

भाग्य को स्टीफन के पैराडाईम के शब्द से समझना आसान हो गया। कम्प्यूटर की भाषा में कहे तो इंसान का दिमाग एक कम्प्यूटर है और उसके अंदर जो सोफ्टवेयर डला हुआ है। उसके अनुसार उसके जीवन में घटनाऐं घटती है। लेकिन एक खुशी की बात है कि इंसान स्वयं ही अपने सोफ्टवेयर का प्रोग्रामर है। वो जब चाहे तब अपने मस्तिष्क के सोफ्टवेयर के प्रोग्राम को बदल सकता है। नया प्रोग्राम डाल सकता है और पुराने को डिलिट कर सकता है।

स्टीफन ऑर कोवी ने प्रथम आदत प्रोएक्टिव की बताई है। इस प्रोएक्टिव व्यक्ति का पैराडाईम आत्म जागरूकता (Self Awareness) व जिम्मेदारी लेने का होता है। जबकि जो लोग प्रोएक्टिव नही है उनका पैराडाईम रिएक्टिव व्यक्ति का होता है। यानि की शिकायत करना, व्यथित होना, दूसरों में दोष निकालना, परिस्थितियों से नाखुश रहना आदि।

स्टीफन ऑर कोवी की सातों आदतों के पैराडाईम व सिद्धान्तों को निम्न प्रकार दर्शाया जा सकता है।

क्र. सं.	आदत	पैराडाईम	सिद्धान्त
1.	प्रोएक्टिव	स्वनिर्णय (Self Awareness)	जिम्मेदारी / पहल करना
2.	अंत के साथ शुरू करना	दो रचनाएं / फोकस	भविष्य दृष्टि / मूल्य
3.	प्रथम वस्तु पहले रखे	प्राथमिकता / कार्य	निष्ठा / क्रियान्वयन
4.	जीत–जीत की मानसिकता	प्रचुरता की मानसिकता	पारस्परिक सम्मान / लाभ
5.	पहले सुने फिर अपनी बात कहें।	सहानुभूति / साहस	पारस्परिक समझ
6.	सीनर्जी	मूल्यों की भिन्नता	रचनात्मक सहयोग
7.	आरी की धार तेज करना	पूर्ण पुरूष का व्यक्तित्व	नवीनीकरण

चूंकि उपरोक्त सात आदतों को जिन लोगों ने जीवन में अपनाया। उन लोगों में धीरे–धीरे पैराडाईम का परिवर्तन हुआ। इसिलिये उनमें ट्रांसफार्मेशन हुआ।

प्रथम आदतः– जो लोग जिम्मेदारी लेकर पहल करके कार्य करते है, उनकी प्रभावकारिता कोवी के अनुसार 50 गुना बढ जाती है। ऐसे लोग खुशनुमा रहते है तथा धीरे–धीरे खुशहाल भी हो जाते है। क्योंकि इस आदत में पैराडाईम आत्म जागरूकता, आत्म निर्धारण, स्वविवेक से कार्य करने का हो जाता है। व्यक्ति अपने को अपने भविष्य का रचयीता स्वीकार करता है। चूंकि उसके दिमाग के सोफ्टवेयर में परिवर्तन हो जाता है इसलिये वो एक अन्य प्रकार का व्यक्ति बनने लगता है। उसका व्यक्तित्व सामान्य से अति प्रभावकारी व्यक्तित्व बन जाता है।

द्वितीय आदतः– अंत को ध्यान में रखकर कार्य करना। सामान्यतः शुरूआत अच्छी की जाये ताकि कार्य का अंतिम स्वरूप सुंदर बने व प्रभावकारी बने। सामान्यतः इसी पैराडाईम से आम इंसान काम करता है। लेकिन स्टीफन की दूसरी आदत इसके विपरीत बात

कहती है कि यदि आपकों मकान का निर्माण करना है तो पहले मकान का अंतिम स्वरूप क्या होगा? इसका विचार करके नक्शा बनाईये। ज्योंही ये नक्शा बन जायेगा। एक पैराडाईम बन जायेगा। और उस पैराडाईम के अनुसार मकान तैयार होगा। क्योंकि हर वस्तु की रचना दो स्तर पर होती है। पहली मानसिक स्तर पर। यानि विचारों में व नक्शे बनाने तक, दूसरी भौतिक रचना जो कार्य करने से पूरी होती है। यदि प्रथम रचना व्यक्ति जिम्मेदारी से नही करेगा। यानि की बिना नक्शा बनाये, बिना पूरी तरह विचार किये हुए व मानसिक रूप से तैयार हुए बिना मकान बनाने का कार्य आरम्भ कर देगा तो मकान बेढंगा बनेगा और महंगा भी पड़ेगा। इसका एक छोटा उदाहरण ले कि एक व्यक्ति को कही व्याख्यान देना है तो वो भी व्याख्यान देने से पहले कुछ पोइंट्स लिखेगा, नोट्स बनायेगा तब वो अपना प्रभावकारी व्याख्यान देपायेगा। सभी प्रोफेशनल व्याख्यान देने वाले इस प्रकार नक्शा बनाने की आदत का प्रयोग करते है। एक मोटिवेशनल स्पीकर ने बताया कि मैनें सैकड़ो मोटिवेशन स्पीच दिये है। लेकिन जब भी मुझें जनता के बीच कोई भी स्पीच देना होता है तो उससे पहले मैं एक घंटा बैठकर नक्शा बनाता हूँ कि मुझें कौन–कौन से पोइंट किन–किन तरीको से कवर करने है?

जो लोग व्यापार शुरू करते है। साल–दो साल में ही असफल हो जाते है। उनकी असफलता का कारण उनकी मेहनत व समझदारी की कमी नही होती है, बल्कि उन्होनें समझदारी पूर्वक व्यापार का नक्शा नही बनाया। सोच–विचार कर अगर वो व्यापार का ब्ल्यू प्रिंट तैयार करते कि कहाँ–कहाँ से कच्चा माल इकट्ठा करना है? किन–किन जगहों पर निर्मित माल भेजना है? क्या विक्रय दर रखनी है? कितने लोगों को व्यापार में लगाना है? व्यापारी स्वयं क्या–क्या कार्य करेगा? उसके यदि कोई साझेदार हो तो वो क्या–क्या कार्य करेगा? स्टॉफ के लोग क्या–क्या कार्य करेंगे? कहाँ

बिल्डिंग होगी? कहाँ व्यापारी का ऑफिस होगा? सेल घर–घर जाकर की जायेगी या सेल्समैन भेजकर की जायेगी या डिजिटल मार्केटिंग की मदद से की जायेगी। इन सब बातों पर विस्तार से विचार करके व एक योजना बनाकर, व्यापार शुरू किया जाता तो व्यापार के सफल होने की सम्भावनाएं बढ जाती।

इसका एक और भी कारण है। कि व्यापार पांच साल बाद किस स्थिति में होगा? इस पर व्यापारी का फोकस बना रहेगा। तो उसके दिमाग में व्यापार के प्रति विश्वास बना रहेगा, श्रृद्धा बनी रहेगी और व्यापारी गौरवान्वित बना रहेगा।

मंजिल नही दिखाई दी तो एक लड़की तैराकी में हार गई– कहानी

ओलम्पिक में एक लड़की तैराकी में कई बार प्रयास कर चुकी थी। वो बड़ी तेज गति से तैरती थी लेकिन बारिश का मौसम हो जाता, हवाएं ठण्डी चलती और उसका शरीर ठिठुरने लगता। वो ओलम्पिक में तैराकी की प्रतियोगिता में सफल नही हो पाती। उसने अपनी असफलता के बारे में कई लोगों से बात की कि मैं बहुत अच्छा तैरना जानती हूँ, बडी तेजी से तैरती हूँ, फिर भी क्यों असफल हो जाती हूँ? समझदार लोगों ने सलाह दी कि फ्रांस में एक तैराकी के कोच रहते है। आप उनसे ट्रेनिंग लो तो शायद कोई लाभ हो। वो युवती फ्रांस गई। तैराकी के उस कोच से मिली और कोचिंग देने हेतु प्रार्थना की, कोच तो पहले से ही उसकी ओलम्पिक की परफोरमेन्स को देख चुके थे। उसमें बहुत काबिलियत थी, बहुत मेहनत करती थी। उन्होने कोचिंग देना स्वीकार कर लिया और उसे अभ्यास कराना आरम्भ कर दिया।

जब ओलम्पिक का दिन आया तो कोच ने लड़की से कहा। जो आंखों का चश्मा मैनें दिया है? उसे आंखों पर लगाये रखना। उसे उतारोगी नही। जब तक तैराकी में अपनी मंजिल तक न पहुंच

जाओं। तैराकी की प्रतियोगिता समाप्त हुई। वह विजयी घोषित हुई व उस लड़की को गोल्ड मेडल से नवाजा गया। लडकी ने आकर अपने कोच को धन्यवाद कहा। लेकिन एक प्रश्न पूंछा कि इस तरह तो मैं पहले भी तैरती थी। तो पहले क्यों नही सफल हुई? अब क्यों सफल हुई? जबकि पहले जितनी मेहनत तो इस बार मैनें नही की थी। कोच ने उत्तर दिया कि तुम्हारी आंखों पर चश्मा लगा हुआ था। उस चश्में से तुम्हे तुम्हारी मंजिल स्पष्ट दिखाई दे रही थी। एक मिनट भी तुम्हारी मंजिल तुम्हारी आंखो से ओझल नही हुई। इसलिये तुम विजयी हो गई। जबकि पहले हवाएं चलती, बारिश होती, तुम्हारी आंखे झपझपाने लगती, मंजिल ओझल हो जाती, और तुम हताश हो जाती और तैराकी की गति मंद पड जाती थी।

जब मंजिल स्पष्ट, योजना स्पष्ट तो सफलता सुनिश्चित हो जाती है।

तृतीय आदतः– सामान्यतः इंसान तत्काल कामों पर अपना ध्यान केन्द्रित रखता है। जो सिर पर आ पडा उस काम को करता है। आम आदमी का यही पैराडाईम है। बिजली का बिल आ गया तो जमा करना ही है। वो भी अंतिम दिन करवाना। बच्चा बीमार हो गया तो हॉस्पिटल दिखाना ही है। यानि तत्काल वाले कार्यो को करने की संस्कृति विकसित होई हुई है। इस पैराडाईम के लोग कोई नई चीज को जीवन में नही डाल सकते। लेकिन जो लोग प्रोएक्टिव होते है वो विवेकपूर्वक उन कामों को करते है जो जीवन में महत्वपूर्ण होते है। तत्काल वाले कार्य यदि वो महत्वपूर्ण भी है तो जबरन करवा लिये जायेंगे। परिस्थितियॉ करवा लेगी। लेकिन जो कार्य तत्काल नही है, लेकिन महत्वपूर्ण है उन्हे करने के शिलये तो प्रोएक्टिव प्रयास करने से ही पूरे किये जा सकेंगे।

जैसे मान लो हर व्यक्ति को मालूम है कि प्रतिदिन कसरत करने से स्वास्थ्य ठीक रहता है। लेकिन ये तत्काल वाला कार्य नही

है। इसलिये बहुत कम लोग करते है। कई लोग नई साल में रोजाना घूमने जाने की योजना बनाते है। लेकिन जा नही पाते।

नया वर्ष आते ही, मेरे एक साथी अंग्रेजी सुधारने का लक्ष्य बनाते। कुछ दिन मेहनत करते भी थे लेकिन फिर छूट जाती। दूसरे वर्ष जब जनवरी आती है, तब वो फिर यह तय करते कि मैं इस बार अंग्रेजी को सुधार कर ही रहूंगा। लेकिन जो लोग महत्वपूर्ण कार्यों पर फोकस करते है, उन पर ऊर्जा लगाते है, समय लगाते है, उनका पैराडाईम बदल जाता है। वो निरन्तर कार्य करते है। चाहे थोडा–थोडा ही करें। वो अपने लक्ष्य पूरे करने में समर्थ हो जाते है। तीसरी आदत में प्राथमिकता व क्रियान्वयन का पैराडाईम है।

लोग सोचते है कि देर–सवेर कार्य अपने आप हो जायेगा। समय ठीक होगा तो अपने आप सफलता मिल जायेगी। अगला व्यक्ति सुधर जायेगा। परिस्थितियॉ अनुकूल हो जायेगी तब कार्य हो जायेगा। ये सब तत्काल वाले कार्यों के पैराडाईम वाले व्यक्तियों की बाते है। तीसरी आदत का पैराडाईम स्पष्ट रूप से यह कहता है कि महत्वपूर्ण कार्यों की सूची बनाओं और छोटे–छोटे कार्यों को प्रतिदिन करना आरम्भ करों। एक छोटा कार्य आपने पूरा कर लिया फिर दूसरा छोटा कार्य आपने पूरा कर लिया, फिर तीसरा छोटा कार्य आपने पूरा कर लिया। इस तरह से छोटे–छोटे कार्यों को पूर्ण करने से आप में कार्य को पूर्ण करने का पैराडाईम विकसित हो जाता है। आपमें बडे कार्य को सम्पन्न करने की अद्भुत क्षमता विकसित हो जाती है।

आगे की आदते टीम वर्क की आदते है जो अगले चैप्टर में नई कहानी के साथ शुरूआत करेंगे।

NOTES (जो बातें आपके ह्रदय को छू गई है)

1. _______________________________________
2. _______________________________________
3. _______________________________________
4. _______________________________________
5. _______________________________________
6. _______________________________________
7. _______________________________________
8. _______________________________________
9. _______________________________________
10. _______________________________________
11. _______________________________________
12. _______________________________________
13. _______________________________________
14. _______________________________________
15. _______________________________________
16. _______________________________________
17. _______________________________________
18. _______________________________________
19. _______________________________________
20. _______________________________________

21. _______________________________________

22. _______________________________________

23. _______________________________________

24. _______________________________________

25. _______________________________________

NOTES (जो निर्णय आपने अपने जीवन में लेने हेतु तय किये है)

26. _______________________________________

27. _______________________________________

28. _______________________________________

29. _______________________________________

30 _______________________________________

31. _______________________________________

32. _______________________________________

33. _______________________________________

34. _______________________________________

35. _______________________________________

36. _______________________________________

37. _______________________________________

38. _______________________________________

39. _______________________________________

40. ____

41. ____

42. ____

43. ____

44. ____

45. ____

46. ____

47. ____

48. ____

49. ____

50. ____

अध्याय–31

कच्ची रस्सी से बंधा हाथी का बच्चा – एक कहानी
(Conditioning की अहमियत)

जयपुर के पास एक **आमेर** नाम की जगह है। पहाड़ी जगह है। यहाँ पर लोग अपने घरों में हाथी रखते है। इनमें से कुछेक विरक्त लोग है। वो स्वयं भी घर पर कम रहते है। एक विरक्त साधु ने अपने यहाँ एक हथिनी रख रखी थी। समय पाकर हथिनी ने एक बच्चे को जन्म दिया। वो विरक्त साधु हथिनी को लेकर के जयपुर शहर चला जाता था। पीछे से हथिनी के बच्चे को एक छोटी व कच्ची रस्सी से झोपड़ी के दरवाजे पर बांध देता था।

रोजाना यही होता। शाम को विरक्त साधु वापिस आता, झोपड़ी में रूकता और सुबह वापिस हथिनी को लेकर निकलता व बच्चें को उसी दरवाजे के कच्ची रस्सी से बांध देता।

एक अन्य व्यक्ति ने इस झोपड़ी का दस साल पहले विजिट किया था। दस साल बाद पुनः उस व्यक्ति ने विजिट किया तो पाया कि वैसी ही कच्ची रस्सी से, वैसे ही दरवाजे पर हाथी को बांध रखा है। बहुत ताज्जुब हुआ कि इतना बड़ा हाथी ऐसी कच्ची रस्सी व ऐसे कच्चे दरवाजे से कैसे बंधा पड़ा है? थोड़ा सा भी झटका दे तो रस्सी व दरवाजा दोनों टूट जाये। उस विरक्त साधु ने बतलाया कि रस्सी हाथी के गले में बंधी आपको प्रतीत होती है। इसे चूंकि बचपन से ही बांध रहे है। इसलिये इसके माथे पर यह

रस्सी बंध गई। यानि की हाथी के बच्चे ने रस्सी से बंधते–बंधते अपने आपको उसका कन्डिशन बना लिया।

ये कन्डिशनिंग व कन्डिशन्स का खेल ही इंसान के जीवन में मुख्य रोल अदा करता है। जब बच्चा छोटा होता है तभी उसको यह कहा जाता हैं कि वो अभी छोटा है। अगर बच्चा गिर पड़े तो जमीन को दोषी बताया जाता है कि इसने तुझें गिरा दिया। तेरा कोई दोष नही है। बच्चे के हाथ से कोई चीज गिर जाये तो, पास में खड़े बच्चों को दोषी बताया जाता है। ऐसे वातावरण में बच्चा अपने आपको कन्डिशन्ड कर लेता है, कि मैं ज्यादा काबिल नही हूँ तथा मेरी नाकाबिलियित के लिये भी दूसरें लोग जिम्मेदार है। ऐसी बातें सुन–सुनकर वो बड़ा होता है। फिर वो अपने आपको भूल जाता है कि वो परमात्मा के द्वारा उनके प्रतिरूप के रूप में ही पैदा किया गया है।

जैसा कि उस कहानी में बताया गया है कि सिंह का बच्चा जो भेड़ो के झुंड के बीच गिर गया था और अपने आपको धीरे–धीरे भेड़ समझने लग गया था। उस केस में भी शेर के बच्चे की भेड़ का बच्चा होने की कन्डिशनिंग हो गई थी। जब दूसरे शेर ने उस बच्चे को तालाब में ले जाकर उसकी परछाई दिखाई तो शेर के बच्चे को ध्यान आया कि वो भेड़ नही है, शेर है।

इसिलिये मोटिवेशनल स्पीकर्स व माईंड ट्रेनर्स की जरूरत है कि वो ऐसे लोगों को जो सीमित लक्ष्यों के लिये कन्डिशन्ड हो गये है उनको उनकी आंतरिक प्रतिभाओं से परिचित करा दे।

प्रोएक्टिव व रिएक्टिव कन्सेप्ट

इंसान में चार प्रकार की प्रतिभाएं मुख्य रूप से पाई जाती है।

1. आत्म अवलोकन (Self Awareness)

2. दूरदृष्टि (Visualization)

3. विवेक (Discrimination)

4. स्वतंत्र इच्छा (Independent Will)

जब इंसान अपना अवलोकन करता है तो वो अपने आपको देख सकता है कि उसके पांव है, पांवों का होना महसूस कर सकता है। उसके हाथ है, हाथों का होना महसूस कर सकता है। वो अपने पूरे शरीर को होना महसूस कर सकता है। इसे अवलोकन की शक्ति कहते है। ये पशुओं में नही पाई जाती है। इंसान को ईश्वर ने ये विशेष शक्ति दी है। जब इस शक्ति का प्रयोग इंसान करता है तो वो अपने शरीर को देख पाता है। इसका अर्थ यह है कि इंसान शरीर नही है। हॉ वो यह कह सकता है कि शरीर मेरा है। अथवा मेरा ही विस्तार है, लेकिन मैं शरीर नही हूँ।

इसी तरह से इंसान अपनी अवलोकन शक्ति से अपने श्वास के आने–जाने को भी देख सकता है। यानि श्वास इस शरीर को आ–जा रही है। मैं श्वास नही हूँ। हॉ श्वास मैं लेता हूँ। पर मैं श्वास नही हूँ। इसी तरह से इंसान अपनी अवलोकन शक्ति अपने विचारों को भी देख सकता है। जब व्यक्ति आँख बंद करके बैठता है तो कई तरह के विचार उसके मन में आने लगते है। वो उन्हें देखता है। किसी भी विचार में खोने की जरूरत नही है। बस देखो और जाने दो। इसको अध्यात्म में दृष्टा साधना कहा जाता है। मनौविज्ञान में इसे इंसान की वो शक्ति कहा जाता है जिससे इंसान अपने विचारों को दिशा दे सकता है।

जब व्यक्ति विचारों को भी दृष्टा बनकर देखता है। ये अवलोकन शक्ति व्यक्ति को **आत्मजागरूक (Self Awareness)** करती है। इसका अर्थ यह हुआ कि मैं विचार भी नही हूँ। हाँ विचार मेरे है अथवा विचार मेरा विस्तार हो सकते है। पर मैं विचार नही हूँ। मैं विचारों से ऊपर हूँ। थोड़ा और अभ्यास करके इस अवलोकन शक्ति को बढ़ाया जाये तो व्यक्ति इस स्थिति में आ जाता है कि जो विचार करें वही कर सकता है। जिस विचार को नही लाना

चाहे, नही लायेगा। अध्यात्म में इस स्थिति को विचारशीलता कहते है। मनोविज्ञान में इसे विचारों का निर्देशन कहा जाता है।

इसी तरह से अपने भावों को भी देखें। यदि गुस्सा आ रहा है तो उसे देखें। यदि सैक्स की भावना आ रही है तो उसे देखें। यदि बदला लेने की भावना आ रही है तो उसे देखे। तो आप पायेंगे कि आप न क्रोध है, न काम है। यह सब बदले की भावना है। यानि कि आप उनसे ऊपर है। लेकिन लापरवाही के कारण बार–बार क्रोध आने के कारण। हम कन्डिशन्ड हो जाते है हम ही बदला लेने वाले है और हम ही क्रोध करने वाले है। जबकि ऐसा नही है। आत्म अवलोकन की दृष्टि से कन्डिशनिंग के इस चश्मे को हटाया जाये तो अपने क्रोध को भी आते–जाते हुए को देख सकते हो। थोड़ा अभ्यास होने पर पर आप क्रोध आदि भावों का उचित निर्देशन कर सकते हो। यानि कि जहाँ जरूरत हो वहा क्रोध का विवेक से उपयोग कर सकते हो। अतः यह कहना कि क्रोध तो मेरा स्वभाव है, ठीक नही है। आपने चूंकि जाने–अन्जाने में क्रोध को यह इजाजत दे दी। इसलिये ऐसी कन्डिशनिंग हो गई। आप अपने भावों का उचित विवेकानुसार उपयोग करने हेतु सक्षम है।

आत्म अवलोकन का महत्व

इंसान के मस्तिष्क में एक सोफ्वेयर होता है जिस सोफ्टवेयर के अनुसार ही व्यक्ति के कार्य होते है। घटनाएँ भी उसके जीवन में उसी सोफ्टवेयर के अनुरूप घटती है। सामान्य लोग इसे भाग्य कहते है। लेकिन जब अवलोकन शक्ति से व्यक्ति इस सोफ्टवेयर को देखता है तो पाता है कि व्यक्ति स्वंय ही इस सोफ्टवेयर का प्रोग्रामर है। अतः वो इसमें जो अवांछित बातें हो उन्हें डिलिट कर सकता है। नई चीज डालनी हो तो डाल सकता है। यानि कि अपना सोफ्टवेयर अपने विवेकानुसार बना सकता है।

चुनाव करने की शक्ति

व्यक्ति को चुनाव करने की शक्ति व स्वतंत्रता ईश्वर की ओर से दी गई है। व्यक्ति के जीवन में क्या घटे ये तो तय नही है। लेकिन उस घटना पर क्या प्रतिक्रिया करें यह उस व्यक्ति का चुनाव है? यहाँ पर यह कहना उचित होगा कि Man is product of his choices.

जो लोग अपनी पंसद का उपयोग करके चुनाव करते हैं और अपने जीवन का एक लक्ष्य तय कर लेते है। और उस लक्ष्य के प्राप्ति की एक योजना भी बना लेते है। यानि कि वो एक मिशन तय कर लेते है। ऐसे व्यक्तियों को प्रोएक्टिव कहा जाता है।

कौन व्यक्ति कितना प्रोएक्टिव है। इसकी जांच निम्न प्रकार की जा कती है।

1. **व्यक्ति की भाषा को सुनकरः–** आप अपने दिनभर की भाषा को सुन सकते है। सुनने से आपकों यह पता लग जायेगा कि आप अपने को किन–किन कामों के लिये जिम्मेदार मानते है। और किन–किन के लिये दूसरों को जिम्मेदार मानते है। यदि आप अपनी गलतियों के लिये स्वयं को जिम्मेदार मानते है। अपने चुनावों के लिये स्वयं को जिम्मेदार मानते है। आपके जीवन में जो अच्छी–बूरी बातें हो रही है, उसके लिये अपने को जिम्मेदार मानते है। तो आप अच्छे प्रोएक्टिव व्यक्ति है। दूसरा आपकी भाषा से अगर कार्यो को करने की पहल जाहिर होती हैं। जो किया जा सकता है, उस पर फोकस होता है तो आप वाकई में प्रोएक्टिव व्यक्ति है। लेकिन यदि आप अपनी गलती के लिये दूसरों को दोषी ठहराते है, समस्याओं पर अगना ध्यान केन्द्रित रखते है,

अपने को जिम्मेदार नही मानते है तो फिर आप रिएक्टिव व्यक्ति है।

2. यदि आप शिकायत करते रहते हैं। दूसरों पर आरोप लगाते रहते है। मौसम आदि से प्रभावित होते रहते है। अपने भूतकाल की घटनाओं से, निर्णयों से प्रभावित होते रहते है। नक्षत्रों से प्रभावित होते रहते है। परिस्थितियों से प्रभावित होते रहते है तो आप रिएक्टिव व्यक्ति है। यदि आप परिस्थितियों से प्रभावित नही होते एवं उचित समाधान का चुनाव करते है तो आप प्रोएक्टिव व्यक्ति है। अगर मौसम खराब हो तो प्रोएक्टिव व्यक्ति छाता लेकर चलता है। यदि बीमार हो जाये तो ईलाज करवाता है। समस्या आ जाये तो जिम्मेदारी से समाधान ढूंढता है। ऐसा व्यक्ति प्रोएक्टिव है।

3. यदि व्यक्ति अपना अधिकांश समय व ऊर्जा समस्याओं को देखने में, बताने में लगाता है तो वो रिएक्टिव व्यक्ति है। और यदि समाधान खोजने में अपने प्रयत्न व ऊर्जा लगाता है तो प्रोएक्टिव व्यक्ति है।

4. अगर व्यक्ति यह कहता है कि मेरी पत्नी ठीक होती तो कितना अच्छा रहता? मैं यदि दस साल पहले पैदा होता तो कितना अच्छा होता? मैं किसी अमीर घर में पैदा होता तो कितना अच्छा होता? यह सब बातें अफसोस करने वाली है और यह रिएक्टिव व्यक्तियों की पहचान है। जबकि प्रोएक्टिव व्यक्ति शिकायत करने के स्थान पर यूनिवर्स के द्वारा जो मिला है उसके लिये कृतज्ञता प्रकट करता है।

5. **इनसाईड／आऊट साईड अप्रोचः–** रिएक्टिव व्यक्ति सदैव यह सोचता है कि पड़ौसी सुधर जाये। सरकार अच्छी आ जाये। स्कूल में टीचर अच्छे हो। माता–पिता

अच्छे हो। इनमें सुधार हो जाये तो मैं जीवन में सफलता प्राप्त कर सकता हूँ। यानि कि वो दूसरों को सुधारने में लगा रहता है। इसको ऐसे ही समझों जैसे किसी व्यक्ति के चेहरे पर दाग हो पर वो आईने को साफ करता रहता है। यदि अपने आपका अवलोकन करें और जो गलतियॉं नजर आयें वो अपने सोफ्टवेयर से डिलिट कर दे। जिन अच्छाईयों की जरूरत है, उस सोफ्टवेयर में उन्हें समाहित कर ले। ऐसा व्यक्ति प्रोएक्टिव है। प्रोएक्टिव व्यक्ति अपने अंदर सुधार करता है। क्योंकि अधिकांश गलतियों के लिये तो व्यक्ति स्वयं ही जिम्मेदार होता है। लेकिन वो अपनी गलतियों में सुधार करने के बजाय दूसरों पर दोष डालता है।

स्टीफन ऑर कोवी की 7 आदतों में प्रोएक्टिव पहली आदत है। उनका कहना है कि व्यक्ति में प्रोएक्टिव मसल्स होती है। हो सकता है कि वो सो हुयी हो अथवा कम विकसित हो। लेकिन होती सब में है। इसे प्रयास करके बढ़ाया जा सकता है। प्रोएक्टिव मसल्स को मजबूत बनाना बाकि अन्य आदतों के लिये भी जरूरी है।

प्रोएक्टिव होने से लाभ

1. प्रोएक्टिव व्यक्ति सबसे पहले अपनी अच्छाइयों व बुराइयों का अवलोकन करता है। फिर अपने सोफ्टवेयर में सिर्फ अच्छाइयों को रखता है। बुराइयों को डिलिट कर देता है। अतः उसके जीवन में सफलताओं का शुभारम्भ हो जाता है।

2. प्रोएक्टिव व्यक्ति क्या किया जा सकता है? इस पर फोकस करता है। अतः उसे कोई ना कोई रास्ता सूझ पड़ता है और वो अवश्य सफल होता है।

3. प्रोएक्टिव व्यक्ति अपना मिशन स्टेटमेन्ट तैयार करता है। फिर उसी के अनुसार ऐक्शन्स करता है। तथा अपने पिछले साल की

तुलना इस साल से करता है। और अपनी प्रगति की उचित समीक्षा करता है। दूसरों से कम्पीटिशन व तुलना नही करता।

4. प्रोएक्टिव व्यक्ति पहल करता है, प्लानिंग करता है और पूरे विवेक के अनुसार काम करता है। इसलिये सफल होता है।

5. प्रोएक्टिव व्यक्ति जिम्मेदारी लेता है। अतः यदि कोई गलती हो जाये तो उसके लिये क्षमा प्रार्थी होता है। कोई घटना उसका इंतजार करने के बजाय घटना के लिये कारण तैयार करता है ताकि वो उसके चाहे अनुसार घटित हो।

6. प्रोएक्टिव व्यक्ति अपने द्वारा तय किये गये मूल्यों से संचालित होता है। दूसरों के एजेण्डे पर काम नही करता।

7. प्रोएक्टिव व्यक्ति भूतकाल की बातों से निर्धारित नही होती। परिस्थितियों से निर्धारित नही होता। दूसरे लोगों के कहने से निर्धारित नही होता। यद्यपि इन सब बातों का प्रोएक्टिव व्यक्ति पर प्रभाव पड़ता है। लेकिन उसका रास्ता वो स्वयं ही निर्धारित करता है। दूसरों को पॉवर नही देता कि वो उसके मार्ग में दखल करें।

8. प्रोएक्टिव व्यक्ति अपने प्रभाव के क्षेत्र में काम करता है। वही पर ऊर्जा व समय को लगाता है। इसलिये सफल होता है। लेकिन रिएक्टिव व्यक्ति अपनी चिंता के क्षेत्र में अपनी ऊर्जा व प्रयत्नों को लगाता है। जैसे कि डॉलर के भाव गिर रहे है। परमाणु युद्ध कब होगा? संयुक्त राष्ट्र संघ में क्या हो रहा है? गोल्ड के भाव कौन कन्ट्रोल में कर रहा है? यानि कि जो बातें व्यक्ति के कन्ट्रोल में नही है। उन बातों को करने में अपना समय लगाकर अपना समय खराब करता है। उन बातों में रस लेता है जिनका उसके जीवन से कोई सीधा सम्बंध नही है।

9. प्रोएक्टिव व्यक्ति अपने अंदर सुधार करता है। ताकि उसके परिवेश में सकारात्मक माहौल बने और वो सफलता हेतु निर्विघ्न कार्य कर सके।

10. प्रोएक्टिव व्यक्ति शुभ समाचार प्रेषित करता है, खुशनुमा रहता है। सकारात्मक समाधान पर ध्यान केन्द्रित करता है।

तीस दिन का प्रोएक्टिविटी का अभ्यास

पाठकों को एक मैं अभ्यास करने के लिये सुझाव देता हूँ कि वो तीस दिन तक प्रोएक्टिव होने का अभ्यास करें। छोटे–छोटे प्रोमिजेज करें और उन्हें यथा समय पूरा करें। घटनाओं को स्वीकार करें, मार्गदर्शक बने लेकिन जज नही बने। घटनाएं कोई बूरी–भली नही होती। वो तो निरपेक्ष होती है। आपकी प्रतिक्रिया ही उसे अच्छा बुरा बनाती है। अतः जज नही करें। जज नही करने से तात्पर्य यह है कि दूसरों से कम्पेयर नही करें। घटना हेतु शिकायत नही करें, आलोचना नही करें, पुराने अनुभवों के आधार पर नकारे नही। यानि जो व्यक्ति जैसा हैं और जो स्थितियॉ जैसी है उनको वैसी को ही सहृदयता से स्वीकार करें। इसका अर्थ यह नही है कि वो सुधार हेतु कोई प्रयास नही करें। इसकों ऐसे ही ले जैसे कि फुटबाल के खेल में किसी ने तेज फुटबाल के किक लगा दी तो आप उसे स्वीकार करते ही है। क्रिकेट में किसी ने हल्की बॉल फैंक दी, तेज बॉल फैंक दी तो स्वीकार की जाती है। मूल में महत्वपूर्ण आपकी प्रतिक्रिया है। अतः तीस दिन तक इसका अभ्यास करें तो आप एक प्रोएक्टिव व्यक्ति बनेंगे व अपने जीवन के हर आयाम में सफल होंगे।

NOTES (जो बातें आपके हृदय को छू गई है)

1. _______________________________
2. _______________________________
3. _______________________________
4. _______________________________
5. _______________________________
6. _______________________________
7. _______________________________
8. _______________________________
9. _______________________________
10. ______________________________
11. ______________________________
12. ______________________________
13. ______________________________
14. ______________________________
15. ______________________________
16. ______________________________
17. ______________________________
18. ______________________________
19. ______________________________
20. ______________________________

21. ____

22. ____

23. ____

24. ____

25. ____

NOTES (जो निर्णय आपने अपने जीवन में लेने हेतु तय किये है)

26. ____

27. ____

28. ____

29. ____

30 ____

31. ____

32. ____

33. ____

34. ____

35. ____

36. ____

37. ____

38. ____

39. ____

40. ____

41. ____

42. ____

43. ____

44. ____

45. ____

46. ____

47. ____

48. ____

49. ____

50. ____

अध्याय–32

आपका चुनाव ही मायने रखता है – एक सच्ची कहानी

(एक सी परिस्थिति, एक व्यक्ति ने भीख मांगना आरम्भ किया, दूसरे ने व्हाईट हाऊस का रास्ता पकड़ा और राष्ट्रपति बना)

एक बार यू.एस.ए. की एक नदी में कुछ कैमिकल्स की बारिश हुई। इस कारण नदी का पानी कई तरह की बीमारियॉ फैलाने लगा। किस दिन बारिश होती है इसका ठीक से लोगों का मालूम नही था? लेकिन नदी में पानी का उछाल बड़ा रोमांचक होता था। इसलिये लोग उसके किनारे बैठते थे, नदी में तैरते थे, नहाते थे।

अब्राहम लिंकन
(अमेरिका– राष्ट्रपति)

एक दिन ऐसे ही कैमिकल की वर्षा के कारण नदी का पानी रसायनयुत हो चुका था। लेकिन लोगो को मालूम नही चला। दो व्यक्ति बड़े जोश–जुनुन में आये। नदी के किनारे पर खड़े हुए, अपने कपड़े उतारे और नदी में छलांग लगा दी। घंटे भर तैरते रहे। जब बाहर निकले तो दोनों व्यक्तियों ने पाया कि उनके कमर के नीचे के हिस्से में कुछ गडबड हो गई। वो चल नही पा रहे थे। पास की डिस्पेन्सरी से डॉक्टर को बुलाया गया। डॉक्टर ने चैकअप करके बताया कि दोनों के पांव पैरालाईटिक हो गये है। उन्हे तत्काल हॉस्पिटल ले जाया गया। दोनों को हॉस्पिटल के एक ही वार्ड में रखा गया। महिने भर ईलाज चला, लेकिन कोई लाभ नही रहा। डॉक्टर ने हॉस्पिटल से दोनों को छुट्टि दे दी।

दोनों में से एक व्यक्ति बहुत निराश था। उसके सारे सपने टूट गये। उसके परिवार वाले भी बडे परेशान हो गये। उसके परिवार वालों ने कहा कि अब हम कर भी क्या सकते है? लोगों ने राय दी कि एक छोटी हाथों से चलाने वाली गाड़ी मंगवालो और उस पर बैठ जाओं। उस पर लिखवा दो कि दोनो पांव पैरालाईटिक है, मैं लाचार हूँ, मेरी मदद करें। उस व्यक्ति के बात समझ में आ गई। उसने कहा कि यह ठीक है। उसने छोटी गाड़ी मंगवाई। उसके ऊपर भीक्षा पात्र रख लिया। और उस पर लिखवा दिया कि मैं एक लाचार व्यक्ति हूँ। कमा नही सकता। इसलिये आप मेरी मदद करें और कुछ राशि इस भीक्षा पात्र में डाले। वो व्यक्ति अपनी हाथ गाडी को स्वयं ही चलाता और पूरे न्यूयार्क शहर में भीख मांगने लगा।

दूसरे व्यक्ति ने ऐसी बातों पर गौर नही किया। उसने चिकित्सकों से निवेदन किया कि मेरा ईलाज कैसे हो सकता है? चिकित्सकों ने कहा कि असम्भव है। तो उस व्यक्ति ने कहां कि मेरे को 100 मिटिंगो में भाषण देने के लिये जाना है। चिकित्सकों से कहा कि आप इतनी व्यवस्था कर दे कि कोई व्हील चैयर मंगवा दे। ताकि मैं अपने प्रोग्रामों को समय पर पूरा कर सकू।

उस व्यक्ति ने चार माह की अवधि में व्हील चैयर पर बैठकर 100 से अधिक मिटिंगो को सम्बोधित किया। छः माह बाद अमेरिकी राष्ट्रपति का चुनाव घोषित हुआ। उसने पर्चा भरा और चुनाव में विजयी हुआ और व्हाईट हाऊस में अमेरिका का राष्ट्रपति बनकर अपने नये जीवन का श्रीगणेश किया। उन महापुरूष का नाम था **अब्राहम लिंकन।**

मैं इस घटना से यह बतलाना चाह रहा हूँ कि एक जैसी परिस्थिति होते हुए भी एक व्यक्ति ने भीख मांगने का रास्ता चुना। और दूसरे ने व्हाईट हाऊस में जाकर अमेरिका का राष्ट्रपति बनने का रास्ता चुना। महत्वपूर्ण यह नही है कि घटना क्या है? महत्वपूर्ण

यह है कि घटना पर आप क्या प्रतिक्रिया करते है? व क्या चुनते है? जैसा आप चुनाव करेंगे उसी के अनुसार आगे की परिस्थितियॉ बनेगी। चुनाव करना उपजाऊ गीली मिट्टी में बीज डालने की तरह है। अतः जैसा बीज डालोगें वही पौधा बनेगा और उसी के अनुरूप फल लगेंगे।

चुनाव के पीछे ऐसे कौनसे कारण होते है कि एक ही परिस्थिति में एक व्यक्ति भिखारी होना तय करता है और दूसरा अमेरिका का राष्ट्रपति बनना तय करता है।

चुनाव के पीछे जो कारण रहते है वो व्यक्ति के दिमाग में संग्रहित होते है। हर व्यक्ति के दिमाग में एक सोफ्टवेयर होता है जिसमें उसके अनुभवों, उसकी जानकारियों की एन्ट्रीज रहती है। यह सोफ्टवेयर ही चुनाव का फर्क पैदा करता है। इस सोफ्टवेयर को अध्यात्म की भाषा में चित्त कहा जाता है। जिसमें पुरानी यादे, पुराने अनुभव, जानकारियॉ आदि भरी होती है। तथा इसमें भूतकाल के बीज भरे होते है। बस इन्ही सबसे व्यक्ति अपना निर्णय करता है व चुनाव करने के लिये बाध्य होता है। भगवान कृष्ण ने गीता में निम्न श्लोक कहा है–

ईश्वर: सर्वभूतानां हृद्देशेऽर्जुनं तिष्ठति।
भ्रामयन्सर्वभूतानि यन्त्रारुढानि माययया॥

इस चित्त/सोफ्टवेयर को ही ईश्वर कहा है। तथा उपरोक्त श्लोक के अनुसार ये चित्त (ईश्वर) ही सभी को नियंत्रवत घूमाता रहता है। इस जैसे संस्कार होते है व्यक्ति वैसे ही चुनाव व निर्णय करता है।

लेकिन एक अच्छी बात है कि इस सोफ्टवेयर का प्रोग्रामर स्वयं इंसान है। इसलिये इस सोफ्टवेयर को सेल्फअवेयरनेस के जरिये इसकी रिप्रोग्रामिंग की जा सकती है। कोई अवांछनीय एन्ट्री इसमे है तो उसे डिलिट किया जा सकता है। और कोई नई चीज अपेक्षित

हो तो वो डाली जा सकती है। यानि कि व्यक्ति के जीवन में इस सोफ्टवेयर के अनुसार ही चुनाव होते है। और इसका प्रोग्रामर भी इंसान स्वंय है। इसलिये इसमें रिप्रोग्रामिंग अथवा रिस्क्रिप्टिंग करके इसे बदला जा सकता है। इसलिये यह कहना पूरी तरह सार्थक है कि **You are the creator of your destiny** (आप ही अपने भाग्य के निर्माता है)। इसको दूसरे शब्दों मे यह भी कहा जा सकता है **You are product of choices.** कुछ लोग यह भी कहते है **You are the creator of future** (आप अपने भविष्य के स्वयं निर्माता है)।

अतः ये एक वैज्ञानिक व सार्थक कथन होगा कि जो लोग भूतकाल के कारण अपने भविष्य को भी खराब कर देते है, वो अब अपने भविष्य में स्वयं वर्तमान में नये बीज बो करके सुधार सकते है।

अब सिर्फ एक ही बात महत्वपूर्ण है, वो यह कि वर्तमान में आप अपने सोफ्टवेयर में अपने मनमाफिक बीजों को बोयें ताकि भविष्य में उसी प्रकार का आपका पौधा खिले। सामान्यतः इंसान इस काम को जिम्मेदारी लेकर नही करता और अपनी इस जिम्मेदारी के स्थान पर भूतकाल की घटनाओं को, परिवेश को, नक्षत्रों को, माता–पिता को, अध्यापकों को, सरकार को अथवा अन्य बाह्य कारणों को जिम्मेदार बताता रहता है और उन्ही को दोष देता रहता है।

राम मूर्ति के जीवन की एक सच्ची घटना
(सकारात्मक कंडिशनिंग की जुबानी)

एक विधवा महिला थी। वो अपना छोटा–मोटा काम करके अपना पेट पालती थी। उसके एक छोटा बच्चा था। वो किसी बड़े सेठ के यहॉ काम करने भी जाती थी। सेठ ने दयावश कह दिया कि तुम्हारा बच्चा छोटा है। तुम मेरे यहॉ से गाय

पहलवान राम मूर्ति नायडू

लेकर चली जाओं। पर वो दूध कम देती है। उस महिला ने सोचा कि इतना दूध तो दे ही देगी कि बच्चें को पिला दूंगी। गाय के एक छोटा बछड़ा भी था। उस महिला का बच्चा तीन–चार साल का हो गया था। वो उस गाय को लेकर सुबह खेतो में चराने ले जाती और बच्चे को साथ ले जाती। शाम को वापिस आकर गाय को चारा आदि खिलाती, और दूध निकालती। अपने बच्चों को धारोषण दूध पिलाती। वो दूध पीकर बच्चें में ताकत आने लगी, वह मचलने लगा। कभी–कभी तो बच्चा बछडे को परे करके थनों से सीधा दूध पीने लग जाता। बच्चे से मां कहती कि इस बछडे को उधर ले जा तो। वो बच्चा उस बछडे को उठा कर ले जाता। उसे लेकर दूर खडा हो जाता। यह घटना सुबह–शाम दोनो समय होने लगी। बछडे को दूध पिलाते और वो बच्चा बछडे को उठाकर दूर ले जाता। 8–10 महिने बाद गाय ने दूध देना बंद कर दिया। लेकिन बच्चे ने बछडे को उठाना जारी रखा। 9–10 महिने बाद गाय के फिर बच्चा हुआ। अब दूसरा बछड़ा आ गया। तो वो उसको भी उठाकर ले जाने लगा। इस तरह से 10 साल गुजर गये। वो उन बछडो को सिर पर उठाकर इधर से उधर ले जाता। उन बछडो में से कई तो पूरे सांड हो गये थे।

एक दिन एक अंग्रेज उधर से गुजरा। उसने देखा कि एक व्यक्ति सांड को उठा रहा है। उसने उससे नाम पूछा तो उसने कहा कि **राम मूर्ति**। उसने पूछा कि तुममे इतनी ताकत कहा से आई? कि तुम सांडो को उठा रहे हो। उसने कहा कि यह तो मेरे बचपन के साथी है। मैं इन्हें सदा से उठाता आ रहा हूँ। इसमें ताकत की कहाँ जरूरत है? उस अंग्रेज ने उस राम मूर्ति से कहा कि तुम मेरे साथ चलों। मैं बतलाता हूँ कि तुममे कितनी ताकत है? और एक मालगाड़ी का डिब्बा रेल की पटरियों पर खड़ा था। अंग्रेज ने कहा कि इसे धक्का मारों। राम मूर्ति ने जोर लगाया और मालगाडी का डिब्बा चल पड़ा। तब राममूर्ति को पता चला कि अरे! मुझमें इतनी ताकत है। फिर उसने कुश्ती आदि के दाव सीखें और पहलवानी करने लगे। वे एक बडे कुश्ती विजेता बने।

इस घटना से यह बात स्पष्ट होती है कि नित्य कंडिशनिंग की जाये, नित्य कोई कार्य किया जाये और कोई यह कहने वाला नही हो कि तुम नही कर सकते तो वो व्यक्ति बडे–बडे चमत्कारिक कार्य कर डालता है। राममूर्ति जंगल में रहता था। उसे कोई यह कहने वाला नही था कि तुम सांड को नही उठा सकते। राममूर्ति की मां भी इतनी सीधी थी कि उसे मालूम ही नही चला कि यह सांड को उठा लेता है।

इसका अर्थ यह है कि अगर इंसान की क्षमताओं को कोई सीमित बनाता है तो वो उसका विश्वास कि वो नही कर सकता। और ये विश्वास उसको बचपन से ही मिलना शुरू हो जाता है। और धीरे–धीरे ब्लोकेज बन जाते है। जब कोई इन ब्लोकेज को काटता है तो व्यक्ति वापिस अपनी सम्भावनाओं से परिचित हो जाता है।

इस बारे में मैं दो छोटे–छोट और उदाहरण देना चाहूंगा। रामायाण काल में जब सीता को रावण हर ले गया था। तब उसको ढूंढने के लिये भगवान राम से कई बंदरो, रीछो, भालुओं से निवेदन किया था। लेकिन कोई हिम्मत नही कर पा रहा था, तो एक बुजुर्ग **जाम्बवंत** नाम के भालु थे। उनको बड़ा अफसोस हुआ कि अगर मैं जवान होता तो समुद्र को एक छलांग में पार कर लेता और सीता का पता लगा लेता। लेकिन मैं बूढ़ा हो गया। तभी उसे एक बंदर का ध्यान आया जिसने बचपन में सूर्य को निगल लिया था। उसका नाम **हनुमान** था। उसने उस हनुमान बंदर को बुलाया और कहा कि तुम यह कार्य कर सकते हो। लेकिन हनुमान भी अन्य बंदरों के साथ रहकर उनकी तरह ही कंडिशनिंग हो गया था। लेकिन जब जाम्बवंत ने हनुमान को उनके बचपन की घटनायें याद दिलाई। मोटिवेट किया तो हनुमान को अपनी वो शक्तियाँ पुनः याद आ गई। उन्होंने समुद्र को लांघा और लंका गये व सीता की खोज करके आये। हनुमान तो वही था, पर किसी ने उसके अंदर की शक्तियों से उसे परिचित करवा दिया। जिसके कारण वो पराक्रमी हनुमान बन गये। इंसान भी ऐसे ही किसी के मोटिवेशन से पराक्रमी बन सकता है।

जयपुर में एक मानसिक चिकित्सालय है। जिसमें भगवान कृष्ण की बड़ी मूर्ति लगी हुई है। और उसके नीचे विश्व के सर्वश्रेष्ठ मनोवैज्ञानिक लिखा हुआ है। मैं इस मूर्ति की ऐतिहासिकता में नही जाऊंगा। मैं सिर्फ यह बतलाने का प्रयास करता हूँ कि भगवान कृष्ण वाकई में एक सर्वश्रेष्ठ मनोवैज्ञानिक थे। अर्जुन जैसा वीर, श्रेष्ठ धनुधर जब निराशा के गर्त में गिर गया और हाथ–पांव कांपने लगे और बुरी तरह तनाव में आ गया। तो कृष्ण ने उन्हें मनोवैज्ञानिक की तरह काउंसलिंग की। पहले तो डांट लगाई।

क्लैब्यं मा स्म गमः पार्थ नैतत्त्वय्युपपद्यते द्य
क्षुद्रं हृदयदौर्बल्यं त्यक्त्वोत्तिष्ठ परन्तप द्यद्य

अर्जुन तू नपुंसको की तरह क्या व्यवहार कर रहा है? यह वीर पुरूषों को शोभा नही देता, लेकिन इस डांट से काम बना नही, तो मनोवैज्ञानिक श्रीकृष्ण ने प्रेम का रास्ता अपनाया। कहा कि तू मेरे मन वाला हो जा। मैं तेरा परम हितेषी हूँ। तू सब धर्मो को छोड दे और मेरी शरण में आ जा तो मैं तुझे पूरी तरह निर्भीक कर दूंगा और निश्चितं कर दूंगा ताकि तू युद्ध लड़ सके व विजयी हो सके।

मन्मना भव मद्भक्तो मद्याजी मां नमस्कुरु ।
मामेवैष्य. सि सत्यं ते प्रतिजाने प्रियोऽसि मे ॥
सर्वधर्मान्परित्यज्य मामेकं शरणं व्रज ।
अहं त्वा सर्वपापेभ्यो मोक्षयिष्यामि मा शुचः ॥

इस प्रकार अर्जुन को डिप्रेशन से काउंसलिंग के जरिये भगवान कृष्ण ने बाहर निकाला और अर्जुन बोल पड़ा –

नष्टो मोहरू स्मृतिर्लब्धा त्वत्प्रसादान्मयाच्युत ।
स्थितोऽस्मि गतसन्देहरू करिष्ये वचनं तव ॥

आपकी कृपा से मेरा मोह और अंधकार दूर हो गया है। मैं अब संदेह से मुक्त हो गया हूँ। अब जो आप कहोंगे वही करूंगा।

एक निराशा से जकड़े हुए वीर को श्रीकृष्ण ने अपनी मनोवैज्ञानिक बुद्धिमता से युद्ध में पुनः लड़ने के लिये उत्साहित कर दिया और उसे विजयी होने हेतु प्रेरित व प्रोत्साहित किया।

अतःऐव चुनाव ही मुख्य है। अर्जुन ने श्रीकृष्ण को अपना सलाहकार चुना तो परिणाम विजय रहा। जबकि दुर्योधन ने अपना सलाहकार शकुनी को चुना। परिणाम पतन रहा। अतः चुनाव ही महत्वपूर्ण है।

NOTES (जो बातें आपके हृदय को छू गई है)

1. ____

2. ____

3. ____

4. ____

5. ____

6. ____

7. ____

8. ____

9. ____

10. ____

11. ____

12. ____

13. _______________________________

14. _______________________________

15. _______________________________

16. _______________________________

17. _______________________________

18. _______________________________

19. _______________________________

20. _______________________________

21. _______________________________

22. _______________________________

23. _______________________________

24. _______________________________

25. _______________________________

NOTES (जो निर्णय आपने अपने जीवन में लेने हेतु तय किये है)

26. _______________________________

27. _______________________________

28. _______________________________

29. _______________________________

30 _______________________________

31. _______________________________

32. __________
33. __________
34. __________
35. __________
36. __________
37. __________
38. __________
39. __________
40. __________
41. __________
42. __________
43. __________
44. __________
45. __________
46. __________
47. __________
48. __________
49. __________
50. __________

अध्याय—33

धनी व निर्धन पिताओं की कहानी

(वित्तीय बुद्धि विकसित करने से व्यक्ति अमीर बनता है)

एक यूनिवर्सिटि के प्रोफसर थे। वो अपने बच्चे को शिक्षा देते थे कि मेहनत करके पढ़ो, परीक्षाओं में अच्छे अंक लाओं ताकि अच्छी नौकरी लग जाओं। और तुम्हारी जिंदगी खुशनुमा हो जाये। लेकिन बच्चा स्कूल में पढ़ने जाता तो उसमें एक और लड़का भी पढ़ने आता। उसके पिता ज्यादा पढेलिखे नही थे। लेकिन वो लम्बी बडी गाडी में बच्चे को स्कूल छोडने आते

(वित्तीय बुद्धिमता के प्रचारक व अमेरिकी राष्ट्रपतियों के प्रशिक्षक)

थे। कभी—कभी मैडम रेडक्रॉस आदि के लिये चन्दा मांगती तो वो मेरा दोस्त बहुत अधिक चन्दा देता था। जबकि मैं अपने पापा—मम्मी को आकर कहता तो वो कहते कि अपने पास पैसा कहॉ है? अपन कहा से चन्दा दे? स्कूल वाले क्यों चन्दा मांगते है? बच्चों को बिगाडते है।

मैं प्रोफसर पिता को निर्धन पिता कहना चाहूंगा क्योंकि जब कभी पैसा कही देने की बात आती तो वो अपनी विवशता प्रकट कर देते। जब बच्चा कोई अच्छी चीज की मांग करता जो, महंगी होती तो प्रोफेसर पिता अपनी निर्धनता प्रकट कर देते। वो कहते कि पैसा पेड़ो पर थोडे ही लगता है। बच्चे को समझाते कि उतने ही पांव फैलाओं जितनी लम्बी चद्दर है। बच्चा ज्यादा रूआंसा होता तो

उसे तसल्ली देते। अच्छी मेहनत करो, पढ़ो और एक अच्छी नौकरी कर लो। फिर तुम्हारी सभी इच्छाए पूरी हो जायेगी।

उसका दोस्त जो था वो ज्यादा पढने–लिखने में होशियार नही था। उसके पिताजी भी ज्यादा पढे लिखे नही थे। लेकिन बडी–बडी फैक्ट्रियों के मालिक थे। उन फैक्ट्रियों, गाडियों का आकर्षण देखकर उसने अपने दोस्त के पिताजी से दोस्ती कर ली और उनका सम्मान करने लगा। दोस्त के पिता फल फ्रूट, ड्रायॅफ्रूट, मिठाईया लाते रहते थे जो उसे भी देते थे।

एक दिन दोस्त के पिता ने कहा कि रॉबर्ट यदि तुम हमारी तरह की जिंदगी जीना चाहते हो तो मैं तुम्हे कुछ गुर सींखा सकता हूँ। बच्चा तो रोमांचित हो गया। वो यही तो सुनना चाहता था।

वित्तीय बुद्धि को विकसित करना
(Financial Intelligence)

रॉबर्ट व उसका दोस्त स्मिथ के पास बैठने लगे। स्मिथ कई फैक्ट्रियों का मालिक था। उसके पास बडे–बडे अकाउंटेन्ट, बडे–बडे अर्थशास्त्री व बडे–बडे बिजनसमैन मिलने आते थे। बच्चों के आग्रह पर स्मिथ ने उन्हें वित्तीय बुद्धि की शिक्षा देना आरम्भ किया। वित्तीय बुद्धि के कई पाठ उन्हें सींखा दिये। इस बात का पता रॉबर्ट के प्रोफेसर पिता को चला तो वो झुंझलाया कि इस उम्र क्या पैसे कमाने की बाते सींखाई जा रही है? और उन्होनें रॉबर्ट को डांटा कि अभी तो तुम्हारी पढने की उम्र है। अच्छे नम्बर लाओं और एक अच्छी खासी नौकरी करो। तुम्हारी बहन भी देखों कितने अच्छे नम्बर लेकर आई है। इकोनोमिक्स में पी.एच.ई.डी. कर रही है। अपने खानदान में सभी ने अच्छी पढाई की है। तुम भी पढ़कर पी. एच.ई.डी. करेंगे। प्रोफसेर साहब ने बच्चे को व्यवहारिक बातें समझानी चाही तुकि मैं प्रोफेसर हूँ। इसलिये मेरे पास शानदार मकान है। ये मेरी सम्पत्ति है। मेरे पास आलीशान कार है। ये मेरी सम्पत्ति

है। बच्चा तो यह सुनकर सकपका गया। क्योंकि दोस्त के पिता स्मिथ ने तो मकान और कार को दायित्व बताया था। जबकि मेरे निर्धन पापा इसे सम्पत्ति बता रहे है। बच्चा अधिक देर तक चुप ना रह पाया। और अपने पापा को समझाने लगा कि मकान और गाडी तो दायित्व है, सम्पत्तियॉ नही है। सम्पत्ति तो वो होती है जो आपकी जेब में कुछ ना कुछ डॉलर डालती है। मकान पर तो रख रखाव के नाम पर कुछ ना कुछ खर्च ही करना पडता है। इसी तरह से कार पर भी मेन्टिनेन्स के नाम पर खर्चा करना पडता है। यह दोनों तो खर्चे के आईटम है, इसलिये दायित्व है। ये उत्तर सुनकर प्रोफेसर पिता तो झुंझला उठा।

दोस्त के पिता स्मिथ को मैं यहॉ धनी पिता कहना चाहूंगा। उसके पास रॉबर्ट पहुंचा और अपने पापा की बात बतलाई कि वो मकान को सम्पत्ति बतलाते है। तो स्मीथ ने कहा कि उन्होनें कभी भी वित्तीय बुद्धि की शिक्षा नही ली है। इसलिये वो ऐसा कह रहे है। सम्पत्ति वो है जो कुछ ना कुछ आपको आमदनी दे अन्यथा दायित्व है। लेकिन पढेलिखे प्रोफेसर लोग इन्कम स्टेटमेन्ट को ही पढ़ना जानते है। बैलेन्सशिट से अनभिज्ञ होते है।

बच्चे स्कूल में पढ़ रहे थे और स्मिथ से वित्तीय शिक्षा भी ले रहे थे। स्मिथ के यहॉ कभी किसी कर्मचारी को हटा दिया जाता तो वो झुंझलाता हुआ स्मिथ के लिये भलाबुरा कहता। उसके पक्ष में कर्मचारी यूनियन के लोग भी नारेबाजी करते। लेकिन इससे स्मिथ पर कोई असर नही पड़ता। लेकिन बच्चे बडी लगन से इन बातों को सींख रहे थे।

प्रोफेसर को नौकरी से मुक्त होना पड़ा

रॉबर्ट एक दिन स्कूल से घर आया तो घर में बातचीत चल रही थी कि यूनिवर्सिटी के पास फन्ड्स की कमी आ गई है। इसलिये कुछ प्रोफसरों

को हटाया जायेगा। जिसमें रॉबर्ट के पिता का नाम भी है। कुछ महिने बाद वो समय भी आ गया जब रॉबर्ट के पिता को कार्य से मुक्त कर दिया गया। प्रोफेसर ने अपने अधिकारों की लड़ाई के लिये संगठन तैयार किया। वापिस नौकरी पर लिया जाये इसके नारे आदि लगाये। यूनिवर्सिटी ऑथोरिटी के आगे रिप्रजेन्टेशन दिया व नौकरी के लिये गिडगिडाये। यह देखकर रॉबर्ट को वो दिन याद आ जाते थे जब स्मिथ के कार्यालय में किसी कर्मचारी को हटाया जाता था और वो बडबडाता हुआ जाता था।

जॉब नही बिजनस करें

दोस्त के पिता स्मिथ यह सींखाते थे कि नौकरी करों। अच्छी तरह से करों लेकिन जॉब से पैसा नौकरी मिले उसमें से कुछ राशि निवेश करों ताकि सम्पत्ति बने। दोस्त के पिता स्मिथ ने आमदनी के तीन प्रकार बतायेंः–

1. **अर्जित आमदनी** – जो छोटे व्यापार अथवा नौकरी से प्राप्त होती है।

2. **पोर्टफोलियों आमदनी** – शेयर्स में, एफ.डी., डिवेन्चर आदि से प्राप्त होती है।

3. **निष्क्रिय आमदनी** (Passive Income)

स्मिथ दोनों बच्चों को सींखाते थे कि अर्जित आमदनी को किस तरह से पोर्टफोलिया आमदनी व पैसिव आमदनी में बदला जाये तथा दौलत क्या है, इस बात को भी समझाते थे। दौलत नेटवर्थ से अलग है। नेटवर्थ का अर्थ तो है कि आमदनी में से खर्चे हटा दो। जो शेष बचे वो नेटवर्थ है। दौलत का अर्थ यह है कि वो सम्पत्ति जो आपको प्रतिमाह कुछ ना कुछ आमदनी देती है।

चार प्रकार के तरीको से आमदनियाॅं पैदा होती हैः—

1. जॉब

2. सेल्फ इम्पलोयमेन्ट

3. बिजनस

4. पैसिव इन्कम

कोई व्यक्ति कहीं जॉब करता है जिससे जो आमदनी मिलती है। वो जॉब से प्राप्त आमदनी कही जाती है। तथा जो अपना छोटा मोटा व्यवसाय करता है वो सेल्फ इम्पलोयमेन्ट कहलाता है। यानि कि स्वंय का स्वयं नौकर है। बिजनस इन्कम वो है जो बडी संख्या में कर्मचारियों को रखकर कर्मचारियों के द्वारा की जाती है। पैसिव इन्कम वो है जिसमें आदमी को स्वयं को काम नही करना पड़ता बल्कि पैसा उनके लिये काम करता है। जैसे कि स्टॉक, शैयर्स, कोई पुस्तक लिखना जिस पर रॉयल्टी मिलती है। म्यूजिक आदि के कैसेट्स जिन पर रॉयल्टी मिलती है अथवा वो व्यवसाय जो ऑटोमोड़ पर हो जहाॅं मालिक को जाना नही पड़े और कर्मचारी स्वतः बिजनस को चलाते रहे।

मैं यह चाहता हूॅं कि हर हिन्दुस्तानी अमीर बने। वो पैसिव इन्कम कमाना सींखे और इसके लिये वित्तीय बुद्धि की जरूरत है। इस वित्तीय बुद्धि की शिक्षा स्कूलों में छठीं क्लास से ही दिया जाना आरम्भ कर देना चाहिये।

प्रायःकर स्कूलों में जो शिक्षा दी जाती है वो किसी क्षेत्र विशेष का ज्ञान कराया जाता है। जिसे वो व्यक्ति सींख लेता है और नौकरी कर पाता है। जबकि पैसा कमाने का विज्ञान अलग है। जिसकों अलग तरीके से सींखना होगा। अतः अब समय आ गया है कि स्कूलों में वित्तीय बुद्धिमता को सींखाया जाना आवश्यक है।

वित्तीय बुद्धिमता से होने वाले लाभः–

1. वित्तीय बुद्धिमता सीखकर बच्चा अपने हुनर का सही उपयोग कर सकेगा।

2. वित्तीय बुद्धिमता सीखकर बच्चा अपनी शिक्षा का प्रभावशाली उपयोग कर पायेगा।

3. वित्तीय बुद्धिमता सीखने से बच्चा कभी बेरोजगार नही रहेगा। अतः बेरोजगारी की बीमारी सदा–सदा के लिये दूर हो जायेगी।

4. वित्तीय बुद्धिमता का शिक्षण लेने के लिये अधिक शिक्षा की जरूरत नही है। 12वीं तक पढ़ना पर्याप्त हो सकता है।

5. वित्तीय बुद्धिमता के प्रशिक्षण से तीनों बातें अलग–अलग हो सकेगी। किस कैरियर से प्यार करते हो? कौनसे कैरियर के लिये एक्सपर्ट हो? और वित्त कहॉ से कमाओगे?

6. पुराना तरीका मैदान छोड़ देगा जिसमे यह कहा जाता है कि इन्जीनियरिंग की पढ़ाई कर लो। पैसे स्वयं आ जायेंगे। मेडिकल की पढ़ाई कर लो। पैसे स्वतः आ जायेंगे। लेकिन पैसा कमाना अलग विज्ञान है।

7. हर बच्चा इन्जीनियर बने या न बने लेकिन उसे पैसे की गणित समझ में आनी चाहिये। यदि पैसे की किल्लत उसके पास नही होगी तो वो एक अच्छा इन्जीनियर बन सकता है। एक स्वच्छ छवीं का प्रशासनिक अधिकारी बन सकता है। एक पाक–साफ नेता बन सकता है।

अब समय आ गया है कि वित्तीय बुद्धिमता की शिक्षा के लिये हमारे द्वारा चलाया जा रहा आन्दोलन **'हर हिन्दुस्तानी अमीर बने'** से आप सब लोग जुडे और इस आन्दोलन को कामयाब बनावें।

NOTES (जो बातें आपके ह्रदय को छू गई है)

1. ____

2. ____

3. ____

4. ____

5. ____

6. ____

7. ____

8. ____

9. ____

10. ____

11. ____

12. ____

13. ____

14. ____

15. ____

16. ____

17. ____

18. ____

19. ____

20. ____

21. _______________________________

22. _______________________________

23. _______________________________

24. _______________________________

25. _______________________________

NOTES (जो निर्णय आपने अपने जीवन में लेने हेतु तय किये है)

26. _______________________________

27. _______________________________

28. _______________________________

29. _______________________________

30. _______________________________

31. _______________________________

32. _______________________________

33. _______________________________

34. _______________________________

35. _______________________________

36. _______________________________

37. _______________________________

38. _______________________________

39. _______________________________

40. ____

41. ____

42. ____

43. ____

44. ____

45. ____

46. ____

47. ____

48. ____

49. ____

50. ____

अध्याय-34

6 कुओं की कहानी

(6 कुओं का कन्सेप्ट आपको अमीर बना सकता है)

एक विश्वप्रसिद्ध व्यक्ति हुए है। जिन्होनें अपनी पुस्तक में अमीर बनने का एक सुनिश्चित तरीका बताया है। आज मैं उसे एक कहानी के रूप में आपको बताना चाहूंगा।

मैं जब छोटा था। मेरे कस्बे में कोई बीमार हो जाता तो पडौसी लोग उसे कई कुओं का पानी इकट्ठा करके लाते और थोडा-थोडा उसे पीलाते थे। प्रायःकर वह 6 कुओं का होता था। उस कस्बे में उस समय यह मान्यता थी कि 6 कुओं का पानी मिलाकर पीने से बीमारी दूर हो जाती है। मैं छोटा था। मैनें एक डॉक्टर से पूछा कि क्या यह सही है कि 6 कुओं का पानी मिलाकर पिला देने से बीमार ठीक हो जाता है? चिकित्सक ने कहा कि हॉ बिल्कुल ठीक है। क्योंकि यहॉ के कुओं में किसी में कोई खनिज मिलता है तो किसी में कोई अन्य खनिज। अतः जिस खनिज की कमी से बीमारी हुई है। यह पानी पिलाने से उस खनिज की पूर्ति हो जाती है और बीमारी दूर हो जाती है।

वर्षो बाद मुझें एक विश्वविख्यात व्यक्ति की पुस्तक पढ़ने को मिली। जिसमें इंसान को जो गरीबी की बीमारी लगी हुई है। उसको दूर करने के लिये भी 6 कुओं की बात कही गई। इसको मैं विस्तार से आपको बतलाता हॅ।

6 कुओं से तात्पर्य यह है कि व्यक्ति को जो मासिक/वार्षिक आमदनी प्राप्त होती है उसका संग्रह इन 6 कुओं में किया जाये। यह आमदनी के प्रबन्धन का एक तरीका बताया गया है। इस तरीके

को यदि व्यक्ति अपनाये तो वह अमीर बनने की ओर अग्रसर हो जायेगा।

6 कुओं की बजाय आप बैंको में 6 खातें रख सकते है अथवा 6 लिफाफे रख सकते है।

1. पहले लिफाफे/बैंक खाते में आप अपनी आमदनी का आधा हिस्सा डिपोजिट कर दे। इस लिफाफे पर नाम लिख दे घर खर्च/ऑफिस खर्च हेतु प्रावधान।

2. दूसरे लिफाफे/बैंक खाते में आमदनी का 10 प्रतिशत डिपोजिट कर दे। इस लिफाफे पर नाम लिख दे शिक्षा हेतु प्रावधान।

3. तीसरे लिफाफे/बैंक खाते में 10 प्रतिशत डिपोजिट कर दे। इस लिफाफे पर नाम लिख दे मनोरंजन हेतु प्रावधान।

4. चौथे लिफाफे/बैंक खाते में 10 प्रतिशत डिपोजिट कर दे। इस लिफाफे पर नाम लिख दे बचत हेतु प्रावधान।

5. पांचवे लिफाफे/बैंक खाते में 10 प्रतिशत डिपोजिट कर दे। इस लिफाफे पर नाम लिख दे निवेश हेतु प्रावधान।

6. छठे लिफाफे/बैंक खाते में 10 प्रतिशत डिपोजिट कर दे। इस लिफाफे पर नाम लिख दे डोनेशन हेतु प्रावधान।

इस प्रक्रिया को प्रतिमाह करना है। और गम्भीरता व अनुशासन के साथ नियमित करना है। उक्त पुस्तक के लेखक यह लिखते है कि यदि इस प्रक्रिया को 21 महिने तक नियमित कर लिया जायेगा तो व्यक्ति के दिमाग में वित्त के प्रबन्धन की बात ठीक से बैठ जाती है। और वो अमीर होने की ओर अग्रसर हो जाता है।

वित्तीय बुद्धिमता

उपरोक्त एक्सरसाईज देखने में सामान्य व सरल लग सकती है। लेकिन आपकी वित्तीय बुद्धि को धीरे–धीरे बढ़ाने में बहुत अधिक कारगर है। उक्त पुस्तक में यहॉ तक लिखा गया है कि यदि किसी व्यक्ति की आमदनी जीरो है और वो उधार लेकर अपना जीवन चला रहा है तो भी वो इस प्रक्रिया की पालना करें। तो धीरे–धीरे उसकी मानसिकता इन 6 प्रकार से प्रशिक्षित हो जायेगी। वो फिर अपने खर्चों को लापरवाही से नही करेगा बल्कि इन छः हेड्स के तहत अनुशासित होकर ही करेगा। 21 महिनों की प्रेक्टिस उस व्यक्ति की वित्तीय चेतना को इतना अभ्यस्त बना देगी कि ये छः कुएं उसे निरन्तर अपनी ओर से आमदनी प्रदान करने लग जायेंगे।

मैं सरकारी सेवा में था और एक सरकारी एजेन्सी में अधिकारी लगा हुआ था। वहॉ मैनें एक विशेष बात देखी। वहॉ पर अनेक जगहों से फंड्स आते थे। अनेक स्कीमों के तहत फंड्स आते थे। कुछ फंड्स तो सैन्ट्रल गोवर्नमेंट से आते थे। कुछ स्टेट गोवर्नमेन्ट से आते थे और कुछ अन्य संस्थाओं से आते थे। वहॉ मैंने एक विशेषता देखी। वहॉ एक पी.डी. (पब्लिक डिपोजिट) अकाउंट मेन्टेन होता था। अतः जहॉ कही से कोई भी फंड्स आता था तो सबसे पहले उस पी.डी. अकाउंट में जमा होता था। इसलिये पूरे के पूरे फंड्स की प्रोपर अकाउंटिंग रहती थी। यही वजह रही कि उस एजेन्सीज में कही भी कोई वित्तीय घपला नही हुआ।

राजस्थानी व्यापारियों का फंड्स रखने का तरीका

मैं राजस्थान में पैदा हुआ। राजस्थान के व्यापारियों के सम्पर्क में आया। प्रत्येक व्यापारी के यहॉ दुकान पर एक गल्ला (तिजोरी) होता था। कही से कोई भी पैसा आये। सबसे पहले उसे गल्ले में डाला जाता था। उस गल्ले में कई खण्ड होते थे। उनमें एक खण्ड चैक / ड्राफ्ट आदि के लिये भी होता था जो उस गल्ले में डाले

जाते थे। अतः कितना पैसा आया इसका पूरा हिसाब व्यापारी के पास रहता था? यद्यपि यह अनुशासन और लम्बे अभ्यास की मांग करता है। जो लोग इस बात का ध्यान नहीं रखते कि दिनभर में जो पैसा आया। जो खर्चा करना था खर्च किया व बाकि जो बचा वो गल्ले में डाल दिया। जो इस तरह से करते है उनके व्यापार कभी नही पनपते।

केन्द्र/राज्य सरकारों के फंड्स का तरीका

केन्द्र सरकार/राज्य सरकार के पास कही से भी पैसा आता है। किसी भी टैक्स की वसूली हो। वो सरकार के खजाने में डिपोजिट किया जाता है। उस पैसे से छेडखानी करने का किसी भी किसी भी स्तर पर किसी को भी अधिकार नही होता। उस पैसे का विधान सभा के द्वारा बजट अलोकेट किया जाता है। उसके बाद ही खर्च किया जा सकता है। जैसे इन्कम टैक्स डिपार्टमेन्ट, जी.एस.टी. डिपार्टमेन्ट। इनमें बहुत पैसा आता है। लेकिन किसी भी अधिकारी को कुछ भी खर्च करने का अधिकार नही है। यह पैसा तो सरकार के एक्सचैकर में जमा होगा। विभाग में स्टॉफ का वेतन, पी.ए., डी.ए. आदि के लिये अलग से आये हुए बजट के अनुसार ही खर्च किया जायेगा। इसी कारण से सरकार के खाते व्यवस्थित और पारदर्शी रहते है।

उपरोक्त छः कुओं की बात जो कही गई है। उसमें पहला कुआं जिसमें कि आप अपनी आमदनी का 50 प्रतिशत डालेंगे उसे आप महिने भर में खर्च कर सकते हो। उससे ज्यादा नही।

इसी प्रकार से अन्य जो पांच कुएं है उनमें भी आपको 10–10 प्रतिशत अपनी आमदनी का डालना है। किसी भी कुएं को किसी भी सुरत में खाली ना रखा जाये। अपने सबकोन्सियस माइंड को इन कुओं के बानक से अभ्यास कराया जाना है कि छः प्रकार के दिमाग में विभाग बन जायेंगे। ज्यो–ज्यो अभ्यास करेंगे, त्यो–त्यो ये विभाग

और ज्यादा क्लियरकट बन जायेंगे। आपका अर्थ तंत्र व्यवस्थित व नियोजित हो जायेगा। सामान्यतः होता क्या है कि लोग या तो खर्च ज्यादा कर देते है? अथवा निवेश ज्यादा कर देते है। यानि कि इन छः के अनुशासन की ठीक से पालना नही करते है। परिणाम यह निकलता है कि उनकी बैलेन्सशिट की शक्ल बिगड जाती है।

यदि कोई कुआं खाली रह जायेगा तो क्या होगा? मान लो आपने बचत वाले लिफाफे / अकाउंट में 10 प्रतिशत राशि के हिसाब से नही रखा और निवेश वाले में ज्यादा पैसे रख दिये। यानि आपने निवेश ज्यादा कर दिया। निवेश ज्यादा करना गलत नही कहा जा सकता। लेकिन अब क्या होगा कि आपके पास में नगदी की कमी हो जायेगी। आपका रोटेशन भी रूक सकता है। क्योंकि आपने बचत के कुएं को प्यासा रख दिया। यदि आपने मनोरंजन के लिफाफे / अकाउंट में 10 प्रतिशत राशि नियमित रूप से जमा नही की, शिक्षा वाले लिफाफे में ज्यादा जमा कर दी तो बच्चे और पत्नी मनोरंजन नही कर पायेंगे। कही घूमने नही जा पायेंगे। परिणाम स्वरूप आपके घर में मधुर वातावरण नही रह पायेगा। इसलिये इन छहों कुओं में गम्भीरता पूर्वक अपनी आमदनी को रखना है।

क्या कम्पनियों के लिये भी 6 कुओं का नुस्खा काम करेगा?

बिल्कुल करेगा। कम्पनियों के लिये तो यह और ज्यादा जरूरी है। क्योंकि अगर कम्पनियों में वित्तीय अनुशासन नही रखा जायेगा तो जटिलताएं बन सकती है। क्योंकि सरकारी कई टैक्स आदि समय पर जमा कराने होते है। वो नही जमा नही हुए तो कम्पनियों को बडी पैनल्टी हो सकती है। कम्पनी का आर्थिक स्वास्थ्य ठीक रहे। इसलिये इन छः कुओं का सिद्धान्त कम्पनियों के लिये भी अपनाया जाने योग्य है। कम्पनियों के लिये थोडा सा बदलाव हो सकता है। व्यक्ति के निजी खर्चे की जगह, कम्पनियों के खर्चे है। कम्पनी में

मासिक की जगह सालाना स्तर पर कुओं को मेन्टेन किया जा सकता है।

मूल बात है कि व्यक्ति के पैराडाईम में परिवर्तन हो कि वो व्यवस्थित तरीके से कम्पनी में आने वाले फंड का प्रबन्धन करें।

रॉबर्ट कियोस्की का कथन

कम्पनियों को चार प्रकार के प्रबन्धन की शिक्षा प्राप्त करते रहना चाहिये।

1. कैसफ्लो प्रबन्धन।
2. पीपल प्रबन्धन।
3. सिस्टम प्रबन्धन।
4. वित्त प्रबन्धन।

कम्पनियों में वित्तीय प्रबन्धन उतना ही महत्वपूर्ण है जितना कि सिस्टम का प्रबन्धन व लोगों का प्रबन्धन। एक उद्यमी जब लोगों को कोई वस्तु अथवा सेवा प्रदान करने के लिये एक सिस्टम बनाता है। वस्तुएं व सेवाएं देता है तो उसे फंड्स की जरूरत पडती है। एक तरफ तो उसे अपने काम को फैलाने के लिये फंड्स चाहिये। दूसरी तरफ सरकार व संस्थाओं की तरफ से जो फंड्स आते है उनकी भी देखभाल जरूरी होती है। अतः कम्पनियों को वित्तीय प्रबन्धन को हल्के में नही लेना चाहिये।

जो कम्पनियॉ वित्त को सावधानी पूर्वक नियंत्रित व नियमित नही करती। वो कितनी ही बडी पूंजी के साथ चलाई जाये, सफल नही होगी व 5 साल से अधिक नही पकड पायेगी। ऐसा **रॉबर्ट कियोस्की** अन्तर्राष्ट्रीय ख्याति प्राप्त वित्त प्रबन्धक का कहना है।

मेरा यह व्यक्तिगत निवेदन है कि जो भी व्यक्ति इस 6 कुओं के सिद्धांत को पढ़े वो इस पर विचार करें। और वो इसे अपने जीवन में अमल में लावें। और 21 महिने तक इसका प्रयोग करने पर जो

उन्हें लाभ हो तो नीचे लेखक के दिये गये नम्बरों पर अवगत करावें।

NOTES (जो बातें आपके ह्रदय को छू गई है)

1. ______________________________

2. ______________________________

3. ______________________________

4. ______________________________

5. ______________________________

6. ______________________________

7. ______________________________

8. ______________________________

9. ______________________________

10. ______________________________

11. ______________________________

12. ______________________________

13. ______________________________

14. ______________________________

15. ______________________________

16. ______________________________

17. ______________________________

18. ______________________________

19. _______________________________________

20. _______________________________________

21. _______________________________________

22. _______________________________________

23. _______________________________________

24. _______________________________________

25. _______________________________________

NOTES (जो निर्णय आपने अपने जीवन में लेने हेतु तय किये है)

26. _______________________________________

27. _______________________________________

28. _______________________________________

29. _______________________________________

30. _______________________________________

31. _______________________________________

32. _______________________________________

33. _______________________________________

34. _______________________________________

35. _______________________________________

36. _______________________________________

37. _______________________________________

38. ____
39. ____
40. ____
41. ____
42. ____
43. ____
44. ____
45. ____
46. ____
47. ____
48. ____
49. ____
50. ____

अध्याय—35

चूहा दौड़ – एक आम आदमी की कहानी

(कैसे अमीर बने का सटीक नुस्खा?)

एक किचन में रातभर चूहें दौड़ते रहते है। वो कितने किलोमीटर की यात्रा रातभर में कर लेते है। इसका कोई हिसाब नही बनता। इसी तरह से एक इंसान लगभग 24–25 साल का होता है तो कमाना आरम्भ करता है। और हर महिने कुछ ना कुछ आमदनी प्राप्त करता है। 60 साल पर उसका रिटायरमेन्ट होता है तो उसके पास क्या सम्पत्ति हो पाती है? इसको चूहें दौड़ के सिद्धान्त से समझा जा सकता है। जैसे चूहाॅ किचन में कभी उपर उछलता है तो कभी नीचे उछलता है। इसी तरह से कर्मचारी/छोटे व्यापारी लोग अपने घर से प्रतिदिन निकलते है। 10 बजे ऑफिस/दुकान पर पहुंचते है। दिन भर काम करते है। सांय 6 बजे वापिस घर पहुंचते है। खाना खाते है, टी.वी. देखते है। फिर सो जाते है। लगभग 30–35 साल तक यही दिनचर्या रहती है। एक चूहें की तरह ऑफिस की तरफ दौड़ना। ऑफिस में काम करना, फिर घर आ जाना। छोटी–मोटी अपनी जिम्मेदारियों को निभाना और फिर रिटायर हो जाना। उस कर्मचारी/छोटे व्यापारी की मेहनत में कोई कमी नही है लेकिन फिर भी उसके पास में इतनी आमदनी नही होती कि वो आमदनी के मामले में निश्चिंत हो सके। इसलिये इसे चूहाॅ दौड़ कहा गया है। व्यक्ति चूहें की तरह दौड़ता रहता है और किसी मकसद पर नहीं पहुंचता।

रॉबर्ट कियोस्की अपनी विश्वप्रसिद्ध पुस्तक **'रिच डेड पूअर डेड'** में लिखते है कि व्यक्ति सम्पत्तियों का सर्जन नही करता। उसके स्थान पर दायित्वों का सर्जन करने में लगा रहता है। इसलिये वो इस चूहॉ दौड़ से बाहर नही आ पाता। रॉबर्ट कियोस्की ने इसका एक बडा व्यवहारिक उपाय बताया है कि व्यक्ति को अपने पेशे व व्यापार में फर्क समझना चाहिये। क्योंकि पेशा तो हर व्यक्ति का होता है। जैसे कि कोई चिकित्सक है, कोई इंजीनियर है, कोई अध्यापक है। लेकिन आमदनी में से जो बचत होती है। उसके उचित एवं विवेकशील प्रबन्धन से वो आर्थिक रूप से मजबूत बन सकता है। यह उसका व्यापार है। इस आर्थिक प्रबन्धन में सामान्यतः लोग लापरवाही बरतते है। इसलिये वो कभी चूहॉ दौड़ से बाहर नही आ पाते और आर्थिक रूप से सम्पन्न नही हो पाते।

सम्पत्ति व दायित्वों की परिभाषा

रॉबर्ट कियोस्की की पुस्तक **'रिच डेड पूअर डेड'** विश्व में बहुत लोकप्रिय हुई। इस पुस्तक ने उन सभी सिद्धान्तों को नकार दिया जो पूर्व में आर्थिक सम्पन्नता हेतु अपनाये जाते रहे है। इसमें मुख्य है सम्पत्ति व दायित्वों की परिभाषा। यद्यपि बैंक्स, सरकारे आज भी पुरानी ही परिभाषाएं सम्पत्ति व दायित्वो की रखे हुए है। जैसे कि एक व्यक्ति की निम्न सम्पत्तियॉ होती है।

1. उसका निजी मकान।
2. उसकी गाडी।
3. अन्य कोई चल सम्पत्ति।

लेकिन रॉबर्ट कियोस्की इन सम्पत्तियों को सम्पत्तियॉ नही कह कर उसके स्थान पर दायित्व कहते है। जो कि मध्यमवर्गीय लोगों के लिये बड़ा विचारणीय विषय है। मध्यमवर्गीय व्यक्ति तो पूरी उम्र नौकरी / व्यवसाय करके निजी मकान बनवाता है। निजी गाडी लेता है। उसे अपनी सम्पत्ति समझ कर गौरवान्वित होता है।

रॉबर्ट कियोस्की का कहना है कि सम्पत्ति वह है जो आपकी जेब में कुछ ना कुछ रूपये डाले, यदि रूपये नही डालती है अथवा उसकी मेन्टिनेन्स हेतु रूपये लगाने पडते है तो वह दायित्व है। मकान के बारे में रॉबर्ट कियोस्की कहते है कि प्रायःकर मध्यमवर्गीय व्यक्ति मकान किसी वित्तीय संस्था से कर्ज लेकर बनाता है। लम्बी अवधि तक उस कर्ज को उसे ब्याज सहित चुकाना होता है। कभी–कभी तो वो ऐसी सम्पत्ति से झूंझला भी जाता है। फिर मकान को मेन्टेन करने हेतु खर्चा भी करना पड़ता है। मकान हेतु गृहकर आदि भी देना पड़ता है। अतः मकान रॉबर्ट कियोस्की की परिभाषा के अनुसार सम्पत्ति नही होकर दायित्व है। रॉबर्ट कियोस्की तो यहॉं तक कहते है कि आपने मकान बनवाकर बैंको के लिये एक तयशुदा आमदनी की सुविधा कर दी। आप उसके कर्मचारी बन गये।

रॉबर्ट कियोस्की कहते है कि सामान्यतः इंसान या तो बैंको को कमा कर देता है या सरकार को। क्योंकि कर्जा लेकर मकान बनाता है तो ब्याज के रूप में बैंको को देता है। टैक्स के रूप में सरकार को पैसा देता है। कई बार सरकार मकान बनाने वाले को टैक्स में छूट दे देती है। लेकिन मकान में वो व्यक्ति स्वयं रहता है, उसे वो बेच नही सकता। इसलिये वो कभी मकान का नगदीकरण भी नही कर पाता।

यद्यपि मकान आवश्यक है और मध्यमवर्ग के लोग इसे बड़ी भावनाओं के साथ में बनाते है। लेकिन जरूरत से बड़ा मकान बनाना निश्चित रूप से दायित्व है।

मेरे एक मित्र ने बतलाया कि मैनें उत्साह व उमंग से जवानी में चार कमरों का मकान बनवाया। बैंक से कर्जा लिया। बीस साल तक ब्याज सहित कर्जा चुकाया। अब बच्चे भी बाहर रहते है। मकान को साफ आदि करने पर भी अधिक खर्चा आता है तो इसे बेचकर कोई छोटा फ्लेट/अपार्टमेन्ट लेना चाहता हूॅं। लेकिन बिकने में दिक्कत आ रही है। इसलिये मकान उसके लिये कोई तत्काल

प्रतिफल देने वाला साधन नही रहा। हॉ मकान से उसे शोहरत/सम्मान अवश्य प्रदान किया है।

वित्तीय अनुशासन

रॉबर्ट कियोस्की कहते है कि ज्योही कोई आमदनी प्राप्त हो। सबसे पहले अपने आपकों दे। लेकिन सामान्यतः होता क्या है? कि सबसे पहले तो बैंक वाले किस्त लेते है। सरकार टैक्स लेती है। फिर कोई परिवार का खर्च होता है तो वो करना पडता है। खुद के लिये पैसा बचा ही नही पाता। लेकिन रॉबर्ट कियोस्की इसके लिये बहुत गम्भीर है कि आपको यह अनुशासन तो विकसित करना ही होगा। उसके बिना आप अमीर नही बन पायेंगे। नही तो जो व्यक्ति वित्तीय रूप से अधिक आत्म अनुशासित होंगे वो आपसे पैसा छीन कर ले जायेंगे। आपकी भावुकता का दुरूपयोग करेंगे।

रॉबर्ट कियोस्की ने बतलाया है कि मैंने मेरे जीवन में सबसे पहले अपने आपकों पैसा दे, के सिद्धान्त को अपनाया। यद्यपि यह कठिन है। कई बार तो मेरे जीवन में ऐसे मौके आये कि पैसे मांगने वाले मेरे दरवाजे पर आ जाते। मेरा अकाउंटेन्ट छुप जाता। लेकिन मैं फिर भी डटा रहता। अपने सिद्धान्त की पालना करता कि पहले पैसा स्वयं को दे। ये सिद्धान्त बिल्कुल वैसा ही है जैसा कि छः कुओं में वित्त को व्यवस्थित रखने का सिद्धान्त है।

जोखिम लेना

उद्यमी को यदि लाभ कमाना है तो लाभ कमाने के लिये तीन बातें आवश्यक है।

1. कुछ अंश में आपकी वस्तु/सेवा का मोनोपोली होना।
2. इनोवेटिव (नवप्रवर्तन) होना।
3. जोखिम लेना।

जो कोई भी मुनाफा कमायेगा। मुनाफे की ये तीन अर्न्तनिहित विशेषताएं है। जिनमें जोखिम उठाना सबसे महत्वपूर्ण है। अतः सबसे पहले खुद को पैसे देना भी एक जोखिम उठाना है, हो सकता है कि आपके परिचित लोग इस बात को पसंद ना करे।

भीड़ के विपरीत चलना

जो लोग भीड की मान्यताओं के अनुसार चलते है। वो लोग कैसे अमीर हो सकते है? क्योंकि भीड़ तो औसत व्यक्तियों की होती है। जबकि अमीर बनने हेतु रॉबर्ट कियोस्की का कहना है कि उन सिद्धान्तों का पालन भी करना पडेगा जो भीड को पसंद नही है।

स्वेट मॉर्डन ने अपनी पुस्तक **'अपने को आत्मविश्वासी बनाओं'** में एक कहानी लिखी है।

एक व्यक्ति अपने कर्मचारियों पर पूरी निगरानी रखता था और किसी दिन कोई व्यक्ति नही आता। उसने यदि नियमों से अधिक छुट्टी ले ली तो उसकी तनख्वाह काट लेता था। कोई व्यक्ति किसी कारणवश जल्दी चला जाता तो उसकी तनख्वाह काट लेता। कोई व्यक्ति नौकरी छोड जाता है तथा अगर वो तीन महिने का नोटिस देकर नही गया। तो उसकी भी तनख्वाह काट लेता।

एक कर्मचारी ने अपनी बात **स्वेट मॉर्डन** को बतलाई। तो स्वेट मॉर्डन ने कहा कि क्या वो व्यक्ति समय पर तनख्वाह नही देता? कर्मचारी ने कहा कि बिल्कुल समय पर देता है। क्या पूरी तनख्वाह नही देता? कर्मचारी ने कहा बिल्कुल पूरी तनख्वाह देता है। क्या वो अपने वादे पर नही टिकता? कर्मचारी ने कहा कि वो अपना हर वादा पूरा करता है। तब स्वेट मॉर्डन ने कहा कि वो कोई बहुत अधिक मालदार व्यक्ति होना चाहिये। कर्मचारी ने कहा **'हॉं'**। क्योंकि जो व्यक्ति इतने सख्त अनुशासन से वित्तीय प्रबन्धन करता है वो अवश्य अमीर बनता है।

कूरियन जिन्हे भारत सरकार ने डेयरी स्थापना हेतु डेनमार्क से भारत बुलाया था। **और जो आनन्द डेयरी** के **प्रबन्ध निदेशक** थे। उन्होनें एक बार अपने उद्बोदन में बतलाया कि डेयरी में हम दूध का प्रबन्धन कैसे करते है? तो उन्होनें बताया कि हम एक–एक बूंद दूध की बचाते है। वो दूध की बूंद ग्राहक के लिये कोई महत्वपूर्ण नही है। लेकिन हमारे लिये वो एक–एक बूंद इकट्ठी होकर क्विंटल्स दूध बन जाती है।

अतः सिस्टम का प्रबन्धन, प्रोडक्ट्स का प्रबन्धन, व्यक्तियों का प्रबन्धन अगर उचित तरीके से किया जाये तो व्यक्ति गरीब से मध्यमवर्गीय बन सकता है और मध्यमवर्गीय से अमीर बन सकता है।

एक व्यक्ति ने मुझें अपने जीवन की एक कहानी सुनाई कि वो एक प्राईवेट फर्म में नौकरी करता था। और उसने रॉबर्ट कियोस्की के सबसे पहले खुद को भुगतान करों के सिद्धान्त को अपनाया। ज्योही उसे वेतन मिलता वो उसमें से 10 प्रतिशत राशि से जिस भी भाव पर रिलायंश के शेयर्स मिलते, खरीद लेता था। वो हर महिने ऐसा ही करता था। 1000–15000 रूपये के शेयर्स प्रतिमाह खरीद लेता था। उसने बताया कि मैं अब इसका आनंद ले रहा हूँ। जब मैं रिटायर हुआ तो मेरे पास में 72 करोड़ की सम्पत्तियाँ रही है। यद्यपि इसमें मेरे अकेले के ही वित्तीय अनुशासन का योगदान नही है बल्कि रिलायंस के शेयर्स में हुआ जबरदस्त इजाफा भी है। क्योंकि मुझें यह भी मालुम था कि रिलायंस भी अपने वित्तीय प्रबन्धन को सख्ती से करती है। इसलिये मैनें रिलायंस के शेयर्स को खरीदना तय किया था।

इसी तरह से खुद को सबसे पहले भुगतान करने के सिद्धान्त को आप अपने जीवन में अपना कर व उसका उचित निवेश करके अमीर बन सकते है। और चूहॉ दौड़ से बाहर निकल सकते है व आर्थिक स्वतंत्रता प्राप्त कर सकते है।

NOTES (जो बातें आपके ह्रदय को छू गई है)

1. ____

2. ____

3. ____

4. ____

5. ____

6. ____

7. ____

8. ____

9. ____

10. ____

11. ____

12. ____

13. ____

14. ____

15. ____

16. ____

17. ____

18. ____

19. ____

20. ____

21. ____

22. ____

23. ____

24. ____

25. ____

NOTES (जो निर्णय आपने अपने जीवन में लेने हेतु तय किये है)

26. ____

27. ____

28. ____

29. ____

30 ____

31. ____

32. ____

33. ____

34. ____

35. ____

36. ____

37. ____

38. ____

39. ____

40. _______________________________________

41. _______________________________________

42. _______________________________________

43. _______________________________________

44. _______________________________________

45. _______________________________________

46. _______________________________________

47. _______________________________________

48. _______________________________________

49. _______________________________________

50. _______________________________________

अध्याय–36

भैंस को पहाडी से नीचे गिरा दिया – एक कहानी

(बुरे दिन आते ही इसीलिये है कि उनका सदुपयोग करें)

एक व्यक्ति एक पहाडी के नीचे अपने परिवार सहित रहता था। उसके पास में 20 बीघा जमीन भी थी। लेकिन जमीन उबड खाबड थी। इसलिये कुछ पैदा नही होता था, लेकिन उसके पास में एक भैंस थी, उससे दूध मिल जाता था। आधे दूध को घर में काम में लेते थे, आधे दूध से पडौस आदि में देकर बदले में अनाज आदि ले आते थे। ले–देकर गुजारा चल रहा था। व्यक्ति धीरे–धीरे संतोषी हो चला, और यह मान बैठा कि अपने भाग्य में इतना ही है। एक भैंस से ज्यादा अपने भाग्य में नही लिखा है। समय भी अभी अनुकूल नही है। क्योंकि बारिश भी नही हो रही है, किसी महापुरूष ने ठीक कहा भी है कि **"समय से पहले और भाग्य से ज्यादा नही मिलता।"** महापुरूष की यह बात उस व्यक्ति और उस परिवार को ठीक लगी। इसलिये वो पूरी तरह से संतोषी और अकर्णमय हो गया।

मोटिवेशनल व्यक्ति की टीम का आगमन

जहाॅ वो व्यक्ति भैंस के साथ रहता था। उससे कुछ ही दूर एक कॉलेज था जिसमें बच्चे पढते थे। उस कॉलेज के वार्षिकोत्सव में एक मोटिवेशनल स्पीकर को भाषण देने के लिये बुलाया गया। वो मोटिवेशनल स्पीकर लोगों को आमदनी बढाने के सटीक उपाय भी बतलाता था। वो मोटिवेशनल स्पीकर कॉलेज में व्याख्यान देने के

बाद अपने साथियों सहित अपने गन्तव्य स्थान के लिये रवाना हुआ। लेकिन रास्ते में उनकी गाडी खराब हो गई। सामने ही उस व्यक्ति का खेत था। उन्होंनें उस व्यक्ति को बुला लिया। उस व्यक्ति के द्वारा धक्के आदि लगाने से गाडी ठीक हो गई। लेकिन उस व्यक्ति ने कहा कि अब रात का समय हो गया है। अब कहॉ जाओंगे? रात को मेरे यही सो जाओं। सुबह चले जाना।

व्यक्ति के निवेदन पर मोटिवेशनल स्पीकर व उनकी टीम रात्रि विश्राम करने पर राजी हो गई। व्यक्ति और उसकी पत्नी ने भोजन बनाया। भैंस को दूहा। धीरे–धीरे 12 बज गई। लेकिन उसने बडे प्यार से खाना बनाया व खिलाया। खाना खाने के बाद मोटिवेशनल स्पीकर बडा प्रसन्न हुआ। खाना खाने के बाद रात्रि में सो गये। लेकिन अचानक रात्रि में 3 बजे मोटिवेशनल स्पीकर की आंख खुल गई और वो चिन्ता में था। इस व्यक्ति ने हमारे लिये कितना कष्ट किया है? प्रेम से खाना भी खिलाया है। इसके पास चारपाई भी कम थी वो भी हमे सोने के लिये दे दी और खुद नीचे सो गये। इस परिवार के लिये हमें कुछ करना चाहिये। उसने अपने दोनों साथियों को जगाया और विचार विमर्श किया कि अपन इसके लिये क्या कर सकते है? टीम के एक सदस्य ने कहा कि यह आलसी व्यक्ति है। धीरे–धीरे काम करता है। इसकी कोई तमन्ना व महत्वाकांक्षा भी नही है। इसलिये हम लोग इसकी कोई मदद नही कर सकते। इतने में टीम का दूसरा सदस्य बोला मैं आपको एक कहानी सुनाता हूँ। उसके बाद जो आप हुकुम करोंगे वही करेंगे।

तीन वरदानों की कहानी

एक बार पार्वती जी और शिवजी पृथ्वी पर लोगों के हालचाल देखने के लिये विचरण कर रहे थे। तभी पार्वती जी की नजर एक परिवार पर पड़ी। परिवार का मुख्य व्यक्ति गरीब था। शरीर से भी कमजोर था। उसकी पत्नी किसी बड़ी बीमारी से पीड़ित थी। पार्वती जी को

बडी दया आई। और उन्होनें शिवजी से कहा कि इस परिवार की आपको मदद करनी चाहिये। शिवजी ने कहा ये आलसी व्यक्ति है और भाग्यहीन भी है। इसकी अपन कोई मदद नही कर सकते। यह अपनी मदद का भी दुरूपयोग करेगा। इस पर पार्वती जी ने हठ पकड ली। त्रियाहठ प्रसिद्ध है। अतः शिवजी को अपनी स्वीकृति देनी पड़ी। और कहा कि ठीक हैं। मैं उस व्यक्ति को तीन वरदान देता हूॅं। शिवजी का यह कहना था कि आकाशवाणी हुई और उस व्यक्ति को सुनाई दिया कि शिवजी तुम पर प्रसन्न है। कोई भी तीन वर मांग लो।

उस व्यक्ति ने विचारा कि क्या मांगना चाहियें? फिर उसकी समझ में आया कि अपनी पत्नी ला–ईलाज बीमारी से ग्रस्त है। यह स्वस्थ हो जाये तो मजा आ जाये। और उसने अपना पहला वरदान मांग कि मेरी पत्नी को स्वस्थ व सुन्दर कर दो। तत्काल ही वरदान फलीभूत हो गया और पत्नी बिल्कुल स्वस्थ, छरहरी, सुन्दर हो गई। व्यक्ति खुश था कि उसे अच्छी, सुन्दर, स्वस्थ सहचरी मिल गई। उसके तो जैसे बरसों की मुराद ही पूरी हो गई। कुछ दिन गुजरे कि एक दिन उस व्यक्ति की पत्नी सजधज कर कही बाहर जाने को तैयार हो रही थी कि अचानक एक सैनिक घुडसवारी करता हुआ आया। और उसने देखा इतनी सुन्दर लड़की। इस दुर्बल आदमी के साथ क्या कर रही है। और उसे जबरन उठाया और घोड़े पर बैठकर भाग गया। पड़ौस के लोगों ने बताया कि यह इस एरिया का राजा है। और यह तेरी पत्नी को महलो में ले गया। व्यक्ति बडा दुखी हुआ। उसने कहा कि यह तो बहुत बुरा हुआ। फिर उसने दिमाग लगाया कि अब भी तो मेरे पास दो वरदान और है। दूसरा वरदान क्यों नही मांग लेते? वो राज महल के पिछवाडे में गया जहां पर ऊपर के कमरे की खिडकी थी। जिसमे कि वो राजकुमार उसकी पत्नी को लेकर गया था। और उसने अपना दूसरा वर मांगा कि मेरी पत्नी को सुअर बना दो। तत्काल वो पत्नी सुअर बन गई। राजकुमार ने देखा कि यह तो सुअर है। उसने उस

सुअर को उठा कर खिडकी से नीचे फेंक दिया। उस व्यक्ति ने अपनी पत्नी को नीचे गिरते हुए देखा और अपना तीसरा वर मांग लिया कि मेरी पत्नी जैसी थी वैसी ही बीमार कर दो। सुअर वापिस पत्नी बन गया। वही बीमार पत्नी उसे वापिस मिल गई।

कुछ दिन बाद पार्वती ने फिर जिद की चलो उस गांव में चलते है जहाॅ आपने उस व्यक्ति को तीन वर दिये थे। शिवजी ने कहा कि कुछ नही है। तीनों वर उस व्यक्ति ने काम में ले लिये है। वो जहाॅ है वही है।

यह कहानी सुनाने के बाद टीम के सदस्य ने कहा कि अब आप निर्णय करे।

मोटिवेशनल स्पीकर बोला कि नही। किसी भी व्यक्ति को भाग्य के भरोसे नही छोडा जा सकता। हमे उसके लिये कुछ न कुछ ऐसा काम करना चाहिये कि वो मजबूर होकर मेहनत करें और धनाड्य बने।

तीनों ने आपस में विचार विमर्श करके निर्णय किया कि एक तरीका है। जिससे यह व्यक्ति मेहनत करेगा और धनाड्य बनेगा। लेकिन इसमें हमारी बदनामी होगी। मोटिवेशनल स्पीकर ने कहा कि कोई बात नही। अपनी बदनामी होगी तो झेल लेंगे। लेकिन इसको तो रास्ते पर लाना ही चाहिये। क्योंकि हमने ने इसका अन्न खाया है? अपना दायित्व बनता है।

भैंस को पहाड़ी पर से नीचे गिराना

तीनों व्यक्तियों ने अपना सामान बांधा। एक व्यक्ति ने कार चालू की। और दो व्यक्तियों ने उसकी भैंस को खोला और पहाडी पर ले गये। पहाडी पर जहाॅ ढलान थी वहा कार से भैंस को धक्का दे दिया। वो भैंस पहाड से नीचे गिर गई। उन तीनो के सामने ही वो भैंस मर गई। तीनों व्यक्ति कार में बैठे और 5 बजे से पहले ही रवाना हो गये।

प्रातःकाल 6 बजे वो व्यक्ति और उसकी पत्नी उठे। तो देखा कि मेहमान गायब थे। फिर भैंस को पानी पिलाने गये तो देखा कि भैंस गायब थी। फिर पहाडी के नीचे देखा जहाँ भैंस के निशान थे। फिर पहाडी की ढलान पर देखा जहाँ भैंस मरी हुई पडी थी।

व्यक्ति के परिवार पर भारी मुसीबत आ गई। जो भैंस दूध देती थी वो भी मर गई। मेहमानों का भी पता नही। लेकिन परिवार के लोगों को यह विश्वास हो गया कि जरूर इस भैंस को उन मेहमानों ने ही मारा है। पर मेहमान तो चले गये।

दोनों कुछ महिनों तक उदास रहे। फिर पत्नी ने कहा कि अब एक काम करना चाहिये। जो जमीन बंजर पडी है उसकी खुदाई करके इसको उपजाऊ बनाना चाहिये। पति–पत्नी दोनों ने मिलकर मेहनत की। थोडी बहुत जमीन तैयार भी हो गई। उन्होनें कुछ बीज बोयें। ईश्वर ने बारिश की। कुछ फसल हुई। दूसरे साल फिर बीज बोयें। इस बार ज्यादा फसल हुई। ईश्वर ने बारिश भी अधिक की जिसके कारण फसल अधिक हुई। उसने 4 बोरी फसल अपने घर के लिये रखी। बाकि को बेच डाला। उसे लाखों रूपये की आमदनी हुई। इसी तरह वो 5 साल तक करता रहा। 5 साल बाद उसके पास पर्याप्त पैसे हो गये। उसने ट्रेक्टर खरीदा। उसने अच्छा घर बनाया। कार खरीदी। आसपास के किसान उसे अपना लीडर मानने लग गये। वो परिवार था भी बडा मेहनती। धीरे–धीरे उन्होनें दूसरे किसानों को भी जमीन उपजाऊ करने का तरीका बता दिया। गांव वालों ने उसे अपना नेता मान लिया। विधायक के चुनाव आये तो गांव वालों ने उससे पर्चा भरवा दिया। थोडे दिनों बाद चुनाव परिणाम आये। और वो विधायक के चुनाव में भारी बहुमत से विजयी हो गया।

मोटिवेशनल स्पीकर का पुर्नआगमन

करीबन 7–8 साल बाद मोटिवेशनल स्पीकर को पुनः उसी कॉलेज के वार्षिकोत्सव में व्याख्यान देने हेतु बुलाया गया। जब वार्षिकोत्सव समाप्त हो गया तो मोटिवेशनल स्पीकर ने वहा के प्रबन्धकों से कहा पास के गांव में एक व्यक्ति अपनी पत्नी सहित रहता था। जिसके एक भैंस भी थी। मैं उससे मिलूंगा। प्रबन्धकों ने तो कह दिया कि हमें जानकारी नही है। लेकिन वहा एक चपडासी खडा था। उसने कहा कि आप जो कह रहे हो वो व्यक्ति व उसकी पत्नी जिसके भैंस थी। लेकिन उनकी भैंस तो मर गई। मोटिवेशनल स्पीकर ने कहा कि यह तो हमें मालूम है। लेकिन अब वो है कहा? गांव में ही है क्या? मैं उससे मिलना चाहता हूँ। इतने में एक अन्य व्यक्ति ने कहा कि यह एम.एल.ए. साहब की बात कर रहे है क्या? हॉ यह उनकी ही बात कर रहे है। वो आज गांव में आये हुये है, चलों इन्हे मिला देते है। वो दोनों व्यक्ति मोटिवेशनल स्पीकर को एम.एल.ए. साहब के पास ले गये। एम.एल.ए. साहब की लम्बी चौडी कोठी थी। सौफासैट लगे हुए थे जहा जाकर बैठ गये। इतने में एम.एल.ए. साहब आ गये। मोटिवेशनल स्पीकर ने उसे पहचान लिया कि यह तो वही व्यक्ति है जिसकी भैंस को हमने पहाडी से नीचे गिरा दिया था।

मोटिवेशनल स्पीकर ने अभिवादन के बाद विधायक महोदय से पूछा कि आपने इतनी तरक्की कैसे की? तो विधायक महोदय ने बताया कि मैं और मेरी पत्नी तो आलसी थे, संतोषी थे। एक भैंस हमारे पास थी। और उसी से गुजर–बसर चल रही थी। लेकिन एक रात्रि में तीन मेहमानों को मैनें अपने घर पर शरण दी। उसमें से एक व्यक्ति अपने आपकों मोटिवेशनल स्पीकर कहता था। उन लोगों ने रात्रि में हमारी भैंस को पहाडी से नीचे गिरा दिया जिससे भैंस मर गई। हमारे पास रोजगार का अन्य कोई साधन नही रहा। तब हमें समझ में आया कि हमें मेहनत करनी चाहिये।

हमने बंजर पड़े खेत को सुधारना शुरू किया। मेहनत की। कुछ दिन तो उन तीनों आदमियों को कोसा। लेकिन फिर हमारी मेहनत रंग लाई। अच्छी बारिश के कारण हमारी फसलें 5–7 साल से अच्छी हो रही है। पर अब तो लगता है कि वो मोटिवेशनल स्पीकर कोई देवदूत बनकर हमारे पास आया था। और वो हमे सबक देकर चला गया। वो व्यक्ति तो पूजनीय है। मैं उसका उचित सम्मान करना चाहता हूॅ। लेकिन मुझें अब मालूम नही कि वो कहा है?

इस पर मोटिवेशनल स्पीकर और उसके दो साथियों ने कहा कि वो तीनों व्यक्ति हम ही है। वो व्यक्ति उन तीनों को देखकर अति प्रसन्न हुआ और भाव विभोर होकर उनको धन्यवाद देने लगा।

इन दोनों कहानियों से कुछ सिद्धान्त निकलते है। पहला तो यह कि भाग्य पर भरोसा करना उचित नही है। मेहनत देर–सबेर रंग लाती है। **प्रसिद्ध कवि कुंवर जावेद** ने कुछ लोगों को ज्योतिषियों को हाथ दिखाते हुए तथा सरकार से सहायता मांगते हुए लोगो के लिये दो लाईने कही हैः–

जब से मेहनत का फल लेना सीखा, तब ज्योतिषियों को हाथ दिखाना छोड दिया।

जब देखा सरकारें गूंगी बहरी है, भैंस के आगे बीन बजाना छोड़ दिया ।।

व्यक्ति जब आराम के दायरे में आ जाता है, संतोषी बन जाता है तो प्रगति रूक जाती है। इसलिये महत्वाकांक्षी होना जरूरी है। ईश्वर ने हर व्यक्ति को इच्छाएं रखने का अधिकार दिया है। ललिता सहस्त्रनाम में लिखा हुआ है कि "हे **मातेश्वरी तू इच्छ रूप में व्यक्तियों में रहती है। इसलिये सब लोगों की इच्छाये अलग–अलग होती है। और हर व्यक्ति अपनी इच्छा को पूरी करें, ऐसी परमात्मा**

ने लोगों को सामर्थ्य दे रखी है।" यहाँ मैं मनोवैज्ञानिकों का एक सर्वेक्षण बतलाना चाहूंगा कि एक व्यक्ति के दिमाग में लगभग 70 हजार से अधिक विचार आते है। 70 हजार प्रकार की इच्छाए दिन में बनती है। इच्छाएं आती है और चली जाती है। लेकिन इन पर गौर करके व्यक्ति अपनी कुछ इच्छाओं को कागज पर लिख सकता है। अगर उसने एक इच्छा कागज पर लिखी है तो इसका अर्थ है कि 69999 इच्छाओं के मुकाबले यह एक इच्छा उस व्यक्ति के लिये ज्यादा महत्वपूर्ण है। और इस एक इच्छा पर वो फोकस करेगा, विजन बनायेगा, अनुशासित होकर योजना बनाकर ऐक्शन लेगा। वह अपनी जोश जुनून की भावनाओं के साथ मिलकर काम करेगा। अपनी अर्न्तआत्मा से प्रसन्न होकर अपनी इच्छापूर्ति मे लगेगा तो कितनी ही बडी इच्छा हो अवश्य पूरी होगी?

किसी भी इच्छा को पूरी करने के लिये निम्न चार स्तरों पर कार्यवाही की जानी जरूरी है।

1. **विजन के स्तर परः–** व्यक्ति अपनी इच्छा को किस प्रकार से पूरी करेगा? इसको भविष्य में अपनी बंद आंखो से देखिये। और एकयोजना बनाये। यह योजना बनाना **स्टीफन कवि** के कहे अनुसार प्रथम रचना है। जैसे कि मकान बनाने की इच्छा हो। और मकान का नक्शा बना लिया गया हो। नक्शें को सुन्दर लेमिनेट करा लिया गया हो तो यह ब्ल्यूप्रिन्ट बन जाता है। ब्ल्यूप्रिन्ट बनाने तक प्रथम रचना कहलाती है।

2. **आत्म अनुशासन के स्तर परः–** उपरोक्त प्रकार निश्चित की गई इच्छा पर जब मेहनत की जाती है तो उसके लिये त्याग किया जाता है। समय व ऊर्जा लगाई जाती

है। तो वो विजन के रूप में जो इच्छा है वो हकीकत में उतर आती है।

3. **जोश–जुनून के स्तर परः–** व्यक्ति में इमोशन्स उठते है। अपने साहस के इमोशन्स, प्रेम के इमोशन्स को जब व्यक्ति अपने ऐक्शन के साथ मिलाता है तो वो इच्छा इम्प्रूव्ड वैरायटी की बीज बन जाती है। और बहुत जल्द अपने भौतिक स्वरूप में प्रकट हो जाती है।

4. **आत्मा के स्तर परः–** जब किसी इच्छा को पूरा करने हेतु विजन बनाया जाता है। उस समय अपनी आत्मा की आवाज को सुना जाना जरूरी है। क्योंकि उपरोक्त तीनों तरीकों से व्यक्ति सामर्थ्यवान तो बन जायेगा। लेकिन हो सकता है कि वो महापुरूष बने या डाकू बन जाये। अतः अन्तर्आत्मा की आवाज उसे अपनी इच्छापूर्ति के साथ मिलाना जरूरी है। ताकि उसकी इच्छा भी भौतिक स्वरूप ले और वो एक महान व्यक्ति भी बने।

अतः आप उपरोक्त चारों तरीको को कदम दर कमद जीवन में अपना कर अपनी इच्छाओं की पूर्ति कर सकते है। ईश्वर ने यह जीवन इंसान को अपनी सुन्दर इच्छाओं की पूर्ति करने हेतु ही दिया है। अतः अपने सर्वोच्च लक्ष्य की प्राप्ति करें।

NOTES (जो बातें आपके हृदय को छू गई है)

1. ____________________
2. ____________________
3. ____________________
4. ____________________
5. ____________________
6. ____________________
7. ____________________
8. ____________________
9. ____________________
10. ____________________
11. ____________________
12. ____________________
13. ____________________
14. ____________________
15. ____________________
16. ____________________
17. ____________________
18. ____________________
19. ____________________
20. ____________________

21. _______________________

22. _______________________

23. _______________________

24. _______________________

25. _______________________

NOTES (जो निर्णय आपने अपने जीवन में लेने हेतु तय किये है)

26. _______________________

27. _______________________

28. _______________________

29. _______________________

30. _______________________

31. _______________________

32. _______________________

33. _______________________

34. _______________________

35. _______________________

36. _______________________

37. _______________________

38. _______________________

39. _______________________

40. ______________________________

41. ______________________________

42. ______________________________

43. ______________________________

44. ______________________________

45. ______________________________

46. ______________________________

47. ______________________________

48. ______________________________

49. ______________________________

50. ______________________________

अध्याय–37

चाईनीज बांस के पौधे की कहानी

(अमीरी हेतु क्रिटिकल मास बनने तक प्रतिक्षा करनी होगी)

मुझें मेरे एक मित्र ने एक कहानी सुनाई कि वो जब चायना गये और वहा उन्हे चाय के बागान आदि के कार्य देखने के लिये भारत सरकार के द्वारा भेजा गया था। लेकिन उन्होनें अपनी पांच साल की अवधि में एक बात खास देखी कि कुछ चाईनीज बांस के पौधे लगाने की अजीब तरकीब है, कि वो चाईनीज बांस की डाली तोडकर लाते है। उसे जमीन में गाड देते है। रोजाना उसको पानी दिया जाता है। मेरे मित्र ने कहा कि लोग तीन–तीन साल तक उसे प्रतिदिन पानी देते है। वो पौधा जमीन से बाहर ही नही आता। लेकिन 900 दिन बाद उस डाली के अन्दर अंकूर फूटते है और पत्ते निकल आते है व 15 दिन के अन्दर–अन्दर ही 100 फीट ऊंचा चला जाता है।

अमीरी का विज्ञान भी यही बात कहता है। कि जो व्यक्ति अपना व्यापार करना आरम्भ करता है। उसे तीन साल तक व्यापार में वृद्धि दिखाई नही देती है। लेकिन मेहनत, प्रयास, समझदारी तक तीन वर्ष तक इंतजार करना होता है। फिर व्यापार में एकदम उछाल आता है। और जबरदस्त बडा स्वरूप व्यापार का हो जाता है।

क्रिटिकल मास का सिद्धान्त

व्यक्ति को अमीर बनने के लिये क्रिटिकल मास के सिद्धान्त को समझना चाहिये। क्रिटिकल मास शब्द एटोमिक सांइस से आया है। जब किसी एटम पर प्रहार करके उसे तोडा जाता है तो उसमें से जबरदस्त ऊर्जा निकलती है। इस सम्बंध में रेडियो एक्टिव पदार्थ

के परमाणुओं को तोडकर जबरदस्त ऊर्जा प्राप्त की जाती है। जिसे कि परमाणु ऊर्जा कहा जाता है। जब रेडियम के परमाणुओं पर हेमरिंग की जाती है, लगातार की जाती है, की जाती है, की जाती है। बम्बारमेन्ट पर बम्बारमेन्ट किया जाता है, करते-करते एक स्थिति यह आती है कि परमाणु ब्रेक हो जाता है। इतनी ऊर्जा निकलती है कि एक साल तक पूरे विश्व के कल-कारखाने उससे चल सकते है। इसी अत्यधिक ऊर्जा के कारण परमाणु बमों आदि का मानवता को खौफ है।

जब तक क्रिटिकल मास नही आता, तब तक बम्बारमेन्ट का कोई मतलब नही। लेकिन ज्यौही क्रिटिकल मास का वक्त आता है। तो अत्यधिक ऊर्जा निकलती है। उसे अवषोशित करने के लिये भारी पानी का प्रयोग किया जाता है। बस इसी तरह से व्यापार को आरम्भ करने के बाद उस पर ऊर्जा, समय, समझदारी का प्रयोग करते रहिये। जब क्रिटिकल मास आयेगी तो वारे न्यारे हो जायेंगे।

यहॉं मैं एक बात कहना चाहूंगा –
Quitters never win. Winners never quit.

जो लोग व्यापार को बीच में ही छोड देते है उनका तो असफल होना निश्चित है। जो लगे रहते है उनका सफल होना निश्चित है, वो अवश्य अमीर बनते है।

पानी का भाप बनना

जेम्स वॉट ने अपने बचपन में एक तपेली में दाल को उबलते देखा। उस दाल में से भाप निकल रही थी। उस बच्चे के दिमाग में ख्याल आया कि पानी की भाप क्यो बन रही है? और यह दाल को क्यो उबाल रही है? जरूर पानी और भाप में कोई सम्बंध है। इसी आधार पर उसने भाप के इंजन का आविष्कार कर डाला।

मेरा इस कहानी से इतना ही आपको बतलाना है कि जब तक पानी 100^0

सेन्टीग्रेट तक गरम नही हो जाता वह भाप नही बनता। जब तक भाप नही बनता तब तक इंजन को नही चला सकता।

इसी प्रकार हर व्यापार का एक बोयलिंग पोइंट है। जैसे पानी का है। अतः व्यापार को अपने बोयलिंग पोइंट तक आने तक इंतजारी करनी होगी।

चाईनिज बांस, क्रिटिकल बांस व भाप का बनना आदि उदाहरण यह बतलाते है कि एक निश्चित समय तक परिश्रम व समय व्यापार में लगाना ही पडता है। उसके बाद कारोबार में चहुमूखी प्रगति होती है।

बन्दर हवाई जहाज उड़ाकर लाया – एक कहानी

आम आदमी व्यापार को किस ढंग से करता है। उसको मैं एक कहानी से समझाता हूँ। एक हवाई जहाज अमेरिका के शिकागों एयरपोर्ट से उड़ा। उसे चायना के बिजिंग शहर जाना था। लेकिन वो बीच में ही दुर्घटना ग्रस्त हो गया। और जमीन पर गिर पड़ा। यात्री, पायलेट व अन्य लोग सब मर गये। लेकिन एक बन्दर उसमें जीवित मिला। चायनीज सरकार व अमेरिकी सरकार के वैज्ञानिक लोग दुर्घटना स्थल पर पहुंचे। और उन्होनें खोजबीन की कि दुर्घटना क्यों हुई? जब यह भीड़ देखी गई तो कुछ पत्रकार लोग भी दुर्घटना स्थल पर पहुंच गये। पत्रकारों को वहां और तो कोई मिला नही। एक बन्दर बैठा मिला। बन्दर से पत्रकारों ने पूछा कि हवाई जहाज में पायलेट क्या कर रहा था? तो बन्दर ने अपना हाथ ऊंचा किया और मुंह की तरफ ले गया। पत्रकारों ने कहा कि वो खाना खा रहा था। तो बन्दर ने गर्दन हिलाई 'हॉ'। फिर पत्रकारों ने पूछा कि दूसरा सहायक पायलेट क्या कर रहा था? तो बन्दर ने सिर को जमीन पर रखकर बताया नकि सो रहा था। फिर पूछा कि यात्रि लोग क्या कर रहे थे? तो बन्दर ने फिर जमीन पर सिर रख कर बताया कि सब सो रहे थे।

तो फिर अन्तिम प्रश्न दागा कि फिर तुम क्या कर रहे थे। तो उसने अपने दोनों हाथ उपर किये और घूर्र–घूर्र करने लगा। उसने बताया कि हवाई जहाज वो चला रहा था।

जिस हवाई जहाज को बन्दर चलायेगा उसे दुर्घटना ग्रस्त होना ही है।

जो लोग अपने व्यापार को ऐसे बन्दरों के हाथों में सौंप देते है। तो उनका व्यापार तो बर्बाद होता ही है। अथवा जो खुछ बिना सोचे समझे बन्दर की तरह व्यापार चलाता है उसके व्यापार की स्थिति का तो आप अंदाजा लगा ही सकते है।

NOTES (जो बातें आपके ह्रदय को छू गई है)

1. ______________________________________

2. ______________________________________

3. ______________________________________

4. ______________________________________

5. ______________________________________

6. ______________________________________

7. ______________________________________

8. ______________________________________

9. ______________________________________

10 ______________________________________

11. ______________________________________

12. ______________________________________

13. ___________________________________

14. ___________________________________

15. ___________________________________

16. ___________________________________

17. ___________________________________

18. ___________________________________

19. ___________________________________

20. ___________________________________

21. ___________________________________

22. ___________________________________

23. ___________________________________

24. ___________________________________

25. ___________________________________

NOTES (जो निर्णय आपने अपने जीवन में लेने हेतु तय किये है)

26. ___________________________________

27. ___________________________________

28. ___________________________________

29. ___________________________________

30. ___________________________________

31. ___________________________________

32. ____

33. ____

34. ____

35. ____

36. ____

37. ____

38. ____

39. ____

40. ____

41. ____

42. ____

43. ____

44. ____

45. ____

46. ____

47. ____

48. ____

49. ____

50. ____

अध्याय–38

जंगली फल में बेशकीमती हीरा – एक कहानी

(तुम तो पैदा ही अमीर होने के लिये हो, पर भूले बैठे हो)

पुराने जमाने की बात है। एक राजा था। वो प्रातःकाल ही अपना दरबार लगाकर बैठता था। जनता के लोग सुबह–सुबह ही राजा के दर्शन करने आते। कोई ना कोई गिफ्ट लेकर आते और राजा को भेंट करते। यह कार्यक्रम सुबह 8 से 9 बजे तक चलता। एक दिन एक सूफी फकीर भी आया। उसने भी राजा के दर्शन किये और एक जंगली फल राजा को भेंट किया। राजा को अच्छा तो नही लगा। लेकिन उसने सोचा कि फकीर ही तो है। सूफी है तो क्या? इसने कुछ दिया ही तो है। चलो रख लो। यह कहकर जंगली फल वजीर को पकडा दिया।

इसी तरह रोजाना राजा का दरबार लगता। अन्य लोगों के साथ वो फकीर भी आता और जंगली फल भेंट करता। राजा उसे लेता, मन मसोसता और अपने वजीर को दे देता। समय बीतता गया। 10 वर्ष हो गये। बिना लांघा किये फकीर आता और जंगली फल भेंट करता।

लेकिन आज कुछ घटना ऐसी घटी कि राजा ने अपना एक पालतू बन्दर अपने पास बैठा रखा था। आज उसने फकीर का दिया हुआ फल वजीर को देने के बजाय अपने बन्दर को पकडा दिया। बन्दर उस फल को खाने लग गया। उस फल के अन्दर से एक

चमकदार बहुमूल्य हीरा निकला। राजा ने फकीर से कुछ पूछना चाहा। लेकिन फकीर तो राजमहल से बाहर निकल चुका था।

राजा ने वजीर से कहा। वजीर ! बाकी के जो फल थे वो कहा है? देखों उनमें भी हीरे है क्या? इतना कीमती हीरा? जंगली फल थे इसलिये वजीर ने भी कोई सावधानी पूर्वक नही रखा। लेकिन बादशाह से डरता था। इसलिये जंगली फलों को फेंकने के बजाय तहखाने में जमा करता गया। अब वजीर उन फलों को देखने गया तो वह सड़ गये थे और तहखाने में बदबू आ रही थी। तहखाने में अन्धेरा था। लेकिन सड़े हुए फलों में से हीरे निकल कर बाहर आ गये थे जो वहा पर चमक रहे थे। वजीर ने आकर बादशाह को खबर दी कि हर जंगली फल के अन्दर हीरा है। बादशाह ने अनुमान लगाया कि 3650 बहुमूल्य हीरे मेरे पास है। मैं तो संसार का सबसे अमीर बादशाह बन गया। लेकिन अफसोस हुआ कि मैं कैसा बेवकूफ हूॅ? कि मैनें जंगली फल को बेकार समझा और सभी फल तहखाने में लावारिस पडे है। इसलिये अपनी नासमझी पर अफसोस करने लगा। दूसरे दिन सूफी फकीर आया तो बादशाह ने पूछा कि इन जंगली फलों में तो हीरे है। फकीर ने उत्तर दिया 'हाॅ'। बादशाह को कोई छोटी मोटी भेंट थोडे ही की जा सकती है। अब बादशाह और ज्यादा शर्मिंदा हुआ कि फकीर को मालूम था। तब तो मेरी ही गलती है। लेकिन अब मुझें पता चल गया है। अब मैं ऐसी गलती नही करूंगा। हीरो को सम्भाल कर रखूंगा।

फकीर ने कहा कि इसिलिये मैं तुम्हारे पास 10 वर्षो से आ रहा हूॅ। कभी तो तुम्हें इन हीरो की कीमत का पता चले। बादशाह को महसुस हुआ कि यह फकीर कोई सामान्य नही है। इसलिये उसने पूछ लिया कि आप क्या सबक देना चाहते हो? तो फकीर ने कहा कि तुम्हारे अन्दर इन बेशकीमती हीरो से अधिक बेशकीमती हीरा छिपा हुआ है। तुम अपने को पहचानों, अपने को तरासों।

इस कहानी से मैं यह समझाने की कोशिश करता हूँ कि हर व्यक्ति में कीमती हीरा छिपा हुआ है। हर व्यक्ति कीमती है। उसमें समृद्ध बनने का पोटेन्शियल और सम्भावनाएं कूट–कूट कर भरी हुई है। बस वो अपने को पहचाने और तरासे।

यदि कुछ न पहचान पाये तो किसी ऐसे मुकम्मिल व्यक्ति से मिले जिसने अपने आपको पहचान रखा हो। यानि कि जो लोग पहले से अमीर बन चुके है। उन लोगों से अमीर बनने के गुर सींखे। वही बता सकते है कि तुम मे कौन–कौन से हीरे छिपे हुए है? और कैसे उनसे लाभ उठा सकते हो।

अपने आपको पहचानने की प्रक्रिया हेतु ईश्वर ने हर इंसान को एक शक्ति दे रखी है। जिसे कि **आत्म अवलोकन की शक्ति (Self Awareness)** कहते है। इससे तात्पर्य है कि व्यक्ति थोड़ी देर अकेला बैठे और अपने आपसे बातचीत करें। अपने विचारों को देखे। जो काम के विचार आ रहे हो उन्हे रखे। और निरर्थक विचारों को जाने दे। इस क्रिया से इंसान अपने दिमाग के सोफ्टवेयर में क्या–क्या डला हुआ है? उसको देख सकता है। कोई व्यर्थ का संस्कार सोफ्टवेयर में पडा हुआ है तो उसे डिलिट करें। और किसी कीमती विचार को सोफ्टवेयर में डालने की जरूरत है तो उसके लिये एन्ट्री बटन दबाये। ईश्वर ने एक अच्छी बात दी है कि इंसान को अपने दिमाग के सोफ्टवेयर का प्रोग्रामर इंसान को खुद को ही बनाया है। जैसा सोफ्टवेयर में होगा, वैसा ही उसके जीवन में घटित होगा। वैसा ही उसका भाग्य होगा और वैसा ही उसका भविष्य।

उपरोक्त पैरे में अपने आपको पहचानने से तात्पर्य है। कि अपने लिये स्वप्न देखना, अपना गोल तय करना आदि। जिसे कि विजन कहा जाता है। जिसके पास ये विजन है, उसके पास अमीर बनने के लिये पर्याप्त आधार है।

मैसीव ऐक्शन्स का महत्व (Massive Action)

विजन किसी भी वस्तु की प्रथम रचना होती है। जब विजन के तहत रखे गये गोल का पीछा किया जाता है तो अवश्य सफलता मिलती है।

1. Action without vision is pass time.

2. Vision without action is merely a dream.

3. Vision with action can change your life, your future, your destiny.

अतः विजन के साथ मैसीव एक्शन किये जाकर इंसान अमीर बन सकता है। इसके साथ ही इमोशन्स को जोड लिया जाये। यानि कि जोश–जुनून के साथ ऐक्शन किया जाये तो महान सफलताएं चरणों में आ गिरती है।

अतः पाठकों से मेरा अनुरोध है कि वो अपने गोल्स तय करें। वो कितनी आमदनी अगले पांच वर्षों में करना चाहते है। फिर उसके मुताबिक जोश–जुनून के साथ योजना बनाकर ऐक्शन्स करें।

टीम 360 के बैनर के तहत हम इस तरह के वर्कशॉप्स आयोजित करते है जिनमें विजन, पैशन व कोन्सियस के जरिये व्यक्ति में लीडरशिप पैदा हो सके। वो अपना लीडर बने या अपने साथियों का भी।

NOTES (जो बातें आपके हृदय को छू गई है)

1. ____

2. ____

3. ____

4. ____

5. ____

6. ____

7. ____

8. ____

9. ____

10. ____

11. ____

12. ____

13. ____

14. ____

15. ____

16. ____

17. ____

18. ____

19. ____

20. ____

21. _______________________________________

22. _______________________________________

23. _______________________________________

24. _______________________________________

25. _______________________________________

NOTES (जो निर्णय आपने अपने जीवन में लेने हेतु तय किये है)

26. _______________________________________

27. _______________________________________

28. _______________________________________

29. _______________________________________

30. _______________________________________

31. _______________________________________

32. _______________________________________

33. _______________________________________

34. _______________________________________

35. _______________________________________

36. _______________________________________

37. _______________________________________

38. _______________________________________

39. _______________________________________

40. ____

41. ____

42. ____

43. ____

44. ____

45. ____

46. ____

47. ____

48. ____

49. ____

50. ____

अध्याय–39

सूप बोले सो सोहवे छलनियाॅ कौन मुख बोलत – एक कहानी

<hr>

(जो स्वयं गरीबी से ग्रसित हो अथवा मध्यमवर्ग
की पीडाओं से पीड़ित
हो, वो क्या अमीरी का पाठ पढ़ायेंगे?)

एक बार एक व्यक्ति पूर्वी उत्तर प्रदेश के एक गांव से कस्बे की ओर जा रहा था। उसके पास में एक बडा सूप (छाजला) था, तथा एक छलनी थी। वो अपनी मस्ती में चले जा रहा था। अचानक एक व्यक्ति सामने से आया और उसने राम–राम की। तो उस व्यक्ति के कुर्ते में बीड़ी की गर्म राख से कुर्ता जलने से छेद हो गया था। छलनियाॅ मुस्कुराने लगी और कहने लगी। इस व्यक्ति के कुर्ते में छेद है। दुबारा फिर बीड़ी की गर्म राख गिरने से उसकी धोती में भी छेद हो गया, तो छलनियाॅ और ज्यादा मजाक उड़ाने लगी। इसकी धोती में भी छेद है। छलनियों के द्वारा बेवक्त की मजाक उड़ाने पर उस व्यक्ति को बुरा लगा और वो बोला कि सूप में कोई छेद नही है। वो अगर मेरे छेद की बात कहें तो कुछ गले उतरे। ये छलनियाॅ जिनमें खुद में छेद ही छेद है। ये किस मुंह से मेरी मजाक उडा रही है।

इस कहानी से मैं यह बतलाना चाहता हूँ कि आजकल बहुत से मोटिवेशनल स्पीकर तथा माइंड ट्रेनर लोग दूसरों को अमीर बनाने की तरकीबे सुझाते रहते है। जबकि वो स्वयं भी अभी मध्यमवर्ग की तंगी की बेड़ियों से बाहर नही निकले। इसिलिये उनकी बातों का

श्रोताओं पर कोई असर नही होता। और उनकी बातों को कोई अमल में नही लाता।

Example is Better then Precept

जो लोग उदारहण पेश करते है। लोग उनका अनुसरण करते है। उपदेश देने वालें तो बहुत मिल जायेंगे।

माता–पिता बच्चों को सत्य बोलने की शिक्षा देते है। ईमानदारी की शिक्षा देते है। सद्व्यवहार की शिक्षा देते है। लेकिन घर में कोई बैंकर किस्त का तकाजा करने वाला आ जाता है, तो बच्चों से कहलवा देते है, कि पापा घर पर नही है। अथवा अगर स्वंय माता–पिता भी बात करते है, तो कोई ना कोई झूंठी सच्ची कहानी बैंकर को बता देते है। बच्चें यह सारे दृश्य देखते रहते है। बच्चें जो माता–पिता आचरण करते है उन्ही का अनुसरण करते है। फिर माता–पिता कहते है कि बच्चे कहां से बहाने करना, झूंठ बोलना सींखते है।

लोग आपके कथन से प्रभावित नही होते। आपके आचरण का अनुसरण करते है। एक महापुरूष ने कहा है कि आप कितना जोर से बोलते हैं, मुझें सुनाई नही देता। क्योंकि आपका चरित्र उससे भी ज्यादा तेज बोलता है। आपका चरित्र लोगों में विश्वास पैदा करता है। और विश्वास पर ही पारस्परिक रिश्ते एवं व्यापार की सफलता निर्भर करती है।

महात्मा गांधी का आचरण

एक बार एक अंग्रेजी पत्रकार ने महात्मा गांधी से पूछा कि मुझें एक वाक्य में कोई मानवता के लिये संदेश दे दो, ताकि मैं अपने अखबार में छाप सकू। और यूरोप के लोग उससे लाभान्वित हो सके। महात्मा गांधी ने कहा कि मेरे पास उपदेश देने के लिये कुछ भी नही है। **मेरा जीवन ही मेरा संदेश है (My life is my message).**

एक बार की बात हैं महात्मा गांधी बिड़ला मंदिर, दिल्ली में रूके हुए थे। एक बूढ़ी महिला अपने छोटे पोते के साथ वहां आई और महात्मा गांधी से बोली, कि मेरा यह पोता पिछले कई दिनों से बीमार रहता है। इसे दस्त ही दस्त लगते है। क्योंकि यह गुड़ बहुत खाता है। और आपका कहना तो पूरा देश मानता है। आप मेरे पोते को भी कह दे कि गुड ना खाये, तो यह नही खायेगा।

महात्मा गांधी ने कहा कि 15 दिन बाद आना। वो महिला 15 दिन बाद फिर अपने पोते को लेकर गांधी जी के पास गई। गांधी जी ने कहा कि क्षमा करें, आपको कष्ट तो होगा। लेकिन आप फिर 15 दिन बाद आओं। वो महिला 15 दिन बाद फिर अपने पोते को लेकर महात्मा गांधी के पास गई। महात्मा गांधी ने उस लडके से कहा कि बेटा गुड नही खाते। गुड खाने से पेट खराब हो जाता है। अतः इसे अब मत खाना।

गांधी जी के श्रीमुख से ज्योंही यह शब्द निकले। बच्चे पर जादू सा असर हुआ। और बच्चें ने वादा किया कि मैं अब गुड नही खाऊंगा। बच्चें ने गुड खाना वाकई में छोड दिया।

जब गांधी जी **'नमक आन्दोलन'** का आयोजन कर रहं थे तो वो महिला अपने पोते के साथ गांधी जी से फिर मिली। गांधी जी फुर्सत में लोगों की इंतजारी में वहां बैठे थे। तभी वो महिला उनके पास पहुंची और बोली कि आपका बहुत धन्यवाद। मेरे पोते ने गुड खाना बन्द कर दिया है। लेकिन मैं एक पूछना चाहती हूॅ कि आप यह बात पहले भी कह सकते थे। फिर आपने मुझें 15—15 दिन बाद आने के लिये क्यों कहा। तो गांधी जी ने उत्तर दिया कि मैं स्वंय भी बहुत गुड खाता था। लेकिन फिर मैनें गुड छोडना चाहा। लेकिन 15 दिन में गुड खाना नही छोड पाया। तब मैनें दुबारा 15 दिन बाद आने को कहा। जब मैनें गुड खाना छोड दिया। तब मैनें बच्चे को कहा कि गुड मत खाओं। जब मैनें छोड दिया तब ही बच्चे पर मेरे कथन का असर हुआ।

तात्पर्य यह है कि जो चीज आपके आचरण में है। वही चीज दूसरों पर प्रभाव डालेगी।

चेतना के स्तर

अलग–अलग लोगों की चेतना का स्तर अलग–अलग होता है। कुछ लोगों की चेतना उनका शरीर व शरीर से सम्बंधित लोगों व वस्तुओं तक ही सीमित होता है। अतः ऐसे लोग अपने स्वार्थ की ही बात करेंगे। और उनकी दृष्टि में वही उचित व सत्य है। जबकि कुछ लोगों का चेतना का स्तर उनके विचारों को प्रभावित करता है। उनकी वैचारिक स्थिति ऊंची होती है। अतः वो दूसरे लोगों के विचारों को बदल देते है। क्योंकि उनके विचार ऊंचे होते है। जिनके विचारों के पैराडाईम नीचे होते है वो कितने ही ऊंचे विचारों की बात करें। लोगों को पर उनका असर नही होता। कई लोगों की आदत होती है कि स्वंय तो शरीर व शरीर से सम्बंधित लोगों तक ही अपनी चेतना को सीमित रखते है। लेकिन लोगों को गीता आदि के श्लोक सुना देते है, उपनिषद की बात सुना देते है। लेकिन वो लोगों पर असर नही करती।

आत्मिक स्तर की चेतना

कुछ लोगों की चेतना का स्तर काफी ऊंचा होता है। वो आध्यात्मिक स्तर का पैराडाईम रखते है। उनके भाव, उनका विचार व उनका व्यवहार ऊंचा होता है। उनके व्यवहार में प्रायःकर निम्न बातें पाई जाती हैः–

1. **वो कृतज्ञता प्रकट करते हैः–** शिकायत प्रकट करना, आलोचना करना, प्रतिस्पर्धा करना, तुलना करना, वाद–विवाद करना उनके स्वभाव से दूर हट जाता है।

2. **क्षमा मांगना व क्षमा करनाः–** ये लोग कोई छोटा मोटा विवाद हो जाये या अन्य व्यक्ति के दिल को कोई ठेस

पहुंच जाये तो ये क्षमा मांग लेते है। कोई इनके दिल को ठेस पहुंचा दे तो ये माफ कर देते है और बात को खत्म कर देते है।

3. ये आशीर्वाद/शुभकामनाएं प्रेषित करते है। बदला लेने की भावना, ईर्ष्या, द्वेष से अपने आपको दूर कर लेते है।

4. **प्रचुरता की मानसिकताः–** प्रकृति चूंकि हर वस्तु प्रचुर मात्रा में देती है। और यह प्रकृति की इस मानसिकता को गले उतार देते है। अभाव की मानसिकता ये नही रखते। इसलिये ये तुलना, आलोचना, प्रतिस्पर्धा व विवाद के चक्कर में नही पड़ते व समन्वय तथा रचनात्मक सहयोग में विश्वास करते है।

5. **सर्वग्राह्यताः–** ये ग्रहणशील होते है। ईश्वर की कृपा तो हर वक्त बरसती रहती है। लेकिन व्यक्ति महसुस नही करता। पर ये लोग अपनी ग्रहणशीलता को बढ़ा लेते है। इस कारण यह ईश्वर की कृपा को महसुस करते है। दुनिया को दुश्मन के बजाय मित्र समझतें है। 'They accept peoples and circumstances as they are'.

6. अतः उपरोक्त कहानी की सीख यही है कि व्यक्ति अपने आचरण में बातों को सही उतारे। तभी उपदेश देना सही रहता है।

NOTES (जो बातें आपके हृदय को छू गई है)

1. _______________________
2. _______________________
3. _______________________
4. _______________________
5. _______________________
6. _______________________
7. _______________________
8. _______________________
9. _______________________
10. _______________________
11. _______________________
12. _______________________
13. _______________________
14. _______________________
15. _______________________
16. _______________________
17. _______________________
18. _______________________
19. _______________________
20. _______________________

21. _______________________________________

22. _______________________________________

23. _______________________________________

24. _______________________________________

25. _______________________________________

NOTES (जो निर्णय आपने अपने जीवन में लेने हेतु तय किये है)

26. _______________________________________

27. _______________________________________

28. _______________________________________

29. _______________________________________

30 _______________________________________

31. _______________________________________

32. _______________________________________

33. _______________________________________

34. _______________________________________

35. _______________________________________

36. _______________________________________

37. _______________________________________

38. _______________________________________

39. _______________________________________

40. ____

41. ____

42. ____

43. ____

44. ____

45. ____

46. ____

47. ____

48. ____

49. ____

50. ____

(अध्याय—40)

कीडे से तितली बनी – कहानी

(बिना संघर्ष अमीर होना सम्भव नही)

एक बच्चा तितली के कोकून में कीड़े को फडफडाते हुए देख रहा था। उसे दया आ गई और उसने उस कीडे की मदद करनी चाही। और काकून को तोड दिया। उसमें से तितली निकली। लेकिन उसके पंख कमजोर रहे। वो उड़ नही पाई। कोकून को तोड़ने में जितने संघर्ष की जरूरत थी। वो संघर्ष करने से ही तितली के पंख निकल पाते है। जितना संघर्ष होना जरूरी होता है। उतना संघर्ष करने पर ही फल प्राप्त होता है।

संगठन में नेतृत्व की भूमिका

गत 40 अध्यायों में मेरे द्वारा कहानियों के मार्फत प्रबन्धकीय गुणों को विकसित करने की तरकीबे सुझाई गई है। इस अध्याय में तथा इसके पश्चात संगठन में नेतृत्व की भूमिका को किस प्रकार विकसित किया जाये? मेरे द्वारा बतलाया जायेगा। नेतृत्व व प्रबन्ध में क्या अन्तर है? आओं इसे रोचक कहानी से देखें।

एक जंगल में कुछ लोग पेड़ो को काट रहे थे। वहां पर कुछ लोग दूसरे लोगों को निर्देश दे रहे थे। सभी लोग अपना–अपना काम कर रहे थे। सुन्दर तरीके से पेडो को काटा जा रहा था। पेड़ काटकर लकडियॉ इकट्ठी की जा रही थी। इतने में उनमें से एक व्यक्ति पेड़ पर चढ़ा और देखकर बोला कि अपन गलत जंगल में है। गलत पेड़ों को काट रहे है। अपने को पाच किलोमीटर दूर चलकर उस जंगल में काटना चाहिये था। यह दिशाबोध होना कि

कहां काम करना चाहिये, नेतृत्व है? जबकि कार्य को किस प्रकार से करना चाहिये, ये प्रबन्धन है?

टाईटेनिक जहाज के डूबने की कहानी

विश्व में टाईटेनिक जहाज के डूबने की कथा आज भी लोगों के लिये चुनौति पूर्ण बनी हुई है। जब टाईटेनिक जहाज डूब रहा था तो उसके अंदर लोग कुर्सियों को व्यवस्थित कर रहे थे। जबकि पायलट आदि लोग जहाज को डूबने से बचाने के लिये काम कर रहे थे। टाईटेनिक जहाज के अंदर कुर्सियों को जमाना, प्रबन्धन हुआ। जबकि टाईटेनिक जहाज को दिशा देना, नेतृत्व हुआ।

संगठन में नेतृत्व करने वाले व्यक्ति जब प्रबन्धकीय कार्यो को करने लग जाते है तो संगठन सिमटकर रूटीन बन जाता है। जो कार्य प्रबन्धकों को करने चाहिये, वो जब संगठन के मालिक करने लग जाते है तो संगठन की ग्रोथ रूक जाती है। किसी भी संगठन को निम्न प्रक्रियाओं से गुजरना होता है:--

1. **शुरूआती चरणः–** इस अवस्था में उद्यमी को यह मालूम नही होता कि उसे किस प्रकार से व्यापार को बढ़ाना है। कैसे बिक्री करनी है। किस प्रकार से कर्मचारी रखने है। वो अंधेरे में तीर चलाता है। इस अवस्था को अंधकारमय व्यापारिक स्थिति कहते है। जब ठीक प्रकार से रास्ता नही निकलता तो व्यक्ति व्यापार को बंद कर देता है।

2. **शुरूआती सफलता (Early Success):-** जब उद्यमी अपने काम को व्यवस्थित करना चाहता है। तो उसे शुरूआती सफलता मिलनी आरम्भ होती है। ऐसे में वो उन कर्मचारियों को अपने पास रखना चाहता है जो विश्वासी हो। जिन पर वो विश्वास कर सके। ऐसे में किनको अपने पास लायेगा। अपने छोटे भाई को, मामा के लड़के को, बुआ के लड़के को, साले को। जो बिलकुल निठल्ले लोग है उनको वो अपने व्यापार में जोड़ता है। क्योंकि उसे वो विश्वासी नजर

आते है। दिक्कत यह नही है कि वो इन लोगों को शुरूआती सफलता के समय अपने साथ लाया है। लेकिन वो इन्ही लोगों को लेकर आगे तरक्की करना चाहता है, जो सम्भव नही है। मामा का लड़का जो कहीं कोई काम नही करता था। निठल्ला था, उसे लाकर अपने व्यापार में बैठाता है। क्योंकि उसे विश्वासी आदमी चाहिये? लेकिन इससे व्यापार आगे नही बढ़ पाता। लेकिन ये शुरूआती सफलता के दौर की विडम्बना है। और कोई व्यक्ति उस समय के उद्यमी के ऑफिस के कार्य को देखकर आना भी तो नही चाहता।

3. **काबिल लोगों को लाने का चरणः–** अब वो अपने व्यापार के लिये एक सिस्टम बनाता है। धीरे–धीरे वो व्यापार को अपने से हटाकर सिस्टम के हवाले करता है। ताकि वो व्यापार बरसों तक स्वतः चल सके। लेकिन अब वो भरोसे का आदमी काम नही आयेगा। अब उसे काबिल लोग लाने पड़ेंगे। ऐसे लोग जो आपकी सलाह को सिर झुका कर स्वीकार नही करेंगे। बल्कि आपको यह बतायेंगे कि इस काम को इस तरह से करना चाहिये। अतः इन काबिल लोगों को किस तरह से संगठन में रखा जावें, यह भी सीखना पड़ेगा। क्योंकि काबिल लोगों में स्वाभिमान होता है। उनमें गुणवत्ता होती है। और उनके बड़े–बडे सपने होते है। अतः अगर उन्हें पता चल गया कि संगठन में ग्रोथ की गुंजाईश नही है। अथवा संगठन में ग्रोथ के बारे में गुंजाईश की उम्मीद नही है तो वो संगठन को छोड कर चले जायेंगे। विश्वासी नही, यहॉ पर काबिल लोग चाहिये। क्योंकि काबिल लोग ही सिस्टम को जमा पायेंगे और सिस्टम के अनुसार काम कर पायेंगे व व्यापार को ऊंचाईयों पर ले जा पायेंगे। इस अवस्था में चापलूसी करने वालें लोगों के बजाय, स्वतंत्र रूप से काम कर सकें ऐसे

काबिल लोगों की जरूरत है। जिस उद्यमी में काबिल लोगों को सम्भालने की योग्यता नही है। उसका व्यापार इस स्टेज से ऊपर नही जा सकता। अतः नेतृत्व का यह गुण कि काबिल लोगों से काम लेने की कला सींख पायें, बहुत जरूरी है। व्यापार की यह स्थिति एक्सपेन्शन की स्थिति है। अतः व्यापार तभी एक्सपेंड होगा जब काबिल लोग काम करेंगे व व्यापार अपने हाथ से छूटेगा और सिस्टम के हाथ में जायेगा। चैक काटने का मोह छोड़ना पडेगा, गल्ले का मोह छोड़ना पडेगा। हर काम मैं कर लू और मैं निगाह रखू। इस आदत को छोडना पडेगा तब ही सिस्टम काम कर पायेगा और व्यापार का एक्सपेन्शन हो पायेगा।

ईमोशनल बैंक खाता

संगठन में नेतृत्व करने का अर्थ होता है कि संगठन में काम करने वालें लोगों को मोटिवेट किया जाये व प्रेरित किया जायें। नेतृत्व की परिभाषा वर्तमान समय में ये की जाती है कि अपने संगठन में जो लोग कार्य करते है, उनकी क्षमताओं व सम्भावनाओं से उन्हें परिचित कराया जाये। और उन्हे उन पर काम करने हेतु प्रेरित किया जाये। इस प्रकार एक विश्वास का माहौल संगठन में बनता है।

ईमोशनल बैंक खाता ऐसे ही है जैसे कि बैंक में व्यक्ति का खाता होता है। जिसमें जो राशि जमा की जाती है उसे **डिपोजिट** कहा जाता है। और जो राशि बैंक से निकाली जाती है उसे **विड्रॉल** कहा जाता है। जितना भावनात्मक बैंक खाते का बैलेंस अधिक होगा। उतना ही संगठन में विश्वास का स्तर अधिक होगा। यदि विड्रॉल ज्यादा होंगे तो भावनात्मक विश्वास का स्तर कमजोर होगा। विश्वास ही लोगों के बीच में टीम भावना विकसित करता है। अतः टीम के लोगों के बीच में पर्याप्त विश्वास को बनाये रखने की जिम्मेदारी मुख्य रूप से नेतृत्व की है।

संगठन में ट्रस्ट के लाभ

1. संवाद सम्प्रेषण सरल हो जाता है, एवं शीघ्र होता है।
2. रचनात्मक सहयोग बढ जाता है।
3. यदि कोई छोटी–मोटी बात का विवाद होता है तो वो आसानी से बातची से हल किया जा सकता है।
4. हर व्यक्ति अपना योगदान संगठन को देना चाहता है व देता है।
5. एक रचनात्मक सहयोग का माहौल बनता है जिससे संगठन ऑटोमोड पर आ जाता है।

NOTES (जो बातें आपके ह्रदय को छू गई है)

1. ______________________________
2. ______________________________
3. ______________________________
4. ______________________________
5. ______________________________
6. ______________________________
7. ______________________________
8. ______________________________
9. ______________________________
10 ______________________________
11. ______________________________
12. ______________________________

13. ____

14. ____

15. ____

16. ____

17. ____

18. ____

19. ____

20. ____

21. ____

22. ____

23. ____

24. ____

25. ____

NOTES (जो निर्णय आपने अपने जीवन में लेने हेतु तय किये है)

26. ____

27. ____

28. ____

29. ____

30 ____

31. ____

32. ____

33. ____

34. ____

35. ____

36. ____

37. ____

38. ____

39. ____

40. ____

41. ____

42. ____

43. ____

44. ____

45. ____

46. ____

47. ____

48. ____

49. ____

50. ____

अध्याय–41

सूफी संत राबियॉ की सीखावन – एक कहानी

(अपने गोल्स अपने अर्न्तमन से तय करें)

एक बार सूफी संत राबियॉ अपने घर के बाहर सड़क के पास कुछ खोजबीन कर रही थी। कुछ लोग आये जो राबियॉ का बडा सम्मान करते थे। आकर पूछा राबियॉ जी आप क्या खोज रही है? तो राबियॉ ने कहा मेरी सुई खो गई है, सो मैं उसे ढूंढ रही हूँ। सांयकाल का समय था। सूरज भी ढल रहा था। अंधेरा होने को आ गया था। रोड़ लाईट लगी हुई थी। उसके प्रकाश में वो सुई ढूंढ रही थी।

उन लोगों में से एक व्यक्ति ने पूछा कि सड़क लम्बी–चौड़ी है। आप सही से याद करों कि सुई कहा खोई थी? राबियॉ ने कहा यह मत पूछों। सुई तो मेरे घर के अन्दर खोई थी। लेकिन मैं गरीब हूँ। मेरे घर में तेल भी नही है, दीपक भी नही है व प्रकाश का कोई साधन भी नही है। बिना प्रकाश के साधन से वहा सुई कैस खोजी जा सकती है? यहॉ रोड़ लाईट की रोशनी है। इसलिये यहॉ खोज रही हूँ।

लोगों ने कहा राबियॉ बड़ी मूर्खता की बातें कर रही है। जब सुई घर के अन्दर खोई तो यहॉ कैसे मिलेगी? तुम ऐसा करों कि दीपक जलाकर अपने घर के अन्दर सुई ढूंढो। इससे सुई मिलने की सम्भावना बढेगी।

राबियॉ का उत्तर

राबियॉ नें कहा कि मुझें क्यों मूर्ख बताते हो। सारी दुनिया यही कर रही है। वही मैं कर रही हूँ। जो दुनिया कर रही है। इंसान की शक्तियॉ तो उसके अन्दर छुपी हुई है। अन्दर तो कोई ढूंढता नही है। सब बाहर ही ढूंढने में लगे हुए है। इंसान की जिन्दगी का उद्देशय क्या है? यह तो उसके अन्दर छुपा हुआ है। वहॉ ढूंढे तो पता चले। लेकिन अंदर अन्धेरा है। इसलिये ढूंढते नही है। बाहर प्रकाश है, इसलिये बाहर ढूढंते रहते है।

गोल्स तय करने की तरकीब से भी राबियॉ आगे बढ गई। बोली कि परमात्मा तो अन्दर छिपा हुआ है, लोग उसे अन्दर नही ढूंढते क्योंकि वहा अंधेरा है, बाहर ढूंढते है, क्योंकि वहा उजाला है?

अपने जीवन के लक्ष्यों को तय करने बाबत

जीवन में कुछ लक्ष्य तो आदर्शात्मक है। कुछ व्यवहारिक लक्ष्य होते है। जैसे कि मोतियों की माला होती है। ये मोती आपके दुनियादारी की तरक्की के लक्ष्य है। लेकिन जो मोतियों के बीच में धागा डला हुआ है, वो आपके आदर्शो/मूल्यों को बताता है। यदि मोती बिखर गये तो दुनियादारी में किल्लत हो जायेगी।यदि धागा टूट गया तो अन्दर से बैचेन हो उठोगे।

अतः जीवन में नेतृत्व यह कहता है कि दो प्रकार के लक्ष्य रखियें। एक तो वो जो आपके मूल्यों को बताते है। जैसे – पारस्परिक सम्मान, पारस्परिक सहयोग, ईमानदारी, निष्ठा, न्याय, सेवा। ये नेतृत्व करते है आपके जीवन का। ये मोतियों की माला का धागा है। अगर धागा टूट गया तो जीवन में पीड़ा के अलावा कुछ नही है।

आपके जीवन में कितनी शिक्षा प्राप्त करनी है। कितना पैसा कमाना है? कौनसी गाडी लेनी है? बच्चों को कैसी शिक्षा दिलानी

है? यह सब आपके दुनियादारी के लक्ष्य है। जो मोतियों की माला के मोती है।

मोतियों के रूप में जो लक्ष्य है। वो प्रबन्धन के जरिये प्राप्त किये जाते है। लेकिन जो धागे के रूप में मूल्य है उनके लिये नेतृत्व की शक्ति विकसित करने की जरूरत है।

निग्रो व्यक्ति व चर्च की कहानी

लोग अपने मूल्यों को तय करने हेतु चर्च में, मन्दिर में, गिरजे में, गुरूद्वारे आदि में जाते है। पादरियों, पण्डितों, मुल्लाओं व ग्रन्थियों आदि से अपने मूल्यों के बारे में पूंछते है। जबकि चर्च, मन्दिर, गिरजे आदि इंसान के बनाये हुए है। अतः इनका महत्व इंसान से अधिक नही हो सकता। जो व्यक्ति जो चीज बनाता है। वो चीज उस व्यक्ति से अधिक महत्वपूर्ण नही हो सकती।

इस सम्बंध में मैं एक निग्रो मैन की कहानी सुनाना चाहूंगा। अमेरिका के एक कस्बे में एक चर्च था। एक काला व्यक्ति जिसे कि वहा निग्रो कहा जाता है। वो चर्च पहुंचा। चर्च के पादरी ने उसे देखा। उसने मन में सोचा कि काले लोगों का तो चर्च में आना वर्जित है। आज तक कोई निग्रो/काला व्यक्ति चर्च में नही आया। और न ही उसे चर्च में आने की इजाजत दी जाती है। अतः इसको चर्च में आने के लिये मना कर देना चाहिये। लेकिन तभी उसके दिमाग में विचार आया कि जमाना बदल गया है। प्रजातन्त्र की मानसिकता सभी जगह फैली हुई है। कही कोई बखेडा खडा ना हो जाये। इसलिये पादरी ने होशियारी से उस निग्रों व्यक्ति को कहा कि घर पर रहो, सेवा करों, चित्त को शुद्ध करों फिर तुम चर्च में आ सकते हो। तब तुम चर्च में ईश्वर के दर्शन कर सकते हो। व्यक्ति सीधा था और मान गया तथा अपने घर चला गया। और प्रार्थना, सेवा आदि करने लगा ताकि उसका चित्त शुद्ध हो जाये और वो चर्च में प्रवेश कर सके।

कई महिने हो गये। वो दुबारा चर्च लौटकर नही आया। पादरी ने सोचा कि वह वापिस लोटकर क्यों नही आया? कुछ हुआ तो नही है। पादरी उसके मौहल्ले में गया। वो उसे वहा पर मिल गया। पादरी ने उससे पूछा कि आप दुबारा चर्च नही आये। व्यक्ति ने कहा कि एक गडबड हो गई। मैं तो प्रार्थना करता था, सेवा करता था। लेकिन तीन महिने बाद एक रात मुझें स्वप्न आया। और उसमें ईश्वर ने मुझें दर्शन दिये और पूछा कि तुम कितनी ज्यादा प्रार्थना आदि क्यों करते हो? तो व्यक्ति ने ईश्वर को उत्तर दिया कि मेरा चित्त शुद्ध हो जाये और मैं चर्च में प्रवेश कर सकू। ईश्वर ने कहा कि तुम नासमझ हो। यह कभी सम्भव नही होगा। पिछले 10 वर्षे से मैं कोशिश कर रहा हूँ। लेकिन उस पादरी ने आज तक मुझकों चर्च में प्रवेश की अनुमति नही दी तो तुम्हे कहा से देगा। पादरी लोग चर्च के आगे चौकीदार बनकर खडे रहते है। मुझें ही कभी अन्दर नही जाने दिया तो तुम्हे कहाॅ से जाने देंगे?

इस कहानी के जरिये मैं यह बतलाने का प्रयास कर रहा हूॅ कि तुम अपने अन्दर झांक करके अपने मूल्यों को तय करोगें तो ये दुनियादारी के लोग तुम्हें अन्दर घूसने नही देंगे। वो कोई अलग नही होंगे। आपके मित्र, रिश्तेदार, पडौसी हो सकते है। ये लोग आपकों कोई बडा सपना भी नही देखने देंगे। यदि आप किसी पडौसी या रिश्तेदार से कहों कि मैं साईकिल लेना चाहता हूॅ तो खुश होकर कहेंगे कि ले लो। लेकिन अगर आपने कहा कि आप मर्सडिज गाडी लेना चाहते है तो सब सकपका जायेंगे और कहेंगे कि इसे मत खरीदों, यह तुम्हारे बूते की बात नही है।

मेरे एक मित्र ने मुझें अपने जीवन की सच्ची घटना बताई थी कि उसने बी.ए. पास किया और फिर अपने फूफा से राय लेने गया कि मुझें अब आगे क्या करना चाहिये। फूफा सरकारी अध्यापक थे। उस व्यक्ति ने ना ही तो मेरी मार्कशीट देखी। ना ही मुझसे कोई प्रश्न पूछा। और बोल पडे कि तुम्हे बी.एड कर लेनी चाहिये। और अध्यापक बनना चाहिये ताकि गांव के गांव में ही सरकारी स्कूल में

अध्यापक लग जाओगे। मेरे उस मित्र ने जिस कॉलेज से बी.ए. की थी। वहा ग्रीष्मावकाश में एक वर्कशॉप हुआ जिसको कि एक मोटिवेशनल स्पीकर ने लिया। वर्कशॉप निःशुल्क था। इसलिये मेरे मित्र ने भी उसमें सहभागिता निभाई। मोटिवेशनल स्पीकर ने बातचीत में मेरे मार्क्स पूछें, मेरी रूचियॉ पूछी, और कहा कि तुम एम.ए. कर लो। और एम.ए. करने के बाद आई.ए.एस. की परीक्षा दो। उस व्यक्ति ने मुझें इतना इंस्पायर किया कि मेरे अंदर नये प्राण फूंक दिये। और मैं मनौयोग से एम.एम. अंग्रेजी में करने के लिये जुट गया और अच्छे अंको से अंग्रेजी में एम.ए. की। फिर आई. ए.एस. की परीक्षा दी। अथक परिश्रम किया और आई.ए.एस. बना।

दोनों ही व्यक्तियों ने अपनी–अपनी समझ से अच्छी राय दी। लेकिन मोटिवेशनल स्पीकर लीडरशिप के सिद्धान्तों को जानता था। इसलिये उसे मेंरे अन्दर जो पोटेंशियल दिखाई दिया। उससे मुझें अवगत कराया। और मैं आज उसका अहसानमन्द हूँ।

नेतृत्व की परिभाषा ही यह है कि आप किसी व्यक्ति खासकर युवाओं की क्षमताओं व सम्भावनाओं से उनको परिचित करादे। यानि कि उनके अन्दर जो आवाज है उसको प्रकट कर दे। **स्टीफन आर कोवी इसको लोगों में आग लगाना कहते है (Lit the fire within people). दूसरे शब्दों में कोवी ने कहा कि** Inspire the people to know their voice. यानि कि व्यक्ति के अन्दर क्या कुछ कुलबुला रहा है। उससे उस व्यक्ति को अवगत करा देना ताकि वो अपनी मंजिल को सटिकता से पहचान सके।

कई बार तो ऐसी स्थिति होती है कि जब आदमी को स्वंय को भी अपने पर विश्वास नही रहता। तब कोई व्यक्ति आकर मोटिवेट करता है और मुझमें विश्वास करता है। तो मैं मोटिवेटेड महसूस करता हूँ। और मेरी मंजिल की ओर बढ़ चलता हूँ। **महात्मा गांधी, अब्राहम लिंकन, जॉर्ज वाशिंगटन** आदि इसी प्रकार के नेतृत्व के

धनी व्यक्ति थे। जो टूटे हुए मनोबल वाले लोगों को भी हिम्मत से काम लेना सीखा देते थे।

जब **अर्जुन** की हिम्मत टूट गई थी तो **श्रीकृष्ण** का नेतृत्व पाकर अर्जुन पुनः अपनी शक्ति को संचरित कर सका और महाभारत में विजयी हो सका।

प्रबन्धन से नेतृत्व ऊंची चीज है। जो लोग बडे-बडे संगठनों को चलाते है व संगठन कर्ता है। उन्हे जल्दी ही यह बात समझ लेनी चाहिये कि संगठन के छोटे मोटे कार्यो को छोडकर संगठन के व्यापक हित में नीतिगत निर्णय लेने में अपना ध्यान, ऊर्जा, समय व श्रम लगावे।

NOTES (जो बातें आपके ह्मदय को छू गई है)

1. _______________________________________

2. _______________________________________

3. _______________________________________

4. _______________________________________

5. _______________________________________

6. _______________________________________

7. _______________________________________

8. _______________________________________

9. _______________________________________

10 _______________________________________

11. _______________________________________

12. _______________

13. _______________

14. _______________

15. _______________

16. _______________

17. _______________

18. _______________

19. _______________

20. _______________

21. _______________

22. _______________

23. _______________

24. _______________

25. _______________

NOTES (जो निर्णय आपने अपने जीवन में लेने हेतु तय किये है)

26. _______________

27. _______________

28. _______________

29. _______________

30 _______________

31. ____

32. ____

33. ____

34. ____

35. ____

36. ____

37. ____

38. ____

39. ____

40. ____

41. ____

42. ____

43. ____

44. ____

45. ____

46. ____

47. ____

48. ____

49. ____

50. ____

अध्याय–42

ईमानदार मगर सामान्य सर्जन व बेईमान मगर कार्यकुशल सर्जन – एक कहानी

---◆◆◆---

(नेतृत्व के लिये चरित्र व क्षमता दोनों जरूरी है)

मेरे एक मित्र ने अपनी बीती सुनाई कि उसे एक बार एक हॉस्पिटल के प्रबन्धकीय प्रशिक्षण में व्याख्यान देने हेतु बुलाया। वहॉ पर हॉस्पिटल के अधीक्षक ने प्रश्न किया कि दो सर्जन है। एक तो बेईमान है मगर जबरदस्त कार्यकुशलता का धनी है। दूसरा ईमानदार सर्जन है लेकिन कार्य में उतना दक्ष नही है। आप किस सर्जन से अपनी किडनी का ऑपरेशन करवाना पसंद करेंगे?

मित्र ने बताया कि मैनें विचार किया और करने के बाद उत्तर दिया कि अगर मुझें यह राय लेनी होगी, मैं ऑपरेशन कराऊ या नही तो मैं ईमानदार सर्जन से राय लेना पसंद करूंगा। लेकिन यदि मुझें वाकई में किडनी ट्रांसप्लेन्ट करवानी पडी तो मैं कार्यकुशल सर्जन चाहे वो बेईमान ही क्यों ना हों। उसकी सेवाऐं लेना पसंद करूंगा।

इस कहानी से यह स्पष्ट होता है कि नेतृत्व करने वाले व्यक्ति में दोनों गुणों का होना जरूरी है। वो चारित्रिक दृष्टि से भी श्रेष्ठ हो व कार्यक्षमता भी उसकी उच्चस्तरीय हो। अधिकांशतः देखने में आया है कि 90 प्रतिशत नेतृत्व करने वाले लोग इसलिये असफल होते है कि उनमें कोई ना कोई चारित्रिक दोष होता है।

एक बैंक मैनेजर की कहानी

एक बार मुझें एक बैंक में स्टॉफ को मोटिवेट करने हेतु बुलाया। वहॉ पर सबकुछ ठीकठाक था। लेकिन फिर भी मैनेजर को यह शिकायत थी कि स्टॉफ काम नही करता है, सहयोग नही करता है, निष्ठावान नही है। स्टॉफ से भी पूछा गया तो उन्होनें भी दबी जबान में कहा कि ऐसे माहोल में काम हो भी कैसे सकता है? लेकिन कोई भी व्यक्ति साफ बात बताने को तैयार नही था। लेकिन एक दिन लंच में अनौपचारिक बातचीत स्टॉफ के साथ हो रही थी तो एक स्टॉफ के सदस्य के मुंह से निकल गया कि खरीददारी के अन्दर गडबड होती है। इसलिये कैसे हम लोग सहयोग करें? मैं ठीक से बात को समझ नही पाया। अतः मैंने उसे मोटिवेट किया और पूंछा कि खरीददारी से क्या तात्पर्य है? दूसरे सदस्य ने कहा कि यह महाशय तो शालीन भाषा का प्रयोग कर रहे है। खरीददारी में नही लोनिंग में गडबड हो रही है। मेरे पूरी बात समझ में आ गई और मैनें मैनेजर से अकेले में बात की तो मैनेजर ने कहा कि कहॉ से शुरू करू? हो सकता है कि यह कारण हो लेकिन अब आगे से नही होगा। मैनेजर ने लोनिंग में रिश्वत, कमिशन आदि लेना बन्द कर दिया। तीन माह बाद मैं बैंक में वापिस गया तो मैनेजर भी खुश था कि कर्मचारी पूरा सहयोग कर रहे है और पूरी निष्ठा से काम कर रहे है। कर्मचारी भी खुश थे कि अच्छे प्रकार से स्वच्छ लोनिंग हो रही है, तो मैंने स्टॉफ के कुछ लोगों को कॉन्फिडेन्स में लेकर पूंछा कि अगर मैनेजर कमिशन लेते थे तो आपका हक तो नही छीनते थे, तो आपने असहयोग क्यों कर दिया? तो एक स्टॉफ के सदस्य ने बताया कि बैंक की छवीं खराब हो गई। लोग हमें ताना देने लगे कि आपके यहॉ तो कमिशन देने पर काम होता है। हम बदनाम होने लगे। हममें से कईयों को तो इस बात की शर्म आने लगी कि वो इस बैंक में नौकरी करते है।

यह कहानी भी यही बतलाती है कि जहाँ चारित्रिक दोष होता है वहाँ आपसी सद्भाव व विश्वास बन नही पाता है। टीम के लिये विश्वास का होना जरूरी है। विश्वास बिना निष्ठा के होता नही है।

चरित्र के तीन आयाम

किसी भी संगठन में नेतृत्व करने वाले व्यक्तियों से आशय वो व्यक्ति है जो लोगों को इन्स्पायर करता है। यानि कि उनमें प्राण फूंकता है। प्रबन्धक का कार्य तो काम को ठीक से कराना है। नेतृत्व का कार्य है, क्या काम करना है? यह तय करना। अतः नेतृत्व करने वाले व्यक्ति में चरित्र होना लाजमी है। चरित्र के निम्न तीन गुण प्रमुख है:–

1. **अखण्डताः–** नेतृत्व करने वाले व्यक्ति को जो बात हो वही कहनी चाहिये। इसे ईमानदारी (Honesty) कहते है। तथा जो वादा अपने आपसे करे अथवा दूसरों से करे, उसे पूरा करे। इसे अखण्डता अथवा निष्ठा (Integrity) कहते है। जो व्यक्ति खुद का वादा खुद से ही नही निभाता वो खुद के प्रति भी निष्ठावान नही है। जो व्यक्ति स्वयं के प्रति निष्ठावान नही है। वो आत्म नियंत्रित नही हो सकता। अतः जो व्यक्ति खुद पर नियंत्रण रख सकता है, वही दूसरों को नेतृत्व प्रदान कर सकता है।

2. **परिपक्वता (Maturity):–** किसी भी कार्य को करने के लिये साहस की जरूरत होती है। अपनी बात को दूसरों को बतलाने के लिये साहस की जरूरत होती है। अपना प्रभाव दूसरों पर डालने के लिये साहस की जरूरत होती है। दूसरों की बात को परानुभूति पूर्वक (Empathy) सुनना। यद्यपि स्कूलों, कॉलेज, यूनिवर्सिटिज में बोलना तो सीखाया जाता है। लेकिन सुनने का अभ्यास कहीं नही कराया जाता। लोग कैसे सुनते है? एक मिसाल देखिये।

आपने अपनी बात कहना शुरू किया। उससे पहले ही सामने वाला व्यक्ति बोल पड़ता है कि मेरे साथ ऐसा हुआ था। वो अपनी कहानी सुनाना शुरू कर देता है। कुछ लोग आप बोलना आरम्भ करें, उससे पहले ही अपने अनुभव सुनाना आरम्भ कर देते है। कुछ लोग आप बात कहों तो उसका ईलाज बताना चालू कर देते है। ईलाज भी वो लोग बतातें है जिन्होंने चिकित्सा का कही पर कोई अध्ययन नही किया है, लेकिन वो भी दवा बता देते है। कुछ लोग काम–काम की बात सुनते है, बाकि बात सुनते ही नही। कुछ लोग हॉ–हॉ करते रहते है, लेकिन बात अन्दर नही जाने देते। उपरोक्त तरीकों में से कोई भी तरीका सही तरीका नही है जिसे कि परानुभूति पूर्वक सुनना कहा जा सके। मेरे द्वारा आयोजित वर्कॉशॉप में पूरे एक दिन सुबह 10 बजे से लेकर सांय 5 बजे तक सुनना सींखाया जाता है। क्योंकि ठीक से सुन लेना बहुत बड़ा औंजार है, कारण कि जिन लोगों के पेट भर गये है, उनकी जो दूसरी भूख है वो यह है कि उन्हे कोई सुने। अतः आप किसी भी व्यक्ति को ठीक से सुन लेंगे तो समझ ले कि आपने उस व्यक्ति को अपना बना लिया। आप उससे सम्बंध अच्छे रख सकते है। अगर आप सेल्स एक्जीक्यूटिव है तो अपना माल भी बेच सकते है।

3. **साहस के अलावा परिपक्वता का दूसरा पलड़ा जो हैं वो संवेदनशीलता (Concerned) है।** यानि कि आप लोगों के प्रति दयावान रहे, संवेदनशील रहे। यह परिपक्वता का प्रथम प्रमुख गुण है। दूसरा गुण है साहस। परिपक्वता का अर्थ है कि साहस व संवेदनशीलता व दोनों में उचित रांतुलन।

4. साधारण भाषा में कहें तो आप साहस पूर्वक अपनी बात कहिये। अपना कार्य करीये। दूसरों की बात भी संवेदनशील होकर सुनियें व उनकी मदद करीये। यदि आप साहसी नही होंगे तो लोग आपका शिकार कर लेंगे। आप संवेदनशील नही होंगे तो लोग आपसे नाराज हो जायेंगे।

5. **प्रचुरता की मानसिकता (Abundance):–** यदि हम दूसरे लोगों से तुलना करते रहेंगे कि पड़ोसी का मकान मुझसे बडा व सुन्दर है। दूसरे की सर्विस, व्यापार मेरे से अधिक बड़ा है। यानि कि तुलना करते रहते है। दूसरे की प्रगति से अन्दर ही अन्दर जलते–भुनते रहते है, लेकिन उनकी प्रगति व सफलता हेतु उनको बधाई देने भी पहुंचते रहते है। यह दौहरा चरित्र प्रचुरता की मानसिकता विकसित नही होने देता। इसको प्रबन्धकीय भाषा में अभावों की मानसिकता कहा जाता है। कितना ही पास में धन, यश, बल हो लेकिन व्यक्ति को यही महसूस होता है कि दूसरे के पास उससे ज्यादा है। इसके विपरीत प्रचुरता की मानसिकता है। जिसमें जो कुछ हमें प्राप्त हो गया उसके अलावा भी दूसरों के लिये बहुत कुछ है। इस पृथ्वी तल पर इतनी सम्पदा है कि सब लोग सम्पन्न हो सकते है। बशर्ते कि उसका उपयोग व बंटवारा ठीक से हो। प्रचुरता की मानसिकता वाला व्यक्ति कृतज्ञ रहता है कि उसे जो कुछ मिला है उसके लिये ईश्वर, समाज, अपने साथियों का कृतज्ञ रहता है।

वर्तमान में जीने की चाहत

प्रायःकर लोग या तो भूतकाल के घाटें–नफे में उलझें रहते है। उन्ही की बातें करते रहते है या फिर भविष्य के सपने बुनते रहते

है। जबकि यथार्थ वर्तमान है। जिसमें कुछ किया जा सकता है। कुछ पाया जा सकता है। भूतकाल तो मृतक है। जो जा चुका है। अब वो लौट कर नही आयेगा। हाॅ यदि भूतकाल में कोई प्रिय घटना घटी हो तो उन्हें याद करके सम्बल प्राप्त किया जा सकता है। लेकिन इन्हें भी वर्तमान में सोचना–विचारना होगा। इसी तरह से अपने गोल्स तय करके भविष्य को भी वर्तमान में खींच कर लाना होगा। यानि कि बीज तो वर्तमान में ही बोयें जायेंगे और उसी से भविष्य बनेगा। जैसे आज बीज बोयेंगे वैसे ही फल भविष्य में लगेंगे। अतः भूतकाल को तो गुड़बॉय कह दे।

मैं यह निवेदन करना चाहता हूँ कि भूतकाल ने आपके वर्तमान को तो खराब कर ही दिया। अतः भूतकाल को यह इजाजत नही दे कि वो आपके भविष्यकाल को भी खराब कर दे। अतः इंसान होने की जिम्मेदारी ले और भूतकाल को दफना दे। वर्तमान में जो चाहते है वो बीज बोंते रहे। ताकि आपका भविष्य इन बीजों के अनुसार सुन्दर व आकर्षक बनता रहे।

सफलता की बुनियाद वर्तमान में बीज बोना

यदि कोई व्यक्ति अपना भविष्य सुन्दर बनाना चाहता है और अपने मनमान्छित बनाना चाहता है तो वो वर्तमान में जिम्मेदारी लेकर अपने बीज बोयें। यहाॅ बीजों से तात्पर्य है– विचार, भाव, वाणी व कर्म। इन चारों को सही प्रकार से समन्वित करके बोया जाये तो हाईब्रिड बीज की तरह यह काम करेंगे और भविष्य आनन्ददायक व सुन्दर होगा।

क्षमता का महत्व

जिस प्रकार से चरित्र का महत्व नेतृत्व के लिये है। किसी भी व्यक्ति में चरित्र की कमी होगी तो वो कभी भी सही नेतृत्व नही दे

पायेगा। लेकिन इसके साथ–साथ उस नेतृत्व करने वाले व्यक्ति में क्षमता भी होनी चाहिये।

क्षमताओं के प्रकार

1. **तकनीकी क्षमताः–** जिस क्षेत्र में व्यक्ति को नेतृत्व करना उस क्षेत्र की तकनीकी जानकारी उस व्यक्ति के पास पर्याप्त होनी चाहिये।

2. **शैक्षणिक योग्यताः–** जिस क्षेत्र में नेतृत्व करें उस क्षेत्र के लिये आवश्यक शैक्षणिक योग्यता होना भी जरूरी है।

3. **स्कील एवं अनुभवः–** जिस क्षेत्र में नेतृत्व करें उस फील्ड का स्कील अच्छी तरह डवलप होना चाहिये एवं अनुभव के जरिये उस स्कील को धारदार बनाया जाना चाहिये।

यदि क्षमता नही होगी तो नेतृत्व अधूरा होगा। यदि चरित्र नही होगा तो नेतृत्व दिशविहीन होगा। अतः नेतृत्व करने वाले व्यक्ति में चरित्र एवं क्षमता, दोनों गुणों का भरपूर होना आवश्यक है।

श्रीमती इंदिरा गांधी के बारे में कहा जाता है कि वो 18–18 घंटे प्रतिदिन काम करती थी। बड़ी क्षमतावान थी। चारित्रिक दृष्टि से भी जो वादा करती थी। उसे पूरा करती थी। साहसी व दृढ़प्रतिज्ञ थी। उनमें दोनों गुण थे चरित्र व क्षमता। इसलिये देश को प्रभावशील नेतृत्व दे पाई। बांग्लादेश का निर्माण जैसे अद्भुत कार्य उनके समय में हुए।

वर्तमान प्रधानमंत्री **श्री नरेन्द्र मोदी** में भी चरित्र व क्षमता जैसे दोनों गुण कूट–कूट कर भरें हुए है। इसलिये धारा 370 को हटाने जैसे निर्णय उनके समय में हुए है।

NOTES (जो बातें आपके ह्रदय को छू गई है)

1. ____

2. ____

3. ____

4. ____

5. ____

6. ____

7. ____

8. ____

9. ____

10. ____

11. ____

12. ____

13. ____

14. ____

15. ____

16. ____

17. ____

18. ____

19. ____

20. ____

21. __________________________

22. __________________________

23. __________________________

24. __________________________

25. __________________________

NOTES (जो निर्णय आपने अपने जीवन में लेने हेतु तय किये है)

26. __________________________

27. __________________________

28. __________________________

29. __________________________

30. __________________________

31. __________________________

32. __________________________

33. __________________________

34. __________________________

35. __________________________

36. __________________________

37. __________________________

38. __________________________

39. __________________________

40. _______________________________________

41. _______________________________________

42. _______________________________________

43. _______________________________________

44. _______________________________________

45. _______________________________________

46. _______________________________________

47. _______________________________________

48. _______________________________________

49. _______________________________________

50. _______________________________________

(अध्याय–43)

हीरे और गड़रिये की कहानी

(लीडर को टिप्पणियाँ विवेक के साथ करनी चाहिये)

एक गडरिया था। भेडें चराने जंगल में जाता था। एक दिन उसे एक चमकता हुआ पत्थर दिखाई दिया। उसे वह बहुत आकर्षक लगा। इसलिये उसने उस पत्थर को लिया। उसकी मिट्टी साफ की और एक छोटी रस्सी से एक भेड के गले में बांध दिया। रात के समय वो पत्थर चमकता था। वो भेड रात्रि में अलग ही दिखाई देती थी। गडरिया भी उस पत्थर को पाकर बहुत खुश था। जो भी कोई व्यक्ति मिलता उसे वो अपनी भेड के पास ले जाकर उस पत्थर को दिखाता।

एक दिन एक गेहूं का व्यापारी भेड की ऊन खरीदने के लिये गडरियें के पास आया। गडरियें ने सदा की भांति उसे भी उस चमकते हुए पत्थर को दिखाया। व्यापारी को भी वह पत्थर बहुत सुन्दर लगा। इसलिये व्यापारी ने कहा कि यह पत्थर मुझें दे दो। मैं तुम्हे इसके 10 रूपये दूंगा। गडरिये ने कहा नही, मैं इसको बाजार में बेचूंगा।

दूसरे दिन गडरिया उस चमकीले पत्थर को लेकर बाजार में गया। एक पान की दुकान वाले व्यक्ति को दिखाया जो कि नगो के बारे में थोडा बहुत जानता था। उसे लगा कि शायद यह पत्थर सेमि प्रेशियस स्टोन है। अतः उसने कहा यह मुझें बेच दो। मैं तुम्हे 100 रूपये दूंगा। गडरियें कहा नही, मैं इसको किसी सुनार को दिखाऊंगा।

गडरिया सुनार के पास गया। सुनार ने पत्थर को देखकर कहा कि शायद यह अच्छा सेमि प्रेशियस स्टोन है। अतः उसने कहा कि मैं तुम्हें 1000 रूपये दे दूंगा। इसे मुझें दे दो। लेकिन गडरियें ने कहा कि नही, मैं इसे किसी जौहरी को दिखाऊंगा।

गडरिया जौहरी की दुकान पर गया और उस चमकीले पत्थर को जौहरी को दिखाया। उससे पूछा कि यह पत्थर कितना कीमती है? और मुझें इसके बदले कितना रूपया दोगे? जौहरी तो अनुभवी था। उसे देखते ही पता चल गया कि यह कोई सामान्य पत्थर नही है। बल्कि हीरा है। अतः लाखों रूपये का है। लेकिन उसने सोचा कि गडरिया क्या जानता है? तो गडरियें को उसने कह दिया कि और किसी को भी इसे दिखाया था क्या? गडरिये ने कहा कि 'हॉ', सुनार को दिखाया था। उसने इसकी कीमत 1000 रूपये बताई।

जौहरी ने कहा कि फिर मैं इसकी कीमत 1000 के बजाय 1100 रूपये दूंगा। तुम यह पत्थर मुझें बेच दो। गडरियें ने सोचा कि अब इससे अधिक इस पत्थर की कोई कीमत नही देगा। उसने उस पत्थर को जौहरी को बेच दिया। जौहरी ने 1100 रूपये गडरिये को देकर पत्थर ले लिया।

जौहरी पत्थर को लेकर अपनी तिजोरी में रखने लगा कि उसी समय पत्थर के टुकडे–टुकडे हो गया। और पत्थर के अन्दर से एक आवाज आई कि गडरिया तो मूर्ख था। उसने मुझें एक कांच का टुकडा समझ कर भेड के गले में टांग दिया। गेहूं का व्यापारी, पान का व्यापारी व सुनार मेरी कीमत से अनभिज्ञ थे। लेकिन तुम तो जौहरी हो। मेरी कीमत जानते हो। तुम्हें अच्छी तरह मालूम है कि मैं लाखों रूपये का हूॅ। फिर तुमने मेरी कीमत 1100 रूपये लगाई। इससे मुझें हृदय पर चोट लगी है। इसलिये मैं टुकडे टुकडे हो गया हूॅ।

यह कहानी यह बतलाती है कि लीडर्स को लोगों को इन्सपायर्स करते समय उनकी योग्यताओं से उन्हें इस प्रकार से परिचित कराना

चाहिये। ताकि वो व्यक्ति अपने को गौरवान्वित समझे। यदि किसी व्यक्ति में कोई विशेष पोटेंशियल व सम्भावना नजर आये तो उसे कमतर बतलाने के बजाय जैसे है। वैसे बतलाई जाये ताकि वो व्यक्ति मोटिवेट हो सके। क्योंकि लीडर की टिप्पणी उसका अनुसरण करने वालें लोगों पर बहुत प्रभाव डालती है। यदि किसी उच्च पोटेंशियल व सम्भावना वाले व्यक्ति को किसी भी कारण से लीडर ने अण्डरएस्टिमेट करके बता दिया तो उस व्यक्ति के दिल पर चोट लगेगी। उसका दिल भी हीरे की तरह टुकडे टुकडे होकर बिखर जायेगा। वो व्यक्ति टीम का पूरक सदस्य बनकर काम नही कर सकेगा तथा लीडर को भी सम्मान नही देगा व लीडर की लीडरशिप को भी स्वीकार नही करेगा।

लीडर को निम्न पांच बातों को ध्यान में रखकर किसी व्यक्ति विशेष को मोटिवेट करना चाहिये।

1. **बॉडीः–** हर व्यक्ति की बॉडी की एक बुद्धिमता होती है। अतः लीडर को किसी भी व्यक्ति के शारीरिक गठन व उसके भौतिक संसाधनों पर अच्छी तरह निगह करने के बाद ही कोई टिप्पणी करनी चाहिये। टिप्पणी ऐसी हो जो उस व्यक्ति को प्रोत्साहित करें और वो अपने शारीरिक गठन को और ज्यादा बनाने पर प्रोत्साहित हों। यदि कोई व्यक्ति शारीरिक दृष्टि से कमजोर है। उसे कोई बीमारी आदि है तो लीडर को उस व्यक्ति से काम लेते समय बहुत सावधानी से इन्सपायर करना चाहिये। लोगों को यह लगना चाहिये कि मेरी बीमारी कितनी ही गम्भीर हो अथवा कितनी अक्यूट हो तो मैं इस व्यक्ति की रहनुमाई से इस बीमारी पर विजय पा लूंगा। वो व्यक्ति प्रोत्साहन पाकर ज्यादा अनुशासित होकर काम करेगा और उसमें अनुशासन की आदत विकसित हो जायेगी। अनुशासन वो कीमत है जो हर व्यक्ति को

अपने उद्देश्यों की पूर्ति हेतु चुकानी पडती है। जो अनुशासित व्यक्ति होगा उसके सफल होने की सम्भावनाएँ अधिक होती है।

2. **मानसिक बुद्धिमताः–** हर व्यक्ति में सामान्यतः अच्छी–खासी मानसिक बुद्धिमता होती है। अतः नेतृत्व करने वाले व्यक्तियों को उनकी मानसिक क्षमताओं का ठीक प्रकार से अवलोकन करना चाहिये। जिस प्रकार की उसकी मानसिक बुद्धिमता विकसित है। उसकी तारीफ की जानी चाहिये। उस प्रकार की विशेष मानसिक बुद्धिमता से उसे जीवन में क्या–क्या लाभ मिल सकेंगे, उनसे उसे अवगत करना चाहिये। यदि नेतृत्व करने वाला व्यक्ति इस विषय में लापरवाही बरतेगा और लोगों की मानसिक बुद्धिमता की अनदेखी करेगा। अपने को ज्यादा बुद्धिमान मानता रहेगा तो लोगों में निराशा व राजनीति पनप जायेगी। क्योंकि कोई भी व्यक्ति यह नही चाहता कि कम्पनी में उसकी जो मानसिक बुद्धिमता है, उसकी अनदेखी हो अथवा उसे नीचा दिखाया जाये। अतः कार्य के आवंटन में भी नेतृत्व करने वाले व्यक्तियां को यह ध्यान रखना चाहिये कि अगर कोई व्यक्ति किसी विशेष स्केल में अधिक दक्ष है तो उसे उसी के अनुरूप कार्य दिया जाना चाहिये। यह नही हो कि कोई पी.एच. डी. किये हुऐ व्यक्ति को आप क्लिरिकल कार्य सौंप दो।

3. **भावनात्मक बुद्धिमताः–** संगठन में हर व्यक्ति लगभग अपने वेतन से अपना घर खर्चा चला लेता है। इसलिये उसके पेट की चिन्ता खत्म हो जाती है। अतः अब उसे अपनी तारीफ की भूख होती है। कोई उसका महत्व स्वीकार करें। कोई उसके वजूद को स्वीकार करें। कोई उसकी तारीफ करें। कोई उसकी बात सुने। यह सब उसकी भूख के अन्दर शामिल होता है। इसलिये सफल नेतृत्व करने वाले व्यक्ति को अपने यहाँ काम करने वाले व्यक्तियों की इस भूख को तृप्त करना जरूरी है। अन्यथा वो व्यक्ति टीम के साथ सुचारु रूप से काम नही कर पायेगा।

मानसिक बुद्धिमता, शारीरिक बुद्धिमता उनका आदर करना तो जरूरी है ही। लेकिन एक व्यक्ति इन दोनों योग्यताओं के बल पर अच्छे जॉब में प्रवेश पा सकता है। अच्छा व्यापार शुरू कर सकता है। लेकिन जॉब को ठीक से निभाने व व्यापार को दीर्घकाल में ठीक से सफल बनाने हेतु भावनात्मक बुद्धिमता की कदर होना अत्यंत जरूरी है। अगर आपके संगठन में आपने ऐसा माहौल दिया है, कि लोग एक दूसरे की तारीफ करते है, एक दूसरे का सम्मान करते है, तो संगठन में टीम वर्क उच्च कोटी का बना रहेगा। निपुण लीडर्स के लिये इस भावनात्मक बुद्धिमता की भूख को अपने कर्मचारियों को समय–समय पर तृप्त करते रहना है। यदि इस बुद्धिमता की अनदेखी की जायेगी तो लोग अपने हिडन एजेण्डा ढूंढ लेंगे और कम्पनी में एक क्षोभ का वातावरण बन जायेगा। लोग एक दूसरे की टांग खींचाई करेंगे तथा राजनीति करेंगे तथा दूसरे अन्य लोगों को पीछे धकेलते हुए उच्चाधिकारियों के नजदीकी प्राप्त करने का नाहक कम्पिटिशन बन जायेगा, जो कि टीम वर्क के लिये सबसे घातक होगा।

4. **आध्यात्मिक बुद्धिमताः–** व्यक्ति की और बुद्धिमताएं तो वो है। जो पशुओं में भी पाई जाती है। बंदर आदि में थोडा बहुत दिमाग भी होता है। उच्च स्तनधारी जीवों में भावनात्मक बुद्धिमता भी होती है। लेकिन आध्यात्मिक बुद्धिमता मात्र इंसान में होती है। आध्यात्मिक बुद्धिमता का सामान्यतः अर्थ नैतिक बुद्धिमता लगाया जाता है। वो कार्य जो किसी व्यक्ति की आत्मा गंवारा नही करती। उससे नही करवाना चाहिये। जैसे हिन्दुओं में कुछ जातियां है जो मांसाहार को उचित नही समझती और नही लेती है। तो उनको मांस आदि खाने के लिये बाध्य नही करना चाहिये। कोई ऐसा कार्य जिससे किसी की आत्मा को चोट पहुंचती है और व्यक्ति उस कार्य को अपनी आत्मा के

विरूद्ध मानता है। तो उसे वो कार्य नही दिया जाना चाहिये। वो कार्य जो व्यर्थ किस्म का हो, जिसका कोई उपयोग नही हो। वो करवाया जाये तो भी व्यक्ति की आत्मा व्यथित हो जाती है। जैसे कि लम्बी लम्बी टैबल्स को भरवाना लेकिन बाद में उसे कोई देखता भी नही है। लम्बे लम्बे कॉल्स करवाना जिसकी कोई उपयोगिता नही है। आध्यात्मिक बुद्धिमता के दो पैरामीटर है। एक तो वो कार्य जिनकी कोई सार्थक उपयोगिता ना हो। वो नही करवाने चाहिये। क्योंकि ऐसे कार्य से किसी व्यक्ति विशेष को उसकी आत्मा का निरादर होना मालूम होता है। दूसरा वो कार्य जो नैतिक बुद्धि से उचित नही हो और उस व्यक्ति को भी वो अनुचित लगे तो ऐसे काम नही करवाने चाहिये। अन्यथा व्यक्ति की आत्मा दुखी हो जाती है और वो व्यक्ति टीम के साथ काम नही कर पायेगा। और वो नेतृत्व करने वाले व्यक्तियों की रहनुमाई भी स्वीकार नही कर पायेगा। संगठन में अलग अलग धाराएं बन जायेगी। और समन्वय व एकरूपता की कमी हो जायेगी।

5. **आर्थिक बुद्धिमताः–** संगठन में किसी भी व्यक्ति को इतना वेतन अवश्य मिलना चाहिये कि वो अपने गौरवान्वित महसूस करे। अन्यथा उसे अन्य किसी जगह उतना वेतन नही मिले। जिस की अपोर्चोन्यूटि सैलेरी कहा जाता है। अन्य संगठनो में जितना वेतन स्केल हो उससे स्केल ज्यादा रखा जावें। अन्यथा व्यक्ति यह समझेगा कि उसका आर्थिक रूप से शोषण किया जा रहा है। अन्य बुद्धिमताओं की अनदेखी होगी तो लम्बी अवधि में टीम पर विपरीत प्रभाव पडेगा। लेकिन यदि आर्थिक बुद्धिमता की अनदेखी होगी तो कर्मचारी का मनोबल गिर जायेगा। जिससे वह कम समय में भी विद्रोही हो सकता है अथवा उदासीन हो सकता है।

अतः एक सफल नेतृत्व करने वालें व्यक्ति को अपने संगठन में इन पांचो प्रकार की बुद्धिमताओं का आदर करते हुए अपने संगठन के कर्मचारियों का प्रबन्धन करना चाहिये।

NOTES (जो बातें आपके ह्रदय को छू गई है)

1. _______________________________________
2. _______________________________________
3. _______________________________________
4. _______________________________________
5. _______________________________________
6. _______________________________________
7. _______________________________________
8. _______________________________________
9. _______________________________________
10. _______________________________________
11. _______________________________________
12. _______________________________________
13. _______________________________________
14. _______________________________________
15. _______________________________________
16. _______________________________________
17. _______________________________________

18. ______________________________

19. ______________________________

20. ______________________________

21. ______________________________

22. ______________________________

23. ______________________________

24. ______________________________

25. ______________________________

NOTES (जो निर्णय आपने अपने जीवन में लेने हेतु तय किये है)

26. ______________________________

27. ______________________________

28. ______________________________

29. ______________________________

30. ______________________________

31. ______________________________

32. ______________________________

33. ______________________________

34. ______________________________

35. ______________________________

36. ______________________________

37. ______________________________

38. ______________________________

39. ______________________________

40. ______________________________

41. ______________________________

42. ______________________________

43. ______________________________

44. ______________________________

45. ______________________________

46. ______________________________

47. ______________________________

48. ______________________________

49. ______________________________

50. ______________________________

अध्याय—44

उद्यमी को काटा एक कुत्ते ने – एक कहानी

(लीडर को भी अपने कर्मों का फल भुगतना पडेगा)

एक बार की बात है। एक बड़ी प्राईवेट कम्पनी थी। उसके एन्टरप्रेन्योर का मूड खराब था। एक मैनेजर उनके पास कुछ डिसकस करने आया। लेकिन एन्टरप्रेन्योर टेन्शन में थे। इसलिये उसने मैनेजर से उनके पिता का नाम पूंछा। मैनेजर ने कहा सब्जीराम है। एन्टरप्रेन्योर को गुस्सा आ गया कि यह भी कोई नाम है क्या? यह मेरे से मजाक करता है। और तत्काल एक झापट मैनेजर के रसीद कर दी। मैनेजर ने मन में सोचा कि कोई गलती तो नही की। मेरे पिताजी का नाम तो सब्जीराम ही है। मैनें कोई गलत बात भी नही कही। लेकिन मैनेजर तो नौकरी करता था। एन्टरप्रेन्योर से तनख्वाह लेता था। इसलिये कुछ पूंछ नही सका। चुपचाप अपनी सीट पर बैठ गया।

शाम को मैनेजर अपने घर गया तो पत्नी ने कहा कि चाय पियोगे। उसने अपनी पत्नी को डांटकर कहा कि बेवक्त चाय के लिये पूंछती है। और उसने उसके थप्पड मार दिया। पत्नी अन्दर ही अन्दर झल्लाई लेकिन कुछ बोल नही पाई। वह पास के कमरे में गई जहाँ उसका बडा लडका बैठा हुआ था। उससे बोला कि आजकल तू पढता नही है और एक थप्पड मार दिया। बडा लडका गुस्से में आ गया और बाहर बरामदे में गया जहाँ उसका छोटा भाई खेल रहा था। उसने उससे कहा कि तू आजकल खेलता ही रहता है। और उसके एक थप्पड मार दी।

सबने अपना गुस्सा उतार दिया। लेकिन यह छोटा बच्चा किस पर गुस्सा उतारे। उसने एक डण्डा उठाया और बाहर गया। वहा पर एक कमजोर कुत्ता सो रहा था। शायद पागल होगा। उसने डण्डा उसे दे मारा। पागल कुत्ता जोर से भागा और एक आदमी को जो कार से उतर रहा था। उसे काट खाया। कार से उतरने वाला व्यक्ति वही उद्यमी था जिसने मैनेजर के थप्पड मारा था।

इसे कर्मफल का सिद्धान्त कहते है। आपने कोई गलत काम किया है तो घूम फिर के प्रकृति उसका फल आप तक पहुंचाती है। प्रकृति में किसी के प्रति पक्षपात नही है। और उसकी गणित इतनी सटीक है कि कितना ही घूम फिरकर चक्कर लगे पर उस व्यक्ति तक जिसने कर्म किया है। उसके पास फल पहुंचता है।

लीडर्स के संगठन में अनेक रोल होते है।

अतः लीडर्स को अपने रोल और गोल्स को बड़ी सूझबूझ व उसका प्रभाव किन लोगों पर क्या पडेगा? यह विचार कर निर्णय करना चाहिये।

एक छात्राध्यापक ने आत्महत्या कर ली – एक कहानी

एक बी.एड कॉलेज में प्रिंसिपल ने एक ही प्रकार के अपराध करने वाले तीन छात्राध्यापकों को तीन प्रकार की सजाएं दी। एक छात्राध्यापक को उसने कहा तुम पर 500 रूपया फाईन किया जाता है। दूसरे छात्राध्यापक को कहा कि तुम 50 उठक–बैठक लगाओं। तीसरे से कहा कि तुमसे यह उम्मीद नही थी। कुएं में जा पड़ो।

जिस छात्राध्यापक को 50 उठक–बैठक लगाने के लिये कहा। उस छात्राध्यापक ने प्रिंसिपल के विरूद्ध न्यायालय में मुकदमा दायर किया। और कहा कि एक अपराध सबने किया था। फिर मुझें ही ज्यादा सजा क्यों दी गई। इस पर न्यायालय में सुनवाई हुई।

न्यायाधीश ने प्रिंसिपल को न्यायालय में बुलवाया और गीता पर हाथ रखकर जवाब देने को कहा।

प्रिंसिपल ने अपना बयान लिखवाया कि मैनें जो सजाएं दी है। वो महत्वपूर्ण नही है। लेकिन उन सजाओं का उन तीनों पर क्या प्रभाव पड़ा वो महत्वपूर्ण है। पहले छात्राध्यापक ने अपनी गलती स्वीकार कर ली और 500 रूपये जुर्माने के कॉलेज फण्ड में जमा करवा दिये। तीसरे छात्राध्यापक का मृत्यु प्रमाण पत्र मैं पेश कर रहा हूँ। उसे मेरी बात का इतना विचार हुआ कि उसने कुएं में कूद कर आत्महत्या कर ली। दूसरे छात्राध्यापक ने क्या किया? वो श्रीमान के सम्मुख प्रस्तुत है।

इस कहानी का आशय यह है कि लोग अलग–अलग चेतना स्तर के होते है। तीसरे छात्राध्यापक को तो यह कहना कि तुमसे यह उम्मीद नही थी। कुएं में जा पडो। इतनी बडी सजा महसूस हुई कि वह कुएं में कूद गया। पहले को भी अपनी गलती का अहसास हुआ और उसने जुर्माना 500 रूपये जमा करवा दिया। दूसरा छात्राध्यापक न तो अपनी गलती स्वीकार कर रहा है। और कठोर दण्ड के बावजूद भी न्यायालय तक पहुंच गया।

न्यायाधीश ने फैसला दिया कि प्रिंसिपल के द्वारा दी गई सजाएं विवेकशील व न्यायोचित है।

इस कहानी से मैं यह बतलाना चाहता हूं कि संगठन में अनेक प्रकार के कर्मचारी होते है। और सबकी भावनात्मक स्थिति, आर्थिक स्थिति, शारीरिक स्थिति अलग–अलग होती है। अतः जो व्यक्ति संगठन का नेतृत्व करता है उसे कर्मचारियों की आर्थिक, भावनात्मक, मानसिक दशाओं के स्तर को देखकर उन्हें इन्सपायर करना चाहिये।

कर्मफल का सिद्धान्त बड़ा अद्भुत व बडा जटिल है। आम आदमी की बुद्धि में यह बात नही आ सकती कि किसी व्यक्ति ने

कोई गलत काम किया है तो उसे कोई सजा मिली है या नही। लेकिन प्रकृति सब गलत काम करने वालों को सजाएं देती है।

दुनियां आईना है

अगर किसी व्यक्ति ने आपकों कोई अप्रिय बात कहीं है तो आप विचार कर सकते है कि यह एक समस्या है। लेकिन समस्या लोगों में है। यह विचार ही दोषपूर्ण है। दुनियां तो आईना है। आपके अर्न्तमन में जो विचार है। दुनियां तो उनका ही परावर्तन है। इसका मैं एक भौतिक विज्ञान के आधार पर स्पष्टीकरण दू कि कोई काले रंग के वस्त्र पहने हुए है तो काला रंग काला क्यों दिखाई देता है? क्योंकि बाकि सारे रंगो को इस कपडे ने सौंख लिया है? मात्र काला रंग ही है जिसको यह कपडा परावर्तित कर रहा है। इसका अर्थ यह हुआ कि काले रंग के कपडे का रंग काला नही है। रंग तो कोई और है? लेकिन जिस रंग को वो परावर्तित कर रहा है वो ही रंग अपने को दिखाई देता है।

बात सूक्ष्म है, लेकिन सही है कि कोई व्यक्ति आपके साथ अभद्र व्यवहार करता है या अप्रिय बात कहता है। तो वो कही ना कही आपमें उपज रही है। वो व्यक्ति तो दर्पण है जिसमें दिखाई दे रही है। चूंकि हम कंडिशन्ड हो गये कि अगर कोई अप्रिय बात है तो वो दूसरे व्यक्ति के द्वारा कही गई है। लॉ ऑफ अट्रक्शन कहता है कि इस दुनिया में आपके अलावा कोई और है ही नही। जो विचार आपके अर्न्तमन में उठ रहे है। जो फिलिंग आपके हृदय में हो रही है। वही दूसरों के जरिये आपको दिखाई दे रही है।

रोण्डा ब्राईन अपनी विश्व प्रसिद्ध पुस्तक **'सिक्रेट'** में लिखते है कि यदि आप यूनिवर्स में किसी की मदद कर रहे है तो वो किसी और की मदद नही है। वो आपकी खुद की मदद कर रहे है। व वो कई गुणा आपके पास ही होकर आयेगी।

डेल कार्निगी अपनी पुस्तक **'हाऊ टू विन फ्रेन्ड्स'** में लिखते है कि यदि आपने लोगों को इंस्पायर किया और जोश दिलाया तो आपने जितना जोश दिलाया उसकी 10 गुनी उपलब्धी आपके पास लौटकर आयेगी।

इसी सिलसिले में **स्टीफन ऑर कोवी** अपनी विश्व प्रसिद्ध पुस्तक **'7 हेबिट्स ऑफ हाईली पीपुल'** में लिखते है कि यदि पहल करके प्रोएक्टिव तरीके से काम किया जाये तो उसकी प्रभावकारिता 50 गुना बढ़ जाती है। यानि कि उसकी आमदनी 50 गुना बढ़ जाती है। कर्मफल का सिद्धान्त सकारात्मक रूप से यहाँ पर कार्य करता है।

भगवत गीता में **भगवान कृष्ण** ने कहा है **'कर्मणा बहुना गति'** यानि की कर्म की गति बडी जटिल है। अतः हमें समझ में नही आता कि हमारे जीवन में जो घटनाएं घटती है। वो क्यों घटती है? उनके लिये कौन उत्तरदायी है? भगवान कृष्ण ने गीता ने इस कर्म के फल का नाश हो जाये इसलिये कहा है कि मेरी शरण में आ जाओं **'मामेकम शरणम् बृज'** तो मैं तुम्हारे सारे पापों को व कर्मफलों को नष्ट कर दूंगा। तुम निश्चिंत हो सकते हो। अतः सब अपनी उपाधियों को त्यागकर मेरी शरण में आ जाओं।

सर्वधर्मान्परित्यज्य मामेकं शरणं व्रज ।
अहं त्वा सर्वपापेभ्यो मोक्षयिष्यामि मा शुचः ॥

नेतृत्व करने वालें लोगों को कई बार जटिल परिस्थितियों में निर्णय करने पडते है। अतः उपनिषद का एक श्लोक है जो उनके लिये बडा उपयोगी सिद्ध होगा—

ईशा वास्यमिदं सर्वं यत्किञ्च जगत्यां जगत् ।
तेन त्यक्तेन भुञ्जीथा मा गृधः कस्यस्विद्धनम् ॥

यानि कि त्याग पूर्वक जगत का भोग करें। अपने को मैनेजर मानकर एन्टरप्रेन्योरशिप का कार्य करें। वैसे आजकल उद्यमों में एक बोर्ड ऑफ डॉयरेक्टर्स रखा जाता है। उसके अधीन रहकर मैनेजर कार्य करते है। ताकि वो अपने आपको मालिक नही समझे बल्कि मैनेजर समझ कर काम करें। ताकि काम को सुन्दर तरीके से कर पायें और अटेचमेन्ट नही हो। यानि कि भावनात्मक रूप से दुखी–सुखी ना हो।

किसी ने ठीक ही कहा है कि इस दुनियां में मेहमान बनकर रहों। किसी चीज को अपनी ना समझों। लेकिन चीजों का उपभोग करों।

NOTES (जो बातें आपके ह्रदय को छू गई है)

1. ____

2. ____

3. ____

4. ____

5. ____

6. ____

7. ____

8. ____

9. ____

10. ____

11. ____

12. ____

13. ______________________________________

14. ______________________________________

15. ______________________________________

16. ______________________________________

17. ______________________________________

18. ______________________________________

19. ______________________________________

20. ______________________________________

21. ______________________________________

22. ______________________________________

23. ______________________________________

24. ______________________________________

25. ______________________________________

NOTES (जो निर्णय आपने अपने जीवन में लेने हेतु तय किये है)

26. ______________________________________

27. ______________________________________

28. ______________________________________

29. ______________________________________

30. ______________________________________

31. ______________________________________

32. ____

33. ____

34. ____

35. ____

36. ____

37. ____

38. ____

39. ____

40. ____

41. ____

42. ____

43. ____

44. ____

45. ____

46. ____

47. ____

48. ____

49. ____

50. ____

अध्याय–45

आपसी मनमुटाव घर–घर की कहानी

(संगठन में सम्बंध जरूरी हैं और सम्बंधो के लिये विश्वास)

आज सभी बडे–बडे काम संगठनों के द्वारा किये जाते है। और संगठनो में सभी लोगों का आपस में मधुर सम्बंध रहना जरूरी है, जिसके लिये विश्वास की नींव होना लाजमी है।

एक महिला ने आप बीती बताई कि उसके पति से उसका आयेदिन झगड़ा होता रहता था। महिला पढीलिखी और समझदार थी। इसलिये उसने विचारा कि यह झगड़े नही होने चाहिये। इसलिये मैं वे काम करूंगी जो मेरे पति के लिये हितकारी व उन्हें खुश करने वाले होंगे। उसका पति बहुत साफ–सुथरे, प्रेस किये हुए कपड़े पहनता था। तो पत्नी ने सोचा कि मैं भी उनके व बच्चों के कपडे अच्छी तरह साफ सुथरे रखु, ताकि मेरा पति खुश रहें।

पति अपनी टेबिल को, अपने कमरे को जहॉ वो ऑफिस के कामकाज करता था। साफ सुथरा सम्भाल कर, करीने से वस्तुओं को रखता था। अतः पत्नी ने भी घर की सफाई को अच्छी तरह करना आरम्भ कर दिया। महिनों गुजर गये लेकिन पति के व्यवहार में कोई परिवर्तन नही आया और वैसे ही झगडे होते रहे।

फिर वो एक मनोवैज्ञानिक के पास गई। वो मनोवैज्ञानिक मोटिवेशनल स्पीकर भी थे। लोगों को मोटिवेट करना उनका व्यवसाय था। महिला ने जब अपनी बात उस मनोवैज्ञानिक को बतलाई और पूरे विश्वास के साथ अपनी समस्याओं से अवगत करवाया। फिर मनोवैज्ञानिक ने उससे कहा कि मैंने आपकी बात को

ठीक प्रकार से समझ ली है। आप यही कहना चाहती है कि आपने पूरे प्रयास कर लिये लेकिन अब भी झगडे कम नही हो रहे है।

मनोवैज्ञानिक ने कहा गडबड तुम में नही है, तुम्हारे पति में है। यह सुनकर पत्नी तो खुश हो गई। और कहा कि वह फिर कैसे ठीक हो सकते है? मनोवैज्ञानिक ने कहा कि आप अपने पति को मेरे पास अगले सोमवार को सुबह 11 बजे भेज दे। मैं उनसे कुछ बातचीत करूंगा।

नीयत तिथि व समय पर पति मनोवैज्ञानिक के पास पहुंच गया। मनोवैज्ञानिक ने उससे बहुत मधुर भाषा में बात की तथा उसकी बहुत तारीफ की। उसके कपडो की तारीफ की। उसके बोलने की तारीफ की। उसके ज्ञान की तारीफ की। जिसके कारण धीरे–धीरे वह मनोवैज्ञानिक के साथ खुल कर बात करने लग गया। मनोवैज्ञानिक ने उससे पूंछा कि आपकी पत्नी आपके लिये कौन–कौन से काम करती है? तो उसने एक ही उत्तर दिया कि वो तो बस झगड़े करती है। वो जानबुझकर वो काम करती है जो मुझें पसन्द नही है। और ऐसे ही कामों में लगी रहती है जो मुझें नापसन्द हो।

मनोवैज्ञानिक ने उससे पूंछा कि वह कौनसा ऐसा काम करें। जो आपकों अच्छा लगे। तब पति ने कहा कि मैं जब शाम को ऑफिस से घर लौटता हूॅ तो वो बनीठनी मिले और मेरे साथ घूमने चले। तथा मेरी बात को काटे नही बल्कि मेरी बात का समर्थन करें।

अतः मनोवैज्ञानिक ने कहा कि आप अपनी पत्नी को अगले रविवार को सुबह 11 बजे मेरे पास भेज दीजियेगा। पत्नी ठीक समय व नीयत दिन पर मनोवैज्ञानिक के पास पहुंच गई। मनोवैज्ञानिक ने कहा कि देखों आपसी सम्बंध एक बैंक खाते की तरह होते है। जैसे बैंक के खाते में राशि जमा की जाती है। राशि निकाली जाती है। ऐसे ही सम्बंधों के बैंक खातें में भी कुछ बाते निकाली जाती है तो कुछ बाते जमा भी की जाती है। पारिवारिक

सम्बंध पूरी तरह भावनाओं पर आधारित होते है। वैसे तो सभी सम्बंध भावनाओं पर आधारित होते है। क्योंकि हर व्यक्ति हृदय की गहराईयों में भावुक है। **स्टीफन ऑर कोवी** इसको **Emotional Bank Account** कहते है। उन्होनें 10 तरह के इमोशनल डिपोजिट्स बताये है। और 10 तरह के इमोशनल विड्रॉवल।

मनोवैज्ञानिक ने उस महिला को समझाया कि आपके सम्बंधों का जो बैंक अकाउंट है उसमें विड्रावल ज्यादा हो गया है। अकाउंट में घाटा चल रहा है। जो तुम पति का सहयोग करती हो, सेवा करती हो, वो पति की दृष्टि में डिपोजिट है ही नही। उल्टा वो उन्हें विड्रावल मानता है। तुम जिन्हे डिपोजिट समझती हों। एवं जिन्हे तुम पसंद करती हो। उसके बजाय जो पति पसंद करें वो कार्य करने आरम्भ करों तो आपके भावनात्मक बैंक अकाउंट में डिपोजिट ज्यादा हो जायेंगे और आप दोनों के सम्बंध मधुर हो जायेंगे।

उसकी दृष्टि में घर में सजी–धजी रहना, उनके साथ शाम को घूमने जाना, उनके लिये समय देना यह डिपोजिट्स है। अतः इन कामों को आप करना आरम्भ करों।

6 महिने बाद क्रिसमस पर वो मनोवैज्ञानिक को थैंक्स कहने गई कि आपका बहुत–बहुत शुक्रिया कि आपने मेरे व मेरे पति के बीच मधुर सम्बंध बनाने का काम किया। जिससे हमें बहुत लाभ रहा। मैं और मेरा पति बहुत खुश है।

विश्वास का महत्व

नेतृत्व करने वाले व्यक्ति को अपनी टीम में वह अपने अनुयायियों में अच्छे सम्बंध रखने का माहौल बनाना होगा। और माहौल हेतु विश्वास पैदा किया जाना जरूरी है। और विश्वास पैदा होगा इमोशनल बैंक अकाउंट्स में डिपोजिट्स ज्यादा होने से।

स्टीफन ऑर कोवी ने निम्न प्रकार से 10 डिपोजिट्स व 10 विड्रॉवल बताये है:–

क्र.सं.	डिपोजिट	विड्रॉवल	आवश्यक त्याग	अंतर्भूत सिद्धांत
1.	पहले समझने की कोशिश करें।	पहले समझे जाने की कोशिश करें।	अधीरता, अहं, आपका एजेंडा	आपसी समझ
2.	वादे निभाना	वादे तोड़ना	मूड, भावनाएं, भाव, समय	अखंडता / क्रियान्चयन
3.	ईमानदारी, खुलापन	रेशमी शोषण	अहं, घमंड, नियंत्रण	भविष्य दृष्टि, जीवन मूल्य, अखंडता, क्रियान्चयन, आपसी समझ
4.	दयालुता, शिष्टाचार	निर्ममता, असभ्यता	स्वयं, समय, अनुभूतियाँ, स्टीरियोटाइप्स, पूर्वाग्रह	भविष्य दृष्टि, जीवन मूल्य, अखंडता, क्रियान्चयन
5.	जीत–जीत वरना कोई सौदा नही की सोच	जीत हार या हार जीत की सोच	जीतने का मतलब है हारना, प्रतिस्पर्धा	आपसी सम्मान, लाभ
6.	अपेक्षाएँ स्पष्ट करना	अपेक्षाएँ तोड़ना	चापलुसी का संप्रेषण	आपसी सम्मान, लाभ, आपसी समझ, रचनात्मक सहयोग, नवीनीकरण

7.	अनुपस्थित लोगों के प्रति वफादारी	निष्ठाहीन, दोगलापन	सामाजिक स्वीकृति, दिल की मालिश	भविष्य दृष्टि, जीवन मूल्य, अखंडता, क्रियांनयन
8.	माफी मांगना	गर्व, दंभ, अहंकार	अहंकार, घमंड, गर्व, समय	भविष्य दृष्टि, जीवन मूल्य, अखंडता, क्रियांनयन
9.	फीडबैक पाना और 'मैं' वाले संदेश	फीडबैक न पाना और 'आप' वाले संदेश	घमंड, गर्व, अहंकार, प्रतिक्रियाशीलता	आपसी समझ
10.	माफ करने की भावना	ईर्ष्या रखना	गर्व, आत्म केन्द्रित	भविष्य–दृष्टि, जीवन मूल्य, अखंडता, क्रियान्वयन

आगामी अध्यायों में प्रत्येक डिपोजिट्स व विड्रॉवल के बारे में विस्तार से बात की जायेगी।

NOTES (जो बातें आपके हृदय को छू गई है)

1. ______________________________

2. ______________________________

3. ______________________________

4. ______________________________

5. ______________________________

6. _______________________________________

7. _______________________________________

8. _______________________________________

9. _______________________________________

10. _______________________________________

11. _______________________________________

12. _______________________________________

13. _______________________________________

14. _______________________________________

15. _______________________________________

16. _______________________________________

17. _______________________________________

18. _______________________________________

19. _______________________________________

20. _______________________________________

21. _______________________________________

22. _______________________________________

23. _______________________________________

24. _______________________________________

25. _______________________________________

NOTES (जो निर्णय आपने अपने जीवन में लेने हेतु तय किये है)

26. ____

27. ____

28. ____

29. ____

30. ____

31. ____

32. ____

33. ____

34. ____

35. ____

36. ____

37. ____

38. ____

39. ____

40. ____

41. ____

42. ____

43. ____

44. ____

45. ____

46. ____

47. ____

48. ____

49. ____

50. ____

(अध्याय–46)

एक दयालु मालकिन की कहानी

(पहले समझें फिर समझायें)

यूरोप के एक कस्बे में एक रईस मालकीन रहती थी। उम्र के साथ धीरे–धीरे वों बूढी हो गई और बीमार रहने लगी। उसके पास लम्बी अवधि से एक नौकरानी काम करती थी। नौकरानी इतनी ज्यादा स्वामीभक्त थी और इतनी सेवा करती थी कि मालकीन सदैव खुश रहती थी। बस एक ही कमी थी कि नौकरानी पढ़ीलिखी नही थी।

समय पाकर एक दिन मालकीन ने अपने आपकों इतना कमजोर महसूस किया कि उसे लगा कि उसका इस दुनियां से जाने का समय आ गया है। रईस मालकिन के कोई रिश्तेदार भी नही था। नौकरानी की सेवा से वो बहुत प्रसन्न थी। इसलिये उसको कई बातें समझाई। लेकिन नौकरानी के कुछ भी समझ में नही आया। फिर जिस आलीशान मकान में वो रहती थी, उस मकान को उस नौकरानी को गिफ्ट करने हेतु अपनी वसीयत बनवा ली। और उसे सब रजिस्ट्रार के यहां रजिस्टर्ड भी करवा दी।

एक दिन मालकीन की तबीयत ज्यादा ही खराब हो गई। तो उसने नौकरानी से कहा कि यह लो। उसने प्रेम से वो लिफाफा ले लिया। और इतने में रईस मालकीन के प्राण पखेरू उड़ गये। नौकरानी ने देखा कि अब मालकीन तो है नही। इधर–उधर पड़ौसियों को बतलाया तो नगर निगम की गाड़ी आई जो मालकीन के मृत शरीर को कब्रिस्तान लेकर गई और उसे दफना दिया। नौकरानी भी वो लिफाफा लेकर अपने घर चली गई कि अब यहां अपना क्या काम है? घर जाकर उसने वह लिफाफा खोला। उसमें उसे एक हॉर्ड कागज दिखाई दिया। नौकरानी ने सोचा कि

मालकीन ने मुझें सम्मानित करने हेतु सम्मान पत्र दिया है। अतः मालकीन की याद रहेगी इसलिये उसने उसको कांच के फ्रेम में मंडवा लिया। और दीवार पर टांग दिया। वो अपने इर्द गिर्द पडौस में काम करने लग गई।

एक दिन नौकरानी का बेटा जो कि दूर देश अफ्रीका में रहता था। अपनी मां से मिलने आया और वहां पर रहने लगा। दो—एक दिन बाद उस लडके की पत्नी भी आ गई। पत्नी ने दीवार पर लगा हुआ एक फ्रेम देखा। बहू पढीलिखी थी। वो तो पढ़कर दंग रह गई। और अपने पति को बतलाया कि आप देखों क्या चीज है? पति भी पढालिखा था। उसने भी पढा तो वो भी हैरान रह गया। उसने अपनी मां को कहा कि मां तू कैसी है? यह किस चीज का फ्रेम है? उसने कहा कि मेरी मालकीन की मुझ पर बड़ी मेहरबानी है कि उसने मुझें सम्मानित किया है।

इस पर बहू और बेटे ने कहा। नही मां यह तो उस आलीशान मकान की वसीयत है जो तुम्हारे नाम की है। यह सुनकर मां तो गदगद हो गई। और अपनी रईस मालकीन के लिये कृतज्ञता प्रकट करने लगी।

इस कहानी से आशय इतना ही है कि परम शक्ति ने अपने को भी बडी बडी मिल्कियतो की वसीयते दे रखी है। लेकिन हम उन वसीयतों को स्वीकार करने की भाषा नही जानते। और शिकायत करना ही सूझ पड़ता है कि मैं अभागा हूँ। मुझें यह नही दिया, वह नही दिया। या मैं गलत हूँ?

नेतृत्व के क्षेत्र में मेरा इस कहानी का यहॉ उद्धरण करने का आशय है कि कर्मचारी लोग सम्पत्तियॉ है। उनमें यदि गुण देखे जाये तो वो संगठन के लिये श्रेष्ठ सम्पत्ति साबित होते है। इस हेतु आप तो उनमें गुण देखें ही लेकिन अपने कर्मचारियों के अन्दर छीपे गुणों से उन्हें भी परिचित करा दे। इस कार्य को इन्सपायर करना कहा जाता है। और यही नेतृत्व की सही मायने में पहचान है।

विश्व प्रसिद्ध मोटिवेशनल स्पीकर **शिव खेड़ा** का कहना है कि क्या सभी कर्मचारी संगठन के लिये सम्पत्ति होते है? वो स्वयं ही यह प्रश्न करते है और फिर स्वंय ही उत्तर देते है कि नहीं? केवल उत्कृष्ट कर्मचारी ही सम्पत्ति है। बाकि कर्मचारी लाईबलिटिज है।

टीम 360 का डी.एम.आई.टी. परीक्षण

ईश्वर के द्वारा बनाये गये सभी लोगों की अलग–अलग खूबियॉ है। और यही मजेदारी है। दो लोगों के चेहरे एक जैसे नही है। यहॉ तक कि दो लोगों की आँखे भी एक जैसी नही है। दो लोगों के हस्ताक्षर भी एक जैसे नही है। हाथ की रेखाएं भी एक जैसी नही है। यानि कि हर व्यक्ति यूनिक है। लोगों की इस यूनिकनेस को पहचानना व लोगो को यह बतलाना ही टीम 360 का प्रमुख ध्येय है।

यू.एस. सरकार में मंत्री बने – एक कहानी

एक बार **स्टीफन ऑर कोवी** को मोटिवेशनल व्यांख्यान हेतु एक विश्वविद्यालय ने बुलाया। उनका भाषण सुनने वाले वहा पर हजारों लोग थे। उसी विश्वविद्यालय ने स्टीफन ऑर कोवी को 40 वर्ष बाद पुनः बुलाया गया और उनका एक बार फिर मोटिवेशनल भाषण करवाया गया। और उन्हें **D.Lit. (Doctor of Literature)** से सम्मानित किया गया।

स्टीफन लिखते है कि मुझें 40 वर्ष बाद एक पत्र मिला। और वो पत्र भी उस मौके पर मिला जब मुझें उसी यूनिवर्सिटी में वापिस कन्वोकेशन डे पर भाषण देने हेतु बुलाया गया। वो पत्र एक यू.एस. ए. सरकार में वित्त सचिव है, उनके द्वारा लिखा गया था। अमेरिका में वित्त सचिव का दर्जा वित्त मंत्री के बराबर होता है।

पत्र में लिखा था 'मिस्टर कोवी मैनें 40 वर्ष पहले तुम्हारा भाषण सुना था। जब मैं यूनिवर्सिटी में पढ़ता था। आपने अपने भाषण में

मिशन स्टेटमेन्ट के बारे में बताया व समझाया था। मैनें उसी दिन मिशन स्टेटमेन्ट की बात को मेरे दिल और दिमाग में बैठा लिया। मुझें कहते हुए गर्व है कि आपने मेरे अन्दर जिस बीज को 40 साल पहले बोया था। मैं आज उसी का परिणाम हूँ। अतः मैं चाहता हूँ कि अब मैं अमेरिकी सरकार में अपनी बात को कहने के काबिल हूँ। इसलिये आप चाहें तो अमेरिकी सरकार से अनुरोध करू कि वो आपका व्याख्यान हर विश्वविद्यालय में करवायें। पत्र पर गिली बून्दे पड़ी थी, ऐसा नजर आया। और मैनें तत्काल अन्दाजा लगा लिया था कि पत्र लिखने वाला व्यक्ति भावविभोर हो गया है। और कृतज्ञता प्रकट कर रहा है। तथा उसकी आंखों से आसू निकल रहे है।'

मैनें उस व्यक्ति को पत्र का जवाब देने के बजाय यूनिवर्सिटी के कन्वोकेशन डे पर अपना जवाब सभी लोगों के सामने प्रस्तुत किया। जो कि करीब एक सप्ताह तक रोजाना अखबारों में छपता रहा।

स्टीफन ने जो जवाब दिया वो यह है ''**मिस्टर वारेन** आज आप जिस मुकाम पर हो। मैं उससे परिचित हूँ। आपकी छवी एक दृढ व विवेकशील राजनीतिज्ञ की है। और मुझें वो याद नही कि कब आपने मेरा भाषण सुना था? आपमें सकारात्मक परिवर्तन हुआ। बस मेरी जिन्दगी का मकसद पूरा हो गया। मैं इसीलिये लोगों को बुलाने पर व्याख्यान देने जाता हूँ। ताकि कुछ लोगों के जीवन में सकारात्मक परिवर्तन ला सकू।''

मिस्टर वारेन तुमने मेरे प्रति कृतज्ञता प्रकट की है। इसके लिये मैं आपका शुक्रगुजार हूँ। लेकिन किसी ने मेरे को भी आपकी तरह ही बदला था। उस महान व्यक्ति की बात आपकों कह कर अपनी बात का खुलासा करूंगा।

जब मैनें पोस्ट ग्रेज्युऐशन कर लिया। उसके बाद रिसर्च हेतु मैं यूनिवर्सिटी में सम्पर्क कर रहा था। उसी दरमियान एक प्रोफेसर मुझें मिले व उनसे थोडा परिचय हुआ। उन्होनें पूछा कि यहाँ क्यों आये

हो? तो मैनें कहा कि रिसर्च करने। उस प्रोफेसर ने कि स्टीफन तुम रिसर्च करों। इसमें मुझें कोई आपत्ति नही है। लेकिन अच्छा हो कि तुम बडे—बडे औद्योगिक संगठनो में जाओं और लीडरशीप पर भाषण दो। तुममे क्षमतायें है। तुममे सम्भावनाएं है। मैं तो आश्चर्य से उनके चेहरे की तरफ देखने लगा। मैनें तो हाल ही मैं पोस्ट ग्रेज्युऐशन किया है। और बडे संगठनों में तो काफी अनुभवी व प्रबुद्ध व्यक्ति होते है। मैं उन्हें कैसे लीडरशीप का ज्ञान दूंगा? वो क्यों मेरी बात सुनेंगे? इस पर उक्त प्रोफेसर ने मुझसें कहा कि तुम्हे मैटेरियल मैं दूंगा। और जहॉ सहयोग की जरूरत होगी। वहॉ मैं तुम्हारा मार्गदर्शन करूंगा। अगर तुम्हे वित्तीय सहायता की जरूरत पडेगी तो वो भी मैं तुम्हे प्रदान करूंगा।

स्टीफन कहते है कि मैनें इन बातों को बिना मन के सुना। क्योंकि मुझें तो नौकरी की तलाश थी। इसलिये मैं वहां से घर आ गया। और नौकरी के लिये प्रयास करने लगा। लेकिन इसी बीच उन प्रोफेसर साहब का फोन आया और उन्होनें एक विश्वविद्यालय का नाम बताया। और कहा कि तुम इस दिन वहां पर व्याख्यान देने के लिये चले जाओं। मैं मैटेरियल भेज रहा हूॅ। इसे पढ लेना। आने—जाने के टिकिट व खाने—पीने व ठहरने के खर्च हेतु पैसे भी तुम्हारे खाते में जमा करवा रहा हूॅ। मैं मेरे बैंक खाता नम्बर भी आपको भेज रहा हूॅ। जब यूनिवर्सिटी में व्याख्यान के बाद आपको पारिश्रमिक मिल जाये तो मेरे पैसे मेरे खाते में वापिस डाल देना।

मैं तो यह सब देखकर भौंचक्का रह गया। और मेरी हिम्मत नही हुई कि यूनिवर्सिटी में प्रोफेसर्स आदि को भाषण देने की। क्योंकि मैं स्वंय ही प्रोफेसर नही था। मैं बडा परेशान रहने लगा और अपने घर से 15 किमी. दूर जहां मेरी मां रहती थी। मैं उनसे सलाह लेने के लिये गया। वहॉ मां ने कहा कि स्टीफन आज से 27 साल पहले मेरे पास भी ऐसा एक ऑफर आया था। मैनें उसे झपट लिया था। यद्यपि मुझें मालूम था कि मैं प्रबन्धकों के सामने अपनी बात नही कह पाऊंगी। लेकिन मैंने हिम्मत की और प्रबन्धकों को प्रशिक्षण देने

चली गई। सभी प्रबन्धक मुझसे दुगुनी उम्र के थे। और बड़ी–बड़ी कम्पनियॉ सम्भालते थे। मैं बड़ी भयभीत थी कि इनके आगे क्या बोलूंगी? इतने में सीनियर स्टीफन जो जिनसे कि बाद में मैनें शादी कर ली थी। जो कि बाद में तुम्हारे पिता बने। उन्होनें मेरे से हाथ मिलाया और कहा कि **मारिया मैं स्टीफन ऑर क्राउथर हॅू।** मैनें ही तुम्हे पत्र भेजा था। अब मैं यहॉ मौजूद हॅू। तुम अपना प्रशिक्षण शुरू करों। उन्होने मुझें उस समय सम्बल दिया। और मैनें उनके सहयोग से सफलता पूर्वक प्रशिक्षण किया। वहॉ संगठन ने मुझें 5000 हजार डॉलर का चैक दिया। जो कि मेरे लिये तो बहुत बड़ी रकम थी। इसी तरह से सीनियर स्टीफन ने मुझें और कई जगहों की तारीख और प्रशिक्षण देने हेतु नोट करा दिया। मैं 5 साल तक प्रशिक्षण देती रही। एक दिन सीनियर सीटिजन ने मुझसे मेरा हाथ मांग लिया। मैं तो यही चाहती थी कि मुझें ऐसा पति मिले। और मैनें उनसे शादी कर ली। उसके दो साल बाद तुम्हारा जन्म हुआ।

मां की यह बात सुनते ही मुझमें उत्साह आ गया। और में यूनिवर्सिटी के प्रोफेसर्स को भाषण देने के लिये रवाना हो गया। यद्यपि भाषण कोई प्रभावकारी नही रहा। लोगों को ज्यादा पसंद भी नही आया। लेकिन उनमें एक प्रोफेसर था। उसने प्रश्न–उत्तर सैशन में अपनी निजी समस्या का उल्लेख किया। और मैनें उसको माकूल ईलाज बताया। उसने बताया कि मेरी पत्नी और मुझमें अब प्यार का कोई नामोनिशान नही है। अब हम दोनों साथ–साथ तो रहते है लेकिन सिर्फ बच्चों और समाज को दिखाने के लिये। मैनें उन प्रोफेसर साहब से कहा कि **Love is Noune प्यार संज्ञा है। लेकिन Love is Verve also प्यार क्रिया भी** है। अतः तुम प्यार करों। प्यार का अर्थ है पत्नी की बात सुनो। प्यार का अर्थ पत्नी की तारीफ करो। प्यार का अर्थ है पत्नी का सम्मान करो। प्यार का अर्थ है पत्नी की खूबियॉ देखों और पहचानों। प्यार का अर्थ है पत्नी को समझों। प्यार का अर्थ है पत्नी के लिये जरूरी हो वो त्याग करो। इस तरह प्यार एक क्रिया है जिसे करने से तुम अपनी पत्नी का प्यार पा सकोगे।

हॉलीवुड–बॉलीवुड में चलते–चलते प्यार हो जाता है। प्यार को संज्ञा माना जाता है। जो ज्वार की तरह आता है और भाटे की तरह चला जाता है। अतः प्यार को क्रिया समझों और प्यार को हासिल करों। इसके लिये कुर्बानी दो। मेरी इस बात से वो प्रोफसर बहुत प्रभावित हुआ। उसने कहा कि स्टीफन मेरी जिंदगी को तुमने नया अंजाम दे दिया। मैनें वहां से अपना मानदेय प्राप्त किया और घर आ गया। और सारी बात टेलीफोन पर मैनें अपने मेंटर को बताई। मेंटर ने कहा कि बहुत अच्छी शुरूआत हुई है। तुम्हारी बात से एक व्यक्ति को वास्तव में लाभ हुआ। बस ऐसे ही एक–एक करके लाभ देते रहो।

मैनें मेन्टर के कहे अनुसार लीडरशीप की ट्रेनिंग देने का कार्य आरम्भ कर दिया। मैं करीब 50 साल से यह कार्य कर रहा हूँ। यानि की आधी सदी से। मेरे इस सुहावने सफर में कई अद्भुत क्षण आयें। जब मैं अमेरिकी राष्ट्रपतियों को प्रशिक्षण देता था। कई अन्य देशों के प्रधानमंत्री, राष्ट्रपतियों ने भी मुझसे प्रशिक्षण प्राप्त करने के लिये निवेदन करते थे। और मैं उन्हें प्रशिक्षण देता था।

वारेन जैसे तुम मेरे लिये कृतज्ञ हो। वैसे ही मैं अपने उन प्रोफेसर मेंटर के लिये कृतज्ञ हूँ। मेरे मेंटर ने उस समय मुझें प्रेरित किया जब मुझें अपने आप पर ही विश्वास नही था। आपने चाहा है कि आप यूनिवर्सिटिज में मेरा व्याख्यान करवाना चाहते है तो आप जिस प्रकार का प्रोग्राम बनायेंगे। मैं अपने कलेण्डर में देख लूंगा और दोनों कोओर्डिनेट करके कार्य करेंगे।

उपरोक्त कहानियॉ और गाथाऐं बतलाने का मात्र एक ही उद्धेश्य है कि आपसी सम्बंधो से प्रभाव बनता है। और सम्बंधो के लिये विश्वास जरूरी है। और विश्वास तब बनेगा जब तुम दूसरों की सुनोगे तथा उन्हें समझोगे। जब तुम दूसरे को समझने के उद्धेश्य से सुनोगे तो तुम्हे पता चलेगा कि वास्तव में वो तुमसे क्या चाहता है। कौनसी चीज उसके लिये डिपोजिट्स है? जब आप दूसरे की बात

को ठीक से सुन व समझ लो। तब उसे यह बतलाओं कि मैनें आपकी बात को इस तरह से समझ लिया है। उसके बाद आप अपनी बात को कहो। तो मैदान बिलकुल उपजाऊ मिलेगा। उसमें जो बीज डालोंगे उसी के अनुरूप अंकुर आयेंगे।

लेकिन समझने के लिये बडे आंतरिक साहस की जरूरत होती है। अपने ईगो को नीचे करना पड़ता है। और सुनने का अभ्यास करना पडता है। और अपनी पदवियों को एक बार अलग रख देना पडता है।

अजीब बात होती है। जब कोई सीनियर ऑफिसर कहता है कि जूनियर क्या जाने? हम सीनियर जो ठहरे। जैसे किसी फिल्म में **असरानी का डॉयलोग है कि "हम अंग्रेजो के जमाने के जेलर है।"**

बडा भाई कहता है कि मैं बडा हूँ। मैनें परिवार के लिये कुर्बानियाँ दी है। इसलिये वो छोटे की नही सुनता। सास कहती है कि मैनें जमाना देखा है। मैं बडी हूँ। और वह बहू की नही सुनती। मंत्री जी कहते है कि यह तो बडे बाबू है। इनमें अक्ल ही कहा है। मैं समझदार हूँ। जनता का प्रतिनिधि हूँ। सरकार का आदमी हूँ। राजस्थान के पूर्व गृहमंत्री **कुम्भाराम आर्य** कहा करते थे। सरकार हम चलाते है। यह आई.ए.एस. है तो क्या है, बडा बाबू है।

अतः अगर दूसरे की बात सुनेंगे ही नही। और सुनेंगे तो समझने के उद्धेश्य से नही सुनेंगे तो। छोटे लोग फिर बतायेंगे ही क्यों? जबकि मैनें ऊपर कहा है कि सभी व्यक्ति यूनिक है। सभी के पास अपनी–अपनी विद्याओं की दक्षता है। अतः छोटों से सुझाव लेना लाभकारी हो सकता है। सुनने से तात्पर्य है कि छोटो से उनकी बात सुन तो लो। लेकिन करों वही जो आप उचित समझते हो।

आप उनकी पूरी बात पहले समझ लो। फिर उचित लगे तो करों। नही तो मत करों। पर कम से कम संज्ञान तो लो। संगठनों में प्रायःकर बड़े लोग छोटे लोगों की बात नही सुनते। फिर छोटे भी

गैर जिम्मेदार हो जाते है। वो अपनी तरफ से चलकार के कोई बात बताते भी नही है। और यह इंतिजारी करते रहते है कि कोई पूंछे तो बताऊ।

भावनात्मक बैंक अकांउट में अगर वृद्धि करनी है। विश्वास का माहौल कायम करना है। आपसी सहयोग का वातारण बनाना है तो टीम के सदस्यों की बातों को सुनना व समझना लाजमी है। टीम से तात्पर्य आपका परिवार, आपका मौहल्ला, आपकी कम्पनी, आपकी स्कूल आदि सभी है। जहाँ पर भी लोग मिलकर काम करते है।

NOTES (जो बातें आपके ह्रदय को छू गई है)

1. ____

2. ____

3. ____

4. ____

5. ____

6. ____

7. ____

8. ____

9. ____

10. ____

11. ____

12. ____

13. ____

14. ______________________________________

15. ______________________________________

16. ______________________________________

17. ______________________________________

18. ______________________________________

19. ______________________________________

20. ______________________________________

21. ______________________________________

22. ______________________________________

23. ______________________________________

24. ______________________________________

25. ______________________________________

NOTES (जो निर्णय आपने अपने जीवन में लेने हेतु तय किये है)

26. ______________________________________

27. ______________________________________

28. ______________________________________

29. ______________________________________

30 ______________________________________

31. ______________________________________

32. ______________________________________

33. ____

34. ____

35. ____

36. ____

37. ____

38. ____

39. ____

40. ____

41. ____

42. ____

43. ____

44. ____

45. ____

46. ____

47. ____

48. ____

49. ____

50. ____

वीर तेजाजी की वादा निभाने की प्रेरणादायक कहानी

(वादा करें व निभाए – लीडरशीप का मूल मंत्र)

11वीं सदी की बात है। **तेजाजी** नामक व्यक्ति के पिता उदयराज मध्य भारत से नागौर में आकर बसे थे। यहां पर उन्होनें शासन जमाया। उन्ही **वीर तेजाजी की याद में तेजा दशमी** मनाई जाती है।

तेजाजी अपने गांव के आस–पास डाकुओं से गायों की रक्षा करने का काम किया करते थे। इस कार्य हेतु वे अपने प्राणों को भी दांव पर लगा देते थे। लोग तेजाजी को सत्यवादी और दिये गये वचन पर अटल रहने वाले व उसे पूरा करने वाले देवता के रूप में जानते है।

एक बार तेजाजी अपनी बहिन **पेमल** के ससुराल गये। वहां से उन्हें अपनी बहिन को अपने साथ लाना था। लेकिन **मेणा** नामक डाकू ने तेजाजी के बहिन के ससुराल की सारी गायें लूट ली। तेजाजी अपने साथी के साथ जंगल में मेणा डाकू से गायें छुडाने के लिये गये। लेकिन रास्ते में सांप की एक बाम्बी दिखाई दी। उस बाम्बी में से **भाषक नामक सर्प** निकला और घोडे के सामने आ गया। सांप अपनी पूंछ के बल खडा हो गया। और वो घोड़े से भी ऊंचा हो गया। वह तेजाजी को डंसना चाह रहा था।

लेकिन तेजाजी ने निवेदन किया कि वो अपने बहिन की गायों को छुडाने जा रहा है। जब मैं वापिस आऊंगा तो तुम मुझें डंस

लेना। सांप ने स्वीकार कर लिया और इंतजार करने लगा कि कब तेजाजी आयेंगे?

मेणा डाकू के साथ कई दिन युद्ध चला। फिर गायें छुडाकर के तेजाजी ने अपने साथी को बहिन पेमल के ससुराल भेजा। और स्वंय उस सांप की बाम्बी के पास गये और सांप से आग्रह किया कि वो मुझें डंस ले। सर्प ने तेजाजी को देखा और उन्होनें वादा पूरा किया इससे सांप गदगद हो गया। लेकिन उसने तेजाजी से कहा कि तुम्हे मैं कहा से डंसू? तुम्हारे शरीर पर तो जगह–जगल जख्मों के निशान लगे है। मैं खानदानी सांप हूँ। किसी और के डंसे पर मैं नही डंसता। तब तेजाजी ने अपनी जीभ निकाली और कहा कि इस जीभ पर कोई जख्म नही है। यहॉ डंस लो। उस दिन दशमी थी। अतः तेजाजी के इस वादा निभाने की मानसिकता व वादे का महत्व समझाने के लिये तेजा दशमी मनाई जाती है।

सांप ने भी एक वादा दिया था कि जो भी तेजाजी तुम्हारे स्थान पर तुम्हारी तांती बांधेगा। उसे मेरा वादा है कि उसको कोई सांप नही डंसेगा। और यदि कोई सांप गलती से डंस लेगा, तो तुम्हारे स्थान पर उसे लाने से सांप के जहर का असर खत्म हो जायेगा।

यह कहानी यह बताती है कि जो आदमी जबान का पक्का होता है। उसका लोग अनुसरण करते है। उसको पूजते है। इतिहास उन्हें सदैव याद करता है। सफल लीडरशीप के लिये यह प्रथम शर्त है। वादा करों, ये महत्वपूर्ण है। लेकिन उस किये गये वादें को समय पर निभाओं यह और भी ज्यादा महत्वपूर्ण है।

पन्नाधाय की कहानी

चित्तौड़ राज्य की महारानी जौहर कर गई। और अपने बच्चें को अपनी **पन्ना** नाम की नौकरानी को दे गई। और कहा कि इसकी सुरक्षा का भार तुम्हारे ऊपर है।

चित्तौड़ पर **बनबीर** नाम के राजा का राज्य हो गया। यद्यपि यह बनबीर महारानी के ही परिवार का व्यक्ति था।

एक दिन रात्रि में बनबीर को किसी ने बताया कि चित्तौड़ की महारानी का पुत्र जीवित है। महारानी के परिवार से और तो कोई जीवित नही बचा है। सभी युद्ध में मारे गये। लेकिन वो पुत्र जीवित है। जिसे पन्ना नाम की नौकरानी ने अपने पास रखा हुआ है। वो उसकी धाय मां बनी हुई है, जो उसे अपना दूध पिलाती है। बनबीर रात्रि में ही तलवार लेकर राजकुमार की हत्या करने हेतु चल दिया। पन्ना के पति ने दरवाजा खोला तो बनबीर ने उससे झगड़ा किया। दोनों के बीच में लड़ाई हुई। लेकिन बनबीर ने पन्ना के पति की तलवार से हत्या कर दी।

उपरोक्त लडाई की खटपट से पन्ना चौकन्नी हो गई। और उसने अपने बेटे को राजकुमार के पालने में लेटा दिया। और राजकुमार को स्वयं गोद में लेकर कही छिप गई। बनबीर घर के अन्दर गया। राजशाही पालना देखा। उसने बच्चे को झूलता हुआ देखा तो उसने उस बच्चे की गर्दन को तलवार से मार डाला। और वहा से चला गया। पन्ना धाय ने महारानी को दिये हुए अपने वादे को अपने पुत्र की कुर्बानी देकर भी पूरा किया। इसीलिये इतिहास में पन्ना धाय अमर हो गई।

संगठन चाहे वो परिवार हो अथवा कम्पनी अथवा राजनीतिक पार्टी। जहां कही भी लोग मिलकर काम करते है। उसे संगठन कहते है। और उसमें जो मुखियॉ होता है। उसे लीडरशीप कर रोल अदा करना पड़ता है। वादा करना और वादा निभाना भावनात्मक बैंक अकाउंट को समृद्ध बनाता है। और लीडरशीप के लिये इस भावनात्मक बैंक अकाउंट में डिपोजिट का बैलेंस ज्यादा होना जरूरी है।

वीर दुर्गादास की कहानी

राजस्थान के नागौर में **वीर दुर्गादास व राजा अमर सिंह** की छतरियॉ बनी हुई। उनकी कहानी भी वादा करने व वादा निभाने की मिसाल है। मारवाड़ के राजा की किसी युद्ध के दौरान हत्या हो गई। उनका पुत्र **अमर सिंह** बहुत छोटा था। मारवाड़ राज्य पर दुश्मनों का कब्जा हो गया। मारवाड़ के राजा ने मरने से पहले अपने विश्वसनीय सेवक **दुर्गादास** को बुलाया और उसकी गोद में अपने पुत्र को सौंपा। और उससे वादा लिया कि इसकी सुरक्षा अपने प्राणों की बली देकर भी करोगें।

मारवाड़ को जो नया राजा बना। उसने पूरे राज्य में मूनादी करवा दी कि पूर्व राजा का पुत्र जिस किसी भी व्यक्ति की जानकारी में हो राजमहल में पेश किया जावें। यदि राज्य के सिपाहियों को कही मिला और उस पूर्व के राजा के बच्चे का संरक्षण करता हुआ कोई पाया गया तो उसे मौत के घाट उतार दिया जायेगा।

दुर्गादास यद्यपि बहादुर था। उसे इतिहास में वीर दुर्गादास कहा जाता है। क्योंकि एक बार मारवाड़ के राजा ने ऊंट के वध करने के आरोप में उसे बुलाया था। और उसने उससे पूछा कि तूने ऊंट को कैसे मारा? तो दुर्गादास ने अपनी तलवार निकाली और पास खड़े ऊंट की गर्दन काट डाली। और कहा कि ऐसे मारा। राजा यह देखकर दंग रह गया। और उसने उसे अपनी फौज में भर्ती कर लिया और उसका नाम वीर दुर्गादास रखा गया। दुर्गादास था भी बड़ा स्वामी भक्त और वादें का पक्का।

दुर्गादास वीर तो था लेकिन अकेला पड गया था। इसलिये उसने बुद्धि से काम लिया और गली साफ करने वाला मेहतर बना। और अपने सिर पर छबड़ी के अन्दर अमर सिंह को लिटाएं रखता व गलियॉ साफ करता था।

जब बच्चा अमर सिंह बड़ा हो गया तो उसे राजा घोषित किया गया। और वीर दुर्गादास के सहयोग से युद्ध करके अपना राज्य वापिस प्राप्त कर लिया।

मरते समय राजा से जो वादा दुर्गादास ने किया था उसे अपनी जान जोखिम में डालकर भी पूरा किया। आज वीर दुर्गादास को उनकी स्वामीभक्ति व वादा निभाने के लिये याद किया जाता है।

जूनागढ़ की महारानी को एक मैतरानी के द्वारा दिया गया वादा

गुजरात में जूनागढ़ एक रियासत थी। जहाँ पर मुसलमानों का शासन हो गया। राजा को कैद कर लिया गया। और मुसलमान किसी भी समय महल में घूसकर रानियों को बन्दी बना सकते थे। इसलिये महारानी ने अपना बच्चा अपनी मेहतरानी को दे दिया और कहा कि तू इसकी सुरक्षा करेगी। मुझें से वादा कर। मेहतरानी ने वादा किया कि मैं अपनी जान देकर भी इसकी रक्षा करूंगी। मेहतरानी बच्चे को ले गई और अपने पास में रखने लगी। मुसलमान शासक ने महल में राजपूत औरतों को बन्दी बनाने का खयाल छोड़ दिया। इसलिये महारानी ने जौहर भी नही किया। लेकिन महारानी के बच्चे पर मुसलमान शासक की पूरी नजर थी। और वो उसकी हत्या करना चाहता था।

एक बार महारानी ने उस मेहतरानी को बुलाया और यह कहा कि तुम किसी को यह बात बता मत देना कि मेरा बच्चा तुम्हारे पास है। फिर महारानी ने सोचा कि यह छोटी जाति की औरत है। कही यह बात किसी को बता ना दे। इसलिये इससे बच्चा वापिस लेकर किसी अन्य सुरक्षित स्थान पर भेजना चाहिये।

कुछ ऐसी घटना घटी कि मुसलमान शासक की भी हत्या हो गई। और पुनः जूनागढ़ का राज्य महारानी के हाथ में आ गया। अतः महारानी ने अपने शिशु बेटे को ही राज्य का उत्तराधिकारी घोषित कर दिया। और मेहतरानी से कहा कि तुम यह बात किसी

को नही बताओगी कि इसने तुम्हारा दूध पिया है। और यह तुम्हारे पास ही रहा है। लेकिन महारानी को शंका हुई कि यह छोटी जाति की है। यह कहीं बात किसी को बता ना दे। इसलिये उसने मेहतरानी पर निगरानी रखवाना शुरू कर दिया। अतः एक दिन मेहतरानी दरबार में उपस्थित हुई। महारानी ने पूछा कि यहाँ क्यों आई हों? तो मेहतरानी ने महारानी की कमर की तरफ ईशारा किया। महारानी अपनी सुरक्षा हेतु अपनी कमर पर एक चांदी की कटार बांधे रखती थी। महारानी के मुख्य सचिव ने कहा कि मेहतरानी है। चांदी की चीज चाहती है। इसे दे दो ताकि इसका मुंह बन्द रहे। मुख्य सचिव की यह बात सुनकर मेहतरानी को ग्लानी हुई कि मुझ पर विश्वास नही किया जा रहा है। क्योंकि मैं छोटी जाति की हूँ। महारानी ने मुख्य सचिव की बात सुनकर अपनी कमर से उस कटार को निकाला और मेहतरानी को दे दिया। मेहतरानी ने उस कटार को अपने सीने में घौंप लिया। और बोली की अब आपकी कोई बात किसी को पता नही चलेगी।

इस तरह से जूनागढ़ की मेहतरानी ने भी अपने वादे को प्राणा देकर निभाया।

स्टीफन आर कोवी तो 7 हेबिट्स ऑफ हाईली इफेक्ट्स में लिखते है कि तुममें वादा करने की क्षमता है। तुम प्रोमिस कर सकते हो। इसे उन्होंने पहली आदत कहा है। फिर वादा कर लो, उसे लिख लो। इसे स्टीफन ने दूसरी आदत कहा है। फिर वादा करने के लिये एक्शन्स उठाओं। उसको स्टीफन ने तीसरी आदत कहा है। व्यक्तिगत सुधार की इन तीन आदतों को स्टीफन आर कोवी ने एक ही सेन्टेंस में कहा है **Make the promise and keep the promise.** यानि कि वादा करों और उसे निभाओं। इससे आपका व्यक्तित्व निखर उठेगा। समाज में आपकी लोग इज्जत करेंगे, आप पर विश्वास करेंगे, आपका सहयोग करेंगे।

लापरवाही से वादे करना

आजकल 90 प्रतिशत लोग लापरवाही से वादे करते है। दूसरों को राजी रखने के लिये वादा कर देते है। दूसरो को बेवकूफ बनाने के लिये वादा कर देते हे। कुछ लोग तो टाईम पास के लिये भी वादा कर लेते है।

एक व्यक्ति ने मुझें बताया कि वो अपने साथी के साथ रेलवे स्टेशन से अपने घर पेदल चले आ रहे थे। रास्तें में एक प्रबुद्ध व्यक्ति मिले। जो पहले से ही परिचित थे। दुआ–सलाम हुई। उन्होनें कहा कि शाम के समय घर पर आईये। उस व्यक्ति ने हाँ कर दी। सांय 4 बजे का समय तय हो गया। थोडी दूर चलने पर एक दूसरे प्रबुद्ध व्यक्ति से मुलाकात हुई। और उन्होनें भी कहा कि आओं शाम को घर पर बैठ कर बाते करते है। उसको भी उसने सांय 4 बजे का समय दे दिया।

उसके साथ एक दूसरा व्यक्ति था उसने कहा कि आपने पहले वाले को भी सांय 4 बजे का समय दिया है। और इस व्यक्ति को भी सांय 4 बजे का समय दे दिया। आप दोनों जगह कैसे जायेंगे? उस व्यक्ति ने कहा कि जाना किसे है? मैंने तो यू ही कह दिया। साथी थोड़ी गम्भीर प्रवृति का था। उसने कहा कि खबरदार तुम यू ही ऐसे ही वादे करते हो। इसका मतलब वादे पूरे करने की तुम्हारी नीयत ही नही है। अपनी आदत सुधारों वरना मैं तुम्हारी दोस्ती को त्याग दूंगा। क्योंकि जो व्यक्ति अपना वादा निभाने की नीयत ही नही रखता अथवा अपना वादा नही निभाता। उस पर विश्वास नही किया जा सकता। वो विश्वसनीय नही हो सकता। उससे दोस्ती नही रखी जा सकती।

संगठन सफलता पूर्वक आगे बढ़े, इसके लिये उसकी टीम में विश्वसनियता का होना जरूरी है। और विश्वसनियता आती है वादे करने से और उन्हें पूरा करने से।

जो लोग किसी से वादा कर लेते है। और फिर उसे पूरा करने के बजाय अन्यथा बात करते है। वो लोगों के दिलों से उतर जाते है। फिर ऐसे लोगों के सम्बंध किसी से भी अच्छे नही रह सकते है। यहाँ तक कि पिता-पुत्र के सम्बंध भी बिगड जाते है। जो पिता अपने पुत्रों के साथ लापरवाही से वादे करते है। फिर उन्हें पूरा नही करते। तो उनके पुत्र कभी भी उनसे अच्छे सम्बंध नही रखेंगे।

एक भाई ने भावावेश में आकर के अपने भाई से कहा यह मकान तेरा है। लिखकर दे दिया। उस भाई ने अपने बड़े भाई की सौगात को बड़े सम्मान से लिया। लेकिन कुछ वर्षों बाद छोटे भाई ने वो मकान किसी और को रहने के लिये दे दिया। जब यह बड़े भाई को पता चला तो वह छोटे भाई से झगड़ने आ गया। छोटे भाई ने कहा कि आपने मुझसें वादा किया था। लिखित में कागज है। बड़े भाई ने कहा कि मैं मुम्बई का रहने वाला हूँ। हम ऐसे वादे कईयों से करते है। कागज पर लिख भी देते है। मैं कोई छोटे गांव का नही हूँ जो अपने वादे पर टिका रहू।

अफसोस है कि सम्बधों के विश्वास, कि "**वादा करों और वादा निभाओं**" जैसे प्रभावकारी सिद्धान्त को लोग इस तरह से ना केवल दरकिनार करते है। बल्कि उसका मजाक भी उड़ाते है।

मेरे एक आध्यात्मिक गुरू थे। जो यह कहते थे कि अगर आपने किसी को कोई चीज दान की है। और वो अगर आपने उससे वापिस ले ली तो आपको दस गुणा अधिक पाप लगेगा। यानि कि उनका भी यही कहना था कि वादा करके कोई चीज दान कर दी तो कर दी। यानि वादा करके मुकर जाना या वादा पूरा नही करना। दोनों ही पाप की श्रेणी में है।

भारतीय करंसी पर प्रोमिस लिखा हुआ होता है – एक कहानी

एक रूपये के नोट पर भारत सरकार के वित्त सचिव का लिखा रहता है कि मैं इस नोट के बदले एक रूपया चुकाने का वादा

करता हूँ। दो रूपये से लेकर दो हजार के नोट पर रिजर्व बैंक ऑफ इण्डिया के गवर्नर का लिखा होता है कि मैं धारक को इस नोट की कीमत अदा करने का वादा करता हूँ।

यह वादा ही करंसी में प्राण डालता है। यदि सरकार अपना वादा वापिस ले ले तो नोट की कीमत कागज के टुकड़े से ज्यादा नही है। जब देश के प्रधान मंत्री ने 500 व 1000 रूपये को नोट को एक तय तिथि के बाद लीगल टेंडर मानने से नकार दिया तो आज उन पुराने 500 व 1000 रूपये की कीमत कागज के टुकड़ो से ज्यादा नही है।

वादा करना, वादा निभाना भावनात्मक बडा डिपोजिट है। इससे विश्वास पैदा होता है। और संगठन में विश्वास का माहौल बनता है। अंग्रेजी में कहावत हैं कि ट्रस्टिशीप से ट्रस्ट आता है और ट्रस्ट से संगठन की ताकत बनती है। महात्मा गांधी ने तो देश की समस्त सम्पत्तियों को ट्रस्टीशीप ही की बतलाई। कि व्यक्ति सम्पत्तियों का ट्रस्टी भर है।

अगर ये वादा करों और निभाओं के सिद्धान्त की व्यक्ति पालना करता है। संगठन पालना करता है। तो कम्यूनिकेशन शीघ्र सरल हो जाता है। तथा अत्यंत प्रभावकारी हो जाता है। और एक उत्साहित टीम संगठन हेतु बन जाती है।

NOTES (जो बातें आपके हृदय को छू गई है)

1. ______________________________________

2. ______________________________________

3. ______________________________________

4. ______________________________________

5. ____

6. ____

7. ____

8. ____

9. ____

10. ____

11. ____

12. ____

13. ____

14. ____

15. ____

16. ____

17. ____

18. ____

19. ____

20. ____

21. ____

22. ____

23. ____

24. ____

25. ____

NOTES (जो निर्णय आपने अपने जीवन में लेने हेतु तय किये है)

26. ____

27. ____

28. ____

29. ____

30. ____

31. ____

32. ____

33. ____

34. ____

35. ____

36. ____

37. ____

38. ____

39. ____

40. ____

41. ____

42. ____

43. ____

44. ____

45. ____

46. ____

47. ____

48. ____

49. ____

50. ____

अध्याय–48

तुम्हारा लहजा बता रहा है, तुम्हारी दौलत नई–नई है – एक कहानी

(अच्छी लीडरशीप के लिये फीडबैक लेना व देना जरूरी है)

एक व्यक्ति के चेहरे पर दाग था। तो उसने आईने में देखा और आईने में उसे काला दाग नजर आया। तो उसने समझा कि आईना खराब है। चेहरे पर कोई दाग लगा है तो उसने आईने में किस तरह साफ किया जा सकता है। लेकिन उसने आईना साफ किया। फिर से देखा तो दाग नजर आया। अगर चेहरे पर दाग हो तो आईने को साफ करने से दाग दूर नही होगा।

इसी तरह से संगठन के कर्मचारी व संगठन से सम्बंधित अन्य लोग आईने की तरह होते है। आपको लोगों के व्यवहार में, बातों मे और कर्मो में आपका ही प्रतिबिम्ब झलकेगा।

व्यक्तित्व की चार खिडकियाँ

1. **प्रथम खिड़की–** आपके जीवन की वो बातें जो आपको भी मालूम है। औरो को भी मालूम है।

2. **द्वितीय खिड़की–** आपकी कुछ कमियॉ जो आपको मालूम है। लेकिन औरों को मालूम नही। जैसे आपका कोई स्वार्थपरक उद्धेश्य। पुरानी कोई गर्लफ्रेन्ड या ब्यॉय फ्रेन्ड, अथवा कोई धोखा देने की प्लानिंग। इन बातों के बारे में सिर्फ आपको ही मालूम है। और किसी को मालूम नही है। हॉ आप चाहें तो विचार करके इन कमियों को एक–एक करके दूर कर सकते

है। सम्भव है कि कुछ अच्छाईयाँ भी हो। जो आपको ही मालूम हो। और किसी को मालूम नही हो। आप आत्मविश्लेषण करके उन अच्छाईयों को बढा सकते हो। उनका सदुपयोग कर सकते हो।

3. **तृतीय खिड़की–** आपके जीवन की वो बातें जो आपको खुद को नही मालूम। लेकिन औरों को मालूम है। जैसे बार–बार आपके मुंह से निकलना 'यार–यार', मैं देखता हूँ–मै देखता हूँ, ठीक है–ठीक है, आपकी पीठ पर लगे हुए दाग। ये कमियाँ आपको दिखाई नही देती। लेकिन औरो को दिखाई देती है। अगर आप किसी को अपना मेन्टर स्वीकार करते हो और उसे सम्मान देते हो तो वो हिम्मत करके आपको आपकी कमियाँ बतला सकेगा। और हिम्मत करके आप उसे दूर कर सकोगे।

4. **चतुर्थ खिड़की–** कुछ ऐसी कमियाँ है जो आपको मालूम नही है। न ही किसी और को मालूम है। ये कमियाँ जब अच्छी पुस्तके पढेंगे तब आपको अचानक सूझ पडेगी। इसलिये किताबों को गुरू कहा गया है। जो कमियाँ गुरू को भी मालूम नही चलती। वो जब आप पुस्तक पढोगे तो आपको मालूम चल जायेगी।

अतः संगठन चलाने वाले लीडर को अपने कार्यों का फीडबैक लेते रहना चाहिये। तथा खुद का फीडबैक दूसरों को देते रहना चाहिये।

नेगेटिव फीडबैक को बतलाने का साहस

प्रायःकर बडे इन्टरप्रेन्योर के चारो ओर उनके यशमैन घूमते रहते है। इसलिये उनकी हर बात की तारीफ होती है। अतः उन्हें सही फीडबैक नही मिल पाता। कुछ इन्टरप्रेन्योर तो इतने अहंकारी होते है कि वो नेगेटिव फीडबैक को अपना निरादर समझते है। और देने

वाले को अपना दुश्मन। जब नेगेटिव फीडबैक को स्वीकार ही नही करेंगे तो कमियॉ कैसे दूर होगी?

संगठन को फीडबैक प्राप्त करने हेतु एक अलग सैल बनाना चाहिये

फीडबैक प्राप्ति हेतु सिस्टम डिवलप करना चाहिये। और इसका एक मोनिटरिंग ऑफिसर होना चाहिये। जो कि अनुभवी हो लेकिन स्वंय एन्टरप्रेन्योर ना हो। अगर उचित हो तो फीडबैक देने वाले व्यक्ति का नाम भी लिखने की जरूरत नही है। फीडबैक से व्यक्ति अपनी कमियों को दूर करता है तथा किन–किन क्षेत्रॉ में काम करने की जरूरत है? इसकी उसे ज्यादा जानकारी होती है।

परिवार भी एक संगठन है। परिवार में कुछ लोग अपने पारिवारिक पदो के कारण सम्मानित होते है। जैसे कि पिता, बडा भाई, जीजा, फूफा, मौसा आदि। ये लोग सम्मानित पदो पर होने के कारण अपनी ही बात को कहते रहते है। और यह भी कहते रहते है कि हमारा लम्बा अनुभव है। हमने कई शादियॉ करवा दी। हमने बाल धूप में सफेद नही किये है। यह अपना मार्गदर्शन देते रहते है।

ये नीचे वालों से फीडबैक नही लेते है। ये बराबर वालों से फीडबैक नही लेते है। अतः काम सफलता पूर्वक नही हो पाते। और प्रायःकर देखने में आता है कि विवाह आदि के समय विवाद और झगड़े हो जाते है। इसका मूल कारण यही है कि नेगेटिव फीडबैक को ये बडे लोग नापसंद करते है।

वार्षिक समीक्षा

प्रत्येक संगठन को वर्ष के अंत में अपने क्रियाकलापों की समीक्षा करनी चाहिये और उस हेतु जो फीडबैक प्राप्त हुआ है। उसका विश्लेषण करना चाहिये। पारिवारिक संगठनों में यदि पिता ने कोई कार्य कहा है तो बेटे से फीडबैक लेना चाहिये। कि वो कार्य पूरा

नही हुआ, तो क्यों नही हुआ? और परिवारों में भी फीडबैक लेने व देने का एक सिस्टम डालना चाहिये। छोटे बच्चों को, रिश्ते में छोटे लोगो को अपनी बात कहने का मौका मिलना चाहिये। और उनके द्वारा दिये गये फीडबैक को हेय दृष्टि से नही देखना चाहिये। बल्कि अगर उसमें कोई महत्वपूर्ण बात है तो उस पर गौर होना चाहिये।

नेगेटिव फीडबैक की एक कहानी

एक परिवार में एक युवा लड़के की शादी हुई। 5–7 साल शादी ठीक ठाक चली। लेकिन बाद में पति और पत्नी के बीच में विवाद होने लगा। परिणाम यह हुआ कि पत्नी अपने पीहर जाकर बैठ गई। पति यह उम्मीद करता रहा कि पत्नी अपने आप आ जायेगी। उसे आ जाना चाहिये? उसका दायित्व है।

पत्नी यह उम्मीद करती रहे कि उसे कोई मनाने आयेगा। तब जाऊंगी। अगर इस परिवार में फीडबैक लेने का सिस्टम होता। तो पत्नी अपनी बात को अपने ससुराल वालों को बता पाती। और उसकी दिक्कते दूर हो सकती थी।

अगर लडके के ससुराल में फीडबैक लेने का सिस्टम होता। तो उनके दामाद को क्या परेशानी है? उसकी जानकारी हो जाती। दोनों ही परिवारों में फीडबैक लेने का सिस्टम नही था। इसलिये कम्यूनिकेशन गैप बन गया।

फीडबैक नही होने से उस परिवार की क्या स्थिति हुई?

पति के पिता यानि की लडकी के ससुर अपने समधी से बात करते और उन्हे उनके दायित्वों के बारे में सलाह देते। समधी भी अपनी लडकी को दी गई तकलीफो से अवगत कराते। अफसोस रहा कि तीन साल की अवधि में लडकी को किसी ने नही पूछा कि तुझें क्या तकलीफ है? न ही लडके को ससुराल वालों ने पूछा। दोनो पक्षों

की ओर से लोग सुलह कराने आते और अपनी–अपनी सलाह देकर चले जाते।

एक बार लडके के मित्र ने यह कहा कि आपकी पत्नी तो ठीक है। वो गडबड नही हो सकती। आप किसी साइकोलोजिस्ट से बात करों। पति ने साइकोलोजिस्ट से बात की। साइकोलोजिस्ट ने 10 पृष्ठों का एक प्रश्नपत्र पकडा दिया कि इसमें करीबन 50 प्रश्न है। इसके उत्तर आप लिखकर लाओं। मेरी फीस 5000 रूपये है, वो देते जाओ। और फिर कहा कि 5000 रूपये और दे दो ताकि मैं आपकी पत्नी के लिये भी प्रश्नपत्र दे दू। फिर साइकोलोस्टि ने 10000 रूपये लेकर दो प्रश्नपत्र दे दिये। उस प्रश्नपत्र में वो प्रश्न थे जो आम लोगों के घरों में विवाद होते है। 15 दिन बाद पत्नी–पत्नी दोनों ने प्रश्न पत्रों को हल करके साइकोलोजिस्ट के पास भिजवा दिया। ये दोनों प्रश्नपत्र कुछ नही थे। फीडबैक फार्म थे। इन प्रश्नपत्रों में मुख्यतः यही प्रश्न थे कि आपको कौन–कौन सी दिक्कते है? शारीरिक दिक्कत क्या है? भावनात्मक दिक्कत क्या है? आध्यात्मिक व आर्थिक दिक्कत क्या है? इस पांचो आयामों पर 10–10 प्रश्न थे।

साइकोलोजिस्ट ने दोनों को प्रश्न पत्रों को पढ़ा तो मालूम चला कि दोनों की ही ओर से सिर्फ एक ही आयाम में मतभेद है। जो कि भावनात्मक आयाम है। उसमें दोनों की ओर से कोताही बरती जा रही है। अगर इस आयाम को बैठ कर काउंसलिंग के जरिये ठीक कर दिया जाये तो वो दोनों पुनः आपस में मधुर सम्बंध बना सकते है।

उन दोनों पति–पत्नी को अलग–अलग समय पर बुला करके साइकोलोजिस्ट ने एक–एक प्रश्न पत्र और दिया। कि तुम्हारी रिश्तेदारों को इन प्रश्नों के उत्तर देने है। और इस पर भी 5000–5000 रूपये फीस चार्ज की। ये प्रश्न पत्र भी कुछ नही थे केवल फीडबैक फार्म थे। 15 दिन बाद ये रिश्तेदारों के फीडबैक

फार्म भी साइकोलोजिस्ट के पास आ गये। साइकोलोजिस्ट ने उन्हे पढ़ा। उनमें आर्थिक दिक्कते, शारीरिक यातनाऍं, मानसिक प्रताडना आदि विवाद के मुद्दे निकल कर आये।

साइकोलोजिस्ट ने पत्नी को बुलाया और पत्नी को कहा कि यह फीडबैक फार्म है, तुम्हारे रिश्तेदारों का। जो कि आर्थिक मुद्दो की बात कर रहे है कि तुम्हे मकान रहने के लिये अच्छा चाहिये? तुम्हे गहने चाहिये? तुम्हे सैर सपाटे आदि के लिये पैसा चाहिये? पत्नी ने कहा कि मैनें कब कहा? मुझें पैसा नही प्यार चाहिये। मुझे सामान नही, सम्मान चाहिये। मुझें दुराशीश नही, आर्शीवाद चाहिये। मुझें हर वक्त की किच–किच नही, शाबाशी चाहिये। साइकोलोजिस्ट ने कहा कि तुम ठीक कहती हो। यह देखों तुम्हारे द्वारा जो फीडबैक फार्म भरकर दिया गया है। उसमें भी तुमने यही लिखा है।

फिर उसने पति को बुलाया और उसको भी परिवारजनों के फीडबैक फार्म दिखायें। तो पति ने भी कहा कि नही–नही हमें कोई दहेज नही चाहिये। मुझें तो मेरा व मेरे माता–पिता का सम्मान चाहिये। न तो हमें कार चाहिये। न कोई धनराशि चाहिये। फिर साइकोलोजिस्ट ने कहा कि आपने अपने फीडबैक फार्म में भी यही लिखा है।

फिर पति–पत्नी दोनों को आमने–सामने बैठाकर उनके फीडबैक फार्म दिये। कि तुम्हारे बीच विवाद का कारण यह है कि आपकी सम्मान की कमी है। एक दूसरे की तारीफ नही करते हो। किसी अन्य व्यक्ति के बहकावें में आ जाते हो। पत्नी बोली कि फिर मेरे ऊपर जो आक्षेप लगाये गये। वो क्या सरासर गलत है? उल्टा पति बोला कि मुझ पर जो दहेज का आक्षेप लगाया वो? पत्नी बोली कि हमने तो लगाया ही नही। बिना वजह से छोटी सी बात का बतंगड बन गया और लोगों ने दूरियॉ खडी कर दी। जिसे कि साइकोलोजिस्ट ने मिटा दिया। और दोनों पति–पत्नी वापिस मधुर सम्बंधो के साथ रहने लगे।

फीडबैक लेने का एक अद्भुत तरीका

एक पति अपनी पत्नी से कई दिनों से अलग रह रहा था। मामला तलाक तक पहुंच गया था। लेकिन न्यायालय से तलाक की डिक्री नही मिली थी। न्यायालयों की लम्बी–लम्बी पेशियों से पति परेशान हो गया था। इसलिये उसने साइकोलोजिस्ट से सलाह लेने का मानस बनाया। और वो दिल्ली के एक साइकोलोजिस्ट के पास गया। साइकोलोजिस्ट ने उस व्यक्ति से एक लाख रूपये फीस मांगी। उस व्यक्ति को यह बात पसंद नही आई। और वो साइकोलोजिस्ट को उलाहना देने लगा कि आप तो लूटते हो। साइकोलोजिस्ट ने कहा कि तुम्हारा तलाक हो सकता है कि अगली पेशी पर हो जाये। लेकिन तुम्हे अपनी पत्नी को कम से कम बीस लाख रूपये देने पडेंगे। और मैं सिर्फ एक लाख रूपये ले रहा हूँ। तुम्हे उन्नीस लाख की बचत दिखाई क्यों नही देती? और मुझें एक लाख रूपये देना तुम्हे क्यों गवारा नही हो रहा है? तुम्हे उन्नीस लाख रूपये की सीधी बचत क्यों नही दिखाई देती।

ऐसे उल्टे कान को पकड़ने से पति को समझ में आ गई कि एक लाख रूपये देने से शायद लाभ हो जाये। इसलिये उसने साइकोलोजिस्ट से कहा कि ठीक है मैं आपको एक लाख का चैक दे देता हूँ। आप काउंसलिंग आदि का काम करें। साइकोलोजिस्ट ने कहा कि आपको मेरे यहा तीन घन्टे बैठना होगा। मैं आपको एक प्रश्न पत्र दूंगा जिसमें 300 प्रश्न होंगे। तीन घन्टे में प्रश्नों के उत्तर दे।

पति ने तीन घन्टे बैठकर सभी प्रश्नों के उत्तर बडी गम्भीरता से दिये। क्योंकि वो एक लाख रूपये फीस दे चुका था। इसलिये गम्भीरता तो बनती थी। उस प्रश्न पत्र में तमाम वो बातें थी जो प्रायःकर पत्नियॉ गलतियॉ करती है। जैसे कि पत्नी इज्जत नही करती, पत्नी समय पर खाना नही बनाती, पत्नी बच्चों का ध्यान नही रखती। ऐसे 300 प्रश्नों का उत्तर देने पर पति तो हल्का हो गया

और गौरवान्वित हो गया कि सारी गलती तो पत्नी की ही है। उसकी सारी घूटन उस कागज पर उतर कर आ गई।

उसने अपनी पत्नी के बारे में पूरा फीडबैक उन प्रश्नों के उत्तर के मार्फत साइकोलोजिस्ट को दे दिया। फिर 15 दिन बाद आने को कहा। पति 15 दिन बाद साइकोलोजिस्ट के पास फिर पहुंचा। उसने कहा कि फिर तीन घंटे के लिये बैठना पडेगा। इस बार 300 प्रश्न फिर हल करवायें गये। लेकिन इस बार पत्नी में क्या–क्या खुबियॉ है। इस पर प्रश्न पूछे गये। और प्रश्न पत्र तीन भागों में बंटा हुआ था। कि शादी से पहले तुम्हारी पत्नी में क्या–क्या खुबियॉ थी? जिसे देख कर तुमने उससे शादी की। शादी के बाद तुम्हारे जो 7 साल गुजरे उसमें तुम्हारी पत्नी में क्या–क्या खुबिया थी? और अब वो कौनसी खुबियॉ है जो तुम उसमें देखना चाहते हो।

पति ने बडी गम्भीरता पूर्वक और खुश होकर खुबियॉ बताई। और अब वो कौनसी खुबियॉ चाहिये। तब तक तो उसका दिल अपनी पत्नी के प्रति प्यार और स्नेह से भर गया। और मुश्किल से दो–तीन बातों पर टिक लगा पाया कि मुझें मात्र दो बातें पत्नी से चाहिये। फिर उसने कहा कि आपके पास अगर आपकी पत्नी के वाट्सअप नम्बर है तो मुझें दे दो। उसने कहा कि मेरे पास नही है। लेकिन कही से अरेंज कर दूंगा। साइकोलोजिस्ट ने कहा कि आप मेरे पास अपनी पत्नी के वाट्सअप नम्बर भिजवा देना। जब साइकोलोजिस्ट को पत्नी के वाट्सअप नम्बर मिले तो साइकोलोजिस्ट ने उसके वाट्सअप नम्बर पर इस फीडबैक फार्म को भिजवा दिया। और यह लिख दिया कि अगर आपकों कोई मेरी मदद की जरूरत हो तो मेरे फोन नम्बर ये है। आप सम्पर्क कर सकती है।

पत्नी का तत्काल उत्तर आया। आप होते कौन है? मेरे निजी मामले मे दखल करने वाले। लेकिन साइकोलोजिस्ट ने कोई उत्तर नही दिया। महिने भर बाद पत्नी का वाट्सअप फिर आया कि मैं

आपसे मिलना चाहती हूँ। लेकिन साइकोलोजिस्ट ने कोई उत्तर नही दिया। तीन महिने बाद पत्नी का वाट्सअप आया कि अगर मेरे पति ने जो फीडबैक भेजा है। उसमें जो उसे चाहिये मैं अपने में विकसित कर लूंगी। तो साइकोलोजिस्ट ने पत्नी से कहा कि अब आप मुझसे मिल सकती है। जिस दिन आई उस दिन पति को भी बुलवा लिया। दोनों से बातचीत की और पत्नी से भी एक फीडबैक फार्म भरवाया कि पत्नी अपने पति से अब क्या–क्या उम्मीद करती है?

उसके दो घन्टे बाद दोनों को आपस में यह मिटिंग करवाई कि पति तुमसे यह चाहता है? पत्नी तुमसे यह चाहती है। दोनों ने एक दूसरे का फार्म देखे और मुस्कुरायें। और कहा कि हम अपना तलाक का मुकदमा वापस लेते है।

इसी तरह से संगठनों में भी कर्मचारियों के बीच में कोई विवाद हो अथवा नियोक्ता एवं कर्मचारियों के बीच कोई विवाद हो। उनको निपटाने में भी फीडबैक बहुत मददगार हो सकता है।

जितना फीडबैक लेना महत्वपूर्ण है। उतना ही फीडबैक देना भी महत्वपूर्ण है। Feedback is a both way communication process.

स्टीफन ऑर कोवी फीडबैक को बहुत प्रमुखता देते है। उनका कहना है कि परिवारों में, कम्पनियों में, एन.जी.ओ. में व राजनीतिक पार्टियों में फीडबैक लेने का एक माकूल सिस्टम होना चाहिये। ताकि आपसी मतभेद मिटाने में कामयाबी मिल सके।

यद्यपि शिकायत पंजिका नामक फीडबैक लेने का तरीका कई महकमों में प्रचलित है। पर वो एक तरफा है। अतः दो तरफा फीडबैक सिस्टम डालने की जरूरत है। ताकि शिकायत, सुझाव जहाँ प्राप्त हो वही पर समाधान की भी व्यवस्था हो सके।

NOTES (जो बातें आपके ह्रदय को छू गई है)

1. _______________________________________

2. _______________________________________

3. _______________________________________

4. _______________________________________

5. _______________________________________

6. _______________________________________

7. _______________________________________

8. _______________________________________

9. _______________________________________

10. _______________________________________

11. _______________________________________

12. _______________________________________

13. _______________________________________

14. _______________________________________

15. _______________________________________

16. _______________________________________

17. _______________________________________

18. _______________________________________

19. _______________________________________

20. _______________________________________

21. ____

22. ____

23. ____

24. ____

25. ____

NOTES (जो निर्णय आपने अपने जीवन में लेने हेतु तय किये है)

26. ____

27. ____

28. ____

29. ____

30. ____

31. ____

32. ____

33. ____

34. ____

35. ____

36. ____

37. ____

38. ____

39. ____

40. ____

41. ____

42. ____

43. ____

44. ____

45. ____

46. ____

47. ____

48. ____

49. ____

50. ____

अध्याय–49

व्यक्ति की अद्भुत शक्तियों का जागरण

ईश्वर के द्वारा इंसान में पांच प्रकार की शक्तियॉ गुप्त रूप से रखी गई है। इन शक्तियों के प्रकट होने से व्यक्ति में आर्थिक, शारीरिक, बौद्धिक व आत्मिक क्षमताऐं बढ जाती है।

1. **शरीरायामः–** शरीर में अनेक प्रकार की बुद्धिमत्ताऐं है जो कि सामान्यतः व्यक्ति में सोई रहती है। वैज्ञानिकों का कहना है कि करोड़ो की संख्या में शरीर में डी.एन.ए. होते है। उनमें से 70 प्रतिशत डी.एन.ए. सोये पड़े रहते है जिन्हे की वैज्ञानिक भाषा में जंक डी.एन.ए. कहा जाता है। एक व्यक्ति में जो शारीरिक क्षमता है वह 30 प्रतिशत डी.एन.ए. के एक्टिवेशन से ही मिलती है। यदि सुप्त पड़े 70 प्रतिशत डी.एन.ए. को हमारे द्वारा बताई गई क्रियाओं से जागृत कर दिया जाये तो शारीरिक क्षमता असीम रूप से बढ़ सकती है। हमारा यह भी अनुभव रहा है कि शारीरिक क्षमता की वृद्धि से प्राणिक, मानसिक, बौद्धिक, आध्यात्मिक शक्तियों में भी वृद्धि सकारात्मक रूप से होती है।

शरीरायाम जागरण की प्रक्रिया:– आप कुर्सी पर आराम से बैठ जाईए, अपनी आंखों को बंद कर ले, मोबाईल को दूर रख दे, अच्छा हो कि साइलेंट मोड पर रख दे। फिर अपनी बंद आंखो से अपने पांव के अंगूठो को देखें। फिर अपनी पिण्डलियों को देखें, फिर अपने घुटनों को देखें, फिर अपने पेट को देखें, फिर अपनी कमर को देखें, अ्फिर अपने सीने को देखें, फिर अपने दोनों हाथों को देखें, फिर अपने चेहरे को देखें, फिर अपने सिर को देखें, फिर पूरे शरीर को अपनी बंद आंखो से देखें तथा

लगातार पूरे शरीर को पांच मिनट तक देखते रहे। इसका अर्थ हुआ कि आप शरीर नही है बल्कि शरीर को देखने वाले हैं, आप दृष्टा है। इस बात को अनुभव करें कि आप दृष्टा है। आप अपने आपकों पूरी तरह देखें और यह महसूस करे कि आप शरीर नही हैं बल्कि शरीर से पृथक उसके दृष्टा है।

एडवांस एक्शनः– अब आप अपनी बंद आंखो से अपने बायें पांव को आदेश दे कि वो ऊपर उठे। फिर अपने दाहिने पांव को आदेश दे कि वो ऊपर उठे। 45^0 के कोण पर आप अपने दोनों पांवों को रख ले। फिर अपने दोनों पांवो को निर्देश दे कि वो 90^0 पर नीचे आ जाये। फिर आप अपने दोनों पावों को सिर की तरफ ले जाये 120^0 पर, फिर आप अपने दोनों पावों को वापिस 90^0 पर लाये फिर जमीन पर रख ले। फिर आप अपने दोनों हाथों को बंद आंखो से ही उपर उठाये, 45^0 पर रखे, फिर 90^0 पर ले जाये, फिर 120^0 पर सिर की ओर झूंका दे।

निष्कर्षः–उपरोक्त दोनों प्रक्रियाओं का निष्कर्ष है कि आप शरीर नही है बल्कि शरीर के दृष्टा है, दृष्टा ही नही आप निर्देश देने वाले है। आपके निर्देशो से ही आपका शरीर क्रिया करता है। आपके जाने–अन्जाने में दिये गये निर्देशों का आपका शरीर पालन करता है। धीरे–धीरे शरीर की कंडिशनिंग हो जाती है और आदत पड जाती है। फिर आपको लगने लगता है कि शरीर अपने आप क्रिया करता है और मैं शरीर हूँ। जैसे आपका नाम रामलाल है। यह नाम जब आप पैदा हुए थे तब नही था, आप सिर्फ हाड–मांस के पींजर की तरह पैदा हुए थे। आपका नाम रामलाल किसी व्यक्ति, माता–पिता अथवा पण्डित द्वारा आपको दिया गया। अब आप अपने नाम में इतना रम गये कि आप अपने आपको रामलाल ही समझने लग गये। यदि आपको कोई रामलाल की बजाय रावणलाल कह दे तो आपको गुस्सा आ जाता है लेकिन आपका नाम न रामलाल है और न ही

रावणलाल है। जैसे आपने नाम को ओढ लिया उसी तरह से आपने अपने शरीर को ओढ लिया। लेकिन एक अच्छी बात है, शुभ समाचार है, आप चाहे तो अपना अवलोकन करके अपने शरीर को अपने से परे देख सकते है उपरोक्त क्रिया के द्वारा। यदि आपने उपरोक्त क्रिया के द्वारा अपने आपको शरीर से अलग देखने की क्षमता जुटा ली तो आपको शारीरिक बीमारियॉ नही आयेंगी और यदि आयेगी भी तो छोटी–मोटी चोट से होने वाली ही होगी, क्योंकि बीमारियॉ पहले प्राणिक शरीर मे पैदा होती है फिर आपके दिखाये देने वाले शरीर में आती हैं।

प्राण में शरीर की बीमारियों को रोका जा सकता है ताकि आपके दिखाई देने वाले शरीर में नही आये। इसकी प्रक्रिया प्राणायाम नाम हैडिंग में बताई जाती है।

2. **प्राणायामः–** व्यक्ति का यह दिखाई देने वाले शरीर के चारों ओर एक ऊर्जा चक्र के रूप में रहता है जिसे कुछ लोग व्यक्ति का तेजपूंज या औरा भी कहते है। समस्त बीमारियॉ इसी औरापूंज में उत्पन्न होती है। अगर यहीं पर इलाज कर दिया जावें तो वो शरीर में दिखाई नही देगी।

प्राणायाम की प्रक्रियाः– हर प्राणी में श्वांस का आना और जाना होता है। जब बच्चा जन्म लेता है तो सबसे पहले वो श्वांस लेना सीखता है। कुछ चिकित्सको का कहना है कि वो मां के गर्भ में ही श्वासं लेना सीख जाता है। यदि श्वांस लेने की प्रक्रिया को गौर से देखा जावे तो इसमें श्वांस का आना और जाना स्वतः होता रहता है।

प्राणायम की दृष्टाविधीः– आप आंख बंद देरक्के कुर्सी पर आराम से बैठ जाईये या बिस्तर पर लेट जाईये तथा अपनी बंद आंखो से आप जो श्वांस ले रहे है उसे देखें, जो श्वांस बाहर जा रहा है उसे देखें, पूरी तन्मयता से आप इस चौकसी को करें, कोई प्रयास नही करें, स्वतः श्वांस को ले और छोडे, सिर्फ

देखते रहे। पांच मिनट तक लगातार चौकीदार की तरह श्वांस के आने व जाने को देखे। आप अनुभव करेंगे कि आप दृष्टा है। श्वांस के लेने–देने से आपका कोई सम्बंध नही है। शरीर में स्वतः प्राण आ रहा व जा रहा है। आपका कही कोई सरोकार नही है। इसका अर्थ यह हुआ कि आप प्राण भी नही है आप तो सिर्फ दृष्टा है। अगर किसी दिन श्वांस आना–जाना बंद हो जाये तो भी आप दृष्टा रहेंगे। उस अवस्था में अपनी मृत्यु को होते हुए देख सकेंगे और आपने अगर ऐसा देख लिया तो इसका अर्थ है कि आप मृत्यु के भय से दूर हो गये।

एडवांस एक्शनः– आप अपनी आंखे बंद रखे और श्वांस को गहरा खिंचे और फिर धीरे–धीरे श्वांस को छोडे। इस प्रकार 20 बार धीरे–धीरे गहरा खिंचे और धीरे–धीरे छोडे, फिर आप तेजी से श्वांस को खिंचे और छोडे, इसे आप 40 बार करें। फिर आप एक नथूने से श्वांस गहरा खिंचे और अपने हाथ से उसे बंद करें और दूसरे नथूने से छोडे। फिर आप अपने दाहिने नथूने से श्वांस खिंचे और दूसरे नथूने से छोडे। जिसे कि योगियों की भाषा में अनुलोम–विलोम कहा जाता है।

निष्कर्षः– उपरोक्त दोनो प्रक्रियाओं से यह स्पष्ट है कि आप श्वांस आने–जाने के दृष्टा और जब चाहे तब आप दृष्टा होकर आने–जाने वाले श्वांस को देख सकते है। इससे अधिक आप जब आप अनुलोम–विलोम करते है या भस्त्रिका प्राणायाम करते है या गहरी श्वांस खींचते है या छोडते है, इसका अर्थ है कि आप अपने प्राणों को निर्देश दे सकते है। अपनी श्वसन प्रक्रिया को अपने तरीके से चला सकते है। इसका अर्थ हुआ कि आप अपने श्वांस के आने–जाने के दृष्टा है, साक्षी है।

यदि आप उपरोक्त क्रियाओं से अपनी श्वांस को देख लेने की क्षमता बढ़ा लेते है और दृष्टा हो जाते है और प्राणायाम के द्वारा अपने श्वांस को नियंत्रित करते है तो आपको इच्छा मृत्यु का

वरदान मिल सकता है। आप जब चाहें तब शरीर को छोड सकते है जैसे सांप केचुली को छोडता है। यदि आपको अपने प्राणिक शरीर में तेजस्विता, ओजस्विता भरनी है तो आप प्राणिक शरीर को निर्देश दे सकते है। आपको यदि स्वस्थ रहना है तो आप अपने प्राणिक शरीर को निर्देश दे सकते है। आप जितना अधिक प्राणिक शरीर पर प्रयास करेंगे, अभ्यास करेंगे, नियमन करेंगे तथा नियंत्रण करेंगे तो आप किसी भी प्रकार की बीमारियों को, उसके कारणों को प्राणिक शरीर में नही घूसने देंगे। जब आप प्राणिक शरीर के बारें में लापरवाह हो जाते है तो कई प्रकार की बीमारियां जिनमें कैंसर आदि भी होती है, प्रवेश कर जाती है और देर—सवेर आपके शरीर में दिखाई देने लग जाती है और आपके हार्मोन सिस्टम को बिगाड देती है। चूंकि हार्मोनिक सिस्टम बिगड जाता है इसलिये वह ठीक नही हो पाती है। बाबा रामदेव ने अनेक असाध्य रोगों को प्राणायाम आदि से छुटकारा दिलाया है।

बीमारियों को दूर करने का तरीका सरल है, आप सीख सकते हो। अगर ज्यादा जरूरी समझें तो आप हमारा वर्कशॉप अटेंड कर सकते है जो कि ऑनलाईन किया जाता है।

3. **मनोयाम शरीर के आयाम की प्रक्रियाः—** मनोचिकित्सकों, मनोवैज्ञानिकों एवं जीवशास्त्रियों का कहना है कि इंसान के मस्तिष्क के दो भाग होते है। एक चेतन मस्तिष्क व दूसरा अर्धचेतन मस्तिष्क। चेतन मस्तिष्क प्रायःकर तर्क की बात करता है, भाषा की बात करता है, गणित की बात करता है, तुलना की बात करता है, शिकायत करता है, आलोचना करता है, कम्पीटिशन करता है, वाद विवाद करता है। जबकि अर्धचेतन मस्तिष्क जो कि चेतन मस्तिष्क से हजार गुना ज्यादा पावॅरफुल है और समस्त व्यक्ति के कार्यो का निर्धारण करता है। इसमें मैमोरी रहती हैं, इसमें पुराने विचार रहते है, इसमें अनुभव रहते

है। यह एक पुरानी लाइब्रेरी की तरह है। इसे मनोवैज्ञानिक व अध्यात्मवेताओं ने चित्त भी कहा है और चित्तशुद्धि को आध्यात्मिक लोग काफी बडी उपलब्धि मानते है।

मनोशरीर का आयामः– आंखे बन्द करके कुर्सी पर बैठ जाईये या बिस्तर पर लेट जाईये। बंद आंखों से अपने आने–जाने वाले विचारों, कल्पनाओं को देखो। मैनें कहा आप अपनी कल्पनाओं को विचारों को देखों, इनमें बहो मत बल्कि जागरूक होकर चौकीदार की तरह देखों। डॉक्टर या शल्य चिकित्सक जैसे मरीज को ऑपरेशन करते समय देखते है, उसे बेहोश करता है फिर शल्यक्रिया करता है। ऐसे ही आप शल्य चिकित्सक की तरह अपने विचार को देखो। किसी विचार में बहो मत। अगर गलती से किसी विचार के साथ बह जाओं तो पुनः लोट आओं। बार बार के अभ्यास से आप में यह क्षमता विकसित हो जायेगी कि आपको कोई विचार बहा कर नही ले जा सकता। आप दृष्टा बन जावोंगे। आप अपने आने–जाने वाले विचारों को देखोगे, आप चौकीदार हो इसलिये चेतन मस्तिष्क का कोई विचार करेगा ही नही और यदि अवचेतन मस्तिष्क से कोई विचार उठते है तो उन्हे देखते रहो। धीरे–धीरे कुछ महिनों के अभ्यास से अर्द्धचेतन मस्तिष्क (चित्त / Sub Conscious Mind) के विचार भी खत्म हो जायेंगे और पूरी तरह दृष्टा हो जावोंगे।

एडवांस एक्शनः– जब आपके चित्त में उठने वाले विचार खत्म होने लगे तो आप अपनी ओर से अपने चित्त को सकारात्मक विचार देना शुरू कर दो। धीरे–धीरे आपके चित्त में सकारात्मक विचार इकट्ठे होने लगेंगे। हो सकता है कि कुछ पुराने विचार चित्त में दबे पडे हो तो कोई बात नही। आप अपनी ओर से इतने सकारात्मक विचार चित्त में डाल दे कि बहुमत आपके सकारात्मक विचारों का हो जाये ताकि यदि आप अवेयर न हो,

जागरूक न हो, चेतन न हो तो भी आपके शरीर आपके Sub Conscious Mind से सकारात्मक विचार ही निकले।

निष्कर्षः– इसका अर्थ यह हुआ कि आप अपने चेतन मस्तिष्क के भी दृष्टा है, नियंत्रक है और अपने Sub Conscious Mind के भी नियामक है। इसका अर्थ यह हुआ कि मन मेरा काबू में नही रहता क्योंकि मैनें कभी मेरे मन को देखा ही नही, इसको उचित प्रशिक्षण देनें की कोशिश ही नही की। मन तो बंदर की तरह है, छोटे बच्चे की तरह है। जैसे मदारी मंदर को बार–बार अभ्यास कराके नमस्कार करना सीखा देता है, कपडे पहनना सीखा देता है और सर्कस में तो ना जाने प्रशिक्षित बंदर क्या–क्या करतब दिखाते है। इसी तरह बच्चे को भी मां बोलना सिखाती है, कपडे पहनना सीखांती है, धीरे–धीरे बच्चा सींख जाता है। अतः यह कहना कि मन मेरा काबू में नही है, ध्यान में मन मेरा लगता है, विचार मेरे रूकते नही है। यह इंसानी जिम्मेदारी से बचने का बहाना है। यदि आप उपरोक्त बताई गई प्रक्रिया से अपने मन को प्रशिक्षित करेंगे तो मन बिल्कुल आपके आज्ञाकारी सेवक की तरह काम करेगा। अभी आपने अपनी जिम्मेदारी नही समझी है इसलिये मन आप पर हावी हो गया है। जैसे सवार यदि काबिल ना हो तो घोड़ा सवार पर हावी हो जाता है। हमने यह भी देखा है कि अफसर यदि काबिल ना हो तो उसके मातहत अफसर पर हावी हो जाते है। यदि मजिस्ट्रेट काबिल ना हो तो पुलिस वाले उस पर हावी जो जाते है।

मानसिक बीमारियों का उपचारः– ऊपर बताया गया कि सारी बीमारियॉ प्राणिक शरीर में होती है, यह बात सही है। लेकिन कुछ बीमारियॉ मानसिक शरीर में भी उत्पन्न होती है और वो मरीज को पता भी नही चलती और कोई उसे बीमार कहे तो वह चिढ जाता है। इसलिये मानसिक बीमारियों का इलाज घरवाले ना तो ढंग से करा पाते है और ना ही डॉक्टर ढंग से

कर पाते है। अवसाद आदि के रोगी इसी श्रेणी में आते है ना वो अपने को बीमार समझते है, ना घर वाले उसको बीमार समझते है, उल्टा घरवाले उसको ज्ञान देने लगते है जिससे वह चिढ़ने लग जाता है। उपरोक्त प्रक्रिया से अवसाद आदि, चिन्ता आदि रोगों को आसानी से दूर किया जा सकता है तथा मन को यदि एक सुन्दर लक्ष्य पकडा दिया जाये तो वो उस दिशा में जबरदस्त सफलता भी प्रदान करवा देता है। मन की आदत है कि वो बार—बार भूतकाल में घूसता है या भविष्य में घूसता है अतः प्रायः लोग अपने भूतकाल की बातें करते रहते है क्योंकि मन उनको भूतकाल में ले गया, वो डींगे हांकते रहते है कि हमने यह किया अथवा अफसोस करते है कि हमने यह नही किया या शिकायत करते रहते है हमारे माता—पिता, बच्चों या पडौसियों ने मदद नही की या वो मुंगेरी लाल की तरह भविष्य के सपने बनाते रहते हैं। अतः मन को जब दृष्टा होकर देखेंगे तो मन वर्तमान मे आ जायेगा। भूतकाल और भविष्यकाल को यह गुडबॉय कह देगा। उस समय मन ऐसे कार्य करने लगेगा जो लोगों को चमत्कार नजर आते है। आप उपरोक्त क्रियाओं से यह स्थिति पा सकते है और यदि आप उचित समझे तो हमारा ऑनलाईन वर्कशॉप भी अटेंड कर सकते है।

4. **विज्ञानमय कोष के आयाम की प्रक्रियाः–** इस दिखाई देने वाले शरीर में एक लेयर भावनाओं की भी है जिसमें भावनायें (इमोशन्स) उठते रहते है। चूंकि भावनाओं में इमोशन्स को जागृत करने की शक्ति है और इमोशन्स को हार्मोनिक करने की क्षमता है इसलिये भावनाओं का नियमन अत्यधिक जरूरी है क्योंकि अनेक प्रकार की दूषित भावनाओं के कारण पैदा होती है जैसे कि गरीबी, जैसे कि दीनता—हीनता, जैसे कि किम—कर्तव्य विमूढ।

विज्ञानमय कोष के शुद्धिकरण की प्रक्रियाः– आप अपनी आंखो को बंद करिये, कुर्सी पर आराम से बैठिये, या आराम से बेड पर लेट जाईये। अपने अन्दर उठने वाले भावों, इमोशन्स को महसूस करें, देखे। आपको झूंझलाहट आ रही हो तो उसे देखें, गुस्सा आ रहा हो तो उसे देखें, बदला लेने की भावना हो तो उसे देखें, घूटन हो रही हो तो उसे देखे, गुस्सा आ रहा हो तो उसे देखें और यदि ईर्ष्या, द्वेष हो रहा हो तो उसे देखें, या कामोत्तेजना के भाव उठ रहे हो तो बस सिर्फ देखें, बहे नही। अगर बह जाये तो कोई बात नही, दुबारा अपने आपको ले आये, चौकीदार की तरह देखे। कुछ महीनों के नित्य 15–20 मिनट के अभ्यास से यह क्षमता आ जायेगी कि आप अपने में उठने वाले भावों, उद्वेगो, इमोशन्स को महसूस कर सकेंगे, कडी नजर रखेंगे तो आप दृष्टा हो जायेंगे। इसका अर्थ यह हुआ कि आप चाहे तो अपनी भावनाओं को देख सकते है, एक प्रयोगकर्ता की तरह।

एडवांस एक्शनः– यदि आप प्रतिदिन 15–20 दिन ऊपर बताये गये अभ्यास करेंगे तो आपमें एक विलक्षण क्षमता विकसित हो जायेगी कि आप अपने भावों, इमोशन्स को दृष्टा बनकर देख सकेंगे। अब आप एक कदम आगे बढ़े और अपनी ओर से किसी भाव को विकसित करें जैसे प्रसन्नता का भाव, जैसे साहस का भाव, जैसे अनुशासन का भाव, जैसे शालीनता का भाव, जैसे रोमांच का भाव, जैसे शान्ति का भाव, जैसे हास्य और विनोद का भाव तो आप अपने में यह भाव प्रकट कर पायेंगे और आपमे सकारात्मक भाव पैदा करने की क्षमता विकसित हो जायेगी और आपमें जो भावनात्मक रूप से बीमारियॉ उत्पन्न होती है उन्हे दूर कर सकते है। आपका इमोशनल कोसन्ट भी बढ़ जायेगा और आप एक स्वःनियंत्रित व्यक्ति बन जायेंगे जो कि जीवन की एक बड़ी उपलब्धि है।

5. **आनन्दमय कोष का शुद्धिकरणः—** आपके दिखाई देने वाले शरीर के चारों ओर एक अदृश्य शरीर रहता है जिसके कारण से आप चलते–चलते ही बिना किसी कारण के नाराज हो जाते है, दुखी हो जाते है, टेंशन में आ जाते है, किसी से चिढ़ने लगते है, किसी से भयभीत हो जाते है। इसका अर्थ है कि आपके आनन्दमय कोष में काेई बीमारी लग गई। यानि आप आध्यात्मिक रूप से बीमार हो गये। अतः आध्यात्मिक बीमारी का भी उपचार जरूरी है। क्योंकि इंसान इन बीमारियों के कारण को भी नही जान पाता है। यह उसके दिल में घूसे होते है और बुरी तरह दुखी, अभावग्रस्त, दीन–हीन, शिकार होया हुआ, जमाने का मारा हुआ समझता रहता है।

आनन्दमय कोष दृष्टा की प्रक्रियाः— आप आंख बंद करके कुर्सी पर आराम से बैठ जाईये या बिस्तर पर आराम से लेट जाईये और अपने आध्यात्मिक/आनन्दमय शरीर को देखिये, महसूस करिये। थोडा गहरा घूसियें, 10 मिनट तक लगातार देखते रहिये, आप बिना बात नाराज होते है उसको भी देखिये, थोडी देर बाद आप प्रफुल्लित हो जाते है उसे भी देखिये, बिना किसी कारण के निराश हो जाते है, बिना किसी कारण के रोमान्चित हो जाते है, बिना किसी कारण के किसी से प्यार हो जाता है। बिना किसी कारण के आप महसूस करते है कि आपको ईर्ष्या और द्वेष हो गया है। बिना किसी कारण के आप अपने को अभागा अथवा सौभाग्यशाली समझने लगते है। बस आप कुछ मत करिये बस महसूस करिये और दृष्टा बनकर देखिये। हो सके तो साक्षी होकर देखिये। दृष्टा और साक्ष्य में थोड़ा फर्क है। दृष्टा इस दुनिया में होने वाली घटना को देखता है जबकि साक्षी दुनिया में घटित होने वाली अथवा खुद के द्वारा घठित की जाने वाली घटनाओं को भी देखता है यानि उस व्यक्ति की आत्मा के दो हिस्से हो जाते है। एक कर्ता है दूसरा दृष्टा।

इसको आध्यात्मिक शास्त्रियों ने साक्ष्यी भाव कहा है। इससे आपके आध्यात्मिक रोग दूर हो जायेंगे।

एडवांस ऐक्शनः– अब आप दृष्टा हो गये तो अपनी ओर से उच्च भावों को प्रेषित करिये जैसे बिना शर्त प्रेम जैसे बिना शर्त प्रोत्साहन, बिना शर्त आशिर्वाद। आप 0 फ्रिक्वेंशी पर चले जायेंगे जिसे की साइकोलोजीस्टो से डेल्टा फ्रिक्वेंशी कहा है यानि की वो डोर ऑफ स्पीरीच्यूअलिटी है। आप दृष्टा तो है ही लेकिन लोगो को मोटिवेट करते है, मदद करते है, अपने आपको प्रेरित करते है, अपने आपको आशीर्वाद देते है तथा दूसरों के लिये भी आशीर्वाद प्रेषित करते है।

निष्कर्षः– यदि आप उपरोक्त क्रिया को कुछ महिने करेंगे तो हो सकता है कि किसी–किसी को कुछ साल लग जाये लेकिन यदि नियमित 15–20 मिनट करेंगे तो समस्त आध्यात्मिक बीमारियों से छुटकारा पा सकते है।

सारांक्षतः यह कहा जा सकता है कि इन पांचों शरीरों के शुद्धिकरण से आप जीवन के हर क्षेत्र में आर्थिक, सामाजिक में उच्च स्तर की उपलब्धियॉ प्राप्त कर सकते है। **स्टीफन आर कौवी** ने अपनी पुस्तक **7 हेबिट ऑफ हाईली इफेक्टिव पीपुल** में 7वीं आदत का वर्णन करते हुए लिखा है कि शारीरिक, मानसिक, भावनात्मक व आत्मिक शरीरों को प्रतिदिन आधा घन्टा लगा कर शुद्ध किया जावे। उसे जीवन के हर क्षेत्र में सफलता मिलनी सुनिश्चत है। क्योंकि इस शुद्धिकरण से उसकी औसत बुद्धिमत्ता का स्तर बढ़ जायेगा और वह अपनी समस्त प्रकार की चुनौतियों/समस्याओं का समाधान चुटकियों में हल कर सकेगा। वो साहसी भी होगा और लोगों के प्रति संवेदनशील भी होगा।

इस प्रकार की सफलताऐं आर्थिक, सामाजिक उन्नति व राष्ट्र के प्रति अपना दायित्व बखूबी कर सकेंगे। यदि आप इसका वर्कशॉप अटेन्ड करना चाहे तो भी टीम 360 का ऑनलाईन वर्कशॉप अटेन्ड

कर सकते है और पूरे देश को आर्थिक रूप से सम्पन्न, हर व्यक्ति को आर्थिक रूप से अमीर बनाने के महायज्ञ में अपनी हिस्सेदारी दे सकते है।

NOTES (जो बातें आपके ह्रदय को छू गई है)

1. ____

2. ____

3. ____

4. ____

5. ____

6. ____

7. ____

8. ____

9. ____

10. ____

11. ____

12. ____

13. ____

14. ____

15. ____

16. ____

17. ____

18. ____

19. ____

20. ____

21. ____

22. ____

23. ____

24. ____

25. ____

NOTES (जो निर्णय आपने अपने जीवन में लेने हेतु तय किये है)

26. ____

27. ____

28. ____

29. ____

30. ____

31. ____

32. ____

33. ____

34. ____

35. ____

36. ____

37. ____

38. ____

39. ____

40. ____

41. ____

42. ____

43. ____

44. ____

45. ____

46. ____

47. ____

48. ____

49. ____

50. ____

अपने लक्ष्य को कैसे प्राप्त करेंगे?

हर व्यक्ति इस विश्व में अपने लक्ष्य को प्राप्त करने के लिये पैदा हुआ है। लेकिन भूलवश वो अपने लक्ष्य को तय नही करता। इसलिये वो जीवन में कहीं नही पहुंच पाता। अगर किसी व्यक्ति को जीवन में सफलता प्राप्त करनी है तो सबसे प्रथम जरूरी बात हैं वो अपने मन को कोई लक्ष्य दे यानि लक्ष्मण बने। यदि एक धनुष विद्या सीखने वाला बालक धनुष चलाना सीखता है और बहुत ऊचे तक धनुष को फेंकता है, बहुत दूर तक धनुष को फेंकता हैं लेकिन वो धनुष विद्या में तब तक निपुण नही होगा जब तक कि वो कोई लक्ष्य निर्धारित करके उस पर धनुष लगाना ना सीख ले। जैसे अर्जुन को चिड़िया की ऑंख के अलावा कुछ भी दिखाई नही देता था और उसने धनुष चलाकर चिडिया की आंख को बेंधा और समस्त कौरवों व पाण्डवों ने अपनी निपुणता को साबित किया।

जिसके पास अपने जीवन की जिम्मेदारी लेने की इच्छा होती हैं वो व्यक्ति अपनी जिन्दगी को अपनी इच्छानुसार च्यौईस से जीता है। ईश्वर ने प्रत्येक व्यक्ति को चुनने की शक्ति प्रदान की है। **भगवान कृष्ण** ने **गीता** में बहुत ज्ञान देने के पश्चात अर्जुन से कहा **"मैनें सारा गुप्त से गुप्त ज्ञान तुझें बतला दिया है। अब तू इस पर विचार–विमर्श कर फिर जो उचित समझें उसे कर।"** यानि कि भगवान कृष्ण ने भी अर्जुन की चुनने की शक्ति को मान्यता दी है।

1. **ब्लू प्रिन्ट बनानाः–** जब किसी मकान का निर्माण किया जाता है तो विचार विमर्श के बाद एक नक्शा बनाया जाता हैं फिर उस नक्शे को सुन्दर तरीके से प्रिन्ट करवाया जाता है जिसे कि ब्लू प्रिन्ट बोलते है और इसं ब्लू प्रिन्ट के अनुसार मकान के निर्माण का कार्य आरम्भ किया जाता

है। यदि ब्लू प्रिन्ट ना हो तो मकान या तो बेढंगा बनेगा या उस पर अनावश्यक खर्चा बहुत होगा। यदि मकान बनाने के लिये ब्लू प्रिन्ट बनाना इतना जरूरी है तो फिर आपकी जिन्दगी तो कहीं अधिक बहुमूल्य है उसके लिये ब्लू प्रिन्ट बनाना तो और अधिक जरूरी है।

2. **ब्लू प्रिन्ट के लाभः–**

(अ) जिस नाविक के पास कुतुबनुमा नही होता है वो तो समुन्द्र में थपेडे ही खायेगा, कहीं नही पहुंच पायेगा। इसी प्रकार जिस व्यक्ति के पास ब्लू प्रिन्ट नही है, अपनी जिन्दगी में वो थपेडे ही खायेगा। जिधर पडौसी धकेल देगा उधर चल देगा। जिधर माता–पिता दिशा दे देंगे उधर चल पड़ेगा या दोस्तो की देखा देखी निरूद्धेश्य चल पडेगा। जिस व्यक्ति ने अपने जीवन का लक्ष्य तय कर लिया और ब्लू प्रिन्ट बना लिया वो व्यक्ति ऐसे ही है जैसे जिस व्यक्ति ने मुम्बई जाना तय कर लिया, टिकिट ले ली और मुम्बई की गाडी मे बैठ गया तो वो व्यक्ति मुम्बई पहुंच कर ही रहेगा।

(ब) जिसके पास ब्लू प्रिन्ट है उसके पास उसकी प्रगति का मूल्यांकन करने का पैमाना भी है। वो दूसरों से तुलना करने के बजाय स्वंय ने कितनी प्रगति की इस पर फोकस करता है।

(स) जिनके पास लक्ष्य है, ब्लू प्रिन्ट हैं उनकी प्रगति की गति तेज रहती है क्योंकि उनके जीवन में कोई भटकाव नहीं है। सीधी सड़क है अतः वो तेज गति से चल सकते है।

(द) जिनके पास लक्ष्य है और ब्लू प्रिन्ट है वो अपनी मंजिल पर फोकस करते है। इसलिये उनके शरीर के तमाम डीएनए एक सीध में समन्वय के साथ क्रियाशील हो जाते है। अतः उनके यदि कोई असाध्य बीमारी भी होती है तो वो दूर हो जाती है।

3. **जीवन में महत्वपूर्ण कार्यो और तत्काल कार्यो की सूची तैयार करनाः–**

स्टीफन आर कोवी ने अपनी विश्व प्रसिद्ध पुस्तक **"7 हेबिट्स ऑफ हाईली इफेक्टिव पीपुल"** में तीसरी आदत के शीर्षक के तहत महत्वपूर्ण और तत्काल कार्यो का विवेचन बड़े प्रभावकारी ढंग से किया है। उन्होनें लिखा है वे कार्य जो आपके लक्ष्य व ब्लू प्रिन्ट को पूरा करने में सहयोगी हैं वे तो महत्वपूर्ण कार्य है। इसके अलावा जितने भी कार्य है वो गैर महत्वपूर्ण है, चाहे वो तत्काल हो या दीर्घकालीन हो।

स्टीफन आर कोवी ने व्यक्ति के दिन भर के समय व श्रम को चार क्वार्डरेन्ट्स में विभक्त किया है।

(अ) **महत्वपूर्ण व तत्काल कार्यः–** ये वे कार्य है जो लक्ष्य को पूरा करने में सहयोगी हैं और तत्काल करने पड़ेंगे। जैसे बिजली का बिल आ गया तो उसे चुकाना पड़ेगा। क्योंकि अगर नही चुकायेंगे तो आपके बिजली का कनेक्शन कट सकता है और आपका लक्ष्य पूरा होने में बाधा उत्पन्न हो सकती है। बच्चा बीमार हो गया तो उसे हॉस्पिटल में दिखाना। अगर नही दिखायेंगे तो आपकी लक्ष्य प्राप्ति में अवरोध बन सकता है। ये वे कार्य है जो आपसे जबरन करवा लिये जायेंगे क्योंकि परिस्थितियॉ ऐसी बन गयी कि

आपको इन महत्वपूर्ण तत्काल कार्यो को पूरा करने के अलावा कोई विकल्प नही है।

(ब) **महत्वपूर्ण तथा अनअर्जेन्ट कार्य:–** ये वे कार्य है जो महत्वपूर्ण है लेकिन अर्जेन्ट नही है। जैसे प्रतिदिन 15–20 मिनट व्यायाम करना। यह अर्जेन्ट नही है लेकिन महत्वपूर्ण है। दिनभर की प्लानिंग करना। ये अजेन्ट नही है लेकिन महत्वपूर्ण है। महिने भर का बजट बनाना। यह अर्जेन्ट नही है लेकिन महत्वपूर्ण है। अपनी शिक्षा को बढ़ाना, अपने कौशल को पैना करना। यह अर्जेन्ट नही है लेकिन महत्वपूर्ण है। ये कार्य आपको प्रोएक्टिवली, चला करके, पहल करके व जिम्मेदारी से करने होंगे। इनके लिये आपको अतिरिक्त श्रम व मेहनत करनी होगी। इस क्वार्डरेन्ट में आप जो समय लगाते है वहीं समय आपके जीवन को संवारने वाला है।

(स) **तत्काल लेकिन महत्वपूर्ण नहीं :–** ये वे कार्य हैं जो तत्काल प्रतीत होते है लेकिन उनका जीवन में कोई विशेष महत्व नही है। जैसे किसी अन्जान व्यक्ति का टेलीफोन आना, जैसे राह चलते कोई आदमी मिल जाना, उनसे बातों में समय गवाना, जैसे किसी से मिलकर शेखी बघारना। ये वे कार्य है जो गैर महत्वपूर्ण है लेकिन बड़े तात्कालिक नजर आते है और व्यक्ति रोंग नम्बर पर भी 10–10 मिनट बात कर लेता है। व्यक्ति बिना किसी काम के भी पड़ौसी की घन्टे–घन्ट भर तक आलोचना कर लेता है। तुलना करना, आलोचना करना, प्रतिस्पर्धा करना, वाद–विवाद करना, आदमी को बड़ा तात्कालिक कारण नजर आता है और वो उस पर लम्बी देर तक

बात करता है और अपना श्रम लगाता है जबकि यह कार्य गैर महत्वपूर्ण है। इनसे लक्ष्य की प्राप्ति में बाधा पहुंचती है। ये कार्य लोकप्रिय होने का नाहक प्रयास है।

(द) वे कार्य जो न तो महत्वपूर्ण है और ना ही तत्काल है:– जैसे प्रातःकाल लम्बी देर तक अखबार पढ़ना। कुछ लोग अखबार में एक से डेढ घण्टा तक लगाते है। कुछ लोग टीवी पर सीरियल देखने में घन्टो लगाते है, कुछ लोग टाईम पास करने के लिये गपशप करते है। ये सब कार्य न तो महत्वपूर्ण है और ना ही तत्काल है। ये तो मात्र अपनी जिम्मेदारी से पलायन है।

4. **आत्म नियंत्रित होनाः–** नेपोलियन हिल ने अपनी पुस्तक **"सोंचे और अमीर बने"** में लिखा है कि 12 प्रकार की अमीरी होती है। उनमें से मुख्य अमीरी आत्म नियंत्रित होना या आत्म अनुशासित होने को बताया है। कौन व्यक्ति आत्म अनुशासित/आत्म नियंत्रित होगा जिसमें निम्न 3 आदत विकसित हो चुकी होगीः–

(अ) **प्रोएक्टिवः–** जो व्यक्ति अपने जीवन की जिम्मेदारी अपने हाथ में लेता हैं, अपना ब्लू प्रिन्ट बनाता है और अपना भलाबुरा सोंच कर प्लानिंग के साथ कार्य करता है वो प्रोएक्टिव है। ऐसे प्रोएक्टिव व्यक्ति की प्रभावकारिता सामान्य व्यक्ति के मुकाबले 50 गुणा बढ़ जाती है। मैं इसका यह अभिप्राय समझता हूँ कि उसकी आर्थिक स्थिति भी 50 गुणा बढ़ जाती है। अतः सभी नौजवानों से मेरा यह आह्वान है कि यदि वो अपनी आमदनी 50 गुणा बढ़ाना चाहते है तो वो प्रोएक्टिव बने। हम इसके लिये वर्कशॉप भी टीम 360

के बैनर के तहत आयोजित करते है। हम बहुत से वर्कशॉप, वेबनार ऑनलाईन निःशुल्क करते है। अतः उनमें नौजवान अपना रजिस्ट्रेशन करवा सकते है।

(ब) **योजना एवं ब्लू प्रिन्ट बनाकर कार्य करनाः–** प्रत्येक वस्तु हो या परिणाम ये दो स्तर पर बनते हैं। यह प्रकृति का सिद्धांत है जैसे गुरूत्वाकर्षण का सिद्धांत है। प्रथम रचना मानसिक स्तर पर होती है जिसे कि ब्लू प्रिन्ट बनाना कहते है। जैसे ब्लू प्रिन्ट होगा वैसी ही तो बिल्डिंग बनेगी। अतः जैसे आपने अपने जीवन का ब्लू प्रिन्ट बनाया, आपका जीवन भी वैसा ही बनेगा। दूसरी रचना भौतिक है जो स्थूल में देखने को मिलेगा।

(स) **मेसिव एक्शान लेनाः–** आपने जीवन का ब्लू प्रिन्ट बना लिया उसके अनुसार फिर तेज गति से ऐक्शन्स लेने है। ये स्टीफन आर कोवी की तीसरी आदत कहलाती है।

उपरोक्त तीनों आदते जो व्यक्ति अपने में धीरे–धीरे डालना आरम्भ कर देता है तो उस व्यक्ति को आत्म अनुशासित, आत्म नियंत्रित व सेल्फड्रीवन होने से कोई नही रोक सकता।

उपरोक्त तीनों आदते विकसित करने से व्यक्ति में प्रचंड आत्मविश्वास पैदा हो जायेगा तथा वो अपने आपकों अपने अंतर में झांक कर अपना मूल्यांकन करेगा। अतः उसका आंतरिक विवेक जग जायेगा। अतः वो चमत्कारिक रूप से अपने प्रतिभाओं को विकसित कर लेगा। स्टीफन आर कवी ने ऐसे व्यक्तियों को इण्डीपिडेन्ट पर्सनलिटी वाले व्यक्ति कहा है। लेकिन ये व्यक्तित्व की उच्चतम स्थिति नही है। लेकिन समाज में इण्डीपिडेन्ट पर्सनलिटी वाले व्यक्ति को बहुत उच्च स्थान दिया जाता है। लेकिन सही उच्च स्तर तो व्यक्तित्व का तब बनता हैं जब इण्डीपिडेन्ट पर्सनलिटी वाले

लोग मिलकर एक टीम के साथ काम करते है। क्योंकि बडे–बडे कार्य, बडी–बडी ओर्गेनाइजेशन के द्वारा ही सम्पन्न किये जाते है। अतः टीम वर्क, आपसी सम्प्रेषण तथा रचनात्मक सहयोग आदि प्रतिभाओं का भी विकसित होना आवश्यक है।

उपरोक्त तीनों आदतो से व्यक्ति आत्म निर्भर, आत्म अनुशासित व स्वःनियंत्रित बनता है।

आत्म निर्भर व्यक्ति ही परस्पर निर्भरता की बुनियाद बनते है।

NOTES (जो बातें आपके ह्रदय को छू गई है)

1. ____

2. ____

3. ____

4. ____

5. ____

6. ____

7. ____

8. ____

9. ____

10 ____

11. ____

12. ____

13. ____

14. ____

15. ____

16. ____

17. ____

18. ____

19. ____

20. ____

21. ____

22. ____

23. ____

24. ____

25. ____

NOTES (जो निर्णय आपने अपने जीवन में लेने हेतु तय किये है)

26. ____

27. ____

28. ____

29. ____

30 ____

31. ____

32. ____

33. ____

34. ____

35. ____

36. ____

37. ____

38. ____

39. ____

40. ____

41. ____

42. ____

43. ____

44. ____

45. ____

46. ____

47. ____

48. ____

49. ____

50. ____

MANIFESTATION OF DIVINITY

MEMBERS OF TEAM 360 GROUP

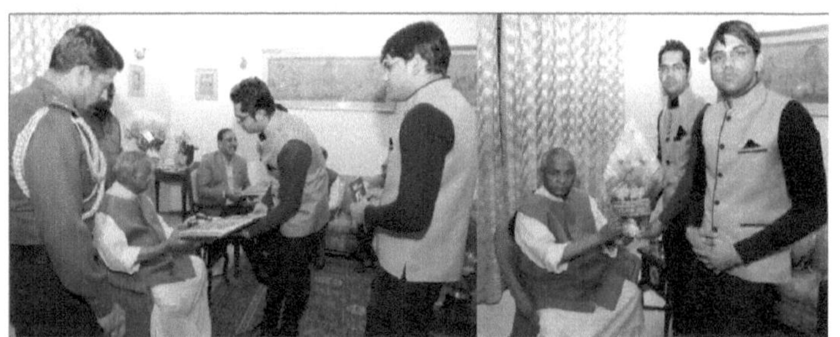

HON'BLE GOVERNOR OF RAJASTHAN & FORMER
CHIEF MINISTER U.P SHRI. KALYAN SINGH JI INVITED
SHRI VINEET & VIPUL SHARMA OF TEAM 360
TO DISCUSS THEIR INNOVATIVE PROJECTS.

Receiving Gold Star Award in USA

SHEKHAWATI GROUP OF INSTITUTIONS, SIKAR

IITERAVALLI SCHOOL, PATNA

Address by Vipul Sir

Core Group of Team 360

Franchisee Training Ceremony

TV Channels पर Support

खण्ड – 3

टीम 360 ग्रुप का मिशन व उसकी उपलब्धियाँ

1. गत 10 वर्षों से छात्राओं की आंतरिक प्रतिभाओं को विकसित करने व उनको केरियर गाइडेन्स देने के क्रम में डी.एम.आई.टी., मिडब्रेन एक्टिवेशन व एडवांस वर्कशॉप्स का आयोजन किया जा रहा है।

2. 2 लाख से अधिक छात्राओं/व्यक्तियों को डी.एम.आई.टी. व मिडब्रेन के कन्सेप्ट से परिचित कराया गया।

3. 300 से अधिक प्रतिष्ठित स्कूलों के अंदर डी.एम.आई.टी. व मिडब्रेन एक्टिवेशन के वर्कशॉप्स आयोजित किये गये। वर्कशॉप्स के परिणाम अत्यंत उत्साहवर्धक रहे है।

4. 1350 से अधिक विडियोज, डी.एम.आई.टी. व मिडब्रेन आदि से सम्बंधित यूट्यूब चैनल पर ड़ाले गये है ताकि आम आदमी इन कन्सेप्ट्स का लाभ उठा सके।

5. टीम 360 ग्रुप के **चेयरमैन व सी.ई.ओ.** को डेटोना बीच (औरलेण्डो, यू.एस.ए.) में **'गोल्ड स्टार अवार्ड'** से सम्मानित किया गया है।

6. सी.ओ. क्लब, दुबई द्वारा टीम 360 के **चेयरमैन व सी.ई.ओ. व डॉयरेक्टर्स विनीत शर्मा व विपुल शर्मा** को भी **'बुर्ज सी.ओ. अवार्ड'** से सम्मानित करने हेतु नामांकित किया गया है।

7. 5 शानदार, सुसज्जित टीम 360 ग्रुप के ऑफिसेज है।

8. टीम 360 ग्रुप द्वारा 700 से अधिक ऑथोराईजेशन सेन्टर्स दिये गये है, जिनमे से कुछ विदेशों में भी है।

9. टीम 360 ग्रुप द्वारा 8 पुस्तकें **'माईंड सेट चेंज, स्किल सेट चेंज व टूलसेट चेंज'** हेतु लिखवाई गई है व प्रकाशित करवाई गई है ताकि आम आदमी को टीम 360 के प्रोजेक्ट का लाभ मिल सके। इसके अलावा 4 पुस्तकें इसी साल और प्रकाशित करवाई जा रही है। डी.एम.आई.टी. व मिडब्रेन विषयों पर एकमात्र टीम 360 ग्रुप ने ही लोगों के हितार्थ पुस्तकें प्रकाशित करवाई है।

10. टीम 360 ग्रुप अपने ऑथोराईजेशन सेन्टर्स की मदद करने हेतु जाना जाता है और यह इसकी यू.एस.पी. भी रही है।

11. टीम 360 ग्रुप 2012 में **360 Degree Change Transformation Pvt. Ltd.** की निजी कम्पनी से आरम्भ हुआ और अब एक विशाल ग्रुप बन गया है तथा **Team 360 Global Abundance Ltd.** नामक पब्लिक कम्पनी का रजिस्ट्रेशन करवा कर कार्य आरम्भ कर दिया गया है।

12. टीम 360 के कार्यो की अनेक आई.ए.एस., आई.पी.एस. अधिकारियों द्वारा सराहना की गई है। अनेक मंत्रियों द्वारा भी प्रसंशा की गई है। प्रतिष्ठित स्कूल प्रधानों द्वारा भी टीम 360 के कार्यो को देश में शिक्षा व्यवस्था हेतु एक नवीन क्रान्ति बतलाई है।

13. टीम 360 ग्रुप के कार्यक्रम ई.टी.वी., डी. न्यूज टी.वी. व दूरदर्शन आदि पर अनेक बार प्रकाशित हुए है।

मिशन

डी.एम.आई.टी. एवं मिडब्रेन का लाभ भारतवर्ष के प्रत्येक बच्चे को मिले। चूंकि मिडब्रेन को मीलिनियर्स ब्रेन कहा है। अतः बच्चों में आर्थिक चेतना का जागरण आरम्भ से ही हो। टीम 360 का मिशन है कि हर भारतीय को हक है कि वो आर्थिक रूप से सम्पन्न बने। भारत कभी सोने की चिड़िया कहलाता रहा है। यहां पर दूध–दही की नदियां बहती रही है। अतः इस देश में आर्थिक सम्भावनाओं व

संसाधनों की कोई कमी नही है तथा यहां के लोग भी पर्याप्त परीश्रमी है। लेकिन उचित विजन का अभाव है।

अतः टीम 360 ने **'अरबपति बनने का हर भारतीय का हक है। अब समय आ गया है, इसे प्राप्त करों'** का आन्दोलन आरम्भ कर रखा है तथा इस विषय पर एक पुस्तक भी प्रकाशित करवाई गई है ताकि अरबपति बनने का मॉडल आम आदमी की जानकारी में आ सके।

(डी.डी. शर्मा)

चेयरमैन एवं सी.ई.ओ.

टीम 360 ग्रुप

खण्ड — 4

PROGRAM ORGANISED BY
TEAM 360 GROUP
TO MAKE YOU A MILLIONAIRE

1. To provide authorization centres for DMIT, Midbrain, Advance Courses (QSR, ESP, Photographic Memory, Dynamic Memory, Brain Engineering and Training for Intensive Marketing)

   Two days full time training is given to every authorization centre.

   After care support is also given.

2. To change your mindset, skill set and toolset – 12 very effective books are published now available to sale.

3. To make you professional – New Mindset Development Program.

   It is very effective six day online (3 hours each day) followed by monthly webnire for 6 months.

   Program includes theoretical easy demonstrations and practical training both.

4. To make you master trainer for New Mindset Development Program:-

a) It is very effective 15 days online program (3 hours each day)

b) Toolkits are also provided.

c) Theoretical simple demonstrations and practical training.

5. Authorization centre for New Mindset Development Program:-

a) 15 days online (3 hours a day) followed by monthly webnire for 6 months.

b) Easy demonstrations and simple techniques and complete practical training.

c) Intensive marketing training.

You may contact:-

Vineet Sharma	**Vipul Sharma**
Director	**Director**
Mob.: 8209022168	**Mob.: 8209998409**
Anjali Ajadiwal	**Anju Jangid**
M.D.	**Project Director**
Mob.: 6377709370	**Mob.: 6376779062**

FEEDBACK FORM

1. Anything touched your art and you like to share with us:-

....

....

....

....

....

2. Any suggestion to improve the book:-

....

....

....

....

....

After filling the Feedback Form you may Whatsapp on this number:-

Vineet Sharma

Director Team 360

Mob.: 8209022168

NOTE

You may e-mail :- dds.ceo.team360@gmail.com

www.ingramcontent.com/pod-product-compliance
Lightning Source LLC
Chambersburg PA
CBHW051208130726
47988CB00001B/19